# 私人财富管理顾问

## 人身保险与财富传承、婚姻继承

王秀全 王恒妮 主编

中国法制出版社
CHINA LEGAL PUBLISHING HOUSE

**编委会主编**

王秀全　王恒妮

**副主编**

李金萍　王丹丹　胡振楠

**编委会成员**

薛冰　潘亮

# 目　　录

## 第一章　人身保险基础知识

第一节　人身保险的分类及概述 …………………………………… 3
第二节　人身保险的合同主体及权利义务关系 …………………… 8
第三节　人身保险的基本原则 …………………………………… 13
第四节　人身保险的现金价值 …………………………………… 28
第五节　人身保险合同的成立 …………………………………… 34
第六节　人身保险合同的变更 …………………………………… 39
第七节　人身保险合同的中止和复效 …………………………… 45
第八节　人身保险合同的解除与撤销 …………………………… 50
第九节　人身保险合同无效的情形 ……………………………… 61
第十节　人身保险与其他传承工具的灵活结合 ………………… 66
第十一节　保险公司是否会倒闭 ………………………………… 73
第十二节　基本保额与减额 ……………………………………… 82
第十三节　人身保险合同中常见的免除保险公司责任的条款 … 85
第十四节　以死亡为给付保险金条件的人身保险的特殊规定 … 91
第十五节　人身保险合同订立过程中的要约邀请和要约 ……… 94

## 第二章　人身保险与财富传承

第一节　人身保险的功能 ………………………………………… 99
第二节　利用人身保险实现婚前财产与婚后财产的有效区分 … 102
第三节　人身保险在财富传承中的特殊作用 …………………… 110
第四节　人身保险中受益人的约定关系到财富传承的成败 …… 121

第五节　保险金信托 …… 142
第六节　被保险人的介入权 …… 169
第七节　人身保险作为财富传承工具的优势与配置 …… 175
第八节　人身保险合同中暗含的道德风险 …… 185
第九节　受益权转让 …… 196
第十节　保险合同中的第二投保人 …… 199
第十一节　人身保险合同被解除，财富传承面临失败风险 …… 203

## 第三章　人身保险与婚姻继承

第一节　婚前投保的效力 …… 211
第二节　婚前个人财产投保的增值归属 …… 214
第三节　离婚时人身保险的分割 …… 217
第四节　子女作为被保险人、受益人的特殊纠纷 …… 244
第五节　重大疾病保险金处置权 …… 265
第六节　人身保险与继承 …… 267
第七节　与附义务赠与相关的纠纷 …… 305

## 第四章　人身保险常见纠纷

第一节　以死亡为给付条件的人身保险纠纷 …… 311
第二节　投保人与保险公司及保险代理人相关的纠纷 …… 326
第三节　团体养老保险退保的特殊规定 …… 337
第四节　与保险合同受益人相关的纠纷 …… 341
第五节　与时效相关的纠纷 …… 349
第六节　自动垫付条款对保险责任的影响 …… 359
第七节　保险服务是否适用《消费者权益保护法》 …… 363

第一章

# 人身保险基础知识

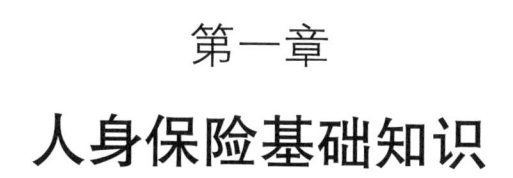

## 第一节　人身保险的分类及概述

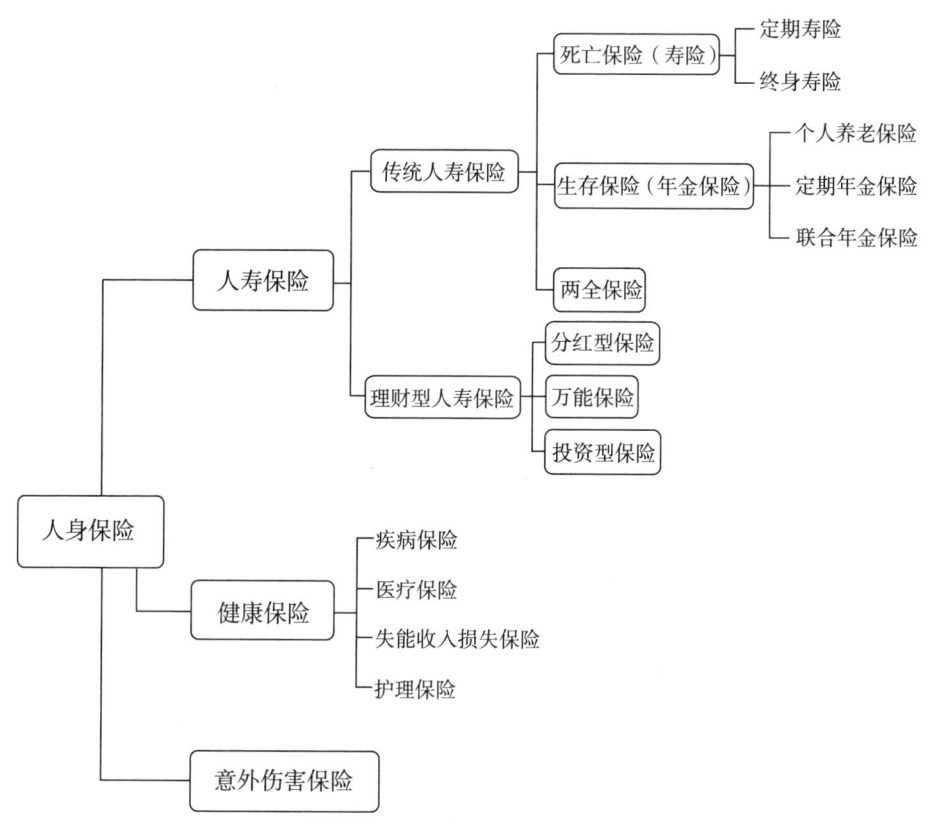

图 1-1　人身保险的分类

《保险法》第 12 条第 3 款规定，人身保险是以人的寿命和身体为保险标的的保险。即在保险期内，当被保险人死亡、伤残、疾病或者达到合同约定的年龄、期限等条件时，由保险公司承担给付保险金责任的商业保险行为。《保险法》第 95 条第 1 款第 1 项规定，人身保险业务，包括人寿保险、健康保险、意外伤害保险等保险业务。

### 一、人寿保险

人寿保险是以被保险人的寿命为保险标的，以被保险人在保险期间内的生存或死亡为给付保险金条件的一种人身保险。人寿保险承保的风险是人的生存、死亡或同时承保生存与死亡。传统人寿保险分为死亡保险、生存保险与两全保险。为了顺应时代趋势及经济发展需求，保险公司在原有人寿保险的基础上增加了投资理财功能并推出了理财型人寿保险，其主要分为分红型保险、万能保险、投资型保险三种。

### （一）传统人寿保险

1. 死亡保险（death insurance）

死亡保险又称寿险，是指以被保险人在保险期间内死亡为给付保险金条件的保险。寿险可以分为定期寿险和终身寿险。

定期寿险是指以被保险人在保险期间内死亡为保险金赔付条件的保险，此处的保险期间为固定期间。若被保险人在保险期间内仍然生存，则保险合同到期终止，保险公司无给付保险金义务，也无须退还投保人已经交纳的保险费。定期寿险的保险期限有 5 年、10 年、15 年、20 年、30 年或约定年龄到 50 周岁、60 周岁、70 周岁等不同选择。定期寿险具有保险费投入低、保障收益高的优点。

终身寿险是指以被保险人在保险期间内死亡为保险金赔付条件的保险，此处的保险期间为终身，即被保险人生存期间直至死亡都可以得到永久保障。被保险人无论遭受意外事故还是疾病身故，均可以得到保险公司约定的保险金给付。终身寿险也是定制财富传承规划的重要工具。

终身寿险保险费投入较高，且保险单具有现金价值，具有较强的储蓄性，投保人可以利用保险单贷款进行资金融通，被保险人或受益人可以终身享有寿险保障。

2. 生存保险（survival insurance）

生存保险以被保险人在保险期间内或期满时，被保险人仍然生存为给付保险金条件，生存保险大多以年金保险形式出现。年金保险多用于养老保障或为家庭、子女提供长期现金流。年金保险可以有确定的保险期限，也可以没有确定的保险期限，但均以被保险人的生存为给付条件。年金保险又分为个人养老保险、定期年金保险和联合年金保险。个人养老保险已被纳入我国社会保障体系之内，定期年金保险和联合年金保险则列入商业保险范围内。生存保险具有较强的储蓄性，保险单具有现金价值，能够利用保险单贷款，适合晚年养老、医疗保障、为子女提供日常生活保障。

3. 两全保险（endowment insurance）

两全保险是指保险期间内或期满时，若被保险人生存则领取生存保险金，若被保险人在保险期间内死亡则领取死亡保险金，故两全保险是生存保险与死亡保险的组合产品。两全保险既保障被保险人生存期间的利益，也保障被保险人死亡后的受益人的利益。

两全保险的保障范围广，其保险费与死亡保险及生存保险相比较高。

### （二）理财型人寿保险

1. 分红型保险（participating insurance）

分红型保险是指被保险人在获得保险金的同时，保险公司将其保险收益按照一定比例定期向投保人或保险单持有人支付分红的保险。分红型保险的保险费比较高，具有确定的收益保证和获得红利机会，但红利的多少与保险公司的收益相挂钩。

2020年1月21日，中国银行保险监督管理委员会办公厅印发了《关于强化人身保险精算监管有关事项的通知》（银保监办发〔2020〕6号），其中第2条规定：保险公司用于分红保险利益演示的红利不得超过按以下公式计算的上限：（V0+P）×利差水平×红利分配比例。其中：V0指本保险单年度期初红利计算基础对应的准备金（不包括该时点的生存给付金金额）；P指按红利计算基础对应的准备金评估基础计算的本保险单年度净保险费；红利分配比例统一为70%。

保险分红既可以现金领取也可以累积生息。现金领取是指投保人以领取现金的方式领取分红；累积生息是指将分红留存在保险公司，由保险公司支付相应的利息。也有保险公司在整个保险期限内每年以增加保额的方式分配红利，称为增额分红。

2. 万能保险（universal life insurance）

万能保险是一种既具有人寿保险保障功能又具有投资理财功能的新型保险，保险公司保障投保人的最低收益，且收益上不封顶。投保人根据自身需求与资金情况设定万能保险的保障和投资比例，并全权交付保险公司进行投资理财管理，投保人的收益与保险公司的投资收益相挂钩。受益人在被保险人身故或全残时能够按照保险合同约定得到保险金。同时，投保人购买万能保险后，能够按照自身需求设计购买保险公司的投资理财产品。万能保险的最大特点是投保人可以在人生的不同阶段根据自身需求和资金状况，随时调整保额、保险费及缴费期，以确定最适合自己的保障与投资组合。

从 2015 年开始的万科与宝能之争轰动了整个资本市场，而宝能举牌所需的资金，大量来自万能险，而本来应当充当资本市场稳定器的保险资金，由于当时监管规定不够完善，被宝能系等金融机构加以利用。万能险被设计成追求短期收益的产品，迅速完成巨额融资。这个事件，引发了金融市场的巨大风险，也引起了包括证券监督管理委员会、原保险监督管理委员会等监管机构的高度关注。除了对相关人进行处罚以外，监管机构也出台了一系列规定，防止未来类似事件的发生。2017 年 5 月 11 日，原保险监督管理委员会下发《关于规范人身保险公司产品开发设计行为的通知》（保监人身险〔2017〕134 号），业内简称"134 号文"，核心内容是：（1）禁止年金保险、两全保险等险种快速返还，首次返还必须在产品满 5 年后，且每次返还不能超过年交保险费的 20%；（2）万能险不能以附加险形式存在。

3. 投资型保险（investment-linked insurance）

投资型保险，是指保险与投资挂钩，保险单在提供保险保障的同时也进行风险投资，但投资收益没有最低保障，保险单的价值随投资账户的变化而变化，收益不确定，投保人承担风险较大，但可能获得很高额的投资收益。投资型保险又分为投资连结保险（unit-linked insurance）和变额年金保险（variable annuity insurance）两种。

投资连结保险（以下简称投连险），是指包含保障功能并至少在一个投资账户拥有一定资产价值，而不保证最低收益的人身保险。投保人所交保险费，一部分用于保障，另一部分被转入投资账户进行投资，如固定利率产品、债券、股票、基金等，以达到享受高额回报的目的。投连险通常设有保证收益账户、债券账户、基金账户、股票账户等不同投资账户，根据保险与投资产品组合的不同，各个账户投资收益率与投资风险也各不相同。投连险不承诺投资回报也没有保底收益，但保险公司提供专家理财团队且投资利益与保险公司的投资收益挂钩，投连险的投资账户透明度要求较高，投保人可以随时掌握投资情况，以便保护投保人的利益。

变额年金保险，是指保险单利益与连结的投资账户、投资单位价格相关联，同时按照合同约定具有最低保险单收益保证的人身保险。变额年金保险在提供最低保障收益的情况下，同时限制投资的最高亏损额，但投资收益上不封顶。

## 二、健康保险

健康保险是指以被保险人的身体健康为保险标的，当被保险人发生保险合同约定的疾病或意外事故导致的伤害时，保险公司对发生的费用或损失进行赔付的保险。根据种类不同，健康保险可以分为疾病保险、医疗保险、失能收入损失保险、护理保险等。

### （一）疾病保险（disease insurance）

疾病保险是指以保险合同约定的疾病发生为给付保险金条件的健康保险。重大疾病保险是疾病保险常见的类型，在被保险人确诊保险合同约定的重大疾病时，由保险公司承担保险金给付责任。重大疾病保险又可以细分为消费型重疾险和储蓄型重疾险。消费型重疾险保险费较低，保险期间一般为一年，一般无现金价值可言。储蓄型重疾险的保险费相对较高，保险期间较长，储蓄型重疾险虽然具有一定的现金价值，但是相比于其他人寿保险单来说，其现金价值一般较低。

### （二）医疗保险（medical insurance）

医疗保险是指以保险合同约定的医疗行为发生为给付保险金条件，按约定对被保险人接受诊疗期间的医疗费用支出提供保障的健康保险。一般医疗保险对保险公司给付的保险金都有最高额的限制，超出此额度保险公司将不再进行赔付。

### （三）失能收入损失保险（disability income insurance）

失能收入损失保险以因保险合同约定的疾病或者意外伤害导致工作能力丧失为给付保险金条件，由保险公司按约定对被保险人在一定时期内收入减少或者中断提供保障的健康保险。

随着现代社会经济压力的增大，一旦家里的"顶梁柱"因遭受疾病或意外伤害而暂时或永久丧失劳动能力，一个家庭很可能走向贫困，于是很多保险公司推出了失能收入损失保险。例如，飞行员这一职业对身体条件要求特别严格，身体指标异常都可能导致飞行员丧失或部分丧失飞行能力，因此很多保险公司推出了飞行员失能收入损失保险，约定保险公司在飞行员暂时丧失飞行能力或永久丧失飞行能力时按照约定给付保险金。

### （四）护理保险（health care insurance）

护理保险以保险合同约定的日常生活能力障碍引发护理需要为给付保险金

条件，由保险公司按约定对被保险人的护理支出提供保障的健康保险。

### 三、意外伤害保险

意外伤害保险是以被保险人因意外事故而导致身故、残疾或者发生保险合同约定的其他事故为给付保险金条件的人身保险。意外伤害保险的保险期间较短，一般不超过一年，保险事故发生概率较小，保险费比较低，一般不具有储蓄性。

所谓意外伤害是指以外来的、突发的、非本意的、非疾病的事故为直接原因导致的身体损害。那么，被保险人"猝死"属于意外伤害吗？保险公司会赔付吗？猝死本质上是自然疾病导致的死亡，与意外伤害所述的"外来的、非疾病的"事故不相符，所以很多保险公司会将"猝死"作为免赔事由。但是司法实践中，如果因此产生争议，法院会区分"猝死"因意外引起的还是因自身疾病引起的，结合个案事实、举证责任等方面进行综合认定。例如，在（2019）云03民终576号判决书中，法院认为："医学上通常认为，猝死指貌似健康的人，由于潜在的疾病或机能障碍，于开始感到不适后24小时内发生意外的突然死亡。猝死是死亡的一种特殊状态，是死者的一种临床表现形态，猝死本身并不是死亡的原因，导致猝死的原因不仅包括疾病，还包括病理性以外的其他因素。本案中，被上诉人熊某1、刘某已经提供其所能提供的与确认保险事故的性质、原因、损失程度等有关的证明和资料，及时向保险公司报险索赔，而保险公司作为专业的保险机构，没有要求对熊某的遗体进行尸检，以查明死亡的直接原因，导致其在诉讼中无法证明熊某是否系自身疾病造成突然死亡，应承担不利的法律后果。"

## 第二节 人身保险的合同主体及权利义务关系

《保险法》第10条第1款规定："保险合同是投保人与保险人约定保险权利义务关系的协议。"与普通的民商事合同不同的是，保险合同往往涉及多方主体，投保人、保险人、被保险人、受益人在合同中均有体现。根据是不是保险合同直接约定权利义务的主体，可以将上述主体划分为保险合同的当事人（保险人、投保人）、保险合同的关系人（被保险人、受益人）两类。

## 一、保险合同的主体

### （一）保险合同的当事人

保险合同的当事人是指保险合同签订主体，即保险合同中直接约定权利义务关系的主体，保险合同的当事人包括保险人和投保人。

1. 保险人（insurer）

保险人是指与投保人订立保险合同，并按照合同约定承担赔偿或者给付保险金责任的保险公司。

根据《保险公司管理规定》的要求，在我国设立保险公司，应当向中国银行保险监督管理委员会提出筹建申请，拟注册资本不低于人民币 2 亿元，且必须为实缴货币资本。可以说，在我国设立保险公司的条件是非常严格的，除此之外，《保险法》还规定了保险公司在经营过程中要提取各项资金（例如：保险保证金、保险责任准备金、保险保障基金等）以保障保险公司的偿付能力。

2. 投保人（applicant）

投保人是指与保险人订立保险合同，并按照合同约定负有支付保险费义务的人。投保人必须具备完全民事行为能力，投保人既可以是自然人也可以是法人或其他组织，例如用人单位作为投保人为员工投保。但无论由谁作为人身保险合同的投保人都需要对被保险人具有保险利益，否则保险合同无效。

### （二）保险合同的关系人

保险合同的关系人是指与保险合同间接发生关系的人，保险合同的关系人包括被保险人和受益人。

1. 被保险人（insured）

被保险人是指其财产或者人身受保险合同保障，享有保险金请求权的人。投保人可以为被保险人。

由于人身保险的保险标的为人的寿命和身体，因此人身保险合同的被保险人只能是自然人。当投保人为自己投保时，被保险人是投保人本人；当投保人为他人投保时，在订立保险合同时投保人对被保险人需要具有保险利益，否则保险合同无效。如果投保人投保的人身保险合同中有以死亡为保险金给付条件的内容，那么还需要被保险人同意并认可保险金额，否则保险合同无效，但父母为未成年子女投保的除外。

《中国保险监督管理委员会关于父母为其未成年子女投保以死亡为给付保险金条件人身保险有关问题的通知》(保监发〔2015〕90号)第1条规定:"对于父母为其未成年子女投保的人身保险,在被保险人成年之前,各保险合同约定的被保险人死亡给付的保险金额总和、被保险人死亡时各保险公司实际给付的保险金总和按以下限额执行:(一)对于被保险人不满10周岁的,不得超过人民币20万元。(二)对于被保险人已满10周岁但未满18周岁的,不得超过人民币50万元。"

2. 受益人(beneficiary)

受益人是指人身保险合同中由被保险人或者投保人指定的享有保险金请求权的人。投保人、被保险人可以为受益人。法律上对受益人的资格没有特殊要求,自然人可以作为受益人,法人也可以作为受益人。例如,保险金信托中,信托公司可以作为保险单的受益人。

《保险法》第39条规定:"人身保险的受益人由被保险人或者投保人指定。投保人指定受益人时须经被保险人同意。投保人为与其有劳动关系的劳动者投保人身保险,不得指定被保险人及其近亲属以外的人为受益人。被保险人为无民事行为能力人或者限制民事行为能力人的,可以由其监护人指定受益人。"根据该条的规定可知,受益人可以由被保险人或投保人在保险合同中指定,指定受益人不需要经过受益人的同意。投保人可以随时变更受益人,但需经被保险人同意。

根据《保险法》第42条的规定,被保险人死亡后,有下列情形之一的,保险金作为被保险人的遗产处理:(1)没有指定受益人,或者受益人指定不明无法确定的;(2)受益人先于被保险人死亡,没有其他受益人的;(3)受益人依法丧失受益权或者放弃受益权,没有其他受益人的。

从财富传承角度讲,受益人的指定至关重要。如在保险合同中未指定受益人,则被保险人去世后,身故保险金将作为被保险人的遗产,在被保险人生前负有债务的情况下,身故保险金有可能用于偿还被保险人生前的债务;如果投保人或被保险人在保险合同中指定了受益人,那么被保险人去世后,身故保险金属于受益人的财产,能够隔离被保险人生前的债务,且不用缴纳遗产税、个人所得税。

保险事故发生前,受益人的受益权系期待权。保险事故发生后,受益人的期待权将转化为受益人对保险人的债权。

## 二、保险合同主体的权利与义务

### (一) 投保人的权利与义务

1. 随时退保（surrender）的权利

《保险法》第 15 条规定："除本法另有规定或者保险合同另有约定外，保险合同成立后，投保人可以解除合同，保险人不得解除合同。"第 47 条规定："投保人解除合同的，保险人应当自收到解除合同通知之日起三十日内，按照合同约定退还保险单的现金价值。"按照上述法律规定可知，投保人在保险期间内可以选择随时退保，保险公司在收到投保人的退保申请后，将向投保人退还保险单的现金价值。

2. 指定、变更受益人（designate and change beneficiary）的权利

投保人可以指定、变更人身保险的受益人，但是当投保人与被保险人不一致时，投保人指定、变更受益人必须征得被保险人的同意，否则变更行为无效。

3. 保险单质押贷款（policy loan）的权利

保险单质押贷款，简称保险单贷款。投保人签订保险合同时，保险合同内容如设有保险单质押贷款条款，投保人可以选择是否勾选保险单质押贷款条款。

《中国保险监督管理委员会关于寿险保险单质押贷款业务有关问题的复函》（保监厅函〔2008〕66 号）第 1 条规定："保险单质押贷款是长期寿险合同特有的功能，是指投保人在合同生效满一定期限后，按照合同约定将其保险单的现金价值作为质押，向保险公司申请贷款。"投保人交纳的保险费进入保险公司账户后，将会产生保险单现金价值，储蓄性人寿保险单的保险单现金价值具有财产属性，因此人寿保险单的投保人如有短期的资金周转需要，可以以保险单现金价值作为质押向保险公司申请贷款。

如投保人选择保险单质押贷款条款，日后有资金需求时，可以以保险单向保险公司质押取得贷款，进行短期资金周转满足自身资金需求。例如，某保险合同中的保险单质押贷款条款约定："在本主险合同有效期内，经我们审核同意后您可办理保险单贷款。贷款金额不得超过保险合同现金价值扣除各项欠款后余额的 80%，每次贷款期限最长不超过 6 个月，贷款利率按您与我们签订的贷款协议中约定的利率执行。贷款本息在贷款到期时一并归还。若您到期未能足额偿还贷款本息，则您所欠的贷款本金及利息将作为新的贷款本金计息。当未

还贷款本金及利息加上其他各项欠款达到保险合同现金价值时，保险合同的效力中止。"

4. 按时交纳保险费（premium）的义务

投保人投保后，需要按照保险合同的约定交纳保险费，保险费可以趸交（lump-sum），也可以分期交纳（instalment premium）。虽然交纳保险费是投保人的义务，但是保险公司不能以诉讼的方式要求投保人交纳保险费。

如果人寿保险单中有"保险费豁免条款"或"减额交清""展期定期"条款，即当投保人在保险合同期限内发生了死亡、全残、重大疾病或其他约定的特殊情况，则此时投保人无须再交纳保险费，保险合同仍然有效。

如果人寿保险单中无"保险费豁免条款"或"减额交清""展期定期"条款，投保人在保险公司催告之日起30日内或超过约定期限60日仍未交纳保险费的话，保险合同的效力将中止。如果投保人自保险合同效力中止之日起2年仍未补交保险费的话，则保险公司有权解除保险合同。在保险合同效力中止期间，投保人可以随时与保险公司协商补交保险费以恢复保险合同的效力。

5. 如实告知（disclosure）的义务

《保险法》第16条第1款、第2款规定："订立保险合同，保险人就保险标的或者被保险人的有关情况提出询问的，投保人应当如实告知。投保人故意或者因重大过失未履行前款规定的如实告知义务，足以影响保险人决定是否同意承保或者提高保险费率的，保险人有权解除合同。"

"最大诚信原则"是保险的基本原则之一，如果投保人不履行如实告知义务的话（例如，谎报年龄、隐瞒既往病史等），即使保险公司承保，保险事故发生时保险公司也可以拒绝理赔。从投保人的角度看，投保人是否履行了如实告知义务，对财富传承的成败有着重要的影响。投保人购买人身保险的目的在于提前进行风险防范、转嫁风险或财富传承等，如风险发生时，因法定事由导致保险公司不承担赔付保险金责任，那么，投保人最初购买人寿保险的目的则无法实现，或者说财富传承的目的无法实现。由于投保人的如实告知内容较多，此部分内容可以参见本章第三节"人身保险的基本原则"之"人身保险的最大诚信原则"。

### （二）被保险人的权利与义务

1. 指定、变更受益人的权利

《保险法》第39条第2款规定："投保人指定受益人时须经被保险人同

意……"第 41 条第 2 款规定:"投保人变更受益人时须经被保险人同意。"前面我们已经提到了虽然投保人也有权指定、变更受益人,但是在投保人与被保险人不一致的情况下,投保人变更受益人必须征得被保险人的同意。这主要是考虑到,被保险人以自己的生命和身体作为保险标的,由被保险人指定、变更受益人能够防范被保险人的生命受到受益人威胁的道德风险。

2. 如实告知的义务

被保险人最了解自身的身体状况,所以如实告知义务不仅是投保人的法定义务同时也是被保险人的法定义务,因此在面对保险公司的询问时,被保险人也应当如实陈述。

### (三) 受益人的权利与义务

1. 保险金请求权

在保险事故发生后,受益人有权按照保险合同的约定,请求保险公司承担保险责任并支付保险金。为了防范道德风险,《保险法》第 43 条第 2 款规定:"受益人故意造成被保险人死亡、伤残、疾病的,或者故意杀害被保险人未遂的,该受益人丧失受益权。"此外还需要注意的是,人寿保险的被保险人或者受益人向保险人请求给付保险金的诉讼时效期间为五年,人寿保险以外的其他保险的被保险人或者受益人,向保险人请求赔偿或者给付保险金的诉讼时效期间为二年,自其知道或者应当知道保险事故发生之日起计算。

2. 保险事故发生后,及时通知保险公司的义务

《保险法》第 21 条明确规定:"投保人、被保险人或者受益人知道保险事故发生后,应当及时通知保险人。故意或者因重大过失未及时通知,致使保险事故的性质、原因、损失程度等难以确定的,保险人对无法确定的部分,不承担赔偿或者给付保险金的责任,但保险人通过其他途径已经及时知道或者应当及时知道保险事故发生的除外。"

## 第三节 人身保险的基本原则

### 一、人身保险的最大诚信原则

诚实信用原则是《民法典》的基本原则之一,《民法典》第 7 条规定:"民

事主体从事民事活动，应当遵循诚信原则，秉持诚实，恪守承诺。"《保险法》第5条也明确规定："保险活动当事人行使权利、履行义务应当遵循诚实信用原则。"最大诚信原则是指，保险当事人在订立保险合同时及合同有效期内，应依法向对方提供足以影响对方作出订约与履约决定的全部实质性重要事实，同时信守订立的条件与承诺。否则，受到损害的一方，按照民事法律法规的规定可以此为由宣布合同无效、合同解除或不履行合同约定的义务或赔偿责任，甚至对因此而受到的损害要求对方赔偿。

保险作为一种特殊的民事活动，对诚信的要求比一般的民事活动更为严格，保险合同的当事人在保险合同订立过程和履行的全过程中都要做到最大诚信。

### （一）保险活动中要求保险当事人履行最大诚信原则的原因

1. 由于投保人与保险公司的信息不对等，所以在投保时投保人面对保险公司的询问应当如实告知，以便保险公司决定是否承保及确定保险费费率、保险金额。投保人是否如实准确地告知保险标的情况直接影响保险人决定，所以投保人应履行最大诚信原则，如实告知保险人保险标的的真实情况。

2. 由于保险合同条款一般都是保险公司提前制定好的格式模板，具有一定的专业性，一般人不容易理解保险合同中的专业术语，所以，保险公司应当履行最大诚信原则，将保险合同中限制、免除自身责任的条款向投保人履行提示、说明的义务，发生保险理赔事故时本着最大诚信原则承担赔偿和给付义务。

3. 只有双方均遵循最大诚信原则履行各自的义务，保险合同各方当事人的权益才能得到保障。

4. 由于保险合同系典型的射幸合同，保险人是否赔偿或者给付保险金的义务是不确定的，保险人赔偿或给付的保险金通常远远大于投保人支付的保险费，非常容易诱发欺诈等非法行为。若投保人不履行最大诚信原则，为获取保险赔付可能铤而走险损害被保险人的合法权益，而这也将导致保险人增加大量保险赔偿款。

### （二）保险法中最大诚信原则的主要内容

1. 投保人的如实告知义务

《保险法》第16条第1款规定："订立保险合同，保险人就保险标的或者被保险人的有关情况提出询问的，投保人应当如实告知。"依据上述规定，投保人在订立保险合同时应当如实告知保险人有关保险标的的真实情况，在保险人就保险标的或被保险人情况提出询问时，如实告知或回答。如实告知或回答的方式可以是书面也可以是口头陈述。

在保险事故发生前，保险公司对于被保险人的信息知之甚少，比如，在投保人投保保额超过一定限额的情况下，保险公司才会采取体检和契约访谈等核保风险控制措施。因此基于诚实信用原则，投保人应当如实回答保险公司的询问，只有这样保险公司才能决定是否承保以及确定保险费的多少。但投保人如实告知义务应以保险公司的询问内容为限。对于保险公司未询问的事项，投保人无告知义务。实务中，保险公司会提前印制格式表格供投保人勾选，主要涉及被保险人的年龄、健康状况、既往病史、家庭遗传史等重要事实。需要提醒投保人注意的是，在勾选此类选项时一定要如实填写，否则一旦产生纠纷，保险公司会以此作为投保人未履行如实告知义务的证据而拒绝理赔并解除保险合同。

（1）在投保人与被保险人不一致的情况下，被保险人是否应当履行如实告知义务？

此问题在司法实践中存在争议。

一种观点认为，在投保人与被保险人不一致的情况下，被保险人也应当履行如实告知义务。这主要是考虑到，只有被保险人最了解自身的身体健康状况，如果将如实告知义务的主体局限在投保人，那么很可能会出现被保险人故意隐瞒自己患病事实，通过他人代为投保的方式规避如实告知义务，这样会增加道德风险，所以被保险人也应当履行如实告知义务。

另一种观点认为，《保险法》第16条第1款明确规定了如实告知义务的主体为投保人并不包括被保险人，而且投保人才是保险合同的当事人，被保险人仅能作为保险合同的关系人存在，因此对于如实告知义务的主体不应当扩大解释到被保险人。

例如，山东省高级人民法院于2019年12月31日发布的《山东省高级人民法院民二庭关于审理保险合同纠纷案件若干问题的解答》第2条提到，被保险人应否承担如实告知义务？答：根据《保险法》第16条及《最高人民法院关于适用〈中华人民共和国保险法〉若干问题的解释（二）》［以下简称《保险法司法解释（二）》］第5条规定，投保人为如实告知义务的履行主体。保险人对被保险人的询问不能视为对投保人的询问。但是，如果保险人就相关事项同时向投保人和被保险人进行询问，投保人或者被保险人只要有一人如实告知，则应视为投保人就该事项的告知义务已经履行。

(2) 投保人未履行如实告知义务的法律后果

《保险法》第 16 条规定，投保人故意或者因重大过失未履行前款规定的如实告知义务，足以影响保险人决定是否同意承保或者提高保险费率的，保险人有权解除合同。投保人故意不履行如实告知义务的，保险人对于合同解除前发生的保险事故，不承担赔偿或者给付保险金的责任，并不退还保险费。投保人因重大过失未履行如实告知义务，对保险事故的发生有严重影响的，保险人对于合同解除前发生的保险事故，不承担赔偿或者给付保险金的责任，但应当退还保险费。

《保险法》第 32 条第 1 款规定："投保人申报的被保险人年龄不真实，并且其真实年龄不符合合同约定的年龄限制的，保险人可以解除合同，并按照合同约定退还保险单的现金价值……"

依据上述规定可知，如投保人未如实履行告知义务的，保险人除可以拒绝理赔、解除保险合同外，还可以视投保人的主观因素来决定是否退还保险费。如投保人是故意不履行如实告知义务，则保险公司不退还保险费；如果投保人是因重大过失未履行如实告知义务，则保险公司仍应退还保险费。例如，投保人明知被保险人患有某种疾病，且该疾病影响保险公司决定是否承保，而在保险公司询问时故意隐瞒有关事实，保险公司可以不退还保险费；而投保人因重大过失不知道被保险人患病事实的存在，而在保险公司询问时未告知，保险公司仍应退还保险费。

2. 保险人的如实告知、提示说明义务

(1) 保险人的如实告知、提示说明义务

由于保险合同是保险公司提前印制的格式条款，投保人一般没有修改的权限，对于合同内容只能选择被动接受。对于保险合同的内容的理解不要说普通大众，即使是法律专业人士都未必能全面理解其含义。为了防止保险公司利用格式合同规避自身风险，《保险法》第 17 条规定："订立保险合同，采用保险人提供的格式条款的，保险人向投保人提供的投保单应当附格式条款，保险人应当向投保人说明合同的内容。对保险合同中免除保险人责任的条款，保险人在订立合同时应当在投保单、保险单或者其他保险凭证上作出足以引起投保人注意的提示，并对该条款的内容以书面或者口头形式向投保人作出明确说明；未作提示或者明确说明的，该条款不产生效力。"

如实告知义务是投保人与保险人均应当履行的义务。因此，在保险活动当中，不但投保人应履行如实告知义务，保险人也应当将与投保人有实质性利害关系的重要事实或保险合同条款内容如实告知投保人，使投保人明确知道自己投保的保险产品及履行之后的法律后果等，投保人充分了解保险产品的详细内容后自行决定是否投保签约、是否履行保险合同等，给予投保人充分选择权。

保险合同中，保险人的如实告知义务又称为说明义务，保险人应当如实告知投保人保险合同的内容及相关条款，尤其是免责条款的含义、具体规定及法律后果等，应当以书面或口头形式做出明确、醒目说明，特别提示投保人重点注意，并签字确认。

（2）保险人未履行如实告知、提示说明义务的法律后果

根据《保险法》第17条规定，对保险合同中免除保险人责任的条款，保险人未作提示或者明确说明的，该条款对投保人不产生效力。如保险事故发生后，若投保人根本不知道这一免责条款的存在，主张保险公司在签订保险合同时并未做到说明义务，而保险公司提供的证据又不足以证明其已履行了对免责条款的说明义务，则免责条款不产生效力，不能免除保险公司赔偿或给付保险金的责任。

### （三）投保人、被保险人的保证义务

保证义务是指投保人、被保险人就在保险期间内实施某种行为或不实施某种行为、某种情况存在或不存在作出承诺。保险合同属于射幸合同，即保险合同订立后是否发生保险事故处于不确定的状态。所以在投保时，投保人或被保险人需要对保险标的或被保险人是否存在某种情况进行保证、对将来的某一特定事项为或者不为进行保证。因此，投保人或被保险人的保证是影响保险人是否承保，是否签发保险单的先决条件之一。保证也是保险合同内容之一，影响保险合同的效力。如投保人或被保险人就保险人提出的问题"过去五年内是否因×××疾病就诊或住院"进行确认保证；投保人不得为获取保险金"故意伤害或杀害被保险人"做出保证；投保人或被保险人不得人为地制造、谎报保险事故的发生，即使保险事故发生，投保人、被保险人或者受益人也不得夸大损失程度。

1. 投保人、被保险人不履行保证义务的后果

根据《保险法》第27条规定，未发生保险事故，但被保险人或受益人谎称发生保险事故或投保人、被保险人故意制造保险事故的，保险公司有权解除保险合同。对于保险事故发生后，投保人、被保险人或者受益人以伪造、变造的有关证明、资料或者其他证据，编造虚假的事故原因或者夸大损失程度的，保

险公司对其虚报的部分不承担赔偿或者给付保险金的责任。第 43 条规定，投保人故意造成被保险人死亡、伤残或者疾病的，保险人不承担给付保险金的责任。受益人故意造成被保险人死亡、伤残、疾病的，或者故意杀害被保险人未遂的，该受益人丧失受益权。第 44 条第 1 款规定，以被保险人死亡为给付保险金条件的合同，自合同成立或者合同效力恢复之日起二年内，被保险人自杀的，保险人不承担给付保险金的责任，但被保险人自杀时为无民事行为能力人的除外。第 45 条规定，因被保险人故意犯罪或者抗拒依法采取的刑事强制措施导致其伤残或者死亡的，保险人不承担给付保险金的责任。

根据上述法律规定可知，如投保人或被保险人或受益人故意不履行保证内容，不仅损害被保险人的利益，还可能导致保险公司不予给付保险金或不退还保险费，情节严重的，还可能涉嫌保险诈骗承担刑事责任。

2. 投保人、被保险人履行保证义务的形式

保证分为明示保证与默示保证。明示保证通常是以文字或书面形式将对一些涉及保险合同事项的确认或对履行保险合同行为的确认等写入保险合同或作为保险合同的一部分，如保险批单；默示保证是指虽然在保险单中无书面或文字保证，但在习惯上投保人或被保险人对某事项为或者不为作出的保证。

### （四）保险公司的弃权与禁反言

1. 弃权与禁反言概念

保险公司的弃权是指，在保险合同中，当投保人未履行相应的义务时，法律赋予了保险公司解除合同、终止合同的权利，若保险公司在合理权限内未行使权利，则视为保险公司对合同解除权、终止权的放弃。禁反言是指，在保险公司已弃权的情况下，将来不得再向对方主张这种权利。

2. 保险公司行使弃权与禁反言的时效与法律后果

《保险法》第 16 条第 3 款规定："前款规定的合同解除权，自保险人知道有解除事由之日起，超过三十日不行使而消灭。自合同成立之日起超过二年的，保险人不得解除合同。"即保险人只能在合同订立起的 2 年内行使解除权，如超出期限未行使，则视为保险人放弃合同解除权，即弃权。这里的 2 年期限，我们通常称之为"不可抗辩期间"。很多人认为只要熬过了 2 年，即使投保人未履行如实告知义务保险公司也不能解除保险合同。投保超过 2 年，保险公司是否能解除保险合同的内容，可参见本书第四章第五节。

《保险法》第 16 条第 6 款规定："保险人在合同订立时已经知道投保人未如

实告知的情况的,保险人不得解除合同;发生保险事故的,保险人应当承担赔偿或者给付保险金的责任。"即保险人在订立合同时就明知具有不符合保险合同条件、无效或其他解除情形,仍然签发保险单、收取保险费的,保险事故发生后,不允许保险人以投保人不符合保险合同条件、无效或其他解除情形拒绝赔偿或给付保险金,即保险人禁反言。

## 二、人身保险的保险利益原则

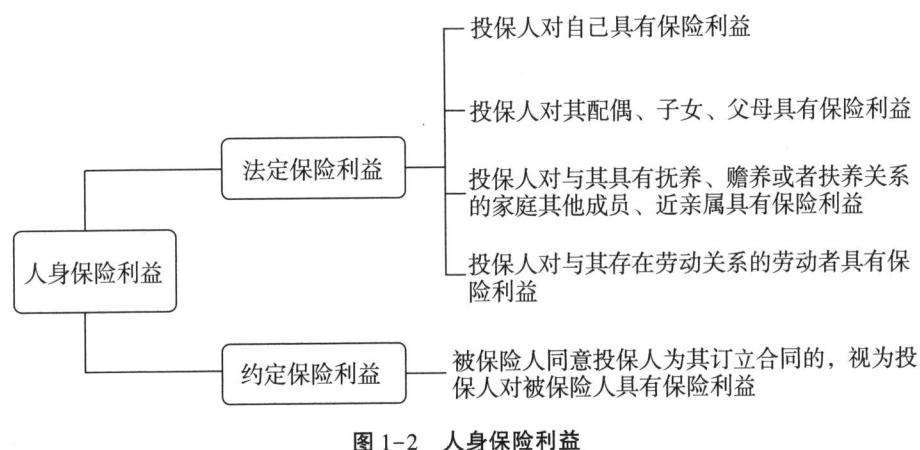

图1-2 人身保险利益

### (一) 保险利益 (insurable interest) 的内涵

保险利益是指投保人或者被保险人对保险标的具有的法律上承认的利益。

确立保险利益原则主要有以下几点考虑:

1. 就人身保险而言主要是为了防止赌博,防范道德风险。由于保险事故是否发生具有不确定性,如果允许投保人为没有利害关系的人投保,那么在利益的驱使下,投保人很可能为了获得高额的保险金而故意伤害被保险人,从而诱发道德风险,此时保险成为诱发刑事犯罪的工具,并不符合保险设立的初衷。因此,《保险法》第12条第1款规定:"人身保险的投保人在保险合同订立时,对被保险人应当具有保险利益。"

2. 保险合同系典型的射幸合同,是基于偶然事件发生而获益或受损。保险合同的目的是使受损害方获得利益补偿,而不是通过保险获益,否则,保险就成了与赌博一样的投机行为。而保险利益原则要求投保人对保险标的必须具有保险利益,且只有在保险标的经济利益受损害的情况下,才能够得到保险公司赔偿或者给付的保险金。此时，保险与赌博从根本上区别开来，能够有效维护社会公共利益及保险行业的正常经营。

3. 确定赔付被保险人因保险事故发生所遭受的经济损失，不允许投保人或被保险人通过保险获得额外的利益。所以投保人或被保险人对保险标的所具有的经济利益即保险的最高限额，若超出此限额，容易诱发道德风险和赌博行为，危害被保险人和保险人的利益。故保险利益原则能够确定保险公司赔偿或者给付的最高保险金额，既能保证被保险人的经济损失得到补偿，又能保证被保险人不因保险而获利，更能够确定保险人赔付的保险金额，进而避免纷争。

### （二）保险利益的确定

保险利益体现投保人或被保险人与保险标的之间的经济上的利害关系。

1. 如何衡量是否具有保险利益？

投保人或被保险人是否因保险标的的受损或丧失而遭受经济上的损失？保险利益是保险合同关系成立的前提，也是保险合同生效的依据。《保险法》第12条第1款规定："人身保险的投保人在保险合同订立时，对被保险人应当具有保险利益。"第31条第3款规定："订立合同时，投保人对被保险人不具有保险利益的，合同无效。"

如何确定是否具有保险利益？首先，保险利益必须是合法的利益，即保险利益是受法律保护的正当利益，违反法律法规规定或通过不正当手段获得的利益，不能成为保险利益。其次，保险利益是已经确定的利益。确定的保险利益指订立保险合同时，保险合同约定的投保人可期待利益、合同利益以及可以实现的保险公司应赔付给投保人或被保险人的保险利益。最后，保险利益应是可衡量的经济利益，即投保人或被保险人对保险标的享有可用货币衡量的经济利益。投保人或被保险人投保的目的系对保险标的发生保险事故所遭受的经济损失进行弥补，这种经济损失的弥补是可用货币衡量或计算的。若无法用货币衡量或计算，则无法成为保险利益。人身保险合同中，人的生命或身体是无价的，但是投保人或被保险人可以根据自身经济情况确定自己能够支付的保险费，进而确定保险保额，即确定保险利益的保险金额。

2. 人身保险利益的类型

人身保险利益分为法定保险利益和约定保险利益。

（1）法定保险利益，是指投保人与被保险人之间必须存在血缘或者利益关系，如近亲属、有抚养或者雇佣关系的人等。

《保险法》第 31 条规定："投保人对下列人员具有保险利益：（一）本人；（二）配偶、子女、父母；（三）前项以外与投保人有抚养、赡养或者扶养关系的家庭其他成员、近亲属；（四）与投保人有劳动关系的劳动者。除前款规定外，被保险人同意投保人为其订立合同的，视为投保人对被保险人具有保险利益。"

①投保人对自己具有保险利益。在这种模式下，投保人以自己的身体和生命作为保险标的进行投保，保险单的投保人、被保险人都是投保人自己。

②投保人对其配偶、子女、父母具有保险利益。由于夫妻之间、父母与子女之间存在法定扶养、赡养或抚养关系，同时具有较近血脉亲情关系，因此，配偶、子女、父母之间具有保险利益。

③投保人对与其具有抚养、赡养或者扶养关系的家庭其他成员、近亲属具有保险利益。

④投保人对与其存在劳动关系的劳动者具有保险利益。劳动者与用人单位、雇主与雇员之间存在劳动关系，一旦劳动者的身体健康发生损害，用人单位很可能会承担一部分费用，这种因劳动关系产生的经济上的利害关系，使得用人单位与雇主对员工或雇员的生命或身体具有保险利益，因此我国法律允许用人单位或雇主为其劳动者进行投保。

（2）约定保险利益，是指订立保险合同，无论投保人与被保险人有无法定利害关系，只需要被保险人同意为其订立保险合同，就视为投保人对被保险人具有保险利益。

①在实践中，保险公司为了防范道德风险，都会严格限定投保人与被保险人具有特定亲属关系，在投保时可能会要求投保人出示与被保险人存在亲属关系的材料，例如结婚证、户口簿、出生证明、亲子鉴定报告等，对于同居关系、朋友关系，保险公司一般不会承保。

②在履约保证保险中，债权人对债务人或者合伙人之间具有保险利益。在债权债务关系中，债务人的生死对债权人的债权实现有重要影响。合伙经营中，合作伙伴的突然死亡导致合作事业难以成功，甚至还会造成巨大经济损失，因此，债权人对债务人、合作伙伴之间具有保险利益。

### (三) 人身保险利益的时效

《保险法》第 12 条第 1 款规定："人身保险的投保人在保险合同订立时，对被保险人应当具有保险利益。"第 31 条第 3 款规定："订立合同时，投保人对被保险人不具有保险利益的，合同无效。"从上述内容可知，我国保险法仅要求人身保险投保人在订立保险合同时对被保险人具有保险利益。

投保人在保险合同订立后丧失对被保险人的保险利益的，是否影响保险合同的效力？人身保险合同一般是长期合同，主体较多，在履行保险合同过程中，保险合同的当事人与关系人可能发生身份关系上的变化，如果投保人不愿意交纳保险费，此时被保险人或受益人可以代为补交保险费，保险合同的效力不受影响。因此，《最高人民法院关于适用〈中华人民共和国保险法〉若干问题的解释（三）》[以下简称《保险法司法解释（三）》]第4条规定："保险合同订立后，因投保人丧失对被保险人的保险利益，当事人主张保险合同无效的，人民法院不予支持。"即我国保险法并不要求投保人在整个保险合同的履行过程中均对被保险人具有保险利益。即使在保险事故发生时投保人对被保险人失去保险利益，也不影响保险合同效力。所以，在人身保险合同中，投保人在保险合同订立后丧失对被保险人的保险利益的，不影响保险合同的效力。

### 三、损失补偿原则是否适用于人身保险合同？

#### （一）损失补偿原则的内涵

1. 损失补偿原则的概念

损失补偿原则是指保险合同成立并生效后，保险标的发生保险合同约定的责任范围内的损失，被保险人有权向保险公司申请理赔，保险公司按照约定赔偿或给付保险金，使保险标的恢复至保险事故发生前的状态，即被保险人不能因保险事故的发生获得额外的利益。

损失补偿原则的具体含义：一是被保险人发生保险合同中约定的保险事故并遭受经济损失，若被保险人并未因保险事故遭受经济损失，则被保险人无权向保险公司要求赔付；二是损失赔偿以保险事故导致被保险人的实际损失为依据，以实际经济损失和保险合同中约定的保险金额为限，被保险人不得因为保险赔偿而额外获利。

2. 保险公司进行保险赔付的上限

为了确保被保险人不能因保险事故的发生获得额外利益，被保险人申请理赔获得的保险金数额，保险人在坚持损失补偿原则的同时，还会受到实际损失、保险金额、被保险人对保险标的的保险利益三个方面的限制。

(1) 以实际损失为限

在保险合同有效期内,保险标的发生保险责任范围内的保险事故,保险人根据保险合同的约定,承担赔偿责任,赔偿金额以保险标的的实际损失为限。以实际损失为限进行保险补偿是指不论保险标的在投保时价值多少,保险公司在理赔时以保险标的的实际价值或市场价值为限进行理赔。例如,投保人为自己新买的汽车投保20万元保险金额的车辆损失险,发生保险事故时该车辆实际价值为9万元,那么保险公司只赔偿9万元。

(2) 以保险金额为限

保险金额是指保险合同中约定了保险人承担赔偿或者给付保险金责任的最高限额,无论何种情况,保险人的赔偿金额都不得超过保险金额。保险金额是保险公司收取保险费的基础和依据。以保险金额为限进行保险补偿是指保险事故发生时,保险公司在理赔时给付的保险金不能高于保险金额。例如,投保人为自有房屋投保50万元保险金额的全损财产损失险,之后房屋因爆炸而导致全损,但是此时房价已经上涨到120万元,虽然被保险人的实际损失为120万元,但是保险公司仅以50万元的保险金额为限承担给付保险金的责任。

(3) 以保险利益为限

保险利益是订立履约保证保险的依据,也是被保险人索赔的依据,保险人对被保险人的赔偿以被保险人对保险标的的保险利益为最高限额。

以保险利益为限进行赔偿是指保险公司以"保险事故发生时"被保险人对保险标的具有的保险利益为限进行理赔。财产保险的被保险人在保险事故发生时,对保险标的应当具有保险利益。这也就是说,如果被保险人在投保时对保险标的具有保险利益,而在保险事故发生时丧失了保险利益,那么保险公司是无须进行保险理赔的。例如,投保人为自己的两个房屋(A房屋及B房屋)投保400万元保险金额的全损财产损失险,之后投保人将A房屋卖给了隔壁老王,随后发生火灾导致两个房屋全损,由于此时被保险人仅对B房屋享有保险利益,所以保险公司仅对B房屋进行保险理赔,对A房屋是不进行保险理赔的。

3. 损失补偿原则的派生原则

损失补偿原则主要派生两个原则:代位求偿原则及重复保险分摊原则。

(1) 代位求偿原则是指如果被保险人的损失是由第三人造成的,那么被保险人从保险公司获得保险赔偿后,在赔偿额范围内保险公司就享有向第三者追偿的权利,被保险人就该部分不能再向第三者追偿。代位求偿原则主要体现在《保险法》第60条第1款:"因第三者对保险标的的损害而造成保险事故的,保险人自向被保险人赔偿保险金之日起，在赔偿金额范围内代位行使被保险人对第三者请求赔偿的权利。"

代位求偿原则可以避免被保险人因保险事故的发生从第三人及保险公司处同时获利。这也就意味着，如果保险事故发生后，被保险人已经从第三人处获得了赔偿，那么保险公司在支付保险金时，可以相应扣减被保险人从第三人处已取得的赔偿金额。在保险公司支付保险金前，如果被保险人放弃对第三人请求赔偿的权利，则保险公司不再赔偿保险金；在保险公司支付保险金后，如果被保险人擅自放弃对第三人请求赔偿权利，则放弃行为无效。如果被保险人故意或者因重大过失致使保险公司不能行使代位请求赔偿的权利的，保险公司可以扣减或者要求被保险人返还相应的保险金。

(2) 重复保险是指投保人对同一保险标的、同一保险利益、同一保险事故分别与两个以上保险公司订立保险合同，且保险金额总和超过保险价值的保险。重复保险分摊原则是指在投保人就某一保险标的重复投保的情况下，发生保险事故时由各保险公司分摊保险金。分摊的方式主要有比例责任分摊、限额责任分摊、顺序责任分摊等几类。《保险法》第56条第2款规定："重复保险的各保险人赔偿保险金的总和不得超过保险价值。除合同另有约定外，各保险人按照其保险金额与保险金额总和的比例承担赔偿保险金的责任。"因此，对重复保险我国采取的是比例责任分摊方式。

### (二) 损失补偿原则是否适用于人身保险？

损失补偿原则是财产保险的一项重要原则，人身保险原则上并不适用损失补偿原则。这主要是考虑到，财产的价值可以进行衡量，保险事故发生后保险公司支付保险金可以弥补被保险人所失去的利益，但是人身保险以人的生命和身体作为保险标的，人的生命和身体是无价的，一旦被保险人发生保险事故，被保险人及受益人的经济损失、精神损害是无法用金钱衡量的，所以人身保险合同原则上并不适用损失补偿原则。同时，《保险法》第46条规定："被保险人因第三者的行为而发生死亡、伤残或者疾病等保险事故的，保险人向被保险人或者受益人给付保险金后，不享有向第三者追偿的权利，但被保险人或者受益人仍有权向第三者请求赔偿。"该条规定明确限制了保险公司向第三人追偿的权利，赋予了被保险人或受益人向第三人请求赔偿的权利。

人身保险适用的是定额给付原则，即保险公司根据保险合同约定的死亡或伤残程度来给付保险金。但是《保险法司法解释（三）》第18条规定："保人给付费用补偿型的医疗费用保险金时，主张扣减被保险人从公费医疗或者社会医疗保险取得的赔偿金额的，应当证明该保险产品在厘定医疗费用保险费率时已经将公费医疗或者社会医疗保险部分相应扣除，并按照扣减后的标准收取保险费。"因此，费用补偿型的医疗保险可以在保险金中扣减公费医疗或社会医疗保险的费用。

### 四、人身保险的近因原则

**典型案例**：被保险人死亡有多重原因，是否属于保险责任承担的范畴？

2014年6月29日，李某洁在保险公司投保驾乘意外伤害保险，投保人、受益人为李某洁，被保险人为其配偶王某成，保险年限为30年，交费年限为10年，基本保额为10万元，年保险费为1270元。保险条款约定：如果被保险人在中国境内驾驶或乘坐私家车期间发生公安交通管理部门认定的交通意外伤害事故（指外来的、突发的、非本意的、非疾病的使身体受到伤害的客观事件），且自事故发生之日起180日，被保险人因该事故导致身故的，按照基本保额10倍进行赔付。

2019年12月29日下午，李某洁驾驶小型客车由南向北行驶至机场高速时，与出口警示护墩相撞，致王某成受伤。事故发生后，王某成被120救护车送往大庆市中医院抢救，并于当日去世。李某洁于2020年1月3日去世。

2020年2月5日，医院司法鉴定所出具司法鉴定意见书，该鉴定意见书分析说明中记载：(1) 根据尸体检验、病理学检验，结合案情，王某成的冠状动脉粥样硬化伴狭窄Ⅳ度（管腔狭窄达80%），肺化脓性炎症，肺水肿，肺瘀血，脑水肿，多脏器瘀血、水肿，并于交通事故发生时死亡的事实可以确认。(2) 根据病理学检验特点及死亡经过，符合在冠心病病变基础上，突发事件引起冠状动脉痉挛，诱发冠状动脉严重供血不足，引起急性心力衰竭死亡。鉴定意见为王某成因急性冠状动脉痉挛，造成冠状动脉严重供血不足，引起急性心力衰竭死亡。

2020年4月16日，保险公司出具理赔结果通知书，同意赔付满期金8382元，对于王某丽（李某洁与王某成之女）申请的100万元驾乘意外身故保险金拒绝赔付。王某丽遂将保险公司起诉至法院，请求判决保险公司支付100万元保险金。

一审法院认为，交通事故与被保险人王某成的自身疾病对于其死亡的结果均有关联性，因此，被保险人王某成的死亡是否属于保险责任承担的范畴，须根据保险法中的近因原则进行判断。近因原则的核心在于对近因的界定，即在诸多可能导致保险事故发生的原因中,只有对最后损失的发生起决定性作用的原因才是近因。近因不是指时间上的接近,而是指效果上的接近。司法鉴定意见为王某成因急性冠状动脉痉挛,造成冠状动脉严重供血不足,引起急性心力衰竭死亡。从该鉴定意见可知,被保险人王某成自身患有严重疾病,本次交通事故只是其发病死亡的诱因,因此,导致被保险人王某成死亡的近因为其自身疾病,而非保险合同中约定的驾乘意外,所以判决驳回原告诉讼请求。

二审法院认为,王某成系因突发事件即本案的交通事故引起冠状动脉痉挛,诱发冠状动脉严重供血不足,引起急性心力衰竭死亡。由此可以认定王某成的死亡存在两个原因:一是自身存在冠状动脉狭窄;二是交通事故。交通事故属于被保险人理赔的责任范畴,运用近因原则确定本案危险与损害之间的关系是解决争议焦点的关键。王某成在没有交通事故的情况下不会引发冠状动脉痉挛,而冠状动脉狭窄仅仅是加重了交通事故所造成的伤害,但并非决定因素。故导致被保险人王某成死亡的近因为其自身疾病所致还是交通事故所致均无法确定。按照承保风险所占事故原因的比例或者程度,酌定判决由保险公司承担50%的保险赔偿责任,即保险公司给付王某丽驾乘意外身故保险金50万元。

## 裁判要点

王某成的死亡原因有两个,即自身存在的疾病与交通事故。被保险人王某成的死亡是否属于保险责任承担的范畴,需用保险法中的近因原则进行判断。

## 律师分析

### (一)近因原则的内涵

人身保险中的近因是指,造成保险事故最直接、最有效、起主导作用的原因,而不是指时间或空间上最接近的原因。保险事故的发生,原因可能只有一个,也有可能有多个。近因原则是指保险法上,只有当一个原因对损害结果的发生有决定性意义,而且这个原因是保险合同承保的风险时,保险人才承担保险责任。近因不属于保险责任的,保险人不承担赔偿或给付保险金责任。近因原则,是确定保险责任的重要原则。

### (二)多个原因存在时,如何应用近因原则确定根本原因?

1. 多个原因连续发生、前后衔接

两个以上原因连续发生造成损害,若后因是前因直接、必然的发展结果或合理的延续时，前因为近因。如果前因是承保危险，而后因不论其是不是承保危险，保险人均要承担责任；如果前因不是承保危险，保险人不承担责任。

2. 多个原因同时发生、相互并存

对于同时发生且相互独立的多种原因致损的情况，任何一个原因都可以导致损失发生，故均被认定为近因。如果这些致损原因都属于承保责任范围，则保险人应该赔偿；如果这些致损原因都属于免责范围，则保险人不予赔偿。如果数个原因中既有承保风险，又有除外风险，且除外风险是损失发生的近因，则保险人不予赔偿；如果数个原因中既有承保风险，又有除外风险，且承保风险是损失发生的近因，则保险人应当赔偿。

3. 多个原因同时发生、相互独立

数个原因同时发生并相互独立是指每个原因都可以独立造成损失，无须依赖于其他原因的情况。如果同时发生的多种原因均属于承保风险，则保险人应负全部赔偿责任，多种原因均属近因；如果同时发生的多种原因均属除外风险，则保险人不负赔付责任。如果多个原因中既有承保风险，又有未承保风险或除外风险，由于每个风险都可以单独造成损失，因此，承保风险就成为保险法上承担法律责任的近因，保险人应当赔付。

4. 损失系由承保事故或者非承保事故、免责事由造成难以确定的，如何处理？

《保险法司法解释（三）》第25条规定："被保险人的损失系由承保事故或者非承保事故、免责事由造成难以确定，当事人请求保险人给付保险金的，人民法院可以按照相应比例予以支持。"依据上述规定，人民法院可以行使自由裁量权，按照承保风险所占事故原因的比例或程度，判决保险人承担相应比例的保险责任。

本案中，一审法院认为，导致被保险人王某成死亡的近因为其自身疾病，而非保险合同中约定的驾乘意外，因王某成自身疾病并非保险人承保危险，故保险人免责。而二审法院认为，导致被保险人王某成死亡的近因为其自身疾病还是交通事故无法确定。故二审法院依据《保险法司法解释（三）》第25条的规定，按照承保风险所占事故原因的比例或者程度，酌定判决由保险公司承担50%的保险赔偿责任。

由于近因的定义，与人们的认知有一定差异，而且对于近因的判断，也会存在分歧，所以在实践中，对于近因原则的适用问题，会产生大量争议。山东省高级人民法院在2011年发布的《关于审理保险合同纠纷案件若干问题的意见（试行）》第14条规定："如事故是由多种原因造成，保险人以不属保险责任范围为由拒赔的,应以其中持续性地起决定或主导作用的原因是否属于保险责任范围为标准判断保险人是否应承担保险责任。"

## 第四节　人身保险的现金价值

**典型案例**：什么是保险单现金价值?

2019年1月4日,35周岁的张女士投保了一份"养老年金保险",保险期间为终身,基本保额为27,300元,交费期间为3年,年缴保险费为10万元。在投保时,保险代理人曾表示,如果张女士中途退保,保险公司会在收到申请后将保险单的现金价值退还给张女士。

表1-1　张女士投保的养老年金保险保险单现金价值

| 现金价值与减额交清保额表 ||||||
|---|---|---|---|---|---|
| 险种名称：××养老年金保险 || 保险合同号：×××× || 币种：人民币 ||
| 保险单年度末 | 现金价值 | 减额交清保额 | 保险单年度末 | 现金价值 | 减额交清保额 |
| 1 | 68,809.70 | 6276.30 | 37 | 588,629.00 | |
| 2 | 147,346.30 | 12,918.40 | 38 | 584,929.80 | |
| 3 | 310,682.20 | 27,300.00 | 39 | 581,069.60 | |
| 4 | 323,188.30 | | 40 | 577,045.60 | |
| 5 | 336,199.50 | | 41 | 572,844.10 | |
| 6 | 349,732.10 | | 42 | 568,454.30 | |
| 7 | 363,813.50 | | 43 | 563,865.10 | |
| 8 | 378,459.90 | | 44 | 559,065.80 | |
| 9 | 393,696.00 | | 45 | 554,039.90 | |
| 10 | 426,603.50 | | 46 | 548,776.40 | |
| 11 | 443,769.70 | | 47 | 543,261,80 | |
| 12 | 461,623.90 | | 48 | 537,476.90 | |
| 13 | 480,198.80 | | 49 | 531,416.30 | |
| 14 | 499,519.00 | | 50 | 525,058.20 | |
| 15 | 519,617.30 | | 51 | 518,391.30 | |
| 16 | 540,520.90 | | 52 | 511,402.70 | |

续表

### 现金价值与减额交清保额表

险种名称：××养老年金保险　　保险合同号：××××　　币种：人民币

| 保险单年度末 | 现金价值 | 减额交清保额 | 保险单年度末 | 现金价值 | 减额交清保额 |
|---|---|---|---|---|---|
| 17 | 562,265.30 |  | 53 | 504,078.10 |  |
| 18 | 584,886.10 |  | 54 | 496,398.60 |  |
| 19 | 608,413.30 |  | 55 | 488,347.90 |  |
| 20 | 632,887.70 |  | 56 | 479,914.90 |  |
| 21 | 631,042.20 |  | 57 | 471,077.90 |  |
| 22 | 629,123.00 |  | 58 | 461,817.70 |  |
| 23 | 627,124.70 |  | 59 | 452,123.50 |  |
| 24 | 625,044.40 |  | 60 | 411,970.60 |  |
| 25 | 622,879.50 |  | 61 | 431,345.50 |  |
| 26 | 620,621.80 |  | 62 | 420,223.40 |  |
| 27 | 618,271.30 |  | 63 | 408,588.20 |  |
| 28 | 615,825.20 |  | 64 | 396,417.80 |  |
| 29 | 613,276.40 |  | 65 | 383,687.90 |  |
| 30 | 610,619.10 |  | 66 | 370,370.90 |  |
| 31 | 607,853.60 |  | 67 | 356,442.50 |  |
| 32 | 604,970.70 |  | 68 | 341,875.20 |  |
| 33 | 601,967.70 |  | 69 | 326,644.60 |  |
| 34 | 598,839.20 |  | 70 | 310,723.10 |  |
| 35 | 595,576.80 |  | 71 | 294,086.50 |  |
| 36 | 592,175.20 |  | 72 | 0.00 |  |

## 一、保险单现金价值（cash value）的内涵

保险单现金价值是指带有储蓄性质的人身保险所具有的价值。从保险原理来讲，保险单现金价值是投保人在保险期间早期支付的超过自然保险费部分的金额的积累。通俗地理解，保险单现金价值是指人寿保险单值多少钱。保险单现金价值的最直接体现就是保险合同解除后，保险公司向投保人支付的退保

费用。保险单现金价值只存在于具有储蓄性的人身保险中，消费型的人身保险一般保险费较低，保障时间较短，不具备储蓄性，所以一般无现金价值可言。

在人寿保险中，由于死亡概率是随着年龄不断增长的，根据对价平衡原理来计算保险费的话，则投保人所需支付的保险费随着被保险人年龄的增加而不断增加，这样一种缴费方式并不符合投保人的需求。因为投保人的支付能力是随着年龄的增长而不断降低的。因此，根据被保险人年轻时与年老时死亡概率的不同，保险公司根据精算原理设计出均衡保险费的方案，即将投保人所需支付的全部保险费在整个保险期间内平均分配，投保人只需定期支付同等份额的保险费。根据均衡保险费方案，投保人在保险单前期支付的保险费高于保障成本，这种差额就构成了保险单现金价值的基础。

由于被保险人年轻时死亡概率低，此时交纳的保险费较多留存在保险公司，保险公司将投保人在前期交纳的保险费中高于保障成本部分提取出来作为责任准备金，准备金实际上属于投保人预交的保险费。若将来发生保险事故进行给付，或投保人中途退保或者保险合同解除，保险公司无须承担保险责任，保险公司就应当将提前提取的保险责任准备金返还给投保人。同时，由于保险公司在运营过程中存在一些运营成本，所以保险公司需要在责任准备金中预先扣除该保险单向业务人员支付的佣金、保险公司的管理费用开支在该保险单上分摊的金额，加上保险费所产生的利息。因此人寿保险合同的现金价值实际上是保险责任准备金与退保手续费的差额，再加上保险费产生的利息（如有）。保险单现金价值=投保人已经交纳的保险费-保险公司因为该保险单向保险工作人员支付的佣金-保险公司的管理费用开支在该保险单上分摊的金额-保险公司已经承担该保险单保险责任所需要的纯保险费+剩余保险费所产生的利息。

案例中，张女士投保的人寿保险单，随着保险单年度的不断增长，保险单现金价值也不断增长。

第1个保险单年度末，张女士36周岁，保险单现金价值为68,809.70元，此时张女士已经交纳了10万元的保险费；

第3个保险单年度末，张女士38周岁，此时张女士已经交纳了30万元的保险费，保险单现金价值为310,682.20元；

第10个保险单年度末，张女士45周岁时，保险单现金价值为426,603.50元；

第20个保险单年度末，张女士55周岁时，保险单现金价值数额超出保险费（30万元）的一倍，达到了632,887.70元。

## 二、保险单现金价值的功能

### (一) 退保 (surrender) 结算 (退还现金价值)

《保险法》第47条规定:"投保人解除合同的,保险人应当自收到解除合同通知之日起三十日内,按照合同约定退还保险单的现金价值。"因此,投保人退保后,保险合同解除,保险公司应当向投保人退还保险单的现金价值。一般来讲,保险单生效后前几年现金价值较少,如果选择前几年退保,很可能会"亏本"(保险单现金价值低于已经交纳的保险费)。所以,投保人在退保时需要谨慎,如果只是短期的资金周转,可以选择保险单质押贷款。

### (二) 保险单贷款 (policy loan) (保险单质押贷款)

《中国保险监督管理委员会关于寿险保险单质押贷款业务有关问题的复函》(保监厅函〔2008〕66号)第1条指出:"保险单质押贷款是长期寿险合同特有的功能,是指投保人在合同生效满一定期限后,按照合同约定将其保险单的现金价值作为质押,向保险公司申请贷款。"《保险法》第34条第2款规定:"按照以死亡为给付保险金条件的合同所签发的保险单,未经被保险人书面同意,不得转让或者质押。"依据上述规定,以死亡为给付保险金条件的合同所签发的保险单进行质押贷款须经被保险人同意。

《中国人民银行关于人寿保险中保险单质押贷款问题的批复》(银复〔1998〕194号)指出:"保险单质押贷款期限不超过六个月,保险单质押贷款金额不超过贷款时保险单现金价值的80%……保险单质押贷款利率按保险条款中的约定执行,如无约定,则按同期银行贷款利率执行。"一般订有保险单质押贷款条款的具有储蓄性质的养老保险、年金保险、重疾保险以及分红类长期险现金价值较高的,都可以办理保险单贷款。而这类保险在前几个年度保险单现金价值很低,因此会有"投保一定时间或缴费满一定次数才能申请保险单贷款"的要求。

案例中,张女士在第20个保险单年度资金周转不开而选择保险单质押贷款,保险单现金价值为632,887.70元,贷款比例按照80%来计算的话,此时张女士能获得的贷款额度为506,310.16元。

保险单质押贷款与退保相比,保险单质押贷款对投保人更加有利,既可以有助于解决投保人短期财务问题,又可以继续维持保险合同的效力,按合同约定得到保险保障。投保人在解决了资金周转困境之后,按期归还贷款并支付利息即可。如果在归还本息之前发生了保险事故或退保,保险人将从保险金或退保金中扣还贷款本息。当贷款本息达到现金价值的数额时,保险合同即终止。保险单贷款实际上是保险合同资金融通功能的体现。

### (三) 自动垫付 (loan premium) 保险费 (现金价值垫交保险费)

自动垫付保险费是指如果投保人由于资金困难而无法继续按照约定交纳保险费的情况下,投保人可以用保险单现金价值自动垫付应当交纳的保险费,如果后期投保人将之前欠付的保险费全部补足,则保险单现金价值会回到原来的数额。

### (四) 减额交清 (reduced paid-up insurance)

减额交清是指投保人不能按合同约定交纳保险费时,为保持原保险合同的保险责任、保险期限不变,在保险合同具有现金价值的情况下,将当时保险单现金价值扣除欠交保险费及贷款本息后剩下的作为一次交清的保险费,以相同的合同条件减少保额,使保险合同继续有效的一种保险单处理方式。

减额交清的目的,就是让投保人中途因为经济原因导致一直无法交保险费时使用,投保人如果决定不再交纳保险费,则可以向保险公司提出申请,以当时保险单现金价值一次性交清保险费。这种情况下,保险单的保险责任和保险期限都不变,只是保额相应降低。但并不是所有保险产品都具有减额交清功能,使用减额交清功能的保险单必须要有保险单现金价值,同时必须是期交保险费的保险产品,因为只有分期交保险费才存在还需要续交保险费的问题。减额交清功能常见于两全保险、终身寿险中。使用减额交清功能会消耗掉保险单的全部现金价值,但保险单会继续有效,保额减少,投保人能够继续享受保险保障。

### (五) 展期定期保险 (extended insurance)

展期定期保险是指投保人不能按合同约定交纳保险费时,投保人可以选择现金价值作为趸交保险费,向保险人申请变更"展期定期保险"。即在不变更保险金额的原则下,将当时保险合同的保险单现金价值作为趸交保险费,扣除营业费用及保险单贷款本息、欠缴保险费、垫缴保险费本息后的余额来计算,以不超过原来保险期间为准,是保险合同继续有效到特定期限的一种保险单处理方式。

如果保险单现金价值仍有剩余，则把剩余部分以现金返还给投保人。变更为展期定期保险后，投保人就不必再继续交保险费，被保险人在该特定时间前死亡或全残时，保险公司仍应依照约定的保险金额给付身故或全残保险金，若到该特定时间被保险人仍生存，且又交清生存保险金，则保险公司一次给付全部生存保险金。与减额交清不同的是，这种情况下，保险单的保额不会降低，只是相应地减少保险期限。

### 三、如何利用保险单现金价值，进行财富传承规划？

1. 婚姻期间投保，投保人可以选择前几年保险单现金价值较低的人寿保险单，如发生婚变，离婚时分割的保险单现金价值也比较少。

《第八次全国法院民事商事审判工作会议（民事部分）纪要》（以下简称《八民会议纪要》）第 4 条指出："婚姻关系存续期间以夫妻共同财产投保，投保人和被保险人同为夫妻一方，离婚时处于保险期内，投保人不愿意继续投保的，保险人退还的保险单现金价值部分应按照夫妻共同财产处理；离婚时投保人选择继续投保的，投保人应当支付保险单现金价值的一半给另一方。"由此可见，如果在婚后投保，离婚时保险单现金价值将按照夫妻共同财产进行分割。

如果投保人在婚内投保，可以购买前几年保险单现金价值较低的人寿保险单，这样即使夫妻双方感情破裂，因为离婚时保险单现金价值较低，投保人仅需要支付对方保险单现金价值一半的补偿就可以继续维持保险合同的效力。使用夫妻共同财产支付保险费可以减少投保人的经济压力。需要注意，在夫妻关系非常紧张，甚至已经开始分居的情况下，这种方案有可能失效，诉讼离婚分割夫妻共同财产时，法官很可能会判决分割已经交纳的保险费，而不是现金价值。关于婚后购买的人寿保险单如何分割，可参见本书第三章第三节的相关内容。

2. 如果投保人对于资金周转的需求较高，可以选择高现金价值的人寿保险单。

前面已经提到，保险单现金价值具有退保结算、保险单质押贷款等功能。因此，如果投保人对于资金周转的需求比较高，可以选择保险单现金价值较高的人寿保险单并合理利用保险单质押贷款功能，在为自己提供保险保障的同时盘活资金。按照以死亡为给付保险金条件的合同所签发的保险单，经被保险人书面同意的，投保人可以转让该保险单的现金价值，进行资金融通。

## 四、保险单现金价值在特定情形下的退还

依据《保险法》的相关规定,保险公司在以下情况出现时,应当按照合同约定向投保人退还保险单的现金价值:

依据《保险法》第 32 条的规定,投保人申报的被保险人年龄不真实,并且其真实年龄不符合合同约定的年龄限制的,保险人可以解除合同,并按照合同约定退还保险单的现金价值。

依据《保险法》第 36 条第 1 款、第 37 条的规定,合同约定分期支付保险费,投保人支付首期保险费后,除合同另有约定外,投保人自保险人催告之日起超过 30 日未支付当期保险费,或者超过约定的期限 60 日未支付当期保险费的,合同效力中止。但是,自合同效力中止之日起满 2 年双方未达成协议的,保险人解除合同的,应当按照合同约定退还保险单的现金价值。

依据《保险法》第 43 条第 1 款的规定,投保人故意造成被保险人死亡、伤残或疾病的,保险人不承担给付保险金的责任。投保人已交足 2 年以上保险费的,保险人应当按照合同约定向其他权利人退还保险单的现金价值。

依据《保险法》第 44 条的规定,以被保险人死亡为给付保险金条件的合同,自合同成立或者合同效力恢复之日起 2 年内,被保险人自杀的,保险人不承担给付保险金的责任,保险人应当按照合同约定退还保险单的现金价值,但被保险人自杀时为无民事行为能力人的除外。

依据《保险法》第 45 条的规定,因被保险人故意犯罪或者抗拒依法采取的刑事强制措施导致其伤残或者死亡的,保险人不承担给付保险金的责任。投保人已交足 2 年以上保险费的,保险人应当按照合同约定退还保险单的现金价值。

依据《保险法》第 47 条的规定,投保人解除合同的,保险人应当自收到解除合同通知之日起 30 日内,按照合同约定退还保险单的现金价值。

## 第五节 人身保险合同的成立

**典型案例**:未按约定交纳保险费,保险合同是否成立、生效?

2021 年 7 月 15 日,保险公司为周某涛出具了保险单,保险单载明:投保人为周某涛,参保人员为赵某庆等 4 人,每人死亡责任限额 60 万元,保险期间共

12个月,自2021年7月16日0时起至2022年7月15日24时止,保险费合计3880元,同时约定2021年7月16日前交清保险费等内容。2021年7月16日,保险公司业务员王某通过微信给周某涛提供了保险费的电子发票,周某涛回复称:"收到,这几天回老家了,款要对公转账还是微信转账?"王某回复:"都可以。"

2021年7月28日10时30分,周某涛的驾驶员赵某庆在驾驶车辆卸放粉煤灰的过程中,因操作不当,车顶放料口盖被粉煤灰冲出导致赵某庆当场死亡。当日11时36分,保险公司业务员王某将保险单电子版通过微信发给周某涛,周某涛将保险费3880元通过微信转给保险公司业务员王某。

2021年7月30日,周某涛与赵某庆家属签订赔偿协议,约定给赵某庆家属一次性赔偿各项经济损失87万元。当日,周某涛通过银行转账将赔偿款87万元支付给赵某庆家属。

随后,周某涛向保险公司申请理赔,保险公司于2021年8月2日向周某涛出具《拒赔通知书》,以周某涛未在保险事故发生前按照约定交纳保险费为由拒绝赔付,周某涛向法院起诉,请求判令被告向原告支付保险费60万元。

庭审时,保险公司提供责任免除条款特别告知书,用来证实责任免除条款已经对周某涛进行了明确告知。其中,保险条款中第19条明确约定:"投保人未按约定交纳保险费的,保险人不承担保险责任。"赵某庆于2021年7月28日10时30分发生意外事故,原告于当日11时36分才将保险费支付给被告的业务员。因其在发生事故之后才交纳保险费,故被告对交纳保险费前的事故不承担赔偿责任。

本案争议的焦点:未按约定交纳保险费,保险合同是否成立、生效?被告是否可以据此免责?

原告与被告业务员联系为原告的驾驶员赵某庆等投保雇主责任险,2021年7月15日,保险公司同意承保并出具保险单,双方订立保险合同的意思表示真实,保险合同成立。本案保险单及雇主责任保险条款约定了交纳保险费的期限为2021年7月16日前,但未约定未交纳保险费的后果,也未约定未按时交纳保险费属于合同免责条款。

法院认为,由于本案原、被告并未对保险合同效力附条件或者期限,保险合同在被告出具保险单并且给原告出具发票时成立并生效,双方应当按照保险合同履行各自义务,原告的义务即为按照约定交纳保险费,被告的义务为按照约定的时间承担保险责任。保险事故发生当日,原告通过微信给被告的业务员王某交纳了保险费,至此,原告已经履行了交纳保险费的义务。在保险合同领域,除双方有特别约定外,被告不得以原告未履行交费义务为由拒绝承担保险责任。本案雇主责任险保险单中明确约定每人死亡责任限额 60 万元,原告驾驶员赵某庆发生事故死亡,属于被告的保险责任,原告在事故发生后已经向赵某庆家属赔付了 87 万元经济损失,被告应当依照保险合同履行支付保险金的义务,将保险金赔付给原告。原告主张的死亡赔偿金 60 万元,于法有据,法院予以支持。

## 裁判要点

投保人提出保险要求,经保险人同意承保,保险合同成立。保险人应当及时向投保人签发保险单或者其他保险凭证。依法成立的保险合同,自成立时生效。

## 律师分析

### 一、保险合同的成立

保险合同的成立(establishment of insurance contract)是指投保人提出保险要求,经保险人同意承保,并就合同内容达成一致的行为。保险合同作为合同的一种,订立程序与其他合同相同,一般包括投保人的要约与保险人的承诺两个过程。

《保险法》第 13 条规定:"投保人提出保险要求,经保险人同意承保,保险合同成立。保险人应当及时向投保人签发保险单或者其他保险凭证。保险单或者其他保险凭证应当载明当事人双方约定的合同内容。当事人也可以约定采用其他书面形式载明合同内容。依法成立的保险合同,自成立时生效。投保人和保险人可以对合同的效力约定附条件或者附期限。"

(一)投保人的要约

投保人填写投保单,向保险人提出投保的意思表示,希望与保险人订立保险合同,即投保人的要约。投保人要约方式包括投保人至保险人经营场所、与保险人在约定地点、填写投保单、网络、电话或邮件等多种方式。

(二)保险人的承诺

保险人的承诺是指,保险人收到投保人发出的书面投保的意思表示后所作出的同意承保的意思表示。实践中,保险人收到投保人提交的纸质版投保单或者电子版投保材料后进行审核,若投保的保险标的符合投保条件,则作出承保承诺;否则,拒绝承保。保险人承保后向投保人签发保险单,保险人签发保险单后保险合同成立,保险合同的承诺人只能是保险人。

实践中,在保险人审核投保单的过程中,经常会与投保人就保险条款的概念与内涵、保险费率、免责条款等进行解释说明、协商或选择等,在双方达成一致意见后保险人签发保险单,即保险人作出保险承诺,保险合同成立。

## 二、保险合同的生效

保险合同的生效(effectiveness of insurance contract),是指依法成立的保险合同,根据法律规定或合同约定在保险合同当事人之间产生法律约束力。

人身保险合同生效条件包括:(1)合同主体符合法律规定,保险人必须为依法设立的保险公司,投保人也要具有相应的民事行为能力。(2)保险合同主体意思表示真实并达成投保与承保合意,保险合同的内容必须是双方当事人的真实意思表示,且须遵循保险最大诚信原则。(3)保险合同内容不得违反法律法规的强制性规定。(4)保险合同必须采取书面形式。

## 三、保险合同的保险期间

保险期间也称保险期限,是保险公司承担保险责任的起止时间。通常情况下,对于符合保险责任范围内的保险事故只有发生在保险期间之内,保险人才会承担保险责任。《保险法》第14条规定:"保险合同成立后,投保人按照约定交付保险费,保险人按照约定的时间开始承担保险责任。"

保险期间会依据保险产品的不同设定具体的承保期间。如一年期健康保险或意外伤害保险合同,保险期间通常为一年。长期保险合同的保险期间可以约定具体年限至哪一年或约定为生存期间,如终身寿险保险期间为终身。

通常情况下,保险公司为防范风险,对于健康保险产品,会设置相应的约定责任开始时间条款,一般叫作等待期或者观察期。例如,某医疗保险产品条款约定,自本合同生效日零时起30日为等待期,非首次投保无等待期。如果被保险人在等待期内发生疾病,由该疾病导致的住院治疗无论是否在等待期内,保险公司均不承担保险责任。又如,某重疾险条款约定:自本合同生效日零时起90日为等待期。如果本合同曾一次或多次恢复效力,则自每次合同效力恢复之日零时起90日均为等待期;如果被保险人因意外伤害事故或等待期后因意外伤害事故以外的原因导致被保险人经医院由专科医生初次确诊患上一种或多种本附加合同所定义的重大疾病,保险公司按本附加合同基本保险金额给付重大疾病保险金,同时主合同及本附加合同终止。

2019 年之前，各保险公司的重疾险产品等待期各不相同，从 90 天到 180 天至 1 年不等。2019 年 12 月 1 日起生效的《健康保险管理办法》（2019 年修订）第 27 条规定，疾病保险、医疗保险、护理保险产品的等待期不得超过 180 天。等待期的缩短，无疑会加强对保险客户利益的保护。需要注意的是，重疾多次赔付之间的时间间隔，不受 180 天等待期的限制，如有些重疾多次赔付产品条款中规定几次重疾间隔期间为 1 年也是符合规定的。若被保险人在等待期内罹患重大疾病，则保险公司不承担赔付责任。

**四、保险人接受投保人提交的保险单并收取保险费，尚未出具保险单之前发生保险事故，这种情况下保险公司是否应当承担保险责任？**

《保险法司法解释（二）》第 4 条规定："保险人接受了投保人提交的投保单并收取了保险费，尚未作出是否承保的意思表示，发生保险事故，被保险人或者受益人请求保险人按照保险合同承担赔偿或者给付保险金责任，符合承保条件的，人民法院应予支持；不符合承保条件的，保险人不承担保险责任，但应当退还已经收取的保险费。保险人主张不符合承保条件的，应承担举证责任。"即在保险人收到投保单与收取保险费之后，尚未作出是否承保的意思表示之前，发生保险事故的，应区分情况确定保险人是否承担保险责任。如果投保人投保的保险标的情况符合承保条件，则保险人应承担赔偿或给付保险金责任；如果保险人认为投保人的保险标的不符合承保条件，则不承担保险责任，但此时保险人具有举证责任，应当证明投保人的保险标的不符合承保条件。

**五、案例中保险合同何时成立？保险公司是否应承担保险责任？**

《保险法》第 13 条规定："投保人提出保险要求，经保险人同意承保，保险合同成立。保险人应当及时向投保人签发保险单或者其他保险凭证。保险单或者其他保险凭证应当载明当事人双方约定的合同内容。当事人也可以约定采用其他书面形式载明合同内容。依法成立的保险合同，自成立时生效。投保人和保险人可以对合同的效力约定附条件或者附期限。"

案例中，周某涛作为投保人提出保险要求，2021 年 7 月 15 日，经保险人保险公司同意承保，保险公司为周某涛出具了保险单，保险合同成立。依据《保险法》第 13 条的规定，依法成立的保险合同，自成立时生效。因投保人周某涛与保险人并未就保险合同的效力附条件或期限，故保险合同自保险人出具保险单时成立生效。2021 年 7 月 28 日，周某涛向保险公司交纳了保险费，已履行了缴费义务。发生保险事故时，保险人已经同意承保并出具保险单，故保险人应按照保险合同的约定承担保险责任。

虽然保险公司主张周某涛未按时交纳保险费，构成违约，其不应当承担赔偿责任，但雇主责任保险条款中仅约定投保人应当按时交纳保险费，对于逾期交纳保险费是否免除保险人保险责任并未作出明确约定。依据《保险法》第30条的规定，应做出有利于被保险人或受益人的解释。保险公司作为保险人，在保险合同已生效的情况下，应按照保险合同的约定承担保险责任，其以投保人未按时交纳保险费为由拒绝理赔，无事实和法律依据，故法院判令保险公司承担保险责任。

## 第六节　人身保险合同的变更

**典型案例**：投保人和保险人协商变更保险合同内容，是否合法、有效？

2019年3月1日，孙某薇与某保险公司签订保险合同，投保重大疾病保险及医疗保险，交纳保险费3683.50元，保险公司向孙某薇出具保险单，保险合同依法生效。2019年11月至2020年1月，孙某薇在医院检查发现子宫有病变，并进行了子宫摘除手术，支付医药费约15,857.73元。2020年3月9日，孙某薇向保险公司申请理赔，2020年4月29日，保险公司拒绝赔付，孙某薇因对理赔结果有异议而提起诉讼。

法院经审理查明，2015年4月27日，原告孙某薇在医院门诊检查，门诊记录中记载原告孙某薇HPV16阳性（高危型）[①]。在《人身保险投保书》"投保告知"项下"您是否有或曾经患有与乳房或子宫、宫颈、卵巢、输卵管等女性生殖器官有关的疾病？""在过去的5年内，您是否因上述告知情况以外的疾病住院治疗，或被医生建议住院治疗，或因疾病连续服药超过1个月？"等询问，孙某薇均作否定回答。末尾处"客户投保声明"载有"本人已认真阅读并充分理解保险责任、责任免除、犹豫期、合同生效、合同解除……保险条款的各项概念、内容及其法律后果……本人及被保险人在投保书中的所有陈述和告知均完整、真实、准确，已知悉各项投保资料"。

2020年3月9日孙某薇向保险公司申请理赔，经双方协商，4月29日孙某薇与保险公司书面变更保险合同，并在《契约内容变更通知书》上签字确认"医疗险，不承担条款中因被保险人患妇科（子宫、附件）疾病所引起的医疗保

---

① HPV（human papilloma virus），人乳头瘤病毒。

险责任"。同日，保险公司作出《理赔决定通知书》，内容为："本公司对本次理赔申请作出如下处理决定：不予给付医疗保险金。本公司作出上述处理决定的依据是不在保险责任范围内。具体理由：经调查发现投保前已患疾病，已对医疗保险与重大疾病保险特约妇科疾病（子宫、附件）相关疾病进行除外约定，故本次拒付处理。"

法院认为：人身保险合同系双方的真实意思表示，未违反法律和行政法规的强制性规定，应属有效，对双方均具有约束力。本案争议焦点为保险公司是否应给付孙某薇医疗保险金。

首先，孙某薇在《电子投保申请确认书》《人身保险投保提示书》上签名的行为应视为对全部内容的认可，由此可以证明保险公司就相关事项对原告孙某薇进行了询问，并经孙某薇书面确认；亦可证明保险公司对保险条款进行了说明，尤其对保险责任及责任免除条款进行了提示和明确说明。原告孙某薇在2015年4月27日检查出HPV16阳性（高危型），但在投保时就告知事项中的上述提问却作出否认的回答，因该疾病发生在保险合同订立前，且该疾病引起子宫颈上皮细胞病变按合同的约定不在保险责任范围内。

其次，原告孙某薇申请理赔后，经原、被告双方协商，2020年4月29日原告孙某薇以书面方式与保险公司变更保险合同，并在《契约内容变更通知书》上签字确认"医疗险，不承担条款中因被保险人患妇科（子宫、附件）疾病所引起的医疗保险责任"，该约定系双方的真实意思表示，合法、有效，对双方均具有约束力。

最终，法院判决驳回孙某薇的诉讼请求。

## 裁判要点

投保人和保险人可以协商变更合同内容，当客户以书面方式与保险公司约定变更保险合同的情况下，约定系双方的真实意思表示，合法、有效，对双方均具有约束力。

## 律师分析

本案中，孙某薇为什么要与保险公司变更保险合同内容？

《保险法》第16条规定："订立保险合同，保险人就保险标的或者被保险人的有关情况提出询问的，投保人应当如实告知。投保人故意或者因重大过失未履行前款规定的如实告知义务，足以影响保险人决定是否同意承保或者提高保险费率的，保险人有权解除合同……投保人故意不履行如实告知义务的，保险人对于合同解除前发生的保险事故，不承担赔偿或者给付保险金的责任，并不退还保险费……"

本案中，孙某薇在 2015 年 4 月 27 日已经医院门诊确诊患有 HPV16 阳性（高危型）。2019 年 3 月 1 日孙某薇投保时，面对保险公司的询问，孙某薇作为投保人与被保险人应当如实回答，否则可能影响投保人和被保险人的权益。在《人身保险投保书》"投保告知"项下"您是否有或曾经患有与乳房或子宫、宫颈、卵巢、输卵管等女性生殖器官有关的疾病？""在过去的 5 年内，您是否因上述告知情况以外的疾病住院治疗，或被医生建议住院治疗，或因疾病连续服药超过 1 个月？"等询问，孙某薇均作否定回答。保险公司在进行理赔调查中发现 2015 年医院门诊记载孙某薇患有 HPV16 阳性（高危型）。该疾病发生在保险合同订立前，该疾病引起子宫颈上皮细胞病变按合同的约定不在保险责任范围内。2020 年 3 月 9 日，在理赔访谈中孙某薇承认投保前感染 HPV。

依据《保险法》及保险合同的约定，孙某薇在投保时不履行如实告知义务，保险公司有权解除保险合同，不承担赔偿或给付保险金的责任，并不退还保险费。此时，对于孙某薇来说，因孙某薇的故意不履行如实告知义务，不但保险合同解除了，还拿不到保险公司赔偿的保险金，更损失了保险费，是最不利的后果。

为了尽量减少孙某薇的损失，依据《保险法》第 20 条的规定，经孙某薇与保险公司协商一致，双方以书面形式对保险合同内容进行了变更，即对保险合同的承保范围进行变更，将孙某薇在投保之前隐瞒的已经患有的疾病且保险合同内也承保的疾病排除在外，保险公司继续承保，保险合同继续有效。而保险合同内容的变更，经双方书面确认系双方的真实意思表示，合法、有效，对双方均具有约束力。

如此情况下，经孙某薇和保险公司双方同意，保险合同继续有效，孙某薇也不必损失已经交纳的保险费，最大程度上减少了孙某薇的经济损失。

**一、人身保险合同中，哪些内容可以变更？**

保险合同的履行过程中，往往会有各种情况的发生，如投保人去世、变更受益人、延长或者缩短保险期限、增加或减少保险金等，为让保险合同继续有效履行，经投保人和保险人同意，可以对保险合同进行相应的变更。

保险合同的变更是指，在保险合同的有效期内，经投保人与保险人协商一致，以法定形式对保险合同内容进行变更。人身保险合同的变更主要包括保险合同主体的变更和保险合同内容的变更。人身保险合同主体的变更主要包括保险合同的当事人（保险人与投保人）与保险合同的关系人（被保险人与受益人）的变更。保险合同内容的变更主要是指保险合同条款的变更导致保险合同主体权利与义务的变化。

## 二、保险合同主体的变更

（一）保险人的变更

保险人是指与投保人订立保险合同，并按照合同约定承担赔偿或者给付保险金责任的保险公司。故保险人就是指保险公司。保险人的变更是指保险公司因破产、分立、合并或被依法撤销时，经国家保险监督管理机构批准，其所承担的部分或者全部保险合同责任转移给其他保险公司承担。

一般情况下，在保险合同签订后，保险合同中保险公司不会发生变更，但是在特定条件下，也会有变更的情况：比如保险公司兼并重组，或者因为经营出现严重问题被监管机构接管，进而发生重组等。不过由于保险公司的特殊性质，各个国家和地区对保险公司运营基本都有非常严格的监管措施，即使发生保险公司破产或重组的情况，也会把维护客户利益放在相当重要的地位，尽最大可能使客户的保险单不受影响。此时，发生保险公司变更不受投保人意志影响，是国家为保障投保人、被保险人或者受益人的合法权益而提供的接管组织。

例如，2018年2月23日，鉴于安邦集团存在违反《保险法》规定的经营行为，可能严重危及公司偿付能力，为保护保险消费者合法权益，维护社会公共利益，原保险监督管理委员会决定对安邦集团实行接管，保险保障基金注资608.04亿元，随后成立大家保险集团，受让了原安邦保险保险单，尽最大可能维持了客户利益与社会稳定。[①]

（二）投保人的变更

投保人是指与保险人订立保险合同，并按照合同约定负有支付保险费义务的人。投保人的变更是指在投保人无力缴费、家庭成员发生变化、原投保人出现意外、身故或其他情况时变更投保人。

《保险法》第20条规定："投保人和保险人可以协商变更合同内容。变更保险合同的，应当由保险人在保险单或者其他保险凭证上批注或者附贴批单，或

---

[①] 《中国保监会关于对安邦保险集团股份有限公司依法实施接管的公告》，载中国银行保险监督管理委员会官网，http：//www.cbirc.gov.cn/cn/view/pages/ItemDetail.html? docId = 358816&itemId = 925&generaltype = 0；《银保监会：保险保障基金为安邦增资608.04亿元并启动战略投资人遴选》，载人民网，http：//money.people.com.cn/n1/2018/0404/c42877-29907866.html。

者由投保人和保险人订立变更的书面协议。"依据上述规定，通常情况下，保险合同的投保人是可以进行变更的。首先，新投保人必须符合保险公司对投保人条件要求，如投保人应具有完全民事行为能力；其次，新投保人需要具有继续交纳保险费的经济能力且愿意继续交纳对应的保险费；再次，依据人身保险合同的性质如需经被保险人同意的，还需经被保险人书面同意；最后，由投保人与保险人以订立变更书面协议的方式或者保险人在保险单或者其他保险凭证上批注或者附贴批单的方式对投保人进行变更。

投保人的变更等同于投保人将保险合同转让给第三人，从性质上与投保人在保险合同存续期间丧失保险利益相同。

《保险法》第34条第2款规定："按照以死亡为给付保险金条件的合同所签发的保险单，未经被保险人书面同意，不得转让或者质押。"依据上述规定，对于并非以死亡为给付保险金条件的保险单，其转让并不需要经过被保险人的同意，所以，并不是所有的人身保险合同变更投保人都需要经过被保险人的同意。

需要注意：如果投保人使用夫妻共同财产支付保险费，由于保险单现金价值属于夫妻共同财产，此时投保人如变更新的投保人，类似于债权转让。因此，严谨来说，应当征得配偶一方的同意，否则将面临擅自处分夫妻共同财产的风险。但实务中，很多保险公司并未作此要求。

若投保人身故，投保人名下保险单成为投保人的遗产。当投保人没有遗嘱对该保险单预先安排的情况下，需要原投保人的法定继承人代办投保人变更手续。此时需要注意，原投保人的继承人在分割保险利益时，需要将保险单利益的一半析出来归投保人配偶所有，剩下的才可以作为投保人的遗产。

实践中，有些保险公司开发了保险单的"第二投保人"功能，即通过提前约定，在投保人身故或者发生保险合同中约定的情况时，可以方便快捷实现变更投保人的目的，从而规避变更投保人在实践中的种种障碍。

（三）被保险人的变更

被保险人是指其财产或者人身受保险合同保障，享有保险金请求权的人。投保人可以为被保险人。人身保险业务中，由于被保险人的健康和生命是唯一保险标的，被保险人的变更等同于原保险合同终止后又新订立一份保险合同，所以在人身保险合同中，一般被保险人是无法变更的。但是，在单位给员工购买的团体保险中，由于团体成员经常会发生自然变动，所以保险公司允许在一定比例范围内更换被保险人。

### （四）受益人的变更

受益人是指人身保险合同中由被保险人或者投保人指定的享有保险金请求权的人。投保人、被保险人可以为受益人。根据《保险法》第41条规定，被保险人或者投保人可以变更受益人，无需保险公司的同意，但投保人变更受益人时须经被保险人同意。

1. 变更受益人的主体：投保人与被保险人为同一主体时，投保人或者被保险人都可以变更受益人；投保人与被保险人为不同主体时，投保人变更受益人须经被保险人同意，否则无效。

2. 变更受益人的期限：《保险法》并未就变更受益人的期限或条件加以限制。但应在保险合同订立之后，依据《保险法》第18条的规定，当保险事故发生时，保险给付请求权随之产生，受益人系唯一享有保险金赔付请求权的人，受益人的保险给付请求权转为现实的债权，是受益人的一种既得权利，归受益人所有，此时无论作为投保人还是被保险人都无权变更受益人。因此，《保险法司法解释（三）》第11条规定："投保人或者被保险人在保险事故发生后变更受益人，变更后的受益人请求保险人给付保险金的，人民法院不予支持。"

保险合同为继续性合同的，保险事故发生后保险人依法依约赔付保险金后，保险合同并不当然终止，投保人或被保险人可以就此后发生的保险事故的保险赔偿金重新指定受益人。如财产保险中的车辆保险，已发生保险事故对应的受益人之保险给付请求权已成为现实债权，不能变更受益人。

若受益人在取得保险给付请求权之后去世，保险请求权即作为受益人的遗产处理，而不是作为被保险人的遗产。

3. 变更受益人的方式：依据《保险法》第41条的规定，变更受益人应采取书面形式。司法实践中，是否可以通过遗嘱的方式变更受益人，各地法院判法不一。保险公司收到变更受益人的书面通知后，应当在保险单或者其他保险凭证上批注或者附贴批单。

4. 变更受益人的通知生效时间：根据《保险法司法解释（三）》第10条的规定，投保人或者被保险人变更受益人的意思表示一经发出即生效。投保人或者被保险人变更受益人未通知保险人的，对保险人不发生效力。

### 三、保险合同内容的变更

保险合同内容的变更主要是指投保人对保险合同条款的变更。保险内容变更比较常见的项目包括：保险期限、保险金额、交费方式、生存金领取方式、附加险、交费银行账号、客户信息、身份证有效期、联系地址、减额交清、复效、预约终止等。《保险法》第20条规定："投保人和保险人可以协商变更合同内容。变更保险合同的，应当由保险人在保险单或者其他保险凭证上批注或者附贴批单，或者由投保人和保险人订立变更的书面协议。"

## 第七节　人身保险合同的中止和复效

**典型案例一**：被保险人在合同效力中止期间发生保险事故，保险公司能否拒绝支付保险金？

2014年12月10日，赵某亮在某保险公司为被保险人张某艳投保安行宝两全保险，并指定张某斌为身故受益人。

安行宝两全保险条款约定：

1. 保险期间：自2014年12月11日0时起至2034年12月10日24时止，合同生效日为2014年12月11日，交费方式为按年（10次交清），每期保险费为人民币2120元，基本保险金额为100,000元。

2. 交通事故意外身故保险金或交通工具意外全残保险金：若被保险人驾驶或乘坐他人驾驶的非营运机动车，在交通工具上遭遇伤害，并自该意外伤害发生之日起180日内以该次意外伤害为直接原因导致身故或全残，保险人按照10×本合同的基本保险金额支付身故保险金。

3. 保险费的支付：本合同的保险费采用限期年交（即在交费期间内每年支付一次保险费）方式支付。交费方式和交费期间在投保时约定，并在保险单上载明。在支付首期保险费后，应按照约定，在每个保险费约定支付日支付其余期的保险费。

4. 宽限期：支付首期保险费后，除本合同另有约定外，如果到期未支付保险费，自保险费约定的支付日的次日0时起60日为宽限期。对于宽限期内发生的保险事故，保险公司仍承担保险责任，但在给付保险金时会扣减欠交的保险费。如果宽限期结束之后仍未支付保险费，则本合同自宽限期满的次日零时其效力中止。在本合同中止期间，保险公司不承担保险责任。

此外，赵某亮与保险公司约定每年自赵某亮授权的银行账户扣转续期保险费。自2014年12月13日至2016年12月12日，保险公司均成功扣转当期保险费。

自2017年12月11日起，赵某亮提供的银行账户因"遗失补办账户状态不正常、卡号不合法或不存在"导致保险费扣款不成功。保险公司于 2017 年 12 月 14 日通过短信平台向赵某亮预留的电话号码发送"续期银行转账扣款失败通知"提示交费，短信内容为"投保的安行宝两全保险（保险单尾号 7310）本期保险费 2120 元因银行账户原因于 12 月 12 日转账失败，请核实银行卡账号状态"。

2018 年 9 月 24 日，被保险人张某艳因驾驶机动车发生交通事故意外身亡。后受益人张某斌向保险公司提出理赔申请。

保险公司认定"安行宝两全保险交费至 2017 年 12 月 11 日，被保险人死亡日为 2018 年 9 月 24 日（被保险人死亡时保险单已失效）"，保险公司向张某斌出具《不予受理通知书》。

2019 年张某斌以保险公司为被告起诉至法院，要求保险公司支付保险金 100 万元。

## 裁判要点

被保险人在合同效力中止期间发生事故身故，保险人不承担支付保险金的义务。

**典型案例二**：被保险人的危险程度在保险合同中止期间显著增加，保险公司能否拒绝恢复合同效力？

2014 年 5 月 20 日，曹某峰与某保险公司签订了《保险合同》（康健吉顺定期防癌疾病），该合同由"首期保险费发票""保险单""现金价值表""保险条款"等部分组成。保险单约定：曹某峰每年向保险公司交纳 1299 元保险费；首次交纳保险费日期为 2014 年 5 月 20 日，交费方式为年交，交费期间为 20 年，续期保险费交费日期为每年 5 月 21 日；合同生效日期为 2014 年 5 月 21 日；保险期间为 2014 年 5 月 21 日至 2039 年 5 月 20 日。

保险条款约定：

1. 保险费的交纳：本合同的交费方式和交费期间由您和本公司约定，但须符合本公司当时的投保规定，约定的交费方式和交费期间将在保险单上载明。

2. 续期保险费的交纳、宽限期：本合同续期保险费应按保险单所载明的交费方式和交费日期交纳，您应该在所选择的交费期间内每年交纳保险费，交纳保险费的具体日期为当年的保险单生效对应日（详见释义），并在保险单上载明。如到期未交，自保险单所载明的交费日期的次日零时起 60 日为宽限期。宽限期内发生保险事故的,本公司承担保险责任,但在给付保险金时将扣减您欠交的保险费。

3. 合同的效力中止:除另有约定外,您逾宽限期仍未交纳续期保险费的,本合同自宽限期满的次日零时起效力中止。

4. 合同效力的恢复:本合同效力中止后两年内,您可以申请恢复本合同效力。经本公司与您协商并达成协议,自您补交保险费之日起,本合同效力恢复。自本合同效力中止之日起满两年双方未达成复效协议的,本公司有权解除本合同,并退还宽限期开始前一日保险单的现金价值。

5. 该保险条款释义:"保险单生效对应日"为保险单生效日每年的对应日;"现金价值"指保险单所具有的价值,通常体现为解除合同时,根据精算原理计算的由本公司退还的那部分金额。保险单年度末的现金价值金额在现金价值表上载明,保险单年度之内的现金价值金额您可以向我们查询。保险条款对其他事项也作了约定。

合同签订后,曹某峰向保险公司交纳了2014年、2015年、2016年的保险费。因曹某峰未按约定交纳2017年的保险费,2017年7月11日,保险公司的工作人员给曹某峰发短信告知:因曹某峰投保的涉案保险未按期交纳保险费,保险单将于2017年7月20日失效,请曹某峰尽快交纳保险费。

2019年2月22日,曹某峰向保险公司提出恢复保险合同的效力申请。但保险公司根据保险合同中复效规则进行审查时,认为曹某峰在合同效力中止期间发生的疾病主要是继发性高血压(三期)、脑缺血灶等,造成其危险程度显著增加,且足以影响保险人决定是否同意恢复保险或者提高保险费率。因此,保险公司拒绝了曹某峰恢复保险合同效力的申请。

于是,曹某峰向法院起诉请求保险公司继续履行与曹某峰签订的《保险合同》(康健吉顺定期防癌疾病)。

法院经过审理后认为,保险公司根据保险合同中复效规则进行审查时,认为曹某峰在合同效力中止期间发生的疾病主要是继发性高血压(三期)、脑缺血灶等,造成其危险程度显著增加,且足以影响保险人决定是否同意恢复保险或者提高保险费率。另根据康健吉顺定期防癌疾病保险条款第3.4条规定,保险合同中止后两年内,被保险人可以申请恢复合同效力,但是必须与保险人达成协议。本案中,曹某峰与保险公司就是否恢复保险合同效力,未能达成合意。故曹某峰要求保险公司继续履行与其签订的保险合同于法无据。法院判决:驳回曹某峰的全部诉讼请求。

## 裁判要点

投保人可以根据自身经济情况随时中止保险合同的效力，但如被保险人的危险程度在合同中止期间显著增加，保险人可以拒绝恢复保险合同效力。

## 律师分析

### 一、保险合同的中止及其法律后果

《保险法》第 36 条规定："合同约定分期支付保险费，投保人支付首期保险费后，除合同另有约定外，投保人自保险人催告之日起超过三十日未支付当期保险费，或者超过约定的期限六十日未支付当期保险费的，合同效力中止，或者由保险人按照合同约定的条件减少保险金额。被保险人在前款规定期限内发生保险事故的，保险人应当按照合同约定给付保险金，但可以扣减欠交的保险费。"

保险合同中止（insurance contract suspension）是指由于投保人在保险合同约定的宽限期内未足额交纳续期保险费，造成保险合同暂停履行。保险合同中止期间内，保险公司不再为此后发生的保险事故承担保险责任。

此处应注意，《保险法》第 36 条规定的关于保险合同效力中止方式有两种：一是自保险公司催告之日起超过 30 日，二是保险合同约定的交费期的次日 0 时起至第 60 日的 24 时止。具体选择哪一种方式，可由投保人与保险公司在保险合同中约定。保险合同的中止条款属于保险合同的常见条款，在典型案例一以及典型案例二中，均出现了相关约定。

典型案例一中，保险合同约定：支付首期保险费后，除本合同另有约定外，如果到期未支付保险费，自保险费约定的支付日的次日 0 时起 60 日为宽限期。对于宽限期内发生的保险事故，保险公司仍承担保险责任，但在给付保险金时会扣减欠交的保险费。如果宽限期结束之后仍未支付保险费，则本合同自宽限期满的次日零时其效力中止。在本合同中止期间，保险公司不承担保险责任。在该案例中，根据保险合同的约定，投保人赵某亮应当在 2017 年 12 月 10 日交纳当期保险费，当保险公司发现无法划扣保险费后已经及时向投保人发送了短信进行提示，赵某亮在明知应当履行按期交纳保险费义务的情况下而未履行，保险合同效力自宽限期 60 天届满后（2018 年 2 月 9 日）处于中止的状态。被保险人张某艳在 2018 年 9 月 24 日因发生交通事故意外身亡，虽然符合保险合同理赔情形，但是由于此时保险合同处于中止状态，故保险公司无须对中止期间发生的保险事故承担保险责任，最终法院驳回了受益人张某斌的诉讼请求。

**二、保险合同复效及相关法律规定**

《保险法》第 37 条第 1 款规定："合同效力依照本法第三十六条规定中止的，经保险人与投保人协商并达成协议，在投保人补交保险费后，合同效力恢复。但是，自合同效力中止之日起满二年双方未达成协议的，保险人有权解除合同。"《保险法司法解释（三）》第 8 条第 1 款规定："保险合同效力依照保险法第三十六条规定中止，投保人提出恢复效力申请并同意补交保险费，除被保险人的危险程度在中止期间显著增加外，保险人拒绝恢复效力的，人民法院不予支持。"

保险合同复效（insurance contract reinstatement）是指保险合同中止后一定时间内，经保险人与投保人协商并达成协议，在投保人补交保险费后，保险合同效力恢复。

与保险合同的中止条款一样，保险合同的复效条款也属于常见条款，例如典型案例二中约定的"本合同效力中止后两年内，您可以申请恢复本合同效力。经本公司与您协商并达成协议，自您补交保险费之日起，本合同效力恢复。自本合同效力中止之日起满两年双方未达成复效协议的，本公司有权解除本合同，并退还宽限期开始前一日保险单的现金价值"即为复效条款。

该案例中，如在保险合同效力中止期间，曹某峰的危险程度没有显著增加，其想恢复《保险合同》效力，需在 2017 年 7 月 22 日 0 时保险合同效力中止时起至 2019 年 7 月 22 日 0 时，与保险公司就恢复保险合同效力达成协议，补交保险费后保险合同效力恢复。否则，自 2019 年 7 月 23 日起，保险公司就有权解除保险合同，但要向曹某峰退还保险单现金价值。

但被保险人曹某峰在合同效力中止期间发生的疾病主要是继发性高血压（三期）、脑缺血灶等，造成其危险程度显著增加，且足以影响保险人决定是否同意恢复保险，最终法院根据《保险法司法解释（三）》第 8 条第 1 款的相关规定驳回了曹某峰要求恢复保险合同效力的诉讼请求。

## 第八节　人身保险合同的解除与撤销

### 一、人身保险合同解除的三种情形

在保险实务操作中，保险合同的解除通常有三种情形：（1）投保人行使任意解除权；（2）保险公司在特定情况下行使法定解除权；（3）司法机关行使强制解除权。

#### （一）投保人行使任意解除权

投保人行使任意解除权，也就是我们俗称的退保。投保人退保后，保险公司将向投保人退还保险单的现金价值。

投保人行使任意解除权的法律依据为《保险法》第15条："除本法另有规定或者保险合同另有约定外，保险合同成立后，投保人可以解除合同，保险人不得解除合同。"投保人行使任意解除权后，保险公司向投保人退还保险单现金价值的法律依据为《保险法》第47条："投保人解除合同的，保险人应当自收到解除合同通知之日起三十日内，按照合同约定退还保险单的现金价值。"

表1-2　××养老年金保险现金价值与减额交清保额

| 现金价值与减额交清保额表 ||||||
|---|---|---|---|---|---|
| 险种名称：××养老年金保险 || 保险合同号：×××× || 币种：人民币 ||
| 保险单年度末 | 现金价值 | 减额交清保额 | 保险单年度末 | 现金价值 | 减额交清保额 |
| 1 | 68,809.70 | 6276.30 | 37 | 588,629.00 | |
| 2 | 147,346.30 | 12,918.40 | 38 | 584,929.80 | |
| 3 | 310,682.20 | 27,300.00 | 39 | 581,069.60 | |
| 4 | 323,188.30 | | 40 | 577,045.60 | |
| 5 | 336,199.50 | | 41 | 572,844.10 | |
| 6 | 349,732.10 | | 42 | 568,454.30 | |
| 7 | 363,813.50 | | 43 | 563,865.10 | |
| 8 | 378,459.90 | | 44 | 559,065.80 | |
| 9 | 393,696.00 | | 45 | 554,039.90 | |

续表

| \multicolumn{5}{|c|}{现金价值与减额交清保额表} |
|---|---|---|---|---|
| \multicolumn{2}{|l|}{险种名称：××养老年金保险} | 保险合同号：×××× | \multicolumn{2}{|l|}{币种：人民币} |
| 保险单年度末 | 现金价值 | 减额交清保额 | 保险单年度末 | 现金价值 | 减额交清保额 |

| 保险单年度末 | 现金价值 | 减额交清保额 | 保险单年度末 | 现金价值 | 减额交清保额 |
|---|---|---|---|---|---|
| 10 | 426,603.50 | | 46 | 548,776.40 | |
| 11 | 443,769.70 | | 47 | 543,261.80 | |
| 12 | 461,623.90 | | 48 | 537,476.90 | |
| 13 | 480,198.80 | | 49 | 531,416.30 | |
| 14 | 499,519.00 | | 50 | 525,058.20 | |
| 15 | 519,617.30 | | 51 | 518,391.30 | |
| 16 | 540,520.90 | | 52 | 511,402.70 | |
| 17 | 562,265.30 | | 53 | 504,078.10 | |
| 18 | 584,886.10 | | 54 | 496,398.60 | |
| 19 | 608,413.30 | | 55 | 488,347.90 | |
| 20 | 632,887.70 | | 56 | 479,914.90 | |
| 21 | 631,042.20 | | 57 | 471,077.90 | |
| 22 | 629,123.00 | | 58 | 461,817.70 | |
| 23 | 627,124.70 | | 59 | 452,123.50 | |
| 24 | 625,044.40 | | 60 | 411,970.60 | |
| 25 | 622,879.50 | | 61 | 431,345.50 | |
| 26 | 620,621.80 | | 62 | 420,223.40 | |
| 27 | 618,271.30 | | 63 | 408,588.20 | |
| 28 | 615,825.20 | | 64 | 396,417.80 | |
| 29 | 613,276.40 | | 65 | 383,687.90 | |
| 30 | 610,619.10 | | 66 | 370,370.90 | |
| 31 | 607,853.60 | | 67 | 356,442.50 | |
| 32 | 604,970.70 | | 68 | 341,875.20 | |
| 33 | 601,967.70 | | 69 | 326,644.60 | |
| 34 | 598,839.20 | | 70 | 310,723.10 | |
| 35 | 595,576.80 | | 71 | 294,086.50 | |
| 36 | 592,175.20 | | 72 | 0.00 | |

例如，张女士为自己投保某保险公司的养老年金险（该保险的保险期间为终身，基本保额为2.73万元），交费期间为3年，每年需交纳保险费10万元。如果张女士在交纳完保险费的第一年退保，那么此时保险公司退还的费用为68,809.70元；如果张女士在第二年退保，那么此时保险公司退还的费用为147,346.30元；如果张女士在第三年退保（此时已交完30万元的保险费），保险公司退还的费用为310,682.20元；如果张女士在第四年退保，此时保险公司退还的费用可以达到323,188.30元。

### （二）保险公司在特定情况下行使法定解除权

为了保护投保人及被保险人利益，各国立法都规定保险公司不能随意解除保险合同，除非投保人存在违法行为或严重违约行为。我国《保险法》第15条也明确规定："除本法另有规定或者保险合同另有约定外，保险合同成立后，投保人可以解除合同，保险人不得解除合同。"但是，由于保险合同是最大诚信合同，当下列情形发生时，保险公司有依法行使解除保险合同的权利。

1. 投保人违背最大诚信原则，没有履行如实告知义务的

《保险法》第16条第2款规定："投保人故意或者因重大过失未履行前款规定的如实告知义务，足以影响保险人决定是否同意承保或者提高保险费率的，保险人有权解除合同。"实务中，经常出现带病投保的案件，如果投保人在投保时未履行如实告知义务，保险公司可以解除保险合同并拒付保险金，关于带病投保的相关内容可参见本书第四章第五节。

2. 被保险人或受益人谎称发生保险事故或投保人、被保险人故意制造保险事故的

《保险法》第27条第1款、第2款规定："未发生保险事故，被保险人或者受益人谎称发生了保险事故，向保险人提出赔偿或者给付保险金请求的，保险人有权解除合同，并不退还保险费。投保人、被保险人故意制造保险事故的，保险人有权解除合同，不承担赔偿或者给付保险金的责任；除本法第四十三条规定外，不退还保险费。"

3. 投保人申报的被保险人年龄不真实，并且其真实年龄不符合合同约定的年龄限制的

《保险法》第32条规定："投保人申报的被保险人年龄不真实，并且其真实年龄不符合合同约定的年龄限制的，保险人可以解除合同，并按照合同约定退还保险单的现金价值……"

4. 保险合同效力中止满两年，投保人与保险公司仍未达成协议的

《保险法》第36条规定："合同约定分期支付保险费，投保人支付首期保险费后，除合同另有约定外，投保人自保险人催告之日起超过三十日未支付当期保险费，或者超过约定的期限六十日未支付当期保险费的，合同效力中止，或者由保险人按照合同约定的条件减少保险金额。"第37条规定："合同效力依照本法第三十六条规定中止的，经保险人与投保人协商并达成协议，在投保人补交保险费后，合同效力恢复。但是，自合同效力中止之日起满二年双方未达成协议的，保险人有权解除合同。"

有关保险合同效力中止的相关内容，可参见本书第一章第七节。

### （三）司法机关行使强制解除权

由于人身保险合同的现金价值属于投保人所有，在投保人已经被列为被执行人的情况下，某些地方法院将运用国家强制力解除投保人与保险公司订立的保险合同。

以上海市为例，2021年11月4日，上海市高级人民法院（以下简称上海高院）与八大保险公司召开座谈会，并发布《关于建立被执行人人身保险产品财产利益协助执行机制的会议纪要》，上海高院详细介绍了人身保险被法院强制执行的操作细则。

1. 根据被执行人区分执行的保险单权益

（1）被执行人为投保人的，一般冻结或扣划归属于投保人的现金价值、红利等保险单权益。

保险单的现金价值是投保人的财产权益，当投保人未要求退保时，保险单的现金价值实际上是投保人对保险公司所享有的债权。保险中的红利是指保险公司在获得可分配盈余之后，将此盈利分配给购买了分红型保险的投保人。根据2020年1月发布的《中国银行保险监督管理委员会办公厅关于强化人身保险精算监管有关事项的通知》，红利分配比例统一为70%。从某种意义上说，当投保人为被执行人时，执行的是投保人对外所享有的债权。

（2）被执行人为被保险人或受益人的，一般冻结或扣划归属于被保险人或受益人的生存金等保险单权益。

以生存到一定年龄为给付条件的具有现金价值的保险合同，主要表现形式有生存保险和两全保险。生存保险目前市场上常见的有一般的定期生存保险（如子女教育金、婚嫁金）和年金险（个人养老保险、定期年金保险）。由于生

存保险和两全保险都具有储蓄性，也即生存到一定年龄，保险公司给付的保险金一般都大于收取的保险费，故均具有投资属性。相应地，生存到一定年龄后所取得的保险金都可作为投资收益，上海高院明确在被保险人和受益人作为被执行人时，可以冻结和扣划属于被保险人或受益人的生存金等保险权益，原理大概亦是如此。

2. 法院在执行过程中如何查询被执行人名下的保险单？

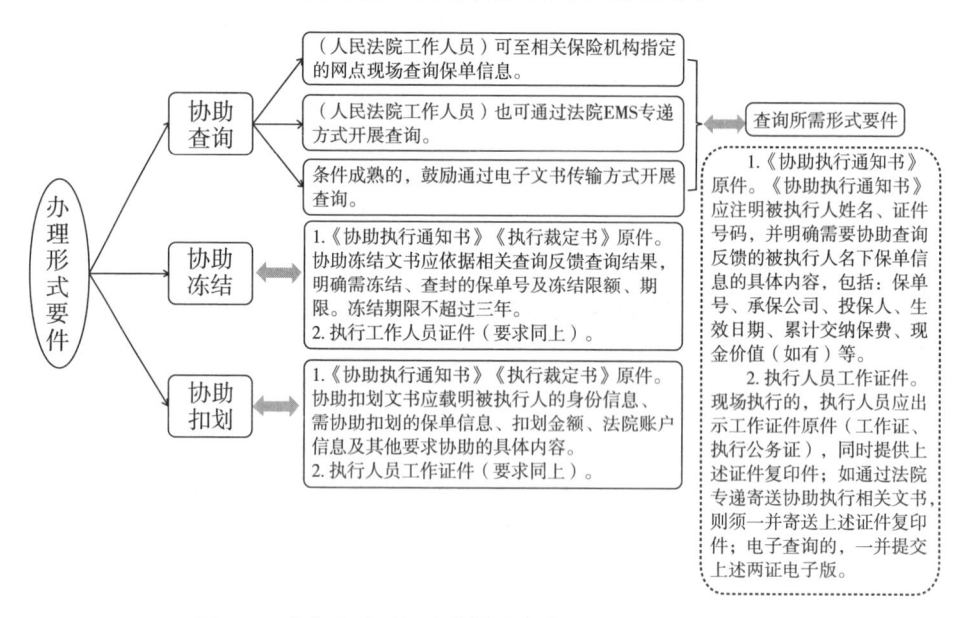

图 1-3　上海高院对保险单协助查询、冻结、扣划的规定

（1）协助查询

法院工作人员可至相关保险机构指定的网点现场查询保险单信息，也可以通过法院 EMS 专递方式开展查询；条件成熟的，鼓励通过电子文书传输方式开展查询。查询时需要提供《协助执行通知书》原件及执行工作人员证件。

（2）协助冻结

执行工作人员需提交《协助执行通知书》《执行裁定书》原件。协助冻结文书应依据相关查询反馈查询结果，明确需冻结、查封的保险单号及冻结限额、期限。冻结期限不超过三年。执行工作人员证件具体要求与协助查询的要求一致。

（3）协助扣划

执行工作人员需提交《协助执行通知书》《执行裁定书》原件。协助扣划文书应载明被执行人的身份信息、需协助扣划的保险单信息、扣划金额、法院账户信息及其他要求协助的具体内容。执行工作人员证件具体要求与协助查询的要求一致。

3. 对保险单现金价值如何执行？

```
保单现金价值的执行
├── 投保人、被保险人、受益人为同一人 ⇔ 1. 冻结或扣划投保人（被执行人）的现金价值、红利等保单权益，投保人、被保险人或受益人均为同一人时，人民法院可直接冻结或扣划。
├── 保单的赎买 ⇔ 2. 被保险人或者受益人赎买支付相当于保单现金价值款项的，由赎买人直接交与人民法院。人民法院应提取该赎买款项，不得再继续执行该保单的现金价值、红利等权益。但赎买期届满后无人赎买或者被保险人、受益人明确表示不赎买的，人民法院可以强制执行投保人（被执行人）对该保单的现金价值、红利等权益。
└── 保单减保的适用 ⇔ 3. 人民法院要求协助执行的金额，小于投保人（被执行人）的保单现金价值的，保险机构可按规定对保单作减保处理，协助法院扣划相应现金价值；若保险机构无法对该保单作减保处理的，应作出说明，并在协助扣划保单全部现金价值后一并交由人民法院处理。
上述赎买政策同样适用于保单减保。
```

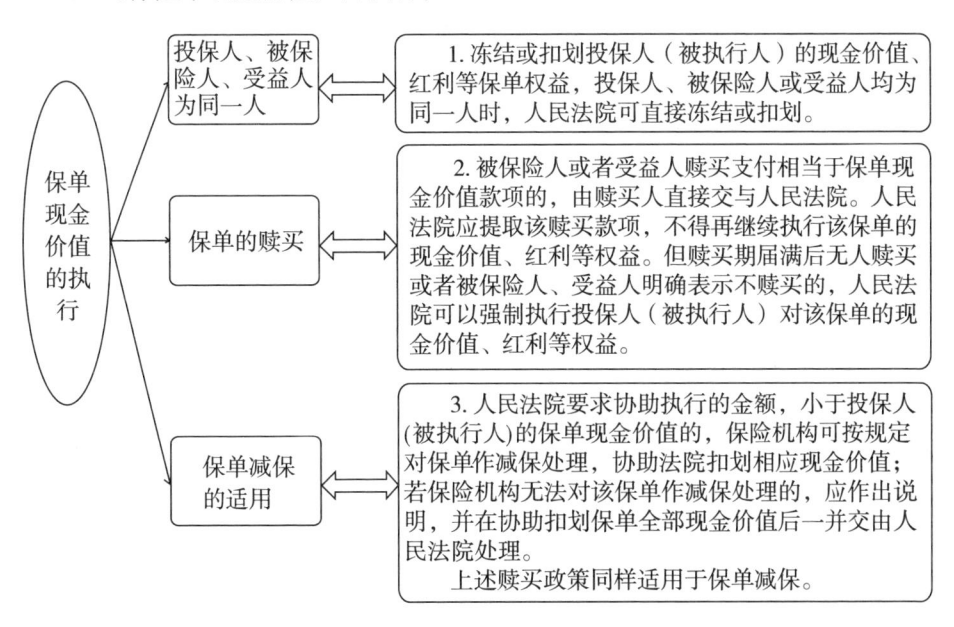

图1-4 上海高院对保险单现金价值执行的规定

（1）投保人、被保险人、受益人为同一人时，人民法院可直接冻结或扣划。

保险单的现金价值是投保人的财产权益，当投保人与被保险人、受益人均是同一人的情形下，并不会涉及第三方的利益，因此法院可以直接冻结或者扣划。

（2）投保人与被保险人、受益人不是同一人时，被保险人或受益人可以进行保险单赎买，赎买期届满无人赎买或被保险人、受益人明确表示放弃赎买的，法院可以强制执行投保人对该保险单的现金价值、红利等权益。

上海高院在上述会议纪要中明确提出，"冻结或扣划投保人（被执行人）的现金价值、红利等保险单权益，投保人（被执行人）与被保险人或受益人不一致时，人民法院应秉承审慎原则，保障被保险人或受益人相关赎买保险单的权益。人民法院冻结上述保险单权益后，应给予不少于15日赎买期限。保险机构在办理协助冻结后，联系投保人（被执行人）、被保险人或受益人，告知赎买权益、行使期限以及不赎买时保险单将被强制执行的事项。相关人员联系人民法院的，人民法院应向上述人员告知投保人（被执行人）保险单被强制执行的相关情况"。

上海高院的上述规定是《保险法司法解释（三）》第17条（被保险人、受益人的介入权）在司法实务中的具体运用。简单来理解，当投保人与被保险人、受益人不是同一人时，被保险人、受益人可以在赎买期内向法院交付与保险单现金价值、红利等额的财产，从而保住该保险单，避免该保险单被法院强制执行；如果被保险人、受益人不愿意赎买或赎买期限已过的，则法院将强制执行保险单的现金价值及红利。

（3）保险单减保

减保是指当投保人不想承担或无法承担高额的保险费时，可以选择减少保额来少交一部分保险费，保险公司按照所减少的保额现价退给客户，原险种不变，合同将维持减少后的保额承保，客户需要继续交纳减保后对应的续期保险费。人民法院要求协助执行的金额小于投保人（被执行人）的保险单现金价值的，保险机构可按规定对保险单作减保处理，协助法院扣划相应现金价值；若保险机构无法对该保险单作减保处理的，应作出说明，并在协助扣划保险单全部现金价值后一并交由人民法院处理。

4. 特殊免除执行的保险单类型

特殊免除执行的保险单类型包括重大疾病保险、意外伤害保险、医疗费用保险，这类保险单通常具有现金价值低、潜在可能获得的保障大（高）、人身专属性强等特点，上海高院的执行态度是秉承比例原则，对该类保险单一般不作扣划。

## 二、人身保险合同的撤销

**典型案例**：保险公司欺骗投保人的，投保人可以申请撤销保险合同吗？

2017年6月30日，某保险公司员工张某莉、张某斌向吕某丹介绍东方红财富升年金保险及附加财富管家年金保险产品，承诺的保险责任是：（1）被保险人上大学四年每年领取1万元保险金，合计领取4万元保险金。（2）被保险人30周岁领取5万元保险金。（3）被保险人60—80周岁，每月领取2000元，每年12个月，合计领取48万元保险金，80周岁后一次性领取10万元保险金。

2017年7月4日，吕某丹通过张某莉、张某斌，以张某沫、李某千为被保险人分别购买了东方红财富升年金保险及附加财富管家年金保险，保险合同编号分别为0700××763、0700××069。

在签订保险合同时，吕某丹向保险公司员工张某莉、张某斌询问为何保险合同中保险责任内容与其承诺的保险责任内容不同，二人称吕某丹向保险公司购买的是分红型保险产品，向吕某丹承诺部分为所购买保险产品分红部分，保险公司应当以其二人承诺的保险责任内容兑现保险利益。吕某丹相信了二人，购买了以上两份保险产品，吕某丹连续交纳三年保险费，两份保险产品合计已交纳 6 万元的保险费。

2020 年 6 月，吕某丹为核实其购买的两份保险产品的保险责任，拨打了保险公司客服电话，询问其所购买的两份保险产品的保险责任及保险分红部分。由于客服人员告知的保险责任与保险公司二员工介绍的内容完全不同，于是，吕某丹向保险公司员工张某莉、张某斌询问为何通过客服查询到的两份保险单保险责任与其介绍和承诺的不同，二人称客服人员不懂该保险产品的保险责任及保险分红，为证明其介绍和承诺的保险责任是正确的，二人将吕某丹约到公司，再次向吕某丹介绍两份保险产品保险责任，并在吕某丹购买的以张某沫为被保险人的保险合同中《保险计划一览表》空白处，亲笔书写了二人介绍和承诺的保险责任内容并亲笔签名，以表示保险公司将来一定按照书写内容向吕某丹兑现保险利益。事后，吕某丹多次向客服详细核实两份保险产品的保险责任，客服均表示没有二人承诺的保险责任。

吕某丹认为自己遭到了保险公司的保险欺诈，2020 年 12 月，吕某丹向法院起诉请求：（1）请求法院依法撤销与保险公司签订的编号为 0700××763、0700××069 两份保险合同；（2）请求法院依法判令保险公司返还吕某丹保险费 6 万元；（3）请求法院依法判令保险公司按照保险费三倍赔偿吕某丹 18 万元。

法院经审理认为，本案保险公司员工张某莉、张某斌手书保险责任与合同条款所载存在明显差异，足以影响吕某丹作为购买人的主观决定。依据中国银行保险监督管理委员会阜新监管分局出具的阜银保监举复 202005 号《银行保险违法行为举报调查意见书》，保险公司业务员在吕某丹投保的保险合同上手写承诺固定收益内容并签名。该固定收益与保险条款约定的保险责任不符，该行为违反了《保险法》第 116 条第 1 项、第 4 项的规定，已经构成民法上的欺诈，因此法院对于吕某丹撤销合同的主张予以认可。

对于保险公司提出保险合同签订后，已经过犹豫期，微信回访均得到吕某丹确认，且 2018 年 3 月吕某丹曾拨打保险客服电话，客服对保险条款进行了详细解答，从而主张保险公司不存在欺诈及吕某丹误解，且吕某丹撤销权行使已超过时效。法院认为，保险公司提供的证据实际用以主张吕某丹具有"买者自负"的责任，但"买者自负"应以"卖者尽责"为前提和基础。吕某丹确曾拨打保险客服电话询问有关保险责任问题，但根据吕某丹提交的与张某斌的录音，亦可体现张某斌对保险客服所述内容予以否定，结合2020年保险公司员工张某莉、张某斌手书保险责任内容，可以认定系保险公司员工对吕某丹存在误导，导致吕某丹始终处于错误认知或不确定状态，不应视为吕某丹行使撤销权超过时效。

关于吕某丹要求保险公司赔偿18万元的请求，因吕某丹购买的保险系分红型保险，兼具投资属性以及生活消费属性，保险公司的行为并不会导致吕某丹交纳的6万元的保险费发生损失的后果。吕某丹依据其交付的保险费标准要求三倍赔偿，也超出了法律设立惩罚性条款的立法目的，而本案中吕某丹与保险公司建立的是保险合同关系，具有金融领域投资属性，吕某丹属于金融消费者，该法律关系应由《保险法》来调整。因此对于吕某丹三倍赔偿的主张，法院不予认可。但对于合同撤销，保险公司因此造成吕某丹利息损失，法院认为应予支付，故应以各年交纳保险费金额及时间为起点及基数，利息按照中国人民银行同期同类贷款利率计算。

最终法院判决：一、撤销吕某丹与保险公司签订的两份《人身保险合同》（合同编号：0700××763、0700××069）；二、保险公司于本判决生效之日起十日内返还吕某丹保险费6万元及利息（利息包括自2017年6月30日起以2万元为本金至实际给付完毕之日止，自2018年6月30日起以2万元为本金至实际给付完毕之日止，自2019年6月30日起以2万元为本金至实际给付完毕之日止；利率标准2019年8月20日前按照中国人民银行同期同类贷款利率计算，2019年8月20日后按照全国银行间同业拆借中心发布的一年期贷款市场报价利率计算）；三、驳回吕某丹其他诉讼请求。

## 裁判要点

保险公司及其工作人员在保险业务活动中不得欺骗投保人、被保险人或者受益人；不得给予或者承诺给予投保人、被保险人、受益人保险合同约定以外的保险费回扣或者其他利益。如对投保人、被保险人或受益人实施上述行为，违背诚信，构成欺诈，投保人有权申请撤销保险合同。

## 律师分析

（一）投保人为何要行使撤销权？

保险合同的内容非常专业，不要说普通大众，就算是非保险行业的律师也不能将全部内容理解透，所以投保人在决定投保前基本都是靠保险业务员的介绍来了解保险产品。而有时候保险业务员为了提升自己的业绩，在向客户介绍保险产品时会避重就轻，夸大保障范围、承诺高额的分红收益，而对于限制、免除保险公司责任的条款则选择闭口不谈或一句带过。投保人往往在交纳完几期保险费后才发现，保险合同约定的内容与保险业务员的承诺并不一致。

如果投保人发现被骗后选择直接退保，保险公司又要扣除一大部分手续费，得不偿失。所以，实务中经常会有投保人提起撤销保险合同的诉讼，因为一旦保险合同被撤销，基于保险合同被撤销的法律后果，保险公司需要全额返还投保人已交纳的保险费，这样投保人的损失能降到最低。所以，与人身保险合同的撤销权有关的诉讼并不在少数。

虽然受欺诈签订的保险合同并不是当事人的真实意思表示，受害方有权请求人民法院予以撤销。但是需要注意，如何证明保险公司存在欺诈往往是庭审中的争议焦点问题。通过搜索裁判文书，我们可以发现，有很多投保人的诉讼请求被法院驳回了，原因就在于投保人往往都采用口头或者电话形式沟通保险产品的内容，在投保过程中，保险业务员又会让投保人签署风险提示书等，因此除了保险合同外，投保人根本拿不出充分的证据来证明保险公司存在欺诈。

但本案中，吕某丹是幸运的，她保留了与保险公司的通话录音且保险公司两位业务员还在吕某丹购买的以张某沫为被保险人的保险合同中《保险计划一览表》空白处，亲笔书写了二人介绍和承诺的保险责任内容并亲笔签名，保证保险公司将来一定按照书写内容向吕某丹兑现保险利益。

在本案中，法院认定保险公司二员工明显违背诚实信用原则，违背《保险法》第116条与第131条的禁止性规定，保险公司二员工的行为已经构成欺诈，且足以影响吕某丹作为投保人的主观决定，符合行使法定撤销权情形，吕某丹有权依法行使撤销权。

**（二）撤销权行使期间与后果**

《民法典》第152条规定："有下列情形之一的，撤销权消灭：（一）当事人自知道或者应当知道撤销事由之日起一年内、重大误解的当事人自知道或者应当知道撤销事由之日起九十日内没有行使撤销权；（二）当事人受胁迫，自胁迫行为终止之日起一年内没有行使撤销权；（三）当事人知道撤销事由后明确表示或者以自己的行为表明放弃撤销权。当事人自民事法律行为发生之日起五年内没有行使撤销权的，撤销权消灭。"

本案中，吕某丹自2020年6月后才确切知道自己被欺骗的撤销事由，故其在2020年12月提起诉讼，申请撤销权的时间符合法律规定，并未超过一年的法定期限。但需要注意：撤销权是一种形成权，不适用诉讼时效的中止、中断和延长。如果吕某丹知道自撤销事由之日起满一年不行使撤销权，撤销权即消灭。

根据《民法典》第157条的规定，被撤销的民事法律行为自始没有法律约束力。民事法律行为被撤销后，行为人因该行为取得的财产应当予以返还；不能返还或者没有必要返还的，应当折价补偿。有过错的一方还应当赔偿对方由此所受到的损失。

基于保险合同被撤销后的法律后果，本案中，自法院判决撤销保险合同之日起，保险公司已经收取的保险费应返回给吕某丹，保险公司属于存在过错一方，应当赔偿吕某丹由此所受到的损失。故最终，法院判决保险公司应以各年交纳保险费金额及时间为起点及基数，按照中国人民银行同期同类贷款利率计算利息。

**（三）本案中，保险消费者是否适用《消费者权益保护法》？**

《消费者权益保护法》第55条第1款规定："经营者提供商品或者服务有欺诈行为的，应当按照消费者的要求增加赔偿其受到的损失，增加赔偿的金额为消费者购买商品的价款或者接受服务的费用的三倍；增加赔偿的金额不足五百元的，为五百元。法律另有规定的，依照其规定。"

也就是说，如果保险消费者能够适用《消费者权益保护法》，那么投保人只要能证明保险公司存在欺诈行为，保险公司除了要退还已交纳的保险费外，还需要赔偿投保人相当于保险费三倍的损失。

关于投保人购买人寿保险单，能否适用《消费者权益保护法》的问题，在实务中存在争议。在本案中，法院倾向于认为，吕某丹与保险公司建立的是保险合同关系，具有金融领域投资属性，吕某丹属于金融消费者，该法律关系应由《保险法》来调整。因此对于吕某丹三倍赔偿的主张，法院不予认可。

而在（2017）最高法民申1462号民事裁定书中，最高人民法院认为，《消费者权益保护法》第28条规定，采用网络、电视、电话、邮购等方式提供商品或者服务的经营者，以及提供证券、保险、银行等金融服务的经营者，应当向消费者提供经营地址、联系方式、商品或者服务的数量和质量、价款或者费用、履行期限和方式、安全注意事项和风险警示、售后服务、民事责任等信息。因此，自然人消费者为生活消费购买保险产品，应当适用《消费者权益保护法》的规定，该法未规定的，应适用保险法律法规的相关规定。

有关保险服务能否适用《消费者权益保护法》，如保险公司存在欺诈，投保人能否主张"退一赔三"的问题，可参见本书第四章第七节的相关内容。

## 第九节 人身保险合同无效的情形

《民法典》规定的民事法律行为无效情形：

1. 无民事行为能力人实施的民事法律行为无效。
   法律依据：《民法典》第144条

2. 行为人与相对人以虚假的意思表示实施的民事法律行为无效。以虚假的意思表示隐藏的民事法律行为的效力，依照有关法律规定处理。
   法律依据：《民法典》第146条

3. 违反法律、行政法规的强制性规定的民事法律行为无效。但是，该强制性规定不导致该民事法律行为无效的除外。违背公序良俗的民事法律行为无效。
   法律依据：《民法典》第153条

4. 行为人与相对人恶意串通，损害他人合法权益的民事法律行为无效。
   法律依据：《民法典》第154条

图1-5 《民法典》规定的民事法律行为无效的情形

《保险法》规定的保险合同无效情形：

1. 订立人身保险合同时，投保人对被保险人不具有保险利益的，保险合同无效。
   法律依据：《保险法》第31条第3款

2. 投保人为无民事行为能力人投保以死亡为保险金给付条件的人身保险的，保险合同无效。父母为未成年子女投保的除外。
   法律依据：《保险法》第33条

3. 以死亡为保险金给付条件的保险合同，未经被保险人同意并认可保险金额的，保险合同无效。父母为未成年子女投保的除外。
   法律依据：《保险法》第34条第1款、第3款

4. 免除保险人依法应承担的义务或者加重投保人、被保险人责任的，则该条款无效。
   法律依据：《保险法》第19条

5. 投保人为与其有劳动关系的劳动者投保人身保险，不得指定被保险人及其近亲属以外的人为受益人。
   法律依据：《保险法》第39条第2款

图1-6 《保险法》规定的保险合同无效情形

**典型案例一**：以死亡为给付保险金条件的人身保险中，被保险人未签字，保险公司可以主张保险合同无效吗？

陈某军、郑某丽系夫妻关系，二人在婚姻关系存续期间生育一子，取名陈某翔。

2018年10月10日，某保险公司的销售人员在陈某军家中，给在场人郑某丽、陈某军和陈某翔宣讲了保险合同，陈某军、郑某丽一家在对保险合同条款了解后，由郑某丽作为投保人与保险公司签订《保险合同》。郑某丽在《保险合同》中的《电子投保单》投保人签名处签名，《电子投保单》被保险人（或其他法定监护人）登记为陈某翔。该保险合同中保险单载明：投保人为郑某丽，被保险人为陈某翔，险种为国寿祥瑞终身寿险、国寿附加祥瑞提前给付重大疾病保险、国寿附加终身疾病保险（尊享版）、国寿长久呵护住院费用补偿医疗保险，缴费方式为年交，交费日期为每年的10月11日，四个险种综合首期保险费为2977元，交费期满日为2038年10月11日，合同成立的日期为2018年10月10日，生效日为2018年10月11日。

该保险合同的基本条款中第1条约定："保险合同的生效时间是自本合同成立、本公司收到首期保险费并签发保险单的次日零时起生效，生效日期在保险单上载明，生效对应日、保险单年度均以该日期计算。"第2条约定："首期后保险费的交付、宽限期间及合同效力的终止……投保人未按上述规定日期交付保险费的，自此日起六十日为宽限期间；在宽限期间内发生保险事故，本公司仍承担保险责任。"

2019年10月11日，郑某丽未交纳第二期保险费。2019年11月3日，被保险人陈某翔因心肌梗死去世。保险事故发生后，保险公司工作人员于2020年1月17日对陈某军所做的《理赔调查询问笔录》中记载，郑某丽、陈某翔的智力低下，不如正常人，反应慢、迟钝。

陈某翔去世后，陈某军、郑某丽向保险公司提出要求支付保险金11万元的请求，但保险公司拒付。于是陈某军、郑某丽起诉至法院要求保险公司支付保险金11万元。保险公司则认为，郑某丽为陈某翔投保的是以死亡为给付保险金条件的人身保险，该人身保险的被保险人陈某翔的签字并非本人所签，根据保险法该合同无效，请法院驳回陈某军、郑某丽的诉讼请求。

## 裁判要点

法院经审理认定《保险合同》有效，保险公司应当向郑某丽、陈某军给付保险金 11 万元，主要理由为：(1) 经法院查明虽然《保险合同》中的被保险人的签名并非陈某翔本人所签，但保险公司提供的《理赔调查询问笔录》中，记载了保险业务人员向陈某翔讲解了保险条款，可以证明被保险人陈某翔对《保险合同》的保险条款是了解并清楚的，《保险合同》的签订是其真实意思表示。(2) 本案中，保险公司并未提供证据证明被保险人对他人代签名的行为提出异议，况且，被保险人是否在保险单中签名，并不是合同无效的必然条件。因此法院认定《保险合同》有效，保险公司应当向郑某丽、陈某军支付保险金 11 万元。

**典型案例二**：以死亡为给付保险金条件的人身保险中，被保险人未签字，投保人可以主张保险合同无效吗？

郝某丽与张某开系夫妻关系，2010 年 6 月 18 日郝某丽与某保险公司签订保险合同一份，保险单号为××7747，投保人为郝某丽，被保险人为其丈夫张某开。郝某丽在投保人处签字后，由于张某开并不在现场，于是郝某丽向业务员提出将保险合同带回家给张某开签字，保险业务人员同意了郝某丽的请求。

郝某丽为张某开投保的险种名称为国寿福禄双喜两全保险，保险金额为 29,509 元，保险期间 40 年，交费期满日为 2020 年 6 月 18 日，标准保险费 1 万元，加费 88.53 元。保险责任约定有生存保险金、身故保险金、满期保险金等内容。

保险合同订立后，郝某丽分别于 2010 年 6 月 18 日、2011 年 8 月 11 日、2012 年 8 月 13 日、2013 年 8 月 20 日、2014 年 7 月 29 日五次交费共 50,442.65 元，保险合同每两年对应生效日领取一次生存金 2950.9 元，领取日期分别为 2012 年 6 月 19 日、2014 年 6 月 19 日，共计 5901.80 元，郝某丽未领取，产生生存金利息 556.63 元。

2016 年，郝某丽起诉至法院，请求法院确认郝某丽与保险公司签订的保险合同无效，并判令保险公司退还已交纳的保险费 50,442.65 元。郝某丽认为自己为张某开投保的人身保险系以死亡为保险金支付条件的人身保险，该保险并未征得被保险人张某开同意，保险合同无效。案件庭审过程中，张某开出庭作证，证明在投保单和缴费通知单上的签字并不是本人填写，且张某开当庭表示不同意郝某丽为自己购买该人身保险。

## 裁判要点

　　法院经审理认定保险合同无效，保险公司应当向投保人退还已经交纳的保险费 50,442.65 元，主要理由为：郝某丽作为投保人为丈夫张某开投保以死亡为保险金给付条件的人身保险，由于被保险人张某开已经出庭证明保险合同中的被保险人的签名并非本人所签，且保险公司没有其他证据证明被保险人系本人签字，在被保险人不认可保险金额的情况下，该人身保险合同因违反《保险法》第 34 条第 1 款的禁止性规定，应属无效。故保险公司应当向投保人郝某丽返还已经交纳的保险费 50,442.65 元。保险合同项下产生生存金 5901.80 元及生存金利息 556.63 元，应当归保险公司所有。

## 律师分析

　　**一、同样是投保以死亡为给付保险金条件的人身保险，被保险人均未签字，为什么会出现截然不同的两种裁判结果？**

　　《保险法》第 34 条第 1 款规定："以死亡为给付保险金条件的合同，未经被保险人同意并认可保险金额的，合同无效。"《保险法司法解释（三）》第 1 条规定："当事人订立以死亡为给付保险金条件的合同，根据保险法第三十四条的规定，'被保险人同意并认可保险金额'可以采取书面形式、口头形式或者其他形式；可以在合同订立时作出，也可以在合同订立后追认。有下列情形之一的，应认定为被保险人同意投保人为其订立保险合同并认可保险金额：（一）被保险人明知他人代其签名同意而未表示异议的；（二）被保险人同意投保人指定的受益人的；（三）有证据足以认定被保险人同意投保人为其投保的其他情形。"

　　上述两个案例中，投保人为被保险人投保的都是以死亡为给付保险金条件的人身保险，因此人身保险合同是否有效的关键点在于"被保险人是否同意并认可保险金额"。

　　**二、人身保险合同无效的情形有哪些？**

　　1. 人身保险合同全部无效

　　人身保险合同全部无效是指保险合同自订立时就不产生任何的法律约束力，基于合同无效的法律后果，保险公司需退还投保人已经交纳的保险费。人身保险合同全部无效的规定主要体现在《保险法》第 31 条第 3 款、第 33 条、第 34 条第 1 款。

《保险法》第 31 条第 3 款规定："订立合同时，投保人对被保险人不具有保险利益的，合同无效。"投保人投保人身保险，必须对被保险人具有保险利益，关于如何认定投保人是否对被保险人具有保险利益的问题，可参见本书第三章第一节，在此不赘述。

《保险法》第 33 条规定："投保人不得为无民事行为能力人投保以死亡为给付保险金条件的人身保险，保险人也不得承保。父母为其未成年子女投保的人身保险，不受前款规定限制。但是，因被保险人死亡给付的保险金总和不得超过国务院保险监督管理机构规定的限额。"实践中，祖辈为了表达对孙辈的喜爱，主动出资为孙辈购买人身保险的现象也屡见不鲜，那么，祖父母、外祖父母是否可以为无民事行为能力的孙子女、外孙子女投保以死亡为保险金给付条件的人身保险呢？有关内容可以参见本书第四章第一节的相关内容，在此不再赘述。

《保险法》第 34 条第 1 款规定："以死亡为给付保险金条件的合同，未经被保险人同意并认可保险金额的，合同无效。"上述两个案例中，法院均使用该法条作为裁判依据，可供读者参考。

2. 人身保险合同部分无效

人身保险合同部分无效主要是指，保险合同整体具有法律约束力，只是合同的某些条款违反了法律的强制性规定，一般体现为保险合同整体有效，但部分条款无效，且无效条款并不影响其他条款的效力。保险合同部分无效条款的规定主要体现在《保险法》第 19 条、第 34 条第 2 款、第 39 条第 2 款。

《保险法》第 19 条规定："采用保险人提供的格式条款订立的保险合同中的下列条款无效：（一）免除保险人依法应承担的义务或者加重投保人、被保险人责任的；（二）排除投保人、被保险人或者受益人依法享有的权利的。"例如，保险合同中出现了减免、排除保险公司责任的条款，如保险公司未就该条款向投保人尽到必要的提示、说明义务，则该条款对投保人不发生法律效力，保险事故发生时，保险公司仍需支付保险金。

《保险法》第 34 条第 2 款规定："按照以死亡为给付保险金条件的合同所签发的保险单，未经被保险人书面同意，不得转让或者质押。"

《保险法》第 39 条第 2 款规定："投保人指定受益人时须经被保险人同意。投保人为与其有劳动关系的劳动者投保人身保险，不得指定被保险人及其近亲属以外的人为受益人。"根据上述规定，投保人未经被保险人同意指定受益人，那么这种指定行为无效，但保险合同的其他条款依旧有效，当保险事故发生时，保险公司仍应当承担给付保险金的责任。

除《保险法》的特殊规定外，保险合同的签订也不能违反《民法典》禁止性的规定，否则保险合同依旧无效。《民法典》第 144 条规定："无民事行为能力人实施的民事法律行为无效。"第 146 条第 1 款规定："行为人与相对人以虚假的意思表示实施的民事法律行为无效。"第 153 条规定："违反法律、行政法规的强制性规定的民事法律行为无效。但是，该强制性规定不导致该民事法律行为无效的除外。违背公序良俗的民事法律行为无效。"第 154 条规定："行为人与相对人恶意串通，损害他人合法权益的民事法律行为无效。"

## 第十节 人身保险与其他传承工具的灵活结合

### 一、人身保险与协议工具的结合

**典型案例**：婚姻关系存续期间，保险合同的投保人为已婚子女，使用父母的财产支付保险费，子女离婚时，保险单现金价值会被分割吗？

荆某与王某原系夫妻关系，双方于 2006 年 3 月 31 日在北京市朝阳区民政局登记结婚，后因感情不和于 2018 年 9 月 14 日协议离婚。离婚协议书载明对子女抚养及财产分割的方案，但并未涉及人身保险权益的分割。

婚姻关系存续期间，两人共购买了两份人身保险，情况如下：

荆某，身份证号×××，在保险公司投保产品为国寿瑞祥终身寿险（万能型）（A 款），保险单号 2007××××0850，保险单生效日 2007 年 9 月 29 日，投保人是荆某，被保险人是荆某，此保险单退保日为 2018 年 11 月 3 日，给付退保金 51,476.65 元。

王某，身份证号×××，在保险公司投保产品为国寿瑞祥终身寿险（万能型）（A 款），保险单号 2007××××1095，保险单生效日 2007 年 10 月 23 日，投保人是荆某，被保险人是王某，此保险单退保日为 2018 年 11 月 3 日，给付退保金 52,381.34 元。

2020 年 3 月 31 日，王某向保险公司交保险费时，才得知荆某将两份保险退保。王某认为该两份保险的保险费是在婚姻存续期间投保的，属于荆某与王某双方的共同财产。荆某擅自退保，但未将退保金分割给王某，其行为损害了王某的财产权益。于是王某向法院提起诉讼，要求分割退保所得。

但荆某却认为，婚姻关系存续期间的保险费系其母亲交纳，并未使用夫妻共同财产出资，其母亲为王某、荆某交纳保险费系对自己一方的赠与，故退保金不应当作为夫妻共同财产分割。

## 裁判要点

庭审中，荆某称保险费系其母亲交纳，其与王某均未出资，其母亲为王某、荆某交纳保险费系对自己一方的赠与。但是，未提供证据加以证明。法院最终认定，退保金属于夫妻共同财产，荆某应向王某支付退保金的一半。

## 律师分析

（一）婚姻关系存续期间，保险合同的投保人为已婚子女，即使该保险费使用父母的款项进行支付，子女离婚时，保险单现金价值或退保金仍面临被分割的风险

《八民会议纪要》第4条规定："婚姻关系存续期间以夫妻共同财产投保，投保人和被保险人同为夫妻一方，离婚时处于保险期内，投保人不愿意继续投保的，保险人退还的保险单现金价值部分应按照夫妻共同财产处理；离婚时投保人选择继续投保的，投保人应当支付保险单现金价值的一半给另一方。"

《民法典》第1062条规定，婚姻关系存续期间，继承或受赠所得的财产属于夫妻共同财产。因此，在本案中，即便如荆某所言，保险费确实由荆某的母亲支付，那么在荆某无其他证据证明保险费只赠与荆某一人所有的情况下，两份人身保险的退保金仍然面临作为夫妻共同财产分割的风险。

但同时《民法典》第1063条规定，遗嘱或者赠与合同中确定只归一方的财产，属于夫妻一方的个人财产。为了防止子女婚变产生人身保险现金价值被分割的风险，正确的做法是：以荆某父母作为赠与人，荆某本人作为受赠人，签订一份书面赠与协议，在赠与协议中明确约定赠与的保险费系对自己子女一方荆某个人的赠与，与其配偶和家庭无关，且赠与款项仅用于购买保险。这样即便子女产生婚变，由于保险费属于荆某的个人财产，那么在保险费进入保险公司后转变为保险单现金价值，该保险单现金价值也应当属于子女一方的个人财产（此处暂不考虑保险单现金价值高于保险费的情形）。

**（二）父母不适合作为投保人时，可以赠与子女保险费，让子女作为投保人，并在赠与协议中约定款项的具体用途及违约责任**

现在很多保险公司推出养老社区，其一般的运营规则是：投保人购买一份大额保险单，保险费大多在100万元至300万元不等，即可赠送养老社区入住资格。而保险公司除了对被保险人年龄有一定要求，对投保人年龄也会有一定要求，年龄过高可能不具备投保人资格。

为了享受养老社区服务，此时具有保险费支付能力的父母往往会以子女的名义购买人寿保险单，并由父母实际支付保险费。由于相关保险单额度都比较大，父母又担心将大额款项直接转给子女，子女将款项挪作他用或者投保后行使任意解除权，父母的晚年生活得不到保障。面对这种情况，父母可以在赠与协议中约定款项的具体用途及相应的违约责任。

**（三）签订赠与协议的注意事项**

1. 赠与合同采用书面形式

现实中，为了使赠与方与受赠方的权利义务得到保障，赠与合同应采用书面形式，对赠与内容进行明确约定，以防出现后续纠纷。

2. 受赠与对象应具体

如赠与财产只赠与自己子女所有，不包括配偶或其家庭，或与其配偶及家庭无关。

3. 赠与款项的用途须明确及约定违约责任

赠与款项的具体用途：如用于支付与某保险公司签订的保险合同的保险费，保险产品：×××，保险单号：×××，被保险人：×××。

违约责任：赠与款项仅能用于交纳保险费，禁止其他用途，否则赠与人有权要求受赠人立即返还赠与款项，且受赠人需以赠与款项为基数，按照日万分之五的标准向赠与人支付违约金。

4. 赠与款项汇入专用账号

赠与款项不要使用现金的方式交付，而是应该通过银行转账的方式汇入受赠人的特定银行账户，避免与其他夫妻共同财产混同，例如通过银行转账形式存入荆某新开设的银行账户中。

5. 汇款时注意留言

在汇款备注栏标记类似"赠与荆某个人专有，用于支付保险费"字样，以证明是赠与自己子女个人，并防止挪作他用。

6. 赠与协议的公证

在司法实践中，有许多子女与父母倒签赠与协议的现象，给法官认定案件事实设置了障碍，同时也不利于父母一方传承目的的实现。赠与协议经过公证后，容易被法院采信，结合汇款凭证，双方的微信聊天记录、短信、电子邮件往来等内容，可以共同印证赠与人赠与受赠人个人。

7. 避免赠与合同无效

如当事人恶意串通签订赠与合同，或者子女将自己财产通过取现或转账汇入父母账户，父母再汇款给子女，以造成父母赠与子女财产且归其个人的假象，都会导致赠与合同无效。

**（四）人身保险除与赠与协议相结合外，还可以与夫妻财产约定相结合**

《民法典》第 1065 条第 1 款规定："男女双方可以约定婚姻关系存续期间所得的财产以及婚前财产归各自所有、共同所有或者部分各自所有、部分共同所有。约定应当采用书面形式。没有约定或者约定不明确的，适用本法第一千零六十二条、第一千零六十三条的规定。"

夫妻约定财产制是指法律允许夫妻用协议的方式，对夫妻在婚前和婚姻关系存续期间所得财产的所有权的归属、管理、使用、收益、处分以及对第三人债务的清偿、婚姻解除时财产的分割等事项作出约定，从而排除或部分排除夫妻法定财产制适用的制度。

《八民会议纪要》第 5 条第 2 款规定："婚姻关系存续期间，夫妻一方依据以生存到一定年龄为给付条件的具有现金价值的保险合同获得的保险金，宜认定为夫妻共同财产，但双方另有约定的除外。"按照该规定，如果夫妻一方作为人寿保险单（例如年金保险或者两全保险）中的生存保险金受益人，在夫妻双方没有特别约定的情况下，在婚姻关系存续期间取得的生存保险金就属于夫妻双方的共同财产。但是上述法条中的"双方另有约定的除外"条款，为夫妻财产约定协议书提供了广阔的应用空间。夫妻双方完全可以在夫妻财产协议书中约定，夫或妻获得的生存保险金归其个人所有，不作为夫妻共同财产。即便产生婚变，生存保险金也不会作为夫妻共同财产分割。

## 二、人身保险与遗嘱工具的结合

**典型案例**：投保人或者被保险人能否通过遗嘱方式处分身故保险金？

张某月与王某民系夫妻关系，二人于 2001 年 11 月 29 日生育一女王某娜。

张某月的父亲已于1995年6月12日去世,母亲陆某仍健在。

2014年11月25日,张某月购买保险费为20万元的华夏财富一号两全保险一份(万能型、C款),该份保险投保人和被保险人均为张某月,保险期满日为2051年11月26日零时,且未指定身故受益人。

该保险合同载明:"在本合同有效期间内,我们按照以下约定承担保险责任:满期保险金,若被保险人生存至本合同期满,我们将按本合同期满日的账户价值给付期满保险金,同时本合同终止;身故保险金,若被保险人身故,我们将按被保险人身故时本合同账户价值的105%给付身故保险金,同时本合同终止……被保险人身故后,遇到下列情形之一的,保险金作为被保险人的遗产,由我们按照《继承法》的规定履行给付保险金的义务:(一)没有指定受益人,或者受益人指定不明无法确定的;……"

2015年8月15日,张某月订立遗嘱,内容分别为"本人于2014年11月25日在中行购买的20万元华夏财富一号两全保险,月利率为5%,身故保险金为1万元,期限为37年,至2017年11月26日产生的本息23.15万元均由女儿王某娜继承,身故保险金1万元也由女儿王某娜继承"。张某月于2016年12月22日因病去世。

张某月去世后,2017年2月23日,王某娜以遗嘱继承纠纷为由将外祖母陆某起诉到法院。王某娜向法院提出诉讼请求:(1)请求确认张某月遗嘱合法有效;(2)判令遗嘱所述的财产归王某娜所有;(3)本案诉讼费由陆某承担。王某娜认为,张某月在生病期间于2015年8月15日立下一份遗嘱,将其购买的20万元华夏财富一号两全保险由王某娜继承。

在本案审理过程中,王某民作出关于张某月相关遗嘱的声明:"我作为第一顺序继承人之一,尊重妻子(张某月)的生前意愿,完全同意遗嘱的分配意见。在该保险中属于我享有的保险本息及保险金份额全部归女儿(王某娜)所有。由此放弃在此遗嘱中,自身应有的继承权利。"

陆某则答辩称:遗嘱不是真实的,不承认遗嘱效力,应该按照法定继承依法分割张某月名下遗产;华夏财富一号两全保险合同并未指定身故保险金受益人,应按照法定继承依法分割。

法院审理认为:遗产是公民死亡时遗留的个人合法财产。继承开始后,按照法定继承办理;有遗嘱的,按照遗嘱继承或者遗赠办理。因此,根据张某月的自书遗嘱和王某民放弃遗嘱中财产权利的声明,根据张某月购买的华夏财富一号两全保险合同的保险责任条款,投保人张某月在该合同期满前病故,现可领取的身故保险金为该合同账户价值的 105%。因张某月购买该保险时未指定身故受益人，后在遗嘱中指定其女儿王某娜继承身故保险金，现该身故保险金由其女儿王某娜继承。

## 裁判要点

因张某月购买该保险时未指定身故受益人，故该身故保险金作为张某月的遗产，由其继承人依法继承；后张某月订立自书遗嘱，并在遗嘱中指定其女儿王某娜继承身故保险金，故该身故保险金由其女儿王某娜继承。

## 律师分析

### （一）投保人或者被保险人能否通过遗嘱方式处分身故保险金？

《保险法》第 42 条第 1 款规定："被保险人死亡后，有下列情形之一的，保险金作为被保险人的遗产，由保险人依照《中华人民共和国继承法》的规定履行给付保险金的义务：（一）没有指定受益人，或者受益人指定不明无法确定的；（二）受益人先于被保险人死亡，没有其他受益人的；（三）受益人依法丧失受益权或者放弃受益权，没有其他受益人的。"本案中，案涉保险合同没有指定身故受益人，故在张某月去世之后，案涉两全保险合同的身故保险金作为张某月的遗产由张某月的继承人依法继承。

《民法典》第 1122 条规定："遗产是自然人死亡时遗留的个人合法财产。依照法律规定或者根据其性质不得继承的遗产，不得继承。"第 1123 条规定："继承开始后，按照法定继承办理；有遗嘱的，按照遗嘱继承或者遗赠办理；有遗赠扶养协议的，按照协议办理。"

本案中，因张某月生前已经订立了自书遗嘱并指定由其女儿王某娜依法继承案涉两全保险合同的身故保险金，该遗嘱合法有效，故案涉两全保险的身故保险金作为张某月的遗产，应当由其女儿王某娜依法继承。

### （二）案涉两全保险合同中的生存保险金本息能否按照张某月自书遗嘱的内容由其女儿王某娜全部继承？

案涉两全保险系张某月在婚姻关系存续期间使用夫妻共同财产投保购买，故生存保险金及利息属于张某月与王某民的夫妻共同财产，即案涉保险已产生的本息 23.15 万元为夫妻共同财产。

《民法典》第 1153 条第 1 款规定："夫妻共同所有的财产，除有约定的外，遗产分割时,应当先将共同所有的财产的一半分出为配偶所有,其余的为被继承人的遗产。"因此针对案涉保险合同已经产生的本息 23.15 万元,应先分出一半归王某民所有,剩下一半作为张某月的遗产,由张某月自书遗嘱指定的继承人女儿王某娜依法继承。

本案中,因王某民在庭审中特别声明,在保险合同中属于自己份额的保险金本息全部归女儿所有,并放弃自身应有的继承权利,故最终法院认定案涉保险已经产生的本息 23.15 万元全部归其女儿王某娜所有。如王某民并未作出上述放弃声明,那么张某月在自书遗嘱中仅有权处分属于自己份额的生存保险金产生的本息,另一半本息归王某民所有,张某月无权处分。

(三) 投保人或被保险人能否通过遗嘱变更人身保险中的受益人?

《保险法》第 41 条规定:"被保险人或者投保人可以变更受益人并书面通知保险人。保险人收到变更受益人的书面通知后,应当在保险单或者其他保险凭证上批注或者附贴批单。投保人变更受益人时须经被保险人同意。"即投保人或者被保险人可以随时变更受益人,但并未对变更受益人的形式作任何限制规定,只是要求书面通知保险人。依据"法无禁止即可为"的原则及《民法典》第 5 条意思自治原则,投保人或被保险人可以遗嘱的形式变更受益人。

(四) 投保人能否通过遗嘱方式变更投保人?

人身保险中,经常会出现因原投保人已无缴费能力、家庭成员发生变化、原投保人出现意外或身故或其他原因导致需要变更投保人的情况。《保险法》第 20 条规定:"投保人和保险人可以协商变更合同内容。变更保险合同的,应当由保险人在保险单或者其他保险凭证上批注或者附贴批单,或者由投保人和保险人订立变更的书面协议。"实践中,已经有很多保险公司推出了"第二投保人",这也就是说,投保人在投保时,可以依据保险合同确定的不同情况,填写第二顺序投保人、第三顺序投保人,这样,在保险合同生效后,只要出现保险合同约定的情况,保险公司可直接根据投保人的指定变更新投保人。

(五) 投保人能否通过立遗嘱的方式将保险利益给其继承人继承?

《民法典》第 1122 条第 1 款规定:"遗产是自然人死亡时遗留的个人合法财产。"第 1133 条规定,自然人有权以遗嘱的方式处分个人财产。人身保险中,投保人去世后,投保人名下的人身保险权益应由其法定继承人依法继承。此处需注意,该人身保险现金价值系夫妻共同财产权益,被继承人仅能处分属于被继承人的遗产部分,不包括其配偶所享有部分。在投保人去世后,应先分割出人身保险中属于其配偶的一半财产(保险单现金价值),剩下属于投保人的部分作为遗产处理。

实务中已经出现了投保人可以遗嘱的方式将其名下的人身保险由其指定的继承人依法继承的案例。例如，（2014）昌民初字第 1872 号裁判文书中，法院认可了投保人可以通过遗嘱的方式将属于投保人的部分作为遗产处理。法院认为："董某路（投保人）按照保险合同约定支付了 12 年保险费后因病去世的事实清楚，虽然董某路的母亲芦某英、妻子郭某民、女儿董某为第一顺序继承人，董某路的人身保险（保险单号××1364）中约定生存受益人为郭某民，身故受益人为董某路，但董某路生前作出'我女儿董某、母亲芦某英不得就财产继承主张权利'的遗嘱已被人民法院生效的判决书确认合法有效，董某路的人身保险（保险单号××1364）的现金价值及红利作为董某路的遗产，原告郭某民（妻子）享有按遗嘱继承的权利。原告郭某民与被告保险公司均同意解除保险合同关系（保险单号××1364），不违反法律法规的强制性规定，截至 2014 年 10 月 1 日，××1364 保险单的现金价值为 6484 元，红利为 1262.01 元，故对原告郭某民要求被告退还保险金 7746.01 元（6484 元+1262.01 元）的诉讼请求，本院予以支持。"

## 第十一节　保险公司是否会倒闭

**典型案例**：如果保险公司倒闭了，买过的保险还能不能赔付？分红还能不能拿到？

2018 年 2 月，安邦保险集团原董事长吴某晖因涉嫌经济犯罪被依法提起公诉。2 月 23 日，原中国保险监督管理委员会依法对安邦保险集团实施接管。在接管后不久，接管组发现安邦保险存在编制虚假材料等行为，为了保障保险公司的清偿能力，中国保险保障基金于 2018 年 4 月 4 日为安邦保险注资 608.04 亿元。[①]

2019 年 4 月 16 日，安邦保险集团发布公告称，公司拟减少注册资本 203.6 亿元，注册资本将由 619 亿元变更为 415.4 亿元。经中国银行保险监督管理委员会批准，中国保险保障基金有限责任公司、中国石油化工集团有限公司、上海汽车工业（集团）总公司共同出资设立大家保险集团，注册资本为 203.6 亿元，

---

[①] 《银保监会：保险保障基金为安邦增资 608.04 亿元 并启动战略投资人遴选》，载人民网，http://money.people.com.cn/n1/2018/0404/c42877-29907866.html。

与安邦保险集团减少的注册资本一致,大家保险集团成立后依法受让了安邦人寿、安邦养老和安邦资管股权,并设立大家财险。①

实践中,很多人也经常提出以下问题:保险公司会不会破产?万一保险公司破产了,会不会卷款逃跑?投保人投入的保险费会不会打水漂、血本无归?保险合同中约定的受益人权利是否会受到影响?受益人还能否按照合同约定拿到保险金?

其实,这些问题是不必担心的,由于保险关系到国计民生,我国法律对保险公司的要求非常严格,可以说至今并没有发生一起保险公司倒闭的案例,这主要得益于保险公司的保障机制。例如,在监管部门的监督下,安邦保险客户的利益并未遭受损失,下文将主要介绍保险公司的十大保障机制。

## 一、设立条件严格且注册资本雄厚

根据《保险法》第67条、第69条的法律规定,在我国设立保险公司应当经国务院保险监督管理机构批准,注册资本的最低限额为人民币2亿元且必须是实缴货币资本。依据《公司法》的有关规定,在我国注册设立普通公司实施的是认缴制,在注册时根本不需要实缴出资。但是由于保险关系国计民生,对保险公司设立条件的要求是远高于其他公司的。那些我们耳熟能详的保险公司注册资本基本在几十亿元到几百亿元之间。

《保险法》第68条规定:"设立保险公司应当具备下列条件:(一)主要股东具有持续盈利能力,信誉良好,最近三年内无重大违法违规记录,净资产不低于人民币二亿元;(二)有符合本法和《中华人民共和国公司法》规定的章程;(三)有符合本法规定的注册资本;(四)有具备任职专业知识和业务工作经验的董事、监事和高级管理人员;(五)有健全的组织机构和管理制度;(六)有符合要求的营业场所和与经营业务有关的其他设施;(七)法律、行政法规和国务院保险监督管理机构规定的其他条件。"

除此之外,在我国设立保险公司必须经过中国银行保险监督管理委员会的批准获得保险牌照,而2019年中国银行保险监督管理委员会仅批准设立了一家保险公司。可以说,在我国境内设立保险公司的门槛是非常严格的。

---

① 《大家保险集团有限责任公司成立》,载中国银行保险监督管理委员会官网,http://www.cbirc.gov.cn/cn/view/pages/ItemDetail.html?docId=4991&itemId=915&generaltype=0。

## 二、保险公司股东条件严格

《保险公司股权管理办法》第 4 条规定，根据持股比例、资质条件和对保险公司经营管理的影响，保险公司股东分为四类：财务Ⅰ类股东、财务Ⅱ类股东、战略类股东、控制类股东，且对每一类股东的准入条件都进行了严格限制。为保证保险公司的安全性，《保险公司股权管理办法》第 31 条还规定了禁止投资人代持保险公司股权。

## 三、保险公司撤销、解散与接管规定严格

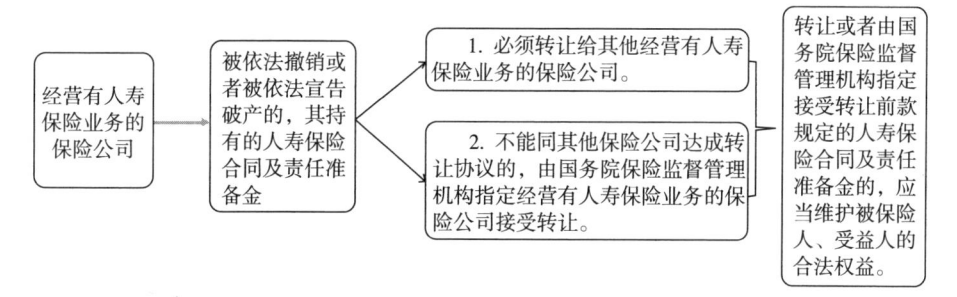

图 1-7　人寿保险公司被依法撤销、宣告破产的规定

2020 年 7 月 17 日，中国银行保险监督管理委员会在官网发布《依法对天安财产保险股份有限公司等六家机构实施接管的公告》，公告明确提到："接管后，被接管机构继续照常经营，公司债权债务关系不因接管而变化。接管组将依法履职，保持公司稳定经营，依法保护保险活动当事人、信托当事人等各利益相关方的合法权益。"①

其实，国内保险公司被接管的事件，截至目前已经发生过四次，分别是：2007 年新华人寿保险公司被接管，2011 年中华联合财险被接管，2018 年安邦保险集团被接管，2020 年天安财险、华夏人寿、天安人寿、易安财险被接管。其中前两次接管，保险保障基金均赢利退出，对于安邦保险集团在被接管前发行

---

① 《中国银保监会依法对天安财产保险股份有限公司等六家机构实施接管的公告》，载中国银行保险监督管理委员会官网，http://www.cbirc.gov.cn/cn/view/pages/ItemDetail.html?docId=917190&itemId=925&generaltype=0。

的 1.5 万亿元中短期理财保险，已全部兑付，未发生一起逾期和违约事件。①

《保险法》第 89 条第 2 款规定："经营有人寿保险业务的保险公司，除因分立、合并或者被依法撤销外，不得解散。"第 92 条规定："经营有人寿保险业务的保险公司被依法撤销或者被依法宣告破产的，其持有的人寿保险合同及责任准备金，必须转让给其他经营有人寿保险业务的保险公司；不能同其他保险公司达成转让协议的，由国务院保险监督管理机构指定经营有人寿保险业务的保险公司接受转让。转让或者由国务院保险监督管理机构指定接受转让前款规定的人寿保险合同及责任准备金的，应当维护被保险人、受益人的合法权益。"

由于保险是社会保障的重要组成部分，所以人寿保险公司原则上是不能倒闭的。即使人寿保险公司被依法撤销或者被宣告破产，客户的保险单利益将会转让给其他人寿保险公司，由其他人寿保险公司继续承担保险责任。所以客户可以放心，保险公司并不会卷款逃跑，即便被依法撤销或宣告破产，受益人的权益也不会受到影响。例如，2018 年安邦保险被中国银行保险监督管理委员会接管后，安邦保险的业务最终由大家保险承受，安邦保险的客户利益并没有受到影响。

### 四、保证金制度

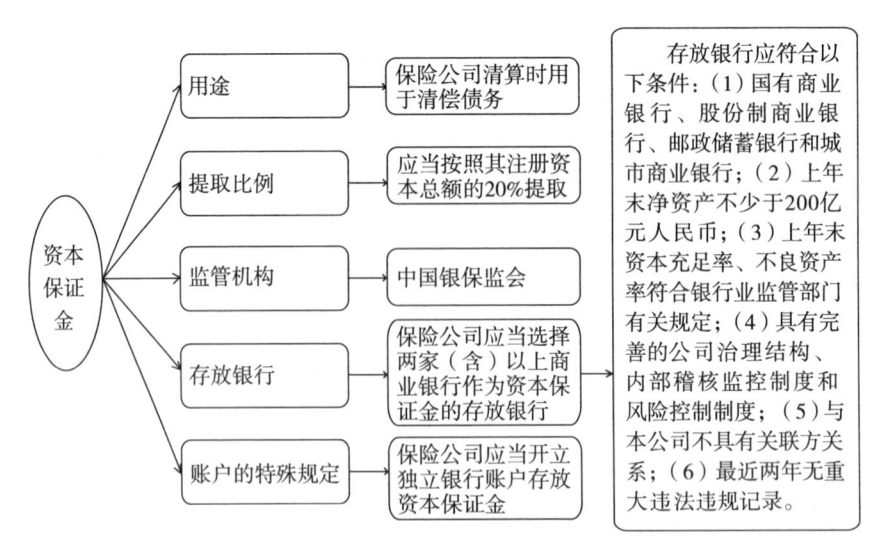

图 1-8　保险公司在经营过程中提取资本保证金的规定

---

① 《中国银保监会就结束安邦集团接管答记者问》，载中国银行保险监督管理委员会官网，http://www.cbirc.gov.cn/cn/view/pages/ItemDetail.html? docId=891333&itemId=915&generaltype=0。

《保险法》第 97 条规定："保险公司应当按照其注册资本总额的百分之二十提取保证金，存入国务院保险监督管理机构指定的银行，除公司清算时用于清偿债务外，不得动用"。

根据上述规定，保险公司必须按照注册资本总额的 20%提取保证金，且该保证金仅能用于清算时清偿债务。保证金提取完毕后，保险公司应当选择两家以上商业银行作为保证金的存放银行，并在银行开立独立账户存放保证金。例如，中国平安人寿保险股份有限公司的注册资本为 338 亿元，那么中国平安人寿保险股份有限公司就需要提取 67.6 亿元作为保证金。

### 五、责任准备金制度

《保险法》第 98 条第 1 款规定："保险公司应当根据保障被保险人利益、保证偿付能力的原则，提取各项责任准备金。"责任准备金是保险公司为了保证保险事故发生后能够及时赔偿、承担给付责任，提前预留的资金。保险责任准备金是保险公司的负债，因此保险公司必须要有与保险责任准备金同等价值的资产作为后盾，以保障保险事故发生时及时给付保险金。

### 六、公积金制度

《公司法》第 166 条第 1 款规定："公司分配当年税后利润时，应当提取利润的百分之十列入公司法定公积金。公司法定公积金累计额为公司注册资本的百分之五十以上的，可以不再提取。"《保险法》第 99 条规定："保险公司应当依法提取公积金。"由此可知，保险公司在每年分配税后利润时，要提取 10%列入公司法定公积金。公积金形式有法定公积金和任意公积金，法定公积金的提取是强制的，只有累计达到注册资本 50%以上时，才可以不再提取。

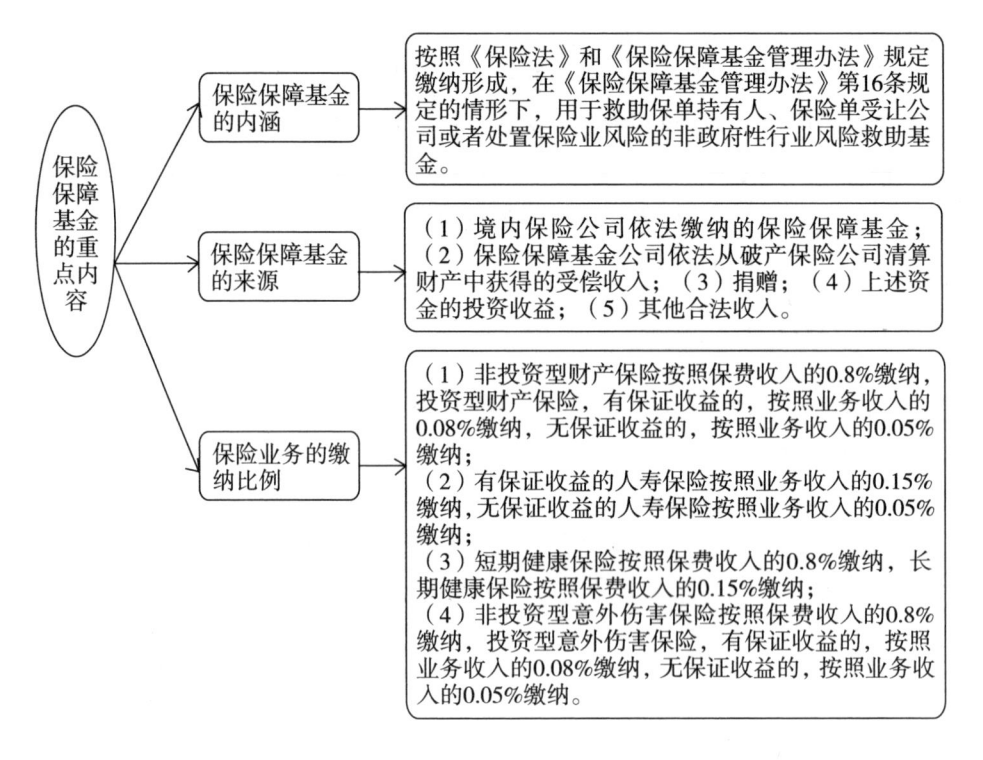

## 七、保险保障基金制度

**保险保障基金的重点内容**

- **保险保障基金的内涵**：按照《保险法》和《保险保障基金管理办法》规定缴纳形成，在《保险保障基金管理办法》第16条规定的情形下，用于救助保单持有人、保险单受让公司或者处置保险业风险的非政府性行业风险救助基金。

- **保险保障基金的来源**：（1）境内保险公司依法缴纳的保险保障基金；（2）保险保障基金公司依法从破产保险公司清算财产中获得的受偿收入；（3）捐赠；（4）上述资金的投资收益；（5）其他合法收入。

- **保险业务的缴纳比例**：（1）非投资型财产保险按照保费收入的0.8%缴纳，投资型财产保险，有保证收益的，按照业务收入的0.08%缴纳，无保证收益的，按照业务收入的0.05%缴纳；（2）有保证收益的人寿保险按照业务收入的0.15%缴纳，无保证收益的人寿保险按照业务收入的0.05%缴纳；（3）短期健康保险按照保费收入的0.8%缴纳，长期健康保险按照保费收入的0.15%缴纳；（4）非投资型意外伤害保险按照保费收入的0.8%缴纳，投资型意外伤害保险，有保证收益的，按照业务收入的0.08%缴纳，无保证收益的，按照业务收入的0.05%缴纳。

**图1-9　保险保障基金的重点内容**

保险保障基金是由保险公司缴纳的行业风险救助资金，也是保险公司安全性的重要保证，目前由中国保险保障基金有限责任公司进行专业的管理和运作。根据中国保险保障基金有限责任公司数据，截至2021年12月31日，保险保障基金余额（汇算清缴前）1829.98亿元。其中财产保险保障基金1130.89亿元，占61.80%；人身保险保障基金699.09亿元，占38.20%。[1]

《保险法》第100条规定："保险公司应当缴纳保险保障基金。保险保障基金应当集中管理，并在下列情形下统筹使用：（一）在保险公司被撤销或者被宣告破产时，向投保人、被保险人或者受益人提供救济；（二）在保险公司被撤销或者被宣告破产时，向依法接受其人寿保险合同的保险公司提供救济；（三）国务院规定的其他情形。保险保障基金筹集、管理和使用的具体办法，由国务院制定。"

---

[1] 《基金规模》，载中国保险保障基金有限公司官网，http://www.cisf.cn/jjcj/jjgm/index.jsp。

那么在哪些情形下，才能够动用保险保障基金呢？根据《保险保障基金管理办法》第 16 条第 1 项、第 2 项的规定，有下列情形之一的，可以动用保险保障基金：(1) 保险公司被依法撤销或者依法实施破产，其清算财产不足以偿付保险单利益的；(2) 国务院保险监督管理机构经商有关部门认定，保险公司存在重大风险，可能严重危害社会公共利益和金融稳定的。例如，在安邦保险事件中，为了保障安邦保险的清偿能力，中国保险保障基金于 2018 年 4 月 4 日为安邦保险注资 608.04 亿元。①

## 八、偿付能力监管

偿付能力，是保险公司对保险单持有人履行赔付义务的能力，中国银行保险监督管理委员会对保险公司偿付能力的要求主要是为了保证每一款产品出售前，保险公司都有资金进行理赔，以确保保险公司能够持久发展。

《保险法》第 101 条规定："保险公司应当具有与其业务规模和风险程度相适应的最低偿付能力。保险公司的认可资产减去认可负债的差额不得低于国务院保险监督管理机构规定的数额；低于规定数额的，应当按照国务院保险监督管理机构的要求采取相应措施达到规定的数额。"

依据《保险公司偿付能力管理规定》的相关规定，只有同时符合核心偿付能力充足率不低于 50%、综合偿付能力充足率不低于 100%、风险综合评级在 B 类及以上的监管要求才是偿付能力达标的保险公司。一旦中国银行保险监督管理委员会发现保险公司的偿付能力存在问题，会采取多项措施，例如监管谈话，限制董事、监事、高级管理人员的薪酬水平，限制向股东分红，限制商业广告，责令调整公司的负责人或管理人员等。

---

① 《银保监会：保险保障基金为安邦增资 608.04 亿元 并启动战略投资人遴选》，载人民网，http://money.people.com.cn/n1/2018/0404/c42877-29907866.html。

## 保险公司偿付能力管理规定

- 偿付能力监管指标：核心偿付能力充足率、综合偿付能力充足率、风险综合评级
  - 保险公司同时符合以下三项监管要求的，为偿付能力达标公司：（1）核心偿付能力充足率不低于50%；（2）综合偿付能力充足率不低于100%；（3）风险综合评级在B类及以上。

- 保险公司在哪些情况下会成为重点核查对象
  - 核心偿付能力充足率低于60%或综合偿付能力充足率低于120%的保险公司为重点核查对象。

- 对于核心偿付能力充足率低于50%或综合偿付能力充足率低于100%的保险公司，采取以下全部措施
  - （1）监管谈话；（2）要求保险公司提交预防偿付能力充足率恶化或完善风险管理的计划；（3）限制董事、监事、高级管理人员的薪酬水平；（4）限制向股东分红。

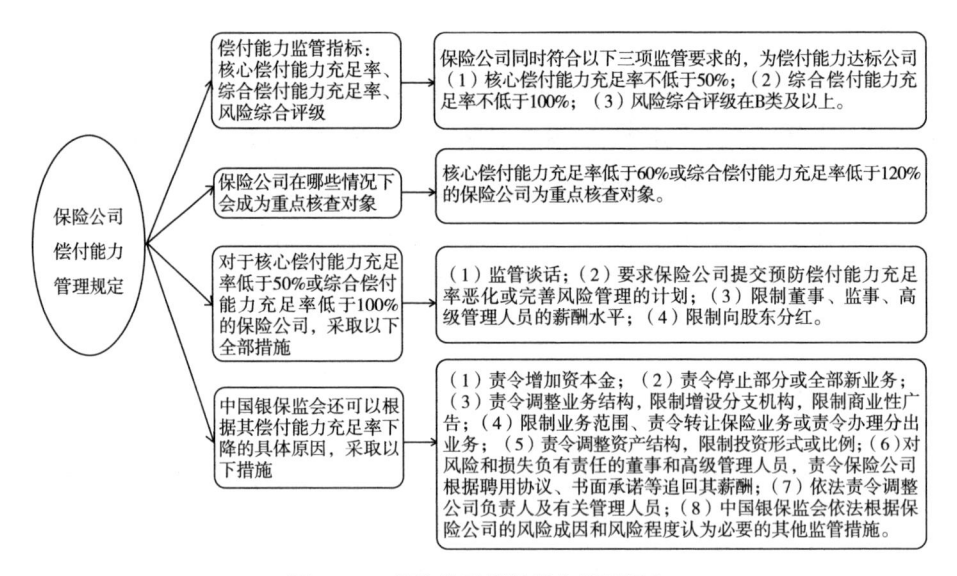

- 中国银保监会还可以根据其偿付能力充足率下降的具体原因，采取以下措施
  - （1）责令增加资本金；（2）责令停止部分或全部新业务；（3）责令调整业务结构，限制增设分支机构，限制商业性广告；（4）限制业务范围、责令转让保险业务或责令办理分出业务；（5）责令调整资产结构，限制投资形式或比例；（6）对风险和损失负有责任的董事和高级管理人员，责令保险公司根据聘用协议、书面承诺等追回其薪酬；（7）依法责令调整公司负责人及有关管理人员；（8）中国银保监会依法根据保险公司的风险成因和风险程度认为必要的其他监管措施。

图1-10　保险公司偿付能力管理规定

### 九、再保险制度

保险公司经营的就是风险，最擅长的也是风险管理，而再保险又叫作"分保"，这个制度是专门为保险公司打造的，目的就是分散保险公司的风险，促进保险公司稳定发展。再保险公司是经保险监管机构批准并依法登记注册，以再保险业务为其主要经营业务的公司。因此，再保险公司也被称为"保险公司的保险公司"。

《保险法》第103条第1款规定："保险公司对每一危险单位，即对一次保险事故可能造成的最大损失范围所承担的责任，不得超过其实有资本金加公积金总和的百分之十；超过的部分应当办理再保险。"

2021年7月中国银行保险监督管理委员会发布的《再保险业务管理规定》第11条规定："再保险业务分为寿险再保险和非寿险再保险。保险人对寿险再保险和非寿险再保险应当单独列账、分别核算。"第12条规定："保险人应当依照《保险法》规定，确定当年总自留保险费和每一危险单位自留责任；超过的部分，应当办理再保险。保险人对危险单位的划分应当符合银保监会的相关规定。"

## 十、保险资金运用监管制度

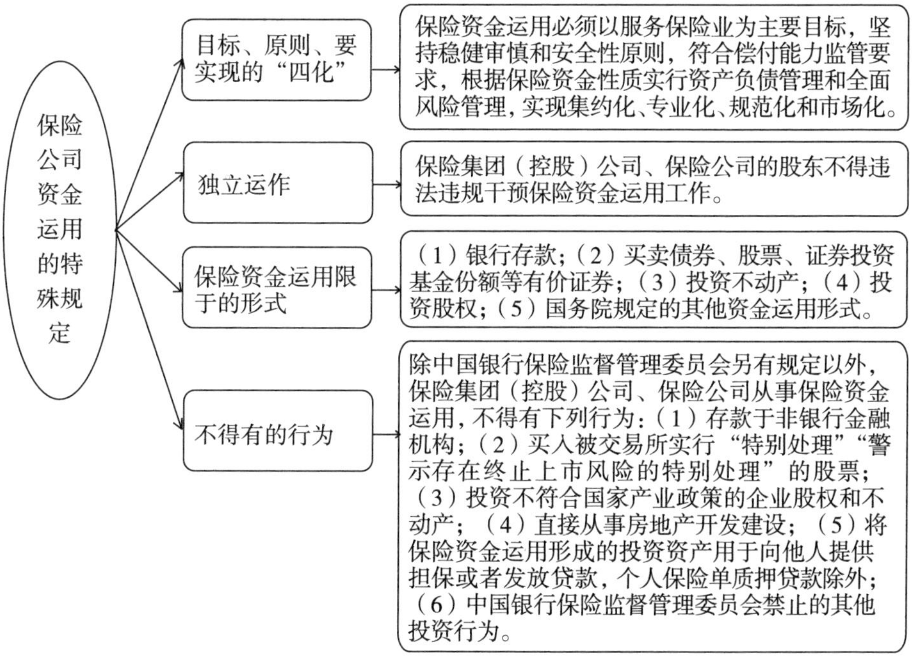

**保险公司资金运用的特殊规定：**

- **目标、原则、要实现的"四化"**：保险资金运用必须以服务保险业为主要目标，坚持稳健审慎和安全性原则，符合偿付能力监管要求，根据保险资金性质实行资产负债管理和全面风险管理，实现集约化、专业化、规范化和市场化。

- **独立运作**：保险集团（控股）公司、保险公司的股东不得违法违规干预保险资金运用工作。

- **保险资金运用限于的形式**：（1）银行存款；（2）买卖债券、股票、证券投资基金份额等有价证券；（3）投资不动产；（4）投资股权；（5）国务院规定的其他资金运用形式。

- **不得有的行为**：除中国银行保险监督管理委员会另有规定以外，保险集团（控股）公司、保险公司从事保险资金运用，不得有下列行为：（1）存款于非银行金融机构；（2）买入被交易所实行"特别处理""警示存在终止上市风险的特别处理"的股票；（3）投资不符合国家产业政策的企业股权和不动产；（4）直接从事房地产开发建设；（5）将保险资金运用形成的投资资产用于向他人提供担保或者发放贷款，个人保险单质押贷款除外；（6）中国银行保险监督管理委员会禁止的其他投资行为。

图 1-11　保险公司资金运用的特殊规定

**中国银行保险监督管理委员会对保险公司监管流程图：**

1. 保险公司应当每季度公开披露偿付能力季度报告摘要，以实现核心监管指标的常态化。

2. 如保险公司偿付能力不足，将其列为重点监管对象，并对公司的正常运营尤其涉及资金运用方面进行严格的限制。

3. 如果保险公司未在规定的时间内增加资本金或者把偿付能力提高到正常水平，中国银行保险监督管理委员会可以按照《保险法》第139条责令调整负责人和有关管理人员。

4. 如果保险公司未能按照《保险法》第139条进行整改，中国银保监会可以选派保险专业人员和指定保险公司的有关人员组成整顿组，对公司进行整顿。一旦进入整顿期，原有业务正常进行，但被整顿保险公司的负责人和有关管理人员都应当在整顿组的监督下行使职权。

5. 整顿期间发现保险公司具备《保险法》第144条规定的情形时，启动接管程序。

6. 接管期间，接管组代为行使保险公司的所有经营管理权力，包括股东会、董事会、监事会和高级管理层级人员。公司所有资金往来、资产买卖、信息发布、除传统保险业务外的合同签订，均需要经过接管工作组的同意。

7. 依据《保险法》第147条、第148条的规定，接管期限届满，被接管的保险公司已恢复正常经营能力的，由国务院保险监督管理机构决定终止接管，并予以公告。被整顿、被接管的保险公司有《企业破产法》第2条规定情形的，国务院保险监督管理机构可以依法向人民法院申请对该保险公司进行重整或者破产清算。

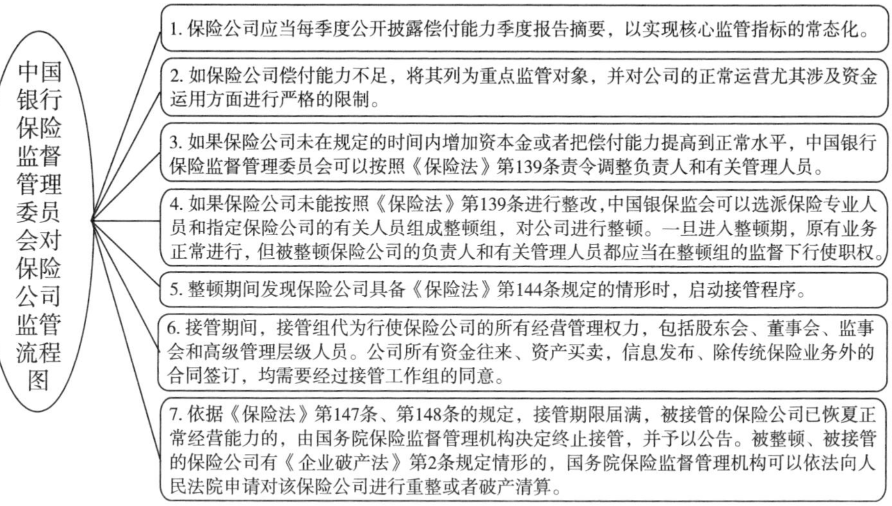

图 1-12　中国银行保险监督管理委员会对保险公司监管流程图

《保险法》第 106 条规定："保险公司的资金运用必须稳健,遵循安全性原则。保险公司的资金运用限于下列形式:(一)银行存款;(二)买卖债券、股票、证券投资基金份额等有价证券;(三)投资不动产;(四)国务院规定的其他资金运用形式。保险公司资金运用的具体管理办法,由国务院保险监督管理机构依照前两款的规定制定。"

保险公司的资金独立运作,保险集团(控股)公司、保险公司的股东不得违法违规干预保险资金运用工作。目前,我国对于保险公司投资资金的用途规定比较保守,以稳健、安全为原则,除中国银行保险监督管理委员会另有规定外,保险公司不得有下列行为:(1)存款于非银行金融机构;(2)买入被交易所实行"特别处理""警示存在终止上市风险的特别处理"的股票;(3)投资不符合国家产业政策的企业股权和不动产;(4)直接从事房地产开发建设;(5)将保险资金运用形成的投资资产用于向他人提供担保或者发放贷款,个人保险单质押贷款除外;(6)中国银行保险监督管理委员会禁止的其他投资行为。

## 第十二节　基本保额与减额

**典型案例**:长期寿险是否必须设置减额交清条款?

龚某为某保险公司业务员。2015 年 6 月 29 日,龚某为自己向本保险公司投保了鑫如意年金保险,约定合同生效日为 2015 年 6 月 30 日,缴费期满日至 2025 年 6 月 29 日,年缴保险费 12,000 元。合同未对减额交清作出约定。龚某按照保险合同约定交纳了第一期保险费。

合同履行过程中,龚某未按期交纳涉案保险费,保险合同处于中止状态。于是,龚某向保险公司有关领导申请采用"减额交清"功能来一次性交纳剩余保险费以维持保险合同的效力。但是,龚某得到的反馈是涉案保险单没有该项功能。

于是,龚某起诉至法院要求保险公司赔偿包括保险费、保险金红利及复利、误工费、诉讼费以及因诉讼产生的各项支出、精神损害赔偿金,总计 5,393,252 元。

龚某认为:第一,根据保险学实务知识,长期寿险的缴费方式可以采用"减额交清"的方式,同时,该保险公司组织的业务培训所涉及的题库中也说明长期寿险具有"减额交清"功能。第二,涉案保险单不具有"减额交清"的功能，保险公司未采取简便易行的处理纠纷的模式，同时未践行客户至上、勤勉尽责的原则，对原告的经济损失存有主观上的过错。第三，该保险单未向龚某如实告知，不具有长期寿险应该具备的"减额交清"功能，而且该项功能的缺失，排除和限制了消费者的权益，存有欺诈性。

法院经审理后认为：首先，长期寿险是否必须具有减额交清的功能，不是以原告所述的试题或者基础知识等为依据，而是基于法律规定。目前在法律没有作出强制性规定的情况下，保险人具有按照其精算的结果决定是否在合同中约定减额交清功能的权利。而且，减额交清并不属于法律明文规定保险人在承保时必须明确说明的内容，其次，原告作为被告保险产品的营销员，对其推销的产品所涉及的权利义务内容应当全部了解，而且应该明知规制当事人双方行为的是合同条款，这是契约精神的首要含义。最终法院驳回了龚某的诉讼请求。

## 裁判要点

长期寿险中未设置减额交清功能，并不违反法律规定。

## 律师分析

### 一、什么是减额交清、减保？

长期寿险交费时间较长，比如很多产品交费期为 20 年，有的甚至长达 30 年，如果客户不想继续交纳剩余保险费而选择退保，保险合同的效力将无法维持，且只能退回保险单现金价值，有时会得不偿失。那么有没有一种方式既能够让投保人少交纳或不交纳剩余保险费，同时也能维持保险合同的效力呢？解决方案之一就是减额交清或减保。

减额交清是指将保险单当时的现金价值在扣除欠交的保险费及利息、借款和利息后的余额，作为一次性交清这份保险单剩下的全部保险费，但保险单的保额也相应减少，而保险合同仍然有效。如某年金产品中的减额交清条款约定："在本合同保险期间内且本合同有效，自本合同生效日或最后复效日（以较迟者为准）起 2 年后，如果本合同具有现金价值，您可以申请将本合同变更为减额交清保险合同。我们将以申请当时本合同具有的现金价值净额，一次性支付相应降低基本保险金额后的全部净保险费，降低后的基本保险金额不得低于申请时我们规定的最低金额。减额交清后，本合同的基本保险金额相应减少，您不必再支付保险费。"

减保是指通过减少保额来少交一部分保险费，即部分退保，保险公司按照所减少的保额对应的现价退给客户，原险种不变，合同将维持减少后的保额承保，客户需要继续交纳减保后对应的续期保险费。

减保与减额交清的主要区别就在于减保后依然需要交纳保险费，而减额交清则不用继续交纳保险费，因为投保人已经通过现金价值一次性交清这份保险单剩下的全部保险费。

需要注意的是，并不是所有保险单都有减额交清功能，具体内容需要看保险合同的约定。例如，在本案中，龚某投保的人寿保险单就不具备减额交清功能，龚某在未按期交纳保险费的情况下，保险合同的效力将中止，中止期满2年后保险公司有权解除保险合同。

### 二、保险合同中的常见术语"基本保额"的概念及内涵

基本保额，是指保险合同条款费率表中载明的单位保额，也是保险公司计算理赔或给付金额时的基数。多数保险单中会有基本保险金额条款，如某保险合同约定："本合同的基本保险金额在投保时由您和我们约定，并在保险单或批注上列明。如果该金额发生变更，则以变更后的金额为基本保险金额。"

根据产品类型不同，理赔金额与基本保额之间存在不同的对应关系。例如在重疾险或寿险中，重疾或身故责任一般按照基本保额进行赔付。比如购买一份保额为50万元的重疾险或者寿险保险单，那么在满足理赔条件时，一般也会赔付50万元，这里的50万元就是基本保额。现在市售的重疾险产品，大都包括轻症责任，有的产品还会包括中症责任，根据中国保险行业协会制定的《重大疾病保险的疾病定义使用规范》（2020年修订版），轻症保额不得超过重疾保额的30%，也就是说，如果重疾基本保额为50万元，则轻症保额至多为15万元。很多保险公司设计的产品中，轻症保额为重疾的20%。在一些意外险产品设计中，根据不同情况，保额也有可能为基本保额的数倍。例如，某出行意外险产品，基本保险金额为100万元，电梯意外身故或全残保额为基本保额的二倍，即200万元，公共交通意外身故或全残保额为基本保额的三倍，即300万元，航空或轨道交通意外身故或全残保额为基本保额的六倍，即600万元。

在年金类产品中，基本保额为计算生存金等给付金额的依据，不如重疾险或寿险等理赔类保险基本保额那样直观。如某年金保险合同中约定："自本合同的第5个保险单周年日零时起至本合同终止，如果被保险人在此期间内的每个保险单周年日零时生存，我们按当日合同基本保险金额的30%给付生存保险金。"举例来讲，如果此类年金保险单每年交费15.16万元，交费期为10年，

对应保额为 123,000 元,则生存保险金为每年 36,900 元。

## 第十三节　人身保险合同中常见的免除保险公司责任的条款

**典型案例一**：保险合同中约定免除保险人责任的条款,是否有效?

周某强是一名美团骑手,入职公司为兴达××科技有限公司(以下简称兴达公司)。2020 年 3 月 29 日 16 时 15 分,周某强在从事配送工作时,驾驶电动自行车与邹某婷驾驶的自行车相撞,致邹某婷受伤及两车不同程度损坏。经认定,周某强承担此次事故全部责任,邹某婷无责任。

2020 年 3 月 29 日,兴达公司在某保险公司投保雇主责任保险,保险期间为自 2020 年 3 月 29 日 5 时至 2020 年 3 月 30 日 2 时止,电动自行车第三者责任保险金额为 250,000 元、雇主责任(人身伤亡)保险金额为 600,000 元、雇主责任(医疗费用)保险金额为 50,000 元。投保单中关于保险范围只有医疗费、残疾赔偿金、死亡赔偿金,但并未采用黑体、加粗或其他方式明确提示。

邹某婷受伤后在医院治疗,支出医疗费合计 21,995.99 元、门诊检查费合计 284.3 元。邹某婷支出复印住院病案费用 21 元。经法院委托鉴定机构鉴定,鉴定意见为：被鉴定人邹某婷的伤情,构成十级伤残；营养期为 90 日、护理期为 60 日、误工期为 120 日；二次手术费用预估为 9000 元。邹某婷支出鉴定费 2440 元。

病情稳定后,邹某婷以兴达公司、保险公司为被告向法院提起诉讼,请求依法判令被告赔偿：医疗费 22,280.29 元、误工费 4800 元、护理费 7721.10 元、住院伙食补助费 800 元、营养费 4500 元、交通费 160 元、伤残赔偿金 38,184 元、精神损害抚慰金 5000 元、二次手术费用 9000 元、复印费 21 元、鉴定费 2440 元、财产损失 1000 元(衣物及自行车损失),合计 95,906.39 元。

庭审中保险公司认为：保险合同中约定的保险范围只有医疗费、残疾赔偿金、死亡赔偿金,其他费用均为除外责任,保险公司不应当予以赔付。

兴达公司则认为：兴达公司为骑手投保雇主责任保险就是为了享受雇主责任保险待遇,且保险公司在保险单中并未对保险单的特别约定向我公司进行特别提示说明,故该条款对我公司无效,保险公司应当向邹某婷承担全部责任。

法院经审理后认为：周某强作为兴达公司的工作人员,因执行工作任务造成邹某婷损害,故应由兴达公司承担侵权责任。兴达公司在保险公司投保雇主责任保险,故应由保险公司在保险责任范围内赔偿,不足部分由兴达公司赔偿。邹某婷请求的误工费,因邹某婷已超过退休年龄,其提供的证明及银行账户交易明细不能充分证明误工事实,故不予支持;邹某婷请求的二次手术费,因未实际发生,可待实际发生后另行主张权利。最终判决:一、保险公司于本判决发生法律效力之日起十日内赔偿邹某婷医疗费22,280.29元、住院伙食补助费800元、营养费4500元、护理费7721.1元、交通费160元、伤残赔偿金38,184元、精神损害抚慰金3000元、复印费21元、鉴定费2440元、财产损失500元,合计79,606.39元;二、驳回邹某婷其他诉讼请求。

## 裁判要点

保险合同中免除保险人责任的条款,应当以足以引起投保人注意的文字、字体、符号或者其他明显标志作出提示,否则应认定保险公司未尽到提示义务,相关免除保险公司责任条款不发生效力。

## 律师分析

本案中,投保单中约定保险公司保险范围只有医疗费、残疾赔偿金、死亡赔偿金,而不对其他费用(护理费、误工费、营养费、伙食补助费、交通费等)承担责任,是否有效?

《保险法》第17条第2款规定:"对保险合同中免除保险人责任的条款,保险人在订立合同时应当在投保单、保险单或者其他保险凭证上作出足以引起投保人注意的提示,并对该条款的内容以书面或者口头形式向投保人作出明确说明;未作提示或者明确说明的,该条款不产生效力。"《保险法司法解释(二)》第9条第1款规定:"保险人提供的格式合同文本中的责任免除条款、免赔额、免赔率、比例赔付或者给付等免除或者减轻保险人责任的条款,可以认定为保险法第十七条第二款规定的'免除保险人责任的条款'。"

本案中,虽然投保单中约定保险范围只有医疗费、残疾赔偿金、死亡赔偿金,而不对其他费用(护理费、误工费、营养费、伙食补助费、交通费等)承担责任,但是该条款属于免除保险公司责任的条款。由于保险公司提供的保险单特别约定部分所载的责任免除条款的内容,并未采用特殊文字、颜色或者符号等特别标识进行提示,根据《保险法》第17条的规定,该条款对投保人兴达公司并不产生法律效力。所以,保险事故发生后,保险公司应当在第三者责任保险金额 250,000 元范围内承担保险责任，最终法院经过审理后判决由保险公司承担 79,606.39 元的赔偿费用。

**典型案例二**：保险等待期条款是否属于免除保险人责任的条款？

2013 年 11 月 11 日，汪某芳通过 A 人寿保险公司网站投保××人生健康重大疾病保障计划保险，并于当日交纳保险费 8400 元。

投保人通过打开投保页面进行注册登记、险种选择、填写保险信息（确定交费年期、投保金额等信息）、投保确认、保险费交纳，逐步完成投保。其中，在"投保确认"页面载有"本人已认真阅读并理解保险条款、投保须知、投保提示书和投保声明书的全部内容，且同意将电子保险单发出之日的次日视为客户签收日"。投保人须在该语句前进行勾选后才能进行下一步操作，进而完成投保，即勾选上述语句是进行下一步投保操作的必经流程。此外，在"投保确认"页面同时载有"什么是等待期？有多少天？"的链接，该链接点击打开后对应内容为："本险种首次投保或非连续投保有 180 日等待期，即自保险合同生效日起 180 日内，经医院确诊被保险人罹患保险合同定义的任何一种或多种疾病，A 保险公司按投保人已交的保险合同的保险费数额向保险金受益人给付保险金，本合同终止。"

2013 年 11 月 11 日下午，A 保险公司通过汪某芳投保时填写的电子邮箱以电子邮件形式向汪某芳出具电子保险单，并附《××人生 B 款终身重大疾病保险条款》（以下简称保险条款）及电子投保单。经查，以电子邮件向汪某芳出具的保险条款内容与汪某芳投保时的"保险条款"链接对应内容一致。电子保险单载明：保障计划为××人生健康重大疾病保障计划，保险单号为 211××，投保人及被保险人为汪某芳，保险合同成立日为 2013 年 11 月 11 日，保险合同生效日 2013 年 11 月 12 日 0 时，每期保险费 8400 元，交费期间 20 年，交费方式为年缴，交费日期为每年 11 月 12 日，保险期间为终身，保险金额为 35 万元。

保险条款约定，在保险合同保险期间内，A 保险公司承担下列保险责任：重大疾病保险金，汪某芳于保险合同生效（若曾复效，则自保险合同最后复效）之日起 180 日内，经医院（指原卫生部制定的医院等级分类中的二级合格或者二级合格以上的医院，不包括主要作为康复、护理、疗养、戒酒、戒毒或者相类似的医疗机构）初次确诊（指自汪某芳出生之日起第一次经医院确诊患有某种疾病，而不是指自保险合同生效、复效之后第一次经医院确诊患有某种疾病）非因意外伤害导致罹患保险合同所定义的重大疾病（无论一种或者多种），A 保险公司按汪某芳已交纳的保险费数额向重大疾病保险金受益人给付重大疾病保险金，本合同终止（前述条款以下简称180天条款）；汪某芳经医院初次确诊因意外伤害导致罹患保险合同所定义的重大疾病（无论一种或者多种），或者于保险合同生效（若曾复效，则自保险合同最后复效）之日起180日后经医院初次确诊非因意外伤害导致罹患保险合同所定义的重大疾病（无论一种或者多种），A保险公司按保险金额向重大疾病保险金受益人给付重大疾病保险金，本合同终止；重大疾病保险金受益人为被保险人本人；保险合同所定义的重大疾病共有32种，其中包括恶性肿瘤等。

2013年11月13日晚，A保险公司客服中心致电汪某芳进行投保回访，回访录音记录中汪某芳陈述案涉保险系其丈夫杨某代买，同时对于客服人员向汪某芳的提问"对保险的内容，特别是对保险责任、免除责任，都了解吧？"汪某芳的回答为"对"。

2014年4月23日至27日，汪某芳在北京协和医院住院期间，被确诊罹患右侧甲状腺乳头状癌。嗣后，汪某芳向A保险公司提出理赔申请，A保险公司于2014年6月27日向汪某芳送达《理赔决定通知书》，载明：对于被保险人汪某芳提交的191××号保险单理赔申请，A保险公司经审核同意承担保险责任，支付保险金8400元，解除191××号保险合同。其后，A保险公司于2014年6月30日向汪某芳支付保险金8400元。上述电子保险单载明的保险单号211××与《理赔决定通知书》中载明的保险单号191××对应的保险合同均为同一份涉案保险合同。

汪某芳则认为，保险条款中约定的180天等待期应属免责条款，A保险公司未向其出具保险单及相应条款，未履行提示说明义务，该条款不生效，故其应获得保险金35万元。与A保险公司多次协商未果后，汪某芳向法院起诉要求A保险公司立即向汪某芳支付剩余的保险金341,600元并支付逾期付款的利息。

**裁判要点**

保险合同约定，当被保险人在合同生效之日起180日内发生本合同所定义的重大疾病，A保险公司按被保险人交纳的保险费数额给付重大疾病保险金，该数额远低于双方约定的保险金额，实质上减轻了A保险公司的保险责任，在效果上基本等同于解除保险合同，退还保险费，故属于"免除保险人责任的条款"。

## 律师分析

**一、本案中，保险等待期条款是否属于免除保险人责任的条款？**

《保险法司法解释（二）》第9条第1款规定："保险人提供的格式合同文本中的责任免除条款、免赔额、免赔率、比例赔付或者给付等免除或者减轻保险人责任的条款，可以认定为保险法第十七条第二款规定的'免除保险人责任的条款'。"

案涉保险合同"保险责任"中"重大疾病保险金"一款中约定："被保险人于本合同生效之日起180日内，经医院初次确诊非因意外伤害导致罹患本合同所定义的重大疾病，我们按您已交纳的本合同的保险费数额向重大疾病保险金受益人给付重大疾病保险金，本合同终止。被保险人经医院初次确诊因意外伤害导致罹患本合同所定义的重大疾病，或者于本合同生效之日起180日后经医院初次确诊非因意外伤害导致罹患本合同所定义的重大疾病，我们按本合同保险金额向重大疾病保险金受益人给付重大疾病保险金，本合同终止。"该条款约定被保险人在合同生效之日起180日内发生本合同所定义的重大疾病，A保险公司按被保险人交纳的保险费数额给付重大疾病保险金，该数额远低于双方约定的保险金额。

最终法院认定，因A保险公司向被保险人给付的保险金8400元远低于保险合同约定的保险金额35万元，保险合同保险等待期条款属于"免除保险人责任的条款"。

**二、本案中，保险公司是否尽到了必要的提示、说明义务？**

保险合同一般都是格式条款，为了防止保险公司利用自己的地位恶意加大投保人、被保险人的义务，减轻、免除自身的义务，《保险法》第17条规定保险公司对于格式条款有明确的提示、说明义务，如保险公司未就保险合同中免除自身责任的条款作出提示或者明确说明，则该条款不产生效力。

那么，如何认定保险公司已经履行了必要的提示、说明义务呢？根据《保险法司法解释（二）》第11条、第12条的规定，通常有以下三种方式：

第一，针对免责条款，保险公司以足以引起投保人注意的文字、字体、符号或者其他明显标志作出提示的，应当认定保险公司履行了提示义务。这通常体现为在订立保险合同时，保险合同中的加黑、加粗、加阴影条款。

第二，保险公司对保险合同中有关免除保险人责任条款的概念、内容及其法律后果以书面或者口头形式向投保人作出常人能够理解的解释说明的，应当认定为保险公司履行了明确说明义务。

第三，通过网络、电话等方式订立的保险合同，保险公司以网页、音频、视频等形式对免除保险人责任条款予以提示和明确说明的，可以认定保险公司履行了提示和明确说明义务。

本案中，法院经过一审、二审、再审，最终法院认定保险公司已经履行了提示和明确说明义务。法院认为，案涉保险合同以网络方式订立，投保人通过打开投保页面进行注册登记、险种选择、填写保险信息（确定交费年期、投保金额等）、投保确认、保险费交纳逐步点击完成投保。

首先，A保险公司已向投保人汪某芳提供了案涉保险条款。A保险公司于2013年11月11日已通过汪某芳投保时留存的电子邮箱以电子邮件形式向汪某芳出具电子保险单，并附保险条款及电子投保单。该电子邮件的保险条款内容与汪某芳投保时"保险条款"链接对应的保险条款内容一致。

其次，A保险公司就180天条款作出了足以引起投保人注意的提示。案涉180天条款中"被保险人于本合同生效之日起180日内""本合同生效之日起180日后""本合同所定义的重大疾病"等部分均采用黑体字并加粗的方式提示，足以引起投保人的注意进行完整阅读，结合投保后客服人员电话回访中曾询问投保人"对保险的内容，特别是对保险责任、免除责任，都了解吧？"，进一步提示投保人注意阅读免责条款，可以认为A保险公司已尽到对免除保险人责任的条款的提示义务。

最后，A保险公司就180天条款内容向投保人汪某芳进行了明确说明。案涉180天条款的文字表述明确清楚，不存在歧义。网上实际操作人汪某芳丈夫杨某具备一定的文字阅读能力，对该条款的内容不存在理解障碍，可以正确理解该条款的含义。投保人需要在"投保确认"页面中勾选"本人已认真阅读并理解保险条款、投保须知、投保提示书和投保声明书的全部内容，且同意将电子保险单发出之日的次日视为客户签收日"才能进入下一步投保流程，且页面设置有"保险条款""投保须知""投保提示书""投保声明书""等待期"等链接，而网上投保流程已完成，A保险公司有理由相信投保人汪某芳"已认真阅读并理解保险条款、投保须知、投保提示书和投保声明书的全部内容"并勾选确认。结合A保险公司回访时汪某芳的答复内容，最终法院认定A保险公司已尽到对180天条款内容的明确说明义务。

虽然本案中，法院认定180天的等待期条款为保险合同中免除保险公司责任的条款，但是由于保险公司履行了提示及明确说明义务，最终法院判决驳回汪某芳要求 A 保险公司支付保险金 341,600 元及其利息的诉讼请求。

**三、保险合同中常见的免除保险公司责任的条款有哪些？**

目前保险公司制定的保险合同中的"免除保险人责任的条款"大致分为以下几种情形：

1. 道德风险免责。常见情形主要有：投保人对被保险人的故意杀害、故意伤害、故意造成疾病的，保险公司不承担保险责任。

2. 法律规定的免责情形。常见情形主要有，被保险人在本合同成立（若曾复效，自保险合同最后复效）之日起 2 年内自杀的，保险公司不承担赔偿责任，但被保险人自杀时为无民事行为能力人的除外等。

3. 投保人违背了如实告知义务，足以影响保险公司决定是否同意承保或者提高保险费率的，保险事故发生后保险公司不承担保险责任。例如，保险合同中往往会对带病投保、年龄错误等条款进行加黑、加粗，以引起投保人的注意。

4. 被保险人自己实施的高风险行为或违反法律强制性规定行为免责。例如，因被保险人主动吸食或注射毒品，导致被保险人身故或残疾的，保险公司不承担保险责任；被保险人故意犯罪或抗拒依法采取的刑事强制措施导致被保险人身故或残疾的，保险公司不承担保险责任；被保险人酒后驾驶、无合法有效驾驶证驾驶，或驾驶无有效行驶证的机动车导致被保险人身故或残疾的，保险公司不承担保险责任等。

5. 极端事件免责。例如，很多保险公司都会写明由于战争、军事冲突、暴乱或武装叛乱、核爆炸、核辐射或核污染等造成被保险人身故或残疾的，保险公司不承担保险责任。

## 第十四节 以死亡为给付保险金条件的人身保险的特殊规定

**典型案例**：以死亡为给付保险金条件的合同，未经被保险人同意并认可保险金额的，有效吗？

2009 年 10 月 26 日，张某萍在保险公司投保鸿福人生两全保险（分红型），保险单记载：被保险人为王某军，保险期间自 2009 年 10 月 27 日至终身，基本保险金额 72,000 元，缴费期间为 10 年，每期保险费 50,688 元，保险责任为按照约定向生存保险金受益人及身故保险金受益人给付保险金。

2009年11月13日，保险公司客服人员对张某萍进行了电话回访，并问道："请问投保提示及投保单上是您和被保险人亲笔签名吗？"张某萍明确回答"是。"此后，张某萍连续8年向保险公司交纳保险费共计405,504元。投保后，张某萍分多次提交"保险金领取申请书"领取生存保险金共计51,883.92元。

张某萍向一审法院起诉请求：（1）确认张某萍与保险公司之间的保险合同无效；（2）判令保险公司退回保险费405,504元及利息；（3）保险公司承担鉴定费和诉讼费。

案件庭审过程中，张某萍否认投保单中被保险人签字处签名为被保险人王某军所写。被保险人王某军也表示保险合同中的签名并非本人所签，且保险合同未经其同意并认可保险金额。经协商，法院委托某司法鉴定机构对投保单中被保险人处"王某军"的签名字迹是否为被保险人本人书写进行了司法鉴定。最终鉴定意见为：投保单中被保险人处"王某军"的签名与样本中王某军的签名字迹不是同一人所书写。

## 裁判要点

以死亡为给付保险金条件的合同，未经被保险人同意并认可保险金额的，合同无效。保险公司应向张某萍返还交纳的保险费共计405,504元，因保险公司已向张某萍支付生存保险金51,883.92元，故应从保险公司返还张某萍保险费中予以扣除。

## 律师分析

### 一、以死亡为给付保险金条件的人身保险的特殊规定

《保险法》第34条第1款规定："以死亡为给付保险金条件的合同，未经被保险人同意并认可保险金额的，合同无效。"《保险法司法解释（三）》第1条规定："当事人订立以死亡为给付保险金条件的合同，根据保险法第三十四条的规定，'被保险人同意并认可保险金额'可以采取书面形式、口头形式或者其他形式；可以在合同订立时作出，也可以在合同订立后追认。有下列情形之一的，应认定为被保险人同意投保人为其订立保险合同并认可保险金额：（一）被保险人明知他人代其签名同意而未表示异议的；（二）被保险人同意投保人指定的受益人的；（三）有证据足以认定被保险人同意投保人为其投保的其他情形。"

本案中，张某萍投保的是以死亡为给付条件的人身保险合同，在庭审中被保

险人王某军明确表示保险合同未经其同意且不认可保险金额，司法鉴定机构出具的鉴定意见也证明作为投保单中的被保险人"王某军"并非王某军本人所签。保险公司未向法院提交其他确实、充分的证据证实保险合同经被保险人同意并认可保险金额。因此最终法院根据《保险法》第34条的规定，认定保险合同无效。

实务中，不少保险公司都推出了分红型人身保险合同，此类保险既有投资理财性质，也有保险性质，是否应当遵循《保险法》第34条的规定？在（2015）渝一中法民终字第06993号案中，重庆市渝北区人民法院倾向于认为，分红型人身保险同样应符合《保险法》关于投保以死亡为给付保险金条件的人身保险的规定，违反该规定的分红型人身保险合同整体无效。

有关以死亡为给付保险金条件的人身保险涉及的内容较多，此处中仅概括介绍相关法律规定，有关具体内容可参见本书第四章第一节。

**二、保险合同被确认无效后，保险公司应当向投保人退还多少保险费？**

《民法典》第157条规定："民事法律行为无效、被撤销或者确定不发生效力后，行为人因该行为取得的财产，应当予以返还；不能返还或者没有必要返还的，应当折价补偿。有过错的一方应当赔偿对方由此所受到的损失；各方都有过错的，应当各自承担相应的责任。法律另有规定的，依照其规定。"

虽然张某萍投保的人身保险合同被法院确认无效，但法院认为张某萍及保险公司均存在过错。首先，张某萍作为完全民事行为能力人，在其收到保险合同，投保单中已注明"被保险人或其监护人亲笔签名"的情况下，明知被保险人处"王某军"为别人代签，却依然连续交纳保险费，并且在保险公司对保险合同签订情况进行电话回访时，仍然未将被保险人王某军签名系代签的真实情况告知保险公司，因此张某萍对保险合同确认无效存在过错。其次，保险公司作为专业保险机构，在合同订立过程中，应该向张某萍进行明确提醒、告知，要求投保人、被保险人履行书面同意和确认手续，并对张某萍提交的投保单等材料应尽审慎义务，因此，保险公司也存在过错。最终法院认定，保险公司应向张某萍返还交纳的保险费共计405,504元，保险公司已向张某萍支付的生存类保险金51,883.92元，应从保险公司返还张某萍保险费中予以扣除。

**三、保险合同被确认无效后，是否应当支持投保人要求返还资金占用期间利息的诉讼请求？**

在本案中，法院认为张某萍、保险公司均存在过错，且张某萍主张资金占用期间的利息并无法律规定及合同依据，所以并未支持张某萍要求保险公司支付利息的诉讼请求。

但在司法实务中,人身保险合同被确认无效后是否支持资金占用期间的利息,仍有分歧。例如在(2018)京7101民初1879号案中,法院则认为:"在订立合同时,董某蕴年事已高,为非专业人员,而被告员工为从事保险业务的专业人员,应有高于普通人订立合同的注意义务,但其在订立合同过程中,不仅代写代签,还未依法定条件订立涉及以死亡为给付保险金条件的合同,最终导致本案合同无效,故对于合同的无效,被告方工作人员存在主要过错,应当赔偿原告方因此所受到的损失。该损失为原告方利息的损失,本院按中国人民银行同期贷款利率计算。"

## 第十五节　人身保险合同订立过程中的要约邀请和要约

**典型案例:** 两全保险(分红型)的宣传资料属于要约邀请还是要约?

2007年11月初,张某晶到银行办理业务时,看到了红双喜两全保险(分红型)的宣传资料,宣传资料对保险公司及此款保险产品进行了介绍,如:"收益=保证收益+年度分红+终了分红""收益免税,完全自享"等。同时宣传资料注明:本宣传资料仅供参考,具体内容请以条款为准。宣传资料还以35周岁王女士为例进行了投保示例。

2007年11月15日,张某晶再次到银行办业务时,向银行工作人员详细了解红双喜两全保险(分红型)的情况,当天张某晶在保险公司填写了银代保险专用投保书及授权声明,投保保险公司的红双喜两全保险(分红型)。声明栏写着:"……本人已认真阅读并理解'保险责任、责任免除、犹豫期、合同生效、合同解除'等保险条款的各项内容……对于分红保险、万能保险、投资连接保险,本人已认真阅读并理解了产品说明书……本人已知晓犹豫期事宜:自投保人签收保险单之日起十日内为犹豫期……"张某晶在该投保书投保人签名处签字。

2007年11月20日,张某晶交纳保险费1000元。次日,保险公司为张某晶出具了红双喜两全保险(分红型)保险单,保险的被保险人、投保人均为张某晶,初始基本保额10,794元,保险期间:2007年11月22日至2017年11月21日,保险费:1000元,交费期间:2007年11月22日至2017年11月21日。在保险公司为张某晶提供的服务指南中,其中退保申请一栏写明:"如您在保险合同生效犹豫期后想与我公司解除合同,请您提出书面退保申请,我公司将扣除手续费后退还所交保险费或退还保险单的现金价值,保险合同终止,具体要求详见条款。"犹豫期一栏写明:"自您签收保险单之日起10日内称为犹豫期,在此期间您若改变初衷,我公司在扣除一定的工本费后退还全额保险费,保险合同终止。"同时对续期服务、咨询服务等内容作了提示。

保险合同的保险条款中约定了合同解除:"(1)本合同生效后,为保证您有时间对本合同项下的权利义务进行充分的了解,本公司为您提供十日的犹豫期,犹豫期是指您收到保险单并书面签收之日起十日内的期间,您在上述期间内要求解除本合同,本公司仅在扣除本合同工本费后退还所交保险费。(2)您在犹豫期后要求解除本合同的,本公司自本合同解除之日起十日内(含十日)退还本合同的现金价值,但未交足二年保险费的,本公司扣除手续费后退还所交保险费。"

2007年11月26日,张某晶在客户回访问卷暨保险单签收回执上签字,回执上写明:"在收到正式保险合同后认真核对并就以下内容予以确认……已认真阅读了公司有关本产品的说明材料……已了解本保险的收益和红利会根据公司每年的经营情况有所不同(分红类产品适用)。特别提示:在您收到保险单并签收本回执之日起10日内为犹豫期,如在此期间退保,保险公司在扣除工本费后退还全额保险费,保险合同终止;如在此期间后退保,将扣除手续费后退还所交保险费或退还保险单的现金价值,保险合同终止。"2008年11月22日,保险公司针对张某晶这一保险单进行了2007年年度红利分配。张某晶认可其收到了红利保险金额。

## 律师分析

### 一、红双喜两全保险(分红型)的宣传资料属于要约邀请还是要约?

《民法典》第472条规定:"要约是希望与他人订立合同的意思表示,该意思表示应当符合下列条件:(一)内容具体确定;(二)表明经受要约人承诺,要约人即受该意思表示约束。"第473条第1款规定:"要约邀请是希望他人向自己发出要约的表示。拍卖公告、招标公告、招股说明书、债券募集办法、基金招募说明书、商业广告和宣传、寄送的价目表等为要约邀请。"

要约邀请与要约的不同之处在于,要约一经对方承诺合同就成立,而要约邀请只是邀请他人向自己发出要约,自己收到对方的要约后,还需要作出承诺,合同才能成立。商业广告是指商品经营者或者服务提供者承担费用、通过一定的媒介和形式直接或间接地介绍自己所推销的商品或者所提供的服务的广告。商业广告的目的在于宣传商品或者服务的优越性，并以此吸引顾客购买商品或者接受服务。对于商业广告一般认定为要约邀请，除非广告内容具体明确，表明经受要约人承诺，要约人即受该意思表示约束。

本案中，张某晶在2007年11月初看到的红双喜两全保险（分红型）的宣传资料性质应当属于要约邀请，其目的在于宣传、推销红双喜两全保险（分红型），吸引不特定的人投保、签订保险合同。而且，该宣传资料上也已注明，"仅供参考，具体内容以条款为准"，可以说明宣传资料上的内容并不是最终的合同内容，不是双方最终的意思表示，具体条款还需要以保险合同为准。

**二、本案中，保险合同何时成立？**

保险合同的订立要经过要约、承诺两个过程。平时我们看到的宣传资料性质一般为要约邀请。客户看到宣传资料决定投保，并在相关的投保文件填写有关信息并签名后，属于要约。

保险公司在收到客户的投保文件后，是以签发保险合同还是收取保险费作为合同成立的要件？笔者认为，应当以保险公司签发保险合同作为成立要件较为适宜。实务中，存在保险公司接受客户的投保申请后直接划扣保险费，在保险公司签章前，被保险人即发生保险事故的情形。对此，《保险法司法解释（二）》第4条第1款规定："保险人接受了投保人提交的投保单并收取了保险费，尚未作出是否承保的意思表示，发生保险事故，被保险人或者受益人请求保险人按照保险合同承担赔偿或者给付保险金责任，符合承保条件的，人民法院应予支持；不符合承保条件的，保险人不承担保险责任，但应当退还已经收取的保险费。"也就是说，保险公司预收保险费的行为并不代表保险事故发生后，保险公司必须理赔，此时保险合同是否成立还需要看保险公司是否同意承保。只有保险公司同意承保，保险公司才会承担理赔责任。

第二章

# 人身保险与财富传承

## 第一节　人身保险的功能

**典型案例**：人身保险有哪些功能？

王某和张某系夫妻，育有一子王小某。婚后，王某和张某在温州经营一家鞋厂。

有鉴于 2008 年经济危机的警示，2010 年，王某购买了两份大额两全保险（分红型）。第一份保险：王某作为投保人和被保险人，身故受益人为王小某。第二份保险：王某作为投保人，被保险人为张某，身故受益人为王小某。交费方式：趸交。保险期间：20 年。生存给付：在保险合同有效期内，若被保险人于本合同生效之日起每满 1 个保险单年度仍生存，保险人将按照基本保险金额的 9% 给付生存给付金。期满给付：若被保险人于保险期满时仍生存，保险人按照保险合同的基本保险金额乘以已经过交费年度数给付满期保险金，本合同效力终止。意外身故给付：根据身故情况不同，按照保险合同的基本保险金额乘以身故所在交费年度的 N 倍给付身故保险金，但不超过保险合同已交的保险费与保险金额总和。保险单红利：累计生息方式，红利留存保险公司，按照保险公司每年确定的利息储存生息，并于受益人申请或保险合同终止时给付。保险单贷款：保险合同生效满一周年后，投保人可以申请并经保险人审核同意后办理保险单贷款。贷款金额不得超过本合同当时现金价值的 80%，每次贷款的期限最长不超过 6 个月。

2016 年以来，劳动力成本、原材料成本不断上涨，周边大小加工厂倒闭关门，恰逢王某鞋厂的机械设备需要更新，一时间鞋厂资金周转困难。鉴于银行贷款比较艰难，王某想把两份保险退保后所得的现金用以缓解资金周转困境，但与保险代理人沟通后，保险代理人不建议退保，并明确告知王某可以用保险单向保险公司质押贷款。王某考虑到已投保的两份保险保额比较高，且是趸交的保险费，保险单现金价值相对较高，基本上能满足资金周转需求。经过充分考虑，王某和妻子张某一同到保险公司，以两份保险单的现金价值为质押，向保险公司申请保险单贷款。保险公司在扣除印花税后，参照当时中国人民银行六个月贷款利率确定的贷款利率，快速地给王某办理了保险单质押贷款，当天就向王某发放了贷款。王某此举既解决了融资难题，又能够让两份保险单的受益人继续享受保险利益与保障。王某在盘活资金后，不出半年的时间就使鞋厂迅速走出困境，并持续稳定地发展经营。

2018年开始，王某时常感到心脏不适，担心自己走后，家族企业的继承会出问题，故多次与王小某商量接班的问题，儿子每次都搪塞，不予正经理会。王某多次以更改受益人来吓唬王小某，王小某嘴上答应说同意接班，一定会帮爸爸把公司做得更大、更强，但他私底下一有空就和他的几个同学在一起研究游戏软件的开发。

这一切王某都看在眼里，知道儿子志向并不在经营鞋厂，而自己对游戏开发及互联网行业并不熟悉，在与公司里新来的大学毕业的设计人员聊天后，意识到这个行业可能会有比较大的经营风险，而且竞争比经营鞋厂更加残酷。后王某和妻子沟通，说出了自己的担忧，并告诉妻子，尊重王小某的创业意愿，但把自己有权处分的财产都留给妻子，不作为遗产留给王小某，以免他把资金全部投入游戏行业，并嘱咐妻子在必要时接济儿子。王某立下遗嘱，除保险金外，自己有权处分的其他财产全部留给妻子，王小某不享有继承权。

后王某因突发心肌梗死，被送进医院经抢救无效死亡。

王小某对经营鞋厂不感兴趣，且父亲留有遗嘱，王某名下的股权全部转至张某名下。王小某得到保险金后投资于游戏产业，经营得风生水起。

本案中，王某充分利用人寿保险单的资金融通功能盘活资金的同时又充分享受保险保障，同时其指定王小某为身故受益人，既传递了财富又传递了爱。

## 律师分析

### 一、人身保险的资金融通功能

（一）以人寿保险单质押贷款有无依据？

《中国人民银行关于人寿保险中保险单质押贷款问题的批复》（银复〔1998〕194号）明确指出保险单质押贷款是保险公司履行保险条款中约定的义务，不同于一般的保险资金运用业务，已签发的寿险保险单可以办理保险单质押贷款。在办理保险单质押贷款时应遵循以下原则：（1）保险单质押贷款仅对订有保险单质押贷款条款的个人寿险保险单办理。（2）个人寿险保险费支付两年以上，保险单产生现金价值后，经被保险人书面签字同意，投保人可以保险单为质，向保险公司借款。（3）保险单质押贷款的期限、金额，按保险条款中的约定执行。

《中国保险监督管理委员会关于寿险保险单质押贷款业务有关问题的复函》

(保监厅函〔2008〕66号）指出："保险单质押贷款条款一般存在于长期人寿保险合同中。在保险合同中约定保险单质押，是保险合同当事人的民事权利，有关国家和地区的保险立法对此有明确授权规定。我国保险法对此没有明确规定，在监管实践中，一直将保险单质押贷款条款视为保险合同当事人的约定，属于意思自治，监管政策上也是允许的。""在保险合同中约定保险单质押贷款，并未超出经营保险业务许可证批准的业务范围，不需要在《经营保险业务许可证》中明示。有关保险单质押贷款业务的问题，我会将根据市场需要，作出规范。"由此可知，在保险合同中约定保险单质押贷款的内容符合规定，而且保险公司开展保险单质押贷款业务，并未超出经营保险业务许可证批准的业务范围。

案例中，在满足保险合同约定的条件下利用保险单进行贷款，这是保险合同赋予投保人王某的权利，王某有权根据自己的实际需要选择是否办理保险单贷款业务。王某与保险公司签订的保险合同中约定了保险单质押贷款条款，因此在鞋厂出现资金问题时，王某可以利用保险单进行质押贷款，保险公司为其办理保险单质押贷款是保险公司履行保险合同约定义务的体现，符合法律规定。

（二）退保和保险单质押贷款两个方案相比较，哪一个方案对投保人和被保险人更有利？

《中国保险监督管理委员会关于寿险保险单质押贷款业务有关问题的复函》明确指出保险单质押贷款是长期寿险合同特有的功能，是指投保人在合同生效满一定期限后，按照合同约定将其保险单的现金价值作为质押，向保险公司申请贷款。对于在财务上短期需要资金周转的投保人，与退保相比，保险单质押贷款对投保人更加有利，既有助于解决投保人短期财务问题，又可以维持保险合同的效力，按合同约定为被保险人提供保险保障。

案例中，王某在与保险代理人沟通后申请保险单质押贷款，不仅实现了鞋厂的稳定经营，又维持了两份保险单的效力，使得妻子张某与儿子王小某能够继续享受保险利益和保障，可谓是一举两得。

（三）保险单质押贷款的贷款比例是多少？

2016年9月，原中国保险监督管理委员会发布《关于进一步完善人身保险精算制度有关事项的通知》，保险公司提供保险单贷款服务的，保险单贷款比例不得高于保险单现金价值或账户价值的80%。一般来说，具有储蓄性质的人寿保险、年金保险、万能保险、分红保险和两全保险等才可以申请保险单贷款。消费性质的定期寿险虽然也可以申请保险单贷款，但现金价值不高，贷款总额自然也有限。

## 二、人身保险的减免税功能

（一）保险理赔款免纳个人所得税

依据《个人所得税法》第 4 条的规定，个人所得的保险赔款免纳个人所得税。但需注意：对于给付类分红保险红利及其利息不属于"保险赔款"，并不能免税。案例中，王某去世后，王小某获得的身故保险金不需要交纳个人所得税，大大降低了财富传承的成本。

（二）保险理赔金可在未来规避交纳遗产税的风险

我国目前尚未开始征收遗产税，但通过人寿保险单的提前安排，可以降低大额税务风险。

2013 年 2 月，《国务院批转发展改革委等部门关于深化收入分配制度改革若干意见的通知》（国发〔2013〕6 号）提出："研究在适当时间开征遗产税问题。"自 2017 年 7 月 1 日起，我国开始实施《非居民金融账户涉税信息尽职调查管理办法》，我国境内金融机构将对存款账户、托管账户、投资机构的股权权益或债权权益，以及具有现金价值的保险合同或年金合同开展尽职调查。国家实施的这些政策显示，遗产税距离我们不远了。

而通过人寿保险的保险单指定受益人（包括受益人一栏显示为"法定"或"法定继承人"）后，被保险人去世的，保险理赔金归属于受益人所有，不属于被保险人的遗产，因此，就算将来征收遗产税，保险理赔金也不会作为遗产处理，被保险人的继承人不会因为"继承遗产"而交纳高额遗产税。

本案中，2010 年王某自己作为投保人和被保险人购买人寿保险，该人寿保险单中指明了身故受益人为王小某，王小某领取身故保险金是基于自己受益人的身份而不是王某继承人的身份，王某去世后，就算将来产生遗产税，王小某也不用交纳。

## 三、人身保险的债务隔离的功能

关于人寿保险单是否具有债务隔离的功能，在本章第三节中有详细的讲述，故此处不再赘述。

# 第二节　利用人身保险实现婚前财产与婚后财产的有效区分

**典型案例一**：婚前购买大额寿险保险单，防止婚前财产与婚后财产混同

张某在 2009 年 4 月，与前夫顾某办理完离婚手续。儿子顾某州的抚养权由

张某行使，按照离婚协议书的约定，顾某在办理离婚手续后10日内一次性支付了孩子抚养费150万元。对于婚姻关系存续期间所得的财产，考虑到顾某有法定过错，两人均同意在照顾张某的基础上进行分割。

2011年8月，经过婚姻介绍所介绍，张某与贾某强相识，后两人正式确立恋爱关系。贾某强多次提及双方登记结婚事宜，但张某一直犹豫不决。张某想到自己的第一段婚姻，结果令人扼腕叹息。一方面，张某担心再婚后万一再离婚，财产损失惨重。另一方面，如果按照律师的建议，双方签署婚前财产协议，又会伤害与贾某强婚后的感情。

张某左右为难，这婚肯定要结，但有没有一种两全其美的办法，既保护婚前财产，又不伤害感情？后来，张某联系到王律师，根据王律师的财富传承方案，张某最终选择了购买大额寿险保险单的方案来解决婚前财产的保全与防止婚后混同问题。

2012年7月22日，张某购买了两份终身寿险（分红型）保险，保险合同编号为C1648××、6485××，投保人为张某，被保险人为张某，身故受益人为顾某州。交费方式为一次性趸交。该合同的保险期间为终身，在该合同的有效期内，若被保险人身故，则保险公司将向身故受益人给付身故保险金，其金额等于被保险人身故时本合同的保险金额。若保险单生效10年以上，在60周岁至70周岁任意时期，如符合合同约定，终身寿险退保后的现金价值可自由转换为年金保险，自由确定转换比例。

2012年9月12日，张某购买增额终身寿险一份，保险单号为2012××，投保人为张某，被保险人为张某，身故受益人为顾某州。交费期限为10年，保险年限为终身。被保险人在合同生效后的第一个五周年时生存，且合同有效，保险公司按保险金额的20%给付生存保险金。之后若被保险人在保险合同届满5周年时生存，且合同有效，则按每期递增保险金额的5%给付生存保险金。

2014年4月2日，张某与贾某强登记结婚。因两人都是再婚，婚后两人均同意不再生育子女。贾某强因从事销售工作，一年中大部分时间都是在外地，两人聚少离多。再婚夫妻最难处理的就是财产，张某的家庭面临同样的问题，贾某强每年收入多少，张某无从知悉。贾某强对张某在婚前购买大额保险单的行为，也颇有微词。在相互猜忌中，两人的感情之路越走越窄。2019年6月3日，贾某强与张某因感情不和，性格差异较大，双方协议离婚。同年12月18日，贾某强以离婚后财产纠纷为由向法院起诉，要求依法分割婚姻关系存续期间支付的保险费及其他夫妻共同财产。

法院经审理查明：（1）两份终身寿险（分红型）保险，已交完全部保险费，保险费全部是张某个人婚前财产支付。（2）一份增额终身寿险，尚在交费期内，前5年保险费均使用张某个人婚前财产支付，自2017年9月12日至2019年9月12日三期保险费系使用夫妻共同财产支付，金额为441万元。

针对保险部分，法院经审理认为：第一，张某购买的终身寿险（分红型）保险，保险合同编号为C1648××、6485××，系张某于婚前购买，保险费亦是全部使用婚前个人存款支付，属于张某婚前个人财产，不应作为夫妻共同财产分割。故法院判决驳回贾某强分割该部分保险费的诉讼请求。第二，张某购买增额终身寿险一份，保险单号为2012××，系张某于婚前购买，部分保险费系使用婚后夫妻共同财产支付，鉴于该收益建立在张某使用婚前财产交纳5年保险费的基础上，根据公平原则，贾某强应当分得部分保险利益。现张某主张继续持有该份保险，故应当向贾某强支付保险费对应现金价值一半的补偿款。

## 律师分析

**（一）以婚前存款作为保险费，保险公司扣除运营成本后转化为保险单的现金价值，与婚后存款实现区分**

《民法典》第1063条规定，一方的婚前财产为夫妻一方的个人财产。《最高人民法院关于适用〈中华人民共和国民法典〉婚姻家庭编的解释（一）》［以下简称《民法典婚姻家庭编司法解释（一）》］第31条规定："民法典第一千零六十三条规定为夫妻一方的个人财产，不因婚姻关系的延续而转化为夫妻共同财产。但当事人另有约定的除外。"

根据上述法律规定，在离婚时，一方的婚前财产并不会转化成夫妻共同财产被分割。但在现实生活中存在大量的婚前财产与婚后财产混同、某些婚前财产在婚后增值、购买某些财产所支付的款项既有婚前支付又有婚后支付等情况，从而导致难以区分哪些是婚前财产，哪些是婚后财产。在此背景下，通过婚前购买人身保险的方式，实现婚前财产与婚后财产的隔离应该说是行之有效的。

案例中，张某于婚前购买的两份终身寿险（分红型）保险，交费方式选择婚前趸交，这能够充分证明保险费是以婚前个人财产交纳。婚前存款作为保险费购买人身保险，在扣除保险公司的运营成本后转化为保险单的现金价值，与婚后存款实现了隔离。当然，张某也可以选择分期交纳保险费，为避免配偶一方主张婚后交纳过部分保险费，在实务中须注意下列细节：张某应于婚前单独办理一张新的银行卡,该银行卡专门用于支付保险费。张某于婚前在该银行卡内存足用于交纳保险费的资金,婚后既不向该卡存款,也不从该卡支出,使该账户流水清晰,这样可以实现分期交纳保险费,并证明保险费都是使用婚前个人存款交纳,实现婚前财产与婚后财产的有效隔离。

(二)婚前一方已将大额保险单的保险费支付完毕,即使婚变,另一方也无权分割保险单现金价值。如选择退保,退保险费也为投保人个人所有

两份终身寿险(分红型)保险中,张某作为投保人与被保险人,且使用婚前财产交纳完保险费后,张某按照保险合同的约定和《保险法》及相关司法解释的规定,对保险单享有相应的支配权利,即使婚变,另一方提出分割请求,法院也不会将其作为夫妻共同财产进行分割,当然,张某更无须退保。张某作为保险单持有人,以婚前财产购买人寿保险单并于婚前一次性趸交保险费,即使张某在婚后退保,所得的保险单的现金价值仍为张某的个人财产,不能作为夫妻共同财产进行分割。

(三)被保险人的身故保险金不作为遗产被分割,避免了财富外流风险

在人寿保险合同中,受益人的指定具有至关重要的意义,决定着财富能否顺利、有效地传递。如案例中,张某购买的两份终身寿险(分红型)保险及增额终身寿险,都是以张某自己作为被保险人,身故受益人指定为儿子顾某州。若被保险人不幸意外身亡,因其已指定身故受益人,身故保险金属于身故受益人的个人财产,不属于被保险人的遗产,避免身故保险金作为遗产被分割、继承。在此,张某婚前投入保险单的个人财产彻底转变为身故保险金,并顺利传承到其指定的受益人手中,完成了财富传递与承接。

(四)如张某通过婚前购买股票、投资公司,则婚后增值、分红面临成为夫妻共同财产的风险

《民法典婚姻家庭编司法解释(一)》第26条规定:"夫妻一方个人财产在婚后产生的收益,除孳息和自然增值外,应认定为夫妻共同财产。"对于一方以个人婚前财产购买的股票、投资公司,在婚后的增值、分红部分,需要区分该财产增值的原因是孳息、自然增值还是投资经营。例如,婚姻关系存续期间夫妻一方对股票进行了人为的管理,如实施买入卖出、投入新的资金等行为,这种行为一般会被认定为投资经营,由此产生的增值部分将会被认定为投资经营收益,投资经营收益并非自然增值或孳息,所以该增值部分会被认定为夫妻共同财产。由此可见,婚前购买股票、投资公司并不能防止婚后财产混同,仍然面临婚变时被分割的巨大风险。

## （五）巧用保险单与赠与工具，抵御婚变导致保险单被分割的风险

案例中，张某购买的增额终身寿险，因 2017 年 9 月 12 日至 2019 年 9 月 12 日三期保险费系使用夫妻共同财产支付，最终法院裁判张某向贾某强支付保险费对应现金价值的分割款。其实，以张某的父母作为投保人并巧用赠与工具以上问题就能迎刃而解。

张某可以与父母签订赠与协议，约定：张某向父母赠与资金用于购买保险，保险中以张某本人作为被保险人，未经被保险人书面同意，投保人不得退保，不得进行保险单贷款，否则应当退还全部赠与款项并承担违约责任。依据《保险法》第 10 条第 1 款的规定，保险合同是投保人与保险人约定保险权利义务关系的协议。以张某的父母作为投保人，保险单现金价值属于张某父母的财产，在离婚时贾某强并没有权利分割该保险单的现金价值。

需要提示的是，赠与协议中提及的赠与资金最好是在婚前全部支付到张某父母的银行账户中；如果选择婚后分期支付赠与资金，建议张某在婚前单独办理一张新的银行卡，每次在交纳保险费前从该卡直接转移赠与资金到张某父母的银行卡中。婚姻关系存续期间，既不向该卡存款，也不从该卡支出或消费，使该账户具有充分的独立性，避免与婚后夫妻共同财产混同。这样能够确保所有的赠与资金都是使用张某的婚前个人财产支付的，即使发生婚变，因保险单的现金价值属于张某父母对保险公司所享有的债权，贾某强既不能主张分割保险单的现金价值，也不能主张赠与资金属于夫妻共有财产，从而有效地保护了张某的婚前财产。

## （六）在张某将款项赠与父母，并由父母作为投保人的情况下，应防范当投保人先于被保险人去世时，保险单继承引发风险

虽然保险单与赠与工具相结合能够抵御婚变导致保险单被分割的风险，但由于投保人并非张某自己本人，如果作为投保人的张某父母先去世，保险单又该何去何从呢？在保险事故发生前，保险单的现金价值属于投保人所享有的权益，投保人中途去世的保险单现金价值或退保险费将被认定为投保人的遗产。一旦如此，张某就仍然会面临将保险单作为夫妻共同财产分割的风险。巧用遗嘱工具，以上问题也能迎刃而解。由投保人张某父母在生前立下遗嘱并约定：投保人去世后，保险单投保人的一切权益归被保险人张某继承，与其配偶无关。依据《民法典》第 1063 条的规定，遗嘱或赠与合同中确定只归夫或妻一方的财产属于夫妻一方的个人财产。张某父母在生前立下以上遗嘱内容，在遗嘱中明确排除张某配偶的财产权利，就能有效地保护张某的婚前财产。

**典型案例二**：父母在子女结婚前趸交保险费，子女作为生存保险金受益人在婚后取得的生存年金，是否属于夫妻共同财产？

2010年初，郭某通过某婚恋网认识了赵某，双方的家境相当，两人很快确定了恋爱关系。张某芳作为母亲观察得比较细致，从待人接物中，感觉到这个未来的女婿好像不善于沟通，比较自我。张某芳把自己的感受告诉了女儿郭某，谁知郭某根本不当回事儿，认为母亲小题大做。

转眼到了郭某和赵某谈婚论嫁的时候，张某芳一开始也想着给小两口在婚前购置豪宅作为嫁妆。但考虑到北上广一线城市离婚率逐年上升，再加上自己对赵某也不是十分满意，万一小两口真离婚，那么她送给女儿的结婚嫁妆就可能要分给对方一半。慎重考虑之下，经过咨询专业律师和某人寿保险公司保险代理人，张某芳在郭某婚前花了2000多万元（全资）购置了一套位于北京市通州区格拉斯小镇的独栋别墅，面积为500多平方米，登记在郭某名下，后又与郭某共同到保险公司购买了年金保险。

年金保险的架构为：投保人为张某芳，被保险人为郭某，生存保险金受益人为郭某，身故保险金受益人为张某芳。保障期限为20年，缴费方式为趸交。年金：自保险合同生效日起至本合同第19个保险单年生效对应日止，若被保险人生存，保险人于犹豫期结束后的次日及保险合同每一年的保险单年生效对应日按所交保险费（不计利息）的11%给付年金。满期保险金：被保险人在保险期间届满时生存，保险人按基本保险金额给付满期保险金，本合同终止；被保险人身故，按以下金额中的较大者给付身故保险金，本合同终止。身故保险金：(1)所交保险费（不计利息）扣减已给付的年金（不计利息）；(2)被保险人身故时本保险合同的现金价值。

郭某和赵某婚后初期感情尚可，后因性格原因，两人经常冷战，最终两人在感情上渐行渐远。2019年初，郭某向法院提起离婚诉讼，赵某明确表示同意离婚，但提出要求分割婚姻关系存续期间郭某获得的生存保险金。

## 裁判要点

虽然案涉生存保险金取得的时间为双方的婚姻关系存续期间，但考虑到本案中保险费为郭某母亲婚前一次性趸交，生存保险金并未凝聚夫妻一方或双方的劳动价值，宜认定为郭某的个人财产。

## 律师分析

**（一）确定合适的投保人，选择恰当的保险产品，有效利用人寿保险单预防子女婚变导致的财产流失**

1. 父母作为投保人，即使子女发生婚变，保险单的现金价值也不会被分割。因投保人为张某芳，在未退保的情况下，保险单的现金价值体现为投保人张某芳对保险公司享有的债权，即使女婿和女儿离婚，女婿也无权要求分割保险单的现金价值。

2. 生存年金保障郭某婚后高品质生活。郭某作为年金受益人，每年都能领到一笔高额保险金，从而保障了郭某婚后的高品质生活，这笔保险金可以设定为固定期限也可以设定为终身领取。

3. 定期领取年金保险，可以防止子女挥霍，细水长流。年金保险最大的一个优点是生存年金按年给付，而不是一次性支付巨额保险金。在本案当中，张某芳通过购买年金型保险将郭某设定为被保险人与年金保险的受益人，既保证了郭某婚后的生活品质，又可防止郭某因持巨额财产而挥霍无度。

**（二）父母作为年金保险的投保人并在子女结婚前趸交保险费，子女作为生存保险金受益人，在婚后取得的生存保险金是否为夫妻共同财产？**

《民法典》第1062条与原《婚姻法》第17条相比，新增了夫妻在婚姻关系存续期间所得的"投资的收益"作为夫妻共同财产的规定。《民法典婚姻家庭编司法解释（一）》第26条规定："夫妻一方个人财产在婚后产生的收益，除孳息和自然增值外，应认定为夫妻共同财产。"收益主要包括孳息、自然增值和投资收益三类。

实务中，受益人婚姻关系存续期间取得的生存保险金的性质到底属于孳息、自然增值，还是属于投资收益，目前仍然存在争议。需要注意的是，我们必须厘清，在父母趸交保险费为子女购买人身保险的情况下，到底谁是投资人？答案当然是作为人身保险合同主体一方的投保人，因此在这种情况下，能否直接适用《民法典婚姻家庭编司法解释（一）》第26条的规定，是值得商榷的。

1. 有观点认为：保险费系一方父母婚前交纳，婚后取得的生存保险金未凝聚一方或双方的劳动价值，应当属于子女的个人财产。

此种观点认为，婚姻关系存续期间所产生的收益，是否为夫妻共同财产，需要考虑该收益的取得是否需要夫妻一方或双方的协作、劳动或管理，如果夫妻一方或双方对于收益的取得未产生贡献，则婚姻关系存续期间取得的收益，认定为一方的个人财产比较合适。同理，投保人将保险费交纳给保险公司后，由保险公司进行资金的运作、管理，保险金最终如何计算、分配，完全由保险公司决定，而不需要被保险人、受益人付出任何劳动或者管理。由于该生存保险金的取得并未凝聚夫妻一方或双方的劳动价值，且保险费也是该子女的父母在婚前趸交，故婚姻关系存续期间产生的生存保险金应当属于一方的个人财产。

2. 有观点认为：保险具有投资属性，婚姻关系存续期间取得的保险金属于投资收益，子女取得的生存金在扣除本金（保险费）后应当作为夫妻共同财产。

以生存到一定年龄为给付条件的具有现金价值的保险合同的常见类型为年金保险、两全保险。而上述两类保险中，当被保险人达到一定年龄后，保险公司给付的保险金一般都大于实际交纳的保险费，故具有一定的投资属性。因此，被保险人或受益人生存到一定年龄后所取得的保险金可以作为投资收益，该投资收益属于被保险人或受益人所有，由于该收益的取得发生在婚姻关系存续期间，故应当属于夫妻共同所有的财产。但考虑到保险费并未使用夫妻共同财产交纳，故需要在生存保险金中扣除父母一方所出的保险费，剩余部分才属于夫妻共同财产。

3. 有观点认为：不区分保险费的来源，只要在婚姻关系存续期间取得生存保险金，就属于夫妻共同财产。

《八民会议纪要》第5条第2款规定："婚姻关系存续期间，夫妻一方依据以生存到一定年龄为给付条件的具有现金价值的保险合同获得的保险金，宜认定为夫妻共同财产，但双方另有约定的除外。"该条也仅规定了"双方另有约定的除外"为生存保险金属于一方个人财产的特殊情形。因此，严格来看，只要生存保险金的取得时间是在婚姻关系存续期间，该保险金就应当认定为夫妻共同财产，无须区分保险费的来源为父母婚前趸交还是使用夫妻共同财产交纳。

就该问题，本书倾向于认为，在保险合同中，被保险人以自身的生命或健康为保险标的，婚姻关系存续期间，被保险人或受益人无须进行任何操作，因生存保险金的取得并未凝聚一方或双方的劳动价值，将生存保险金认定为子女的个人财产更为适宜，如此也符合父母作为投保人的真实意愿。

**（三）为避免争议，父母可以选定自己作为人身保险的投保人、生存保险金受益人，并签订赠与合同，约定生存保险金只赠与己方子女，实现财富定向传承**

子女依据人身保险合同已经取得的生存保险金，如已用于家庭消费，则不存在离婚时分割的问题。父母为子女趸交保险费购买人身保险作为嫁妆,本身寓意着希望子女婚姻幸福、白头偕老,子女婚后所取得的生存保险金,从某种意义上来讲也是父母对小两口的祝福金,一般情况下并无排外之意,这也充分体现了父母对儿女的爱,体现了保险的温度。

但考虑到节节攀升的离婚率,有的父母在婚前为子女趸交保险费购买人身保险,只想将生存保险金赠与自己的子女,不希望出现生存保险金作为夫妻共同财产被分割的"意外"情形。

本案中,如果张某芳想要精准地将生存保险金传承给自己的女儿郭某,在购买年金保险时,可以以张某芳作为保险合同的投保人,子女作为被保险人,并将投保人设置为生存保险金受益人,张某芳按照保险合同分期取得年金后,与郭某签订赠与协议,明确约定年金只赠与女儿个人所有,与其配偶无关。张某芳汇款时在附言一栏写明"只赠与女儿郭某,属于其专有"等字样。而郭某作为受赠人,最好单独设立一个银行账户来接受赠与款项,避免与其他夫妻共同财产混同。

## 第三节 人身保险在财富传承中的特殊作用

### 一、人身保险能否隔离债务?

**典型案例**:人身保险的现金价值能否被法院强制执行?

兴铁一号××有限公司(以下简称兴铁一号)、兴铁二号××有限公司(以下简称兴铁二号)与成都××科技有限公司(以下简称科技公司)、张某新、刘某喜、王某丹合伙企业财产份额转让纠纷案,江西高院于2018年12月10日判决:科技公司于该判决生效后十日内向兴铁一号、兴铁二号支付份额转让款5421.047万元及违约金107.9832万元、律师费21万元等,张某新、刘某喜、王某丹对上述债务承担连带清偿责任。

判决生效后,兴铁一号、兴铁二号向法院申请执行,江西高院于2019年6月11日立案受理。在案件执行过程中,江西高院于同月12日作出执行裁定,冻结、扣划被执行人科技公司、张某新、刘某喜、王某丹在金融机构的存款5582.795354万元。如上述冻结、扣划的款项不足以偿还本案债务,则查封、扣押、冻结、拍卖、变卖被执行人科技公司、张某新、刘某喜、王某丹价值相等的其他财产。同年8月7日，该院作出协助执行通知书，要求某保险公司协助：（1）冻结被执行人刘某喜名下的保险产品（保险合同号分别为：2003××6964、2008××4684、2008××4690、2009××9913、2009××9566）的现金价值、红利及利息等财产性权益；（2）冻结被执行人王某丹名下的保险产品（保险合同号分别为：2015××6945、2015××6961）的现金价值、红利及利息等财产性权益，并将上述两项财产性权益用现金转账形式扣划至法院。

法院经审理查明，被冻结、扣划编号为2015××6961的保险合同，投保人为王某丹、被保险人为刘某喜，身故受益人为王某丹（100%）；险种名称为国寿乐行宝两全保险和国寿附加乐行宝意外伤害住院定额给付医疗保险。该保险合同成立日为2015年9月24日，合同生效日期为次日；交费期满日均为2020年9月24日，保险期间均为30年；保险金额均为10万元。该保险单附列了现金价值表，并对现金价值的支付期间、条件和方式予以说明。另外，《国寿乐行宝两全保险利益条款》第10条"关于投保人解除合同的处理"规定，保险合同成立后，除该合同另有约定，投保人可以要求解除该合同。保险公司接到解除合同申请书时终止。投保人于签收保险单后十五日内要求解除该合同的，该公司在接到解除合同申请书之日起三十日内向投保人退还已收该合同全部保险费。投保人于签收保险单十五日后要求解除该合同的，该公司于接到解除合同申请书之日起三十日内向投保人退还该合同的现金价值。

刘某喜对江西高院的执行裁定书提出异议，认为2015××6961的保险合同为疾病、残疾保障类保险，主要是对被保险人刘某喜的疾病、残疾提供保障，关系到刘某喜的生命健康，不适宜强制执行。江西高院经审查后裁定驳回刘某喜的异议请求。刘某喜依法向最高人民法院申请复议，请求撤销江西高院上述执行裁定。

刘某喜复议的具体理由如下：

1. 执行法院扣划保险产品的现金价值于法无据。

第一，根据《保险法》第15条的规定，保险合同的唯一解除权人为投保人。本案保险产品对应保险合同的险种名称为国寿乐行宝两全保险、国寿附加乐行宝意外伤害住院定额给付医疗保险。根据《国寿乐行宝两全保险利益条款》第10条的约定，该保险产品对应的保险合同的唯一解除权人为投保人王某丹。

第二，执行法院无权替代王某丹解除保险合同。首先，我国现行法律、最高人民法院司法解释未明确授权人民法院替代被执行人行使保险合同解除权，因此，执行法院无权替代被执行人王某丹解除保险产品对应的保险合同。其次，本案执行法院替代被执行人王某丹解除保险产品对应的保险合同，在此基础上扣划了保险产品的现金价值、红利及利息等财产性权益，其执行措施的对象是保险合同的解除权。但是，解除权本身并非一种财产权，不属于执行法院的执行范畴。

第三，本案投保人王某丹对保险合同的解除权属于人寿保险请求权，是专属于债务人自身的债权，债权人不能代位行使王某丹的保险合同解除权。即使债权人有权代位行使王某丹对保险产品所对应保险合同的解除权，其应先向人民法院提起代位求偿权之诉，并在胜诉后方可以其名义代位行使王某丹的保险合同解除权。

2. 保险产品为意外伤害、残疾保障类保险，不应被强制执行。

本案保险产品包括国寿乐行宝两全保险、国寿附加乐行宝意外伤害住院定额给付医疗保险。从保险责任上来看，前者的保险责任包括身故或身体高度残疾保险金、意外伤害身故或身体高度残疾保险金、自驾车意外伤害身故或身体高度残疾保险金、客运交通工具意外伤害身故或身体高度残疾保险金、航空意外伤害身故或身体高度残疾保险金和满期保险金；后者的保险责任包括意外伤害住院保险金。保险产品的被保险人为复议申请人。故保险产品的性质为意外伤害、残疾保障类保险。

《广东省高级人民法院关于执行案件法律适用疑难问题的解答意见》问题十一"被执行人的人身保险产品具有现金价值，法院能否强制执行？"指出，虽然人身保险产品的现金价值是被执行人的，但关系人的生命价值，如果被执行人同意退保，法院可以执行保险单的现金价值，如果不同意退保，法院不能强制被执行人退保。虽然广东省高级人民法院的上述规定对江西高院无约束力，但该规定体现了一个重要的法律价值：对于关系人的生命价值的人身保险产品，执行时应首先考虑人的生命价值，其次才是考虑维护债权人债权利益。广东省高级人民法院的上述规定体现了对生命价值的尊重。本案中，保险产品主要是对被保险人的意外伤害、残疾提供保障，关系到被保险人的生命价值，因此，保险产品所保障的被保险人的生命价值应优先于本案申请执行人的债权。故执行法院不应仅仅为了执行债权而置被保险人的生命价值利益于不顾。另外，被执行人王某丹没有解除保险产品对应的保险合同，是为了让保险产品继续保障复议申请人的生命价值利益，这体现了王某丹作为妻子对丈夫的关怀，不能认定为恶意逃避债务。

3. 保险产品的现金价值极低，难以切实有效保障债权人的债权。

根据本案执行依据，王某丹就份额转让款5421.047万元、违约金107.9832

万元以及律师费 21 万元承担连带清偿责任。根据本案保险产品的现金价值表，国寿乐行宝两全保险、国寿附加乐行宝意外伤害住院定额给付医疗保险 4 个保险单周年年末（截至 2019 年 9 月 25 日）的现金价值分别为 8773.9 元、622.5 元，价值非常低。保险产品的保险单现金价值对于实现本案申请执行人的债权而言，只是杯水车薪，执行法院扣划保险产品现金价值的行为几乎起不到保障债权人的债权之作用。

最高人民法院经审理后认为：

1. 关于能否强制执行本案人身保险产品的现金价值问题

《民事诉讼法》（2017 年修正）第 241 条规定："被执行人未按执行通知履行法律文书确定的义务，应当报告当前以及收到执行通知之日前一年的财产情况。"2008 年《最高人民法院关于适用〈中华人民共和国民事诉讼法〉执行程序若干问题的解释》第 32 条规定，被执行人财产报告义务的对象包括"债权、股权、投资权益、基金、知识产权等财产性权利"。《最高人民法院关于人民法院民事执行中查封、扣押、冻结财产的规定》第 2 条第 1 款规定，人民法院可以查封、扣押、冻结登记在被执行人名下的不动产、特定动产及其他财产权。商业保险产品属于前述法律规定的其他财产权利的范围。意外伤害、残疾保障类人身保险产品虽然具有一定的人身保障功能，但其根本目的和功能是经济补偿，其本质上属于一项财产性权益，具有一定的储蓄性和有价性，除《民事诉讼法》（2017 年修正）第 244 条及 2004 年《最高人民法院关于人民法院民事执行中查封、扣押、冻结财产的规定》第 5 条规定的被执行人及其所扶养家属的生活必需品等豁免财产外，人民法院有权对该项财产利益进行强制执行。

人身保险的保险单现金价值与保险事项发生后保险公司应当支付的保险金不同，并不具有人身依附性的专属性，也不是被执行人及其所扶养家属所必需的生活物品和生活费用。根据王某丹与保险公司签订的国寿乐行宝两全保险和国寿附加乐行宝意外伤害住院定额给付医疗保险合同的内容，以及《保险法》第 15 条的规定，在保险金给付之前，投保人王某丹对该保险现金价值享有确定的物权所有权。江西高院对该保险单的现金价值、红利及利息等财产性权益予以冻结并强制扣划并无不当。

2. 对人身保险产品的现金价值应如何执行的问题

江西高院的协助执行通知书要求保险公司协助的内容是：冻结被执行人王某丹及刘某喜名下的保险产品的现金价值、红利及利息等财产性权益，并将上述两项财产性权益用现金转账形式扣划至该院。

首先，人民法院可以强制解除保险合同。根据《最高人民法院关于限制被执行人高消费及有关消费的若干规定》第3条第8项关于被执行人为自然人的，不得支付高额保险费购买保险理财产品的规定精神，如被执行人拒不执行生效法律文书确定的义务，在其可以单方面行使保险合同解除权而未行使，致使债权人的债权得不到清偿，人民法院在此情形下可以强制被执行人行使，代替投保人行使强制解除所购的保险合同。

其次，由于江西高院执行裁定未明确强制要求保险公司解除保险合同，在实现保险单现金价值的情况下，投保人也可以继续与保险公司协商，由符合条件的第三人行使介入权。至于刘某喜提出保险单的现金价值相对于本案债权等实现价值较低，难以切实有效保障债权人债权的理由，经查，王某丹及刘某喜作为案件被执行人以投保人身份为双方购买了多份保险产品，保险单现金价值的总额数万元，不属于现金价值较低的情形，且债权人强烈主张予以执行，仅以此理由不足以阻却执行，刘某喜该复议理由不能成立。

**裁判要点**

人身保险的现金价值属于投保人的财产权益，该财产权益在法律性质上不具有人身依附性和专属性，也不是被执行人及其所扶养家属所必需的生活物品和生活费用，不属于《最高人民法院关于人民法院民事执行中查封、扣押、冻结财产的规定》所规定的不得执行的财产，因此法院可以强制执行保险单现金价值。

**律师分析**

（一）自保险合同中止满两年且投保人未与保险人达成协议，保险人解除保险合同的，法院当然可以强制执行保险单的现金价值

依据《保险法》第36条至第38条的规定，投保人超过约定期限未能支付当期保险费，保险合同效力中止，或者由保险人按照合同约定的条件减少保险金额。如自合同效力中止之日起满二年双方未达成协议的，保险人有权解除合同，并应当按照合同约定退还保险单的现金价值。保险单现金价值退回投保人的银行账户后，法院可以执行该保险单现金价值。

（二）在被保险人或受益人行使介入权并向投保人支付相当于保险单现金价值的对价后，法院不能再执行对应的保险单现金价值

《保险法司法解释（三）》第17条规定："投保人解除保险合同，当事人

以其解除合同未经被保险人或者受益人同意为由主张解除行为无效的，人民法院不予支持，但被保险人或者受益人已向投保人支付相当于保险单现金价值的款项并通知保险人的除外。"但书部分即被保险人及受益人的介入权。

依据上述规定，投保人与被保险人、受益人不一致时，在保险合同履行期限内，被保险人或者受益人已向投保人支付相当于保险单现金价值的款项并已通知保险人的，此时投保人任意解除权受到限制。若法院向保险人发出协助执行通知，要求强制执行扣划保险单现金价值时，保险人应通知被保险人或者受益人。被保险人、受益人可以通过向投保人支付相当于保险单现金价值的款项，以合同转让的方式受让保险单，即以赎买保险单的方式，行使介入权，取得投保人的地位。

（三）实践中，法院能否直接对保险单的现金价值强制执行，尚有争议

部分法院支持强制执行人身保险保险单现金价值用于偿还债务。理由是：保险单的现金价值是基于投保人交纳的保险费形成的，是投保人依法享有的财产权益，人身保险虽然是以人的生命和身体为保险标的，但投保人可随时无条件提取现金价值，在投保人不能偿还债务，又不自行解除保险合同提取保险单现金价值以偿还债务的情况下，法院有权强制代替投保人对保险单的现金价值予以提取。尤其分红型两全险并不是被执行人及其所扶养家属必需的生活物品和生活用品，不是被执行人不可或缺的基本保险。

也有法院不支持强制执行被执行人的人身保险的保险单现金价值。理由是：人身保险合同中如终身寿险、疾病险、两全险等保险合同，以被保险人的身体健康或疾病为投保内容，属于人寿保险范畴，具有人身保障功能。若强制解除保险单，会损害被保险人或保险单受益人的利益，因此，该类人寿保险不宜强制执行。

基于案例中被执行人的前车之鉴，在财富传承的架构设计上，对于参与商业经营较多且负债概率较高的人士，尽量不作为人寿保险合同的"投保人"。在实务操作中，完全可以采用"曲线救国"的方式，将款项赠与不参与商业经营且负债风险较小的近亲属，并由其近亲属作为"投保人"签订保险合同，这样可以有效减轻保险单的现金价值被人民法院执行的风险。但需要提醒读者注意的是，这样做也会有其他方面的弊端，为防范近亲属退保、婚变、质押贷款等行为，在实践中，须签订对近亲属有相应约束的赠与协议。为保证保险合同的效力，近亲属的投保行为也需符合《保险法》及相关司法解释的规定。

（四）实践中，各省法院对保险单的执行标准不同，被执行人所持有的人寿保险的保险单利益能否被执行，因地而异

1.《北京市法院执行工作规范》（2013年修订）第449条规定："对被执行人所投的商业保险，人民法院可以冻结并处分被执行人基于保险合同享有的权益，但不得强制解除该保险合同法律关系。保险公司和被执行人对理赔金额有争议的，对无争议的部分可予执行；对有争议的部分，待争议解决后再决定是否执行。对被执行人所设的用于交纳保险费的账户，人民法院可以冻结并扣划该账户内的款项。"

2.《浙江省高级人民法院关于加强和规范对被执行人拥有的人身保险产品财产利益执行的通知》（浙高法执〔2015〕8号）指出："投保人购买传统型、分红型、投资连接型、万能型人身保险产品、依保险单约定可获得的生存保险金，或以现金方式支付的保险单红利，或退保后保险单的现金价值，均属于投保人、被保险人或受益人的财产权。当投保人、被保险人或受益人作为被执行人时，该财产权益属于责任财产，人民法院可以执行。""人民法院要求保险机构协助扣划保险产品退保后可得财产利益时，一般应提供投保人签署的退保申请书，但被执行人下落不明，或者拒绝签署退保申请书的，执行法院可以向保险机构发出执行裁定书、协助执行通知书要求协助扣划保险产品退保后可得财产利益，保险机构负有协助义务。"

3. 2016年《广东省高级人民法院关于执行案件法律适用疑难问题的解答意见》指出，关于"被执行人的人身保险产品具有现金价值，法院能否强制执行？"的处理意见为：首先，虽然人身保险产品的现金价值是被执行人的，但关系人的生命价值，如果被执行人同意退保，法院可以执行保险单的现金价值，如果不同意退保，法院不能强制被执行人退保。其次，如果人身保险有指定受益人且受益人不是被执行人，依据《保险法》第42条的规定，保险金不作为被执行人的财产，人民法院不能执行。再次，如果人身保险没有指定受益人或者指定的受益人为被执行人，发生保险事故后理赔的保险金可以认定为被执行人的遗产，可以用来清偿债务。

（五）人身保险金如何对抗被保险人生前债务并顺利传递给子孙后代？

购买人寿保险对于大多数人来说是生前为自己及亲人的未雨绸缪之举。人生路长短不一，各种意外风险随时可能发生，用现在所能支配的合理限度内的财产购买必要的人寿保险，是为自己及家人未来的生活保障所做的充分准备。但是否只要购买了人寿保险就能够按照自己的意愿保证家人顺利拿到保险金？

根据《保险法》第 42 条的规定可知，如果被保险人死亡后没有指定受益人的，保险金将作为被保险人的遗产，由保险人依照《民法典》继承编的规定履行给付保险金义务。根据《民法典》第 1161 条第 1 款的规定，继承人以所得遗产实际价值为限清偿被继承人依法应当缴纳的税款和债务。超过遗产实际价值部分，继承人自愿偿还的不在此限。

即人身保险金能否列入被保险人的遗产，取决于被保险人是否指定了受益人。指定了受益人的，被保险人死亡后，其人身保险金应付给受益人；未指定受益人的，被保险人死亡后，其人身保险金应作为被保险人的遗产处理，可以用来清偿债务。所以，为了保证家人、子女后代不受被继承人生前巨额债务的影响，日常生活有所保障，投保人或被保险人须在生前投保人寿保险时指定受益人，被保险人去世后获得的身故保险金即不成为被保险人的遗产，而是专属于受益人的财产，此时就能够对抗被保险人的生前债务，将财产顺利传递给受益人。

（六）如果有债务，同时有其他资产和保险单时，其他财产优先用于清偿债务

在实践中，法院强制执行是有先后顺序的。通常情况下，优先执行的资产是存款或者房产等较易执行的资产，保险单资产因为存在查询不便及法律依据不明确等问题，相对而言不易被执行，不属于优先被执行的资产。

## 二、重疾险理赔金能否被法院强制执行？

**典型案例一：** 为保障被执行人所必需的生活治疗费用，法院裁定不予强制执行重疾险理赔金

2016 年 3 月，彭某波以自己作为投保人和被保险人向某保险公司投保重大疾病保险。2016 年 6 月 16 日，彭某波被确诊患有膀胱恶性肿瘤。2016 年 11 月 4 日，保险公司向彭某波给付重大疾病保险金 5 万元至其中国银行卡。

2016 年 11 月 3 日，（2016）辽 0702 民初×××号民事判决生效，彭某波为被执行人之一，执行标的为 380 万余元。2017 年 3 月 21 日，法院根据债权人的申请，冻结彭某波中国银行账户存款 50,060.86 元，其中 5 万元为保险公司给付的重疾险理赔金。

彭某波向法院提出异议，认为该 5 万元重疾险理赔金具有人身属性，且应专款专用于彭某波的疾病治疗，希望法院从人道主义出发，对该 5 万元的保险

金解冻。

法院经审理后认为：从执行现状看，本案的其他被执行人属于尚有其他财产可供执行。彭某波投保的重大疾病保险，具有较强的人身依附性，该保险金是对彭某波治疗重大疾病的赔付，也是彭某波所必需的生活治疗费用。而且就本案而言，5万元对于没有工作又患有恶性肿瘤的彭某波来讲，可以维系一定时段的生命，缓解治疗疾病所带来的经济拮据境况。但对于申请执行人来讲却是杯水车薪。为此，出于对生命价值的尊重，从生命权高于债权的角度及人道主义出发，本着和谐司法、为民司法的原则，对彭某波的5万元赔付金不应予以强制执行为宜。

## 裁判要点

5万元钱款系保险公司给付被执行人彭某波的重大疾病保险理赔款，具有较强的人身属性，且被执行人彭某波系失业人员，无其他能够保障其本人及其所扶养家属基本生活的财产，故不支持该重大疾病理赔金被强制执行。

**典型案例二**：为平衡申请执行人与被执行人的利益，法院裁定对部分重疾险理赔金不予强制执行

申请执行人金某、薛某、何某、柯某、王某与被执行人李某民间借贷纠纷执行案，上海市某区人民法院冻结了被执行人李某名下中国农业银行账号（以下简称农行账号）和上海银行账号（以下简称上行账号）的银行存款。法院执行时查询到，李某名下农行账号的余额是301,452.46元，上行账号的余额是5565.89元，查询反馈时间为2019年1月15日。

案件执行过程中，被执行人李某提出异议，主张账户里的30余万元是大病保险理赔款，所以请求解除对该两笔款项的冻结以用于其疾病治疗。李某认为，其于2018年8月16日被诊断为慢性肾病5期（俗称尿毒症），当月31日出院，现需长期至上海华山医院血透中心维持血透治疗，每周三次；现在自己已丧失工作能力，名下的财产均被法院冻结，没有基本的生活保障；后续换肾是非常庞大的费用；为便于治疗，在医院附近长期租房，需要支付房租；因重病生活不便，请了护工，需要支付护工费。法院冻结的案涉农行账户里的30万元是某人寿保险公司支付的重大疾病保险金，案涉上行账户里的5466.89元是某保险公司支付的住院费用补偿保险金，上述两笔保险金系发生重疾后李某专属所有，

且应专款专用于异议人的疾病治疗，不应当被强制执行。

法院经审理后查明：2018年9月，某保险公司出具2份理赔核定通知书，核定给付李某保险金共计5466.89元，并将款项转入李某的上行账号中。11月30日，保险公司出具理赔决定通知书，决定就10×××942号保险单（投保人：吴某某，被保险人：李某），对泰康附加全能保C款重大疾病保险承担保险责任，正常给付保险金30万元，并于12月3日向李某农行账号转账30万元。

法院经审理后认为，李某作为法院已经立案受理的执行案件的被执行人，法院有权依法对其名下财产采取查封、冻结、扣押等措施，除非相关财产系法律或司法解释规定不得查封、冻结、扣押的财产，商业保险的保险金显然不在此范围内。但是，根据《最高人民法院关于人民法院民事执行中查封、扣押、冻结财产的规定》精神，人民法院强制执行被执行人名下的财产，对于被执行人所必需的医疗问题应当予以保障。根据本案查明的事实，李某名下财产已被法院查封、冻结，没有证据证明李某有其他财产或者收入可用于医疗费用的支出，所以对于李某所主张的医疗费用问题可以酌情予以支持。同时，根据李某的病情，其为帮助、照顾诊疗、生活而聘请护理工，属合情合理。另外，鉴于李某所患疾病，除了基本的生活保障，也应该酌情考虑其营养等方面的费用。考虑到李某的病情及实际需要、申请执行人的诉求，法院从公平合理、人道主义以及平衡申请执行人与被执行人的利益角度出发，综合本案实际情况及各方当事人意见，并鉴于异议人李某所患疾病治疗的长期性以及今后治疗方案的变化可能，对异议人李某的异议请求法院予以酌情支持。裁定如下：一、解除对案涉两个银行账号中存款100,000元的冻结措施；二、驳回异议人（被执行人）李某的其他异议请求。

## 裁判要点

商业保险的保险金并非法院不能强制执行的财产。在案件执行过程中需要综合考虑被保险人的病情、实际需要以及申请执行人的诉求，法院最终从公平合理、人道主义以及平衡申请执行人与被执行人的利益角度出发，酌定解除对案涉两个银行账号中存款100,000元的冻结措施。

## 律师分析

《民事诉讼法》第250条第1款规定："被执行人未按执行通知履行法律文

书确定的义务,人民法院有权扣留、提取被执行人应当履行义务部分的收入。但应当保留被执行人及其所扶养家属的生活必需费用。"《最高人民法院关于人民法院民事执行中查封、扣押、冻结财产的规定》第3条规定了对被执行人的财产不得查封、扣押、冻结的具体情形。第5条规定:"对于超过被执行人及其所扶养家属生活所必需的房屋和生活用品,人民法院根据申请执行人的申请,在保障被执行人及其所扶养家属最低生活标准所必需的居住房屋和普通生活必需品后,可予以执行。"

关于被执行人获得的重疾险理赔金是否能被强制执行,我国目前并没有明确的法律法规进行规定,实务中的做法并不一致。

1. 重疾险理赔金具有人身属性,不应当被强制执行。

部分观点认为:被保险人获得的重疾险理赔金,系被保险人以自己的生命和健康作为保险标的,重疾险理赔金的取得是为了救治被保险人,为专属于被保险人的财产利益,具有人身属性,不能被法院强制执行。只有在被保险人恶意转移财产或其有足够的财产支付疾病的医疗费,仍拒绝履行生效法律文书确定义务的情况下,法院才可以对保险金强制执行。

例如,在典型案例一中,法院倾向性地认为,被执行人彭某波只获得了5万元的重疾险理赔金,具有较强的人身属性,且考虑到5万元对于没有工作又患有恶性肿瘤的彭某波来讲,可以维系一定时段的生命,缓解治疗疾病所带来的经济拮据境况,而5万元对申请执行人380万元的款项来讲却是杯水车薪,最终法院并未将该5万元的款项强制执行。

2. 被保险人获得的重疾险理赔金,属于被保险人的一种财产性权利,并非不能被强制执行的财产。

部分观点认为:被保险人获得的重疾险理赔金属于被保险人所有的财产性权益,在法律没有禁止性规定的情况下,人民法院可以强制执行。只是由于重疾险理赔金较为特殊,故人民法院在执行过程中,应当根据《民事诉讼法》第250条及《最高人民法院关于人民法院民事执行中查封、扣押、冻结财产的规定》第3条的规定,保留被执行人及其所扶养家属的生活必需费用。法院在执行过程中,需要综合考虑被保险人疾病的治疗、护理、康复、营养等问题,酌定被执行的数额,如此,既能保障申请执行人的债权能够实现,也能保障被保险人的基本生活,能够有效防止被执行人通过购买人身保险来逃避其应承担的债务,最终实现法律效果和社会效果的有机统一。

与典型案例二中法院的观点基本一致,山东省青岛市中级人民法院在

(2020) 鲁 02 执复 107 号民事裁定书中也倾向性地认为:"在强制执行过程中,对被执行人财产采取执行措施的同时,应当保障被执行人及其所扶养家属基本的生存权。本案复议申请人潘某某(异议人、被执行人)因被他人打伤,致一级伤残,属于完全护理依赖,平度法院(2020)鲁 0283 执异 43 号执行裁定书裁定返还复议申请人潘某某 15 万元保险金已为潘某某保留必需的生活、医疗、护理等费用,体现了善意文明执行的理念,复议申请人潘某某要求全部返还 30 万元保险金的主张没有事实与法律依据,其复议理由不能成立,本院不予支持。"

## 第四节　人身保险中受益人的约定关系到财富传承的成败

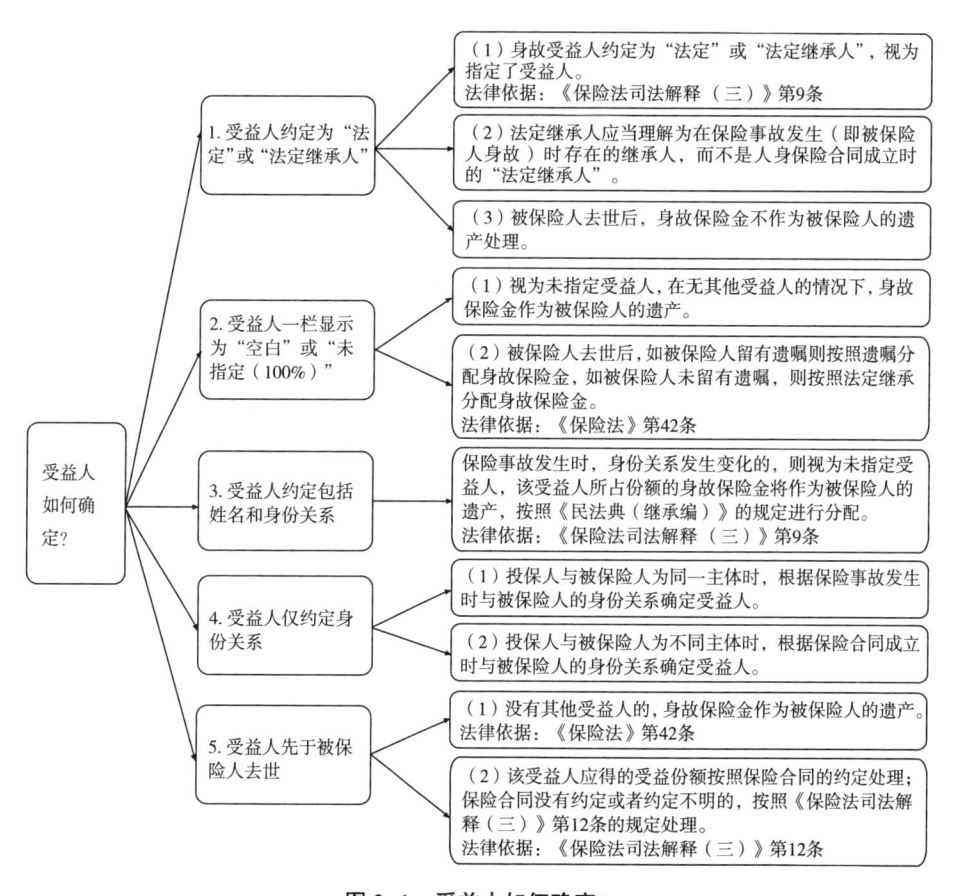

```
受益人如何确定?
├─ 1. 受益人约定为"法定"或"法定继承人"
│   ├─ (1) 身故受益人约定为"法定"或"法定继承人",视为指定了受益人。
│   │       法律依据:《保险法司法解释(三)》第9条
│   ├─ (2) 法定继承人应当理解为在保险事故发生(即被保险人身故)时存在的继承人,而不是人身保险合同成立时的"法定继承人"。
│   └─ (3) 被保险人去世后,身故保险金不作为被保险人的遗产处理。
├─ 2. 受益人一栏显示为"空白"或"未指定(100%)"
│   ├─ (1) 视为未指定受益人,在无其他受益人的情况下,身故保险金作为被保险人的遗产。
│   └─ (2) 被保险人去世后,如被保险人留有遗嘱则按照遗嘱分配身故保险金,如被保险人未留有遗嘱,则按照法定继承分配身故保险金。
│           法律依据:《保险法》第42条
├─ 3. 受益人约定包括姓名和身份关系
│   └─ 保险事故发生时,身份关系发生变化的,则视为未指定受益人,该受益人所占份额的身故保险金将作为被保险人的遗产,按照《民法典(继承编)》的规定进行分配。
│           法律依据:《保险法司法解释(三)》第9条
├─ 4. 受益人仅约定身份关系
│   ├─ (1) 投保人与被保险人为同一主体时,根据保险事故发生时与被保险人的身份关系确定受益人。
│   └─ (2) 投保人与被保险人为不同主体时,根据保险合同成立时与被保险人的身份关系确定受益人。
└─ 5. 受益人先于被保险人去世
    ├─ (1) 没有其他受益人的,身故保险金作为被保险人的遗产。
    │       法律依据:《保险法》第42条
    └─ (2) 该受益人应得的受益份额按照保险合同的约定处理;保险合同没有约定或者约定不明的,按照《保险法司法解释(三)》第12条的规定处理。
            法律依据:《保险法司法解释(三)》第12条
```

图 2-1　受益人如何确定?

**典型案例一**：受益人约定为"法定"，被保险人去世后的身故保险金是否应偿还其生前债务？

2014年10月1日，钱某丽向某保险公司投保"安行宝两全保险"一份，基本保险金额10万元，保险期间自2014年10月2日0时起至2034年10月1日24时止，保险合同约定的投保人和被保险人均为钱某丽，保险合同约定的身故受益人及分配方式为"法定"。

2015年3月，钱某丽向许某三借款17.3万元，双方签订有借款协议。2015年5月21日，钱某丽因交通事故受伤经抢救无效死亡。经查，钱某颖（钱某丽的女儿）是钱某丽遗产的唯一法定继承人。钱某丽死亡后，钱某颖向保险公司提出保险金理赔申请，经其与保险公司共同理算，钱某颖可获得钱某丽身故保险金共计110.8073万元，其中钱某颖已领取15.8073万元，余下保险金因财产保全尚未领取。

钱某丽去世后，许某三向法院起诉要求钱某颖在继承遗产的范围内清偿钱某丽对许某三所负债务17.3万元。

在庭审过程中，许某三主张：钱某颖获得的保险金属于钱某丽的遗产，应当用于清偿钱某丽对自己的债务17.3万元。钱某颖则认为：受益人约定为"法定"，该保险合同已经指定了受益人，钱某颖领取的身故保险金是钱某颖的个人财产，不属于钱某丽的遗产，不应用来清偿债务。

## 裁判要点

受益人约定为"法定"或者"法定继承人"的，以民法典规定的法定继承人为受益人。钱某颖是涉案保险合同约定的受益人，钱某颖因钱某丽死亡获得的保险金不是钱某丽的遗产，不需要偿还被保险人生前所负的债务。

## 律师分析

《保险法》第42条第1款规定："被保险人死亡后，有下列情形之一的，保险金作为被保险人的遗产，由保险人依照《中华人民共和国继承法》的规定履行给付保险金的义务：（一）没有指定受益人，或者受益人指定不明无法确定的；（二）受益人先于被保险人死亡，没有其他受益人的；（三）受益人依法丧失受益权或者放弃受益权，没有其他受益人的。"

由此，确定钱某颖从保险公司获得的保险金是否属于钱某丽遗产的关键在于：钱某颖从保险公司获得保险金是基于受益人身份还是钱某丽的法定继承人身份。如钱某颖取得保险金是基于受益人身份，那么保险金就属于钱某颖的个人财产，不必用来清偿钱某丽生前所负的债务；如钱某颖取得保险金是基于被保险人钱某丽法定继承人身份，那么钱某颖获得的保险金就属于钱某丽的遗产，钱某颖继承遗产时应当以遗产的实际价值为限清偿钱某丽依法应当交纳的税款和负担的债务。

《保险法司法解释（三）》第9条第2款第1项规定，受益人约定为"法定"或者"法定继承人"的，以《民法典》规定的法定继承人为受益人。在受益人约定为"法定"的情况下，将由被保险人的法定继承人作为受益人，即由被保险人的法定继承人以受益人的身份取得保险金，而非以法定继承人的身份依法继承取得作为遗产的保险金。

本案中，保险合同中的受益人明确约定为"法定"，钱某颖取得保险金是基于自己受益人的身份，而非基于法定继承人的身份，钱某颖取得的保险金不属于钱某丽的遗产，许某三主张钱某颖以获得的保险金清偿钱某丽生前债务的诉讼请求不能成立。

**典型案例二**：受益人先于被保险人死亡，保险公司支付的保险金是否成为受益人的遗产？

苏某成与张某佳系夫妻关系并育有一子苏小某。2010年苏小某与赵某娜办理结婚登记，4月27日，张某佳为其子苏小某在保险公司投保了保险单号为8835××的主险《吉星高照A款两全保险（分红型）》及附加险《附加08定期重大疾病保险》，保险期间：2010年4月28日0时起至2030年4月27日24时止，保险单的唯一受益人为张某佳。2011年8月，张某佳因病去世。苏小某与赵某娜二人婚后并未生育子女，后因性格不合在2015年办理了协议离婚手续。2020年2月5日，苏小某因突发脑出血去世。

苏小某去世后，保险公司向苏某成给付了50万元的保险金。领取保险金后不久，一位名为王某波的人便向法院提起诉讼，要求苏某成以获得的保险金为限清偿张某佳生前对自己的借款30万元。

庭审过程中，王某波主张：2006年，张某佳因经营需要向王某波借款30万元，收到30万元后张某佳为王某波出具了借条，现在被保险人苏小某已经去世，保险公司给付的身故保险金应作为受益人张某佳的遗产，苏某成作为张某佳的法定继承人应当以获得的保险金为限清偿张某佳对自己所负的债务。

而苏某成则认为，自己是基于苏小某的法定继承人身份领取的保险金，该保险金属于被保险人苏小某的遗产而非受益人张某佳的遗产，该笔保险金无须用来清偿张某佳对王某波的借款 30 万元。

## 裁判要点

受益人先于被保险人死亡，没有其他受益人的，保险金属于被保险人的遗产，被保险人的继承人获得的保险金无须清偿受益人生前所负的债务。

## 律师分析

（一）受益人先于被保险人死亡，保险公司给付的保险金是否成为受益人的遗产？

《保险法》第 42 条第 1 款规定："被保险人死亡后，有下列情形之一的，保险金作为被保险人的遗产，由保险人依照《中华人民共和国继承法》的规定履行给付保险金的义务：（一）没有指定受益人，或者受益人指定不明无法确定的；（二）受益人先于被保险人死亡，没有其他受益人的；（三）受益人依法丧失受益权或者放弃受益权，没有其他受益人的。"可以看出，在受益人先于被保险人去世的情况下，保险公司给付的保险金应作为被保险人的遗产，而非受益人的遗产。

本案中，张某佳为自己的儿子苏小某投保，张某佳系唯一的受益人。在张某佳先于苏小某去世后，保险合同再无其他受益人。此种情况下，在被保险人苏小某去世后，保险人支付的身故保险金应属于被保险人苏小某的遗产。

（二）苏某成领取的保险金是否应当清偿张某佳对王某波的债务？

本案中，苏小某去世前未留有遗嘱，故苏小某的遗产由其法定继承人依法继承。苏小某去世前，已经与配偶离婚，没有子女，母亲张某佳去世，法定继承人只有父亲苏某成一人。所以，苏某成作为苏小某的唯一法定继承人继承了苏小某的遗产 50 万元身故保险金。因身故保险金属于苏小某的遗产，只能用来清偿苏小某生前所负的债务，不能用于清偿原受益人张某佳生前所负的债务，所以最终法院驳回了王某波的诉讼请求。

**典型案例三**：受益人约定为"法定"，被保险人去世后，身故保险金如何分配？

张某琦（幼年丧父）与前夫周某于1982年育有一子周某军。后张某琦与陈某海再婚，并于1994年6月5日育有一女张某宁。2015年11月22日，张某琦的母亲张某丫病故。张某丫共有八名子女，分别为：张一（2010年病故）、张二（2008年病故）、张三、张四、张五、张某琦、张七、张某宇。张一有三名子女，分别为张某山、张某妍、张某晨；张二有一名子女张某丽。

2009年2月24日，张某琦与保险公司签订了两份《保险合同》（保险单号分别为：8623××、2380××），并将2500万元保险费转账给保险公司。其中个人人身保险单（主单）载明：投保人及被保险人为张某琦，身故受益人及分配方式为法定，保险合同生效日为2009年2月25日，险种名称为"正德龙盛两全保险（万能型）"，保险期间为10年，交费方式为一次性交付，保险费金额分别为1500万元和1000万元。

保险条款约定："被保险人于主险合同生效日起1年后因疾病或意外伤害身故，本公司按照被保险人身故时个人账户价值给付身故保险金予受益人，主险合同随之终止；本公司为个人账户设立一个最低保证利率，即保证在主险合同有效期内，个人账户价值的结算利率最低为年利率2.5%；本公司于保险费进入个人账户之前一次性扣除初始费用，主险合同初始费用不超过所交保险费的5%（张某琦投保单上约定的初始费用为3.8%）；主险合同的个人账户价值为扣除初始费用进入该账户的保险费、保险单持续奖金和计算的账户利息之和；主险合同生效后的前三个保险单周年日及第五个、第八个保险单周年日，本公司将发放保险单持续奖金，保险单持续奖金的数额为所交纳的保险费乘以相应的保险单持续奖金比例，直接加入被保险人的个人账户（第一个保险单周年末的保险单持续奖金比例为2.2%）。"

2015年10月21日，张某琦因心脏病身故。截至2015年10月21日，张某琦身故时的两份保险单账户价值为25,610,297.92元。张某琦去世后，各方主体对《保险合同》中张某琦的受益人身份产生纠纷，导致保险公司一直未向受益人支付身故保险金。

2016年初，陈某海、张某宁、周某军起诉至法院要求：（1）确认保单号分别为8623××、2380××的《保险合同》合法有效；（2）将保险金25,610,297.92元夫妻共同财产中属于陈某海份额的12,805,148.96元及利息先行返还给陈某海；（3）将保险金25,610,297.92元夫妻共同财产中属于张某琦份额的12,805,148.96

元及利息,按照法律的规定继承。

法院立案后,张三、张四、张五、张七、张某宇、张某山、张某妍、张某晨、张某丽也同时向法院起诉要求分割张某琦在保险公司投保的保险金额中应当由张某丫继承的份额。

## 裁判要点

张某琦在《保险合同》中约定受益人为"法定",故张某琦身故保险金的受益人应为其法定继承人,并由其法定继承人按照相等份额享有受益权。张某琦的法定继承人有配偶陈某海及二人婚生子女张某宁、张某琦亲生子女周某军、张某琦母亲张某丫,每人应分得张某琦保险金及利息四分之一的受益份额,张某丫在应分得的受益份额尚未分配时即去世,其份额应转化为遗产由其八名子女平均继承。

## 律师分析

**(一) 张某琦去世后的身故保险金是否属于夫妻共同财产?**

在保险合同约定受益人的情况下,被保险人去世后获得的身故保险金应属于受益人的财产而非被保险人的遗产。

1. 婚姻期间使用夫妻共同财产购买人寿保险单的,保险单现金价值属于夫妻财产,归夫妻共同所有。

《八民会议纪要》第4条规定:"婚姻关系存续期间以夫妻共同财产投保,投保人和被保险人同为夫妻一方,离婚时处于保险期内,投保人不愿意继续投保,保险人退还的保险单现金价值部分应按照夫妻共同财产处理;离婚时投保人选择继续投保的,投保人应当支付保险单现金价值的一半给另一方。"从上述内容可知,婚姻关系存续期间使用夫妻共同财产投保的,保险单现金价值应属于夫妻共同财产。若离婚时仍在保险期内,人寿保险单具有现金价值,投保人退保,则保险人退还的保险单现金价值为夫妻共同财产,投保人应支付保险单现金价值的一半给另一方。

2. 人寿保险单无受益人的,保险金为被保险人的遗产。

《保险法》第42条规定:"被保险人死亡后,有下列情形之一的,保险金作为被保险人的遗产,由保险人依照《中华人民共和国继承法》的规定履行给付保险金的义务: (一)没有指定受益人,或者受益人指定不明无法确定的;

（二）受益人先于被保险人死亡，没有其他受益人的；（三）受益人依法丧失受益权或者放弃受益权，没有其他受益人的。受益人与被保险人在同一事件中死亡，且不能确定死亡先后顺序的，推定受益人死亡在先。"由此可知，投保人或者被保险人投保时，在保险合同中具有《保险法》第42条规定的情形的，视为无受益人，此时被保险人死亡后，保险金作为被保险人的遗产处理，而不是夫妻共同财产。

3. 人寿保险单指定受益人的，保险金归受益人所有。

《保险法》第18条第3款规定："受益人是指人身保险合同中由被保险人或者投保人指定的享有保险金请求权的人。投保人、被保险人可以为受益人。"在被保险人去世前，受益人对保险金享有的是期待权；在被保险人去世后，受益人对保险金的期待权转化为现实的债权，此时受益人有权向保险人请求赔偿或者给付身故保险金，所以，身故保险金归受益人所有。

**（二）张某琦去世后，身故保险金应当如何进行分配？**

《保险法》第40条规定："被保险人或者投保人可以指定一人或者数人为受益人。受益人为数人的，被保险人或者投保人可以确定受益顺序和受益份额；未确定受益份额的，受益人按照相等份额享有受益权。"《保险法司法解释（三）》第9条第2款第1项规定，受益人约定为"法定"或者"法定继承人"的，以《民法典》规定的法定继承人为受益人。

本案中，张某琦是两份人寿保险单的投保人和被保险人，其指定法定继承人为受益人。因此，两份保险单的受益人为张某琦的第一顺序法定继承人，即配偶、子女、父母。本案中，两张保险单的受益人共四位：配偶陈某海；子女张某宁与周某军；母亲张某丫。因张某琦在两份人寿保险单中并未指定受益人的顺序和受益份额，所以，四位受益人每人应分得身故保险金及利息的四分之一。

**（三）张某丫在保险事故发生之后、领取保险金之前去世，属于张某丫的四分之一份额的身故保险金如何处理？**

由于张某丫在实际分配身故保险金之前去世，张某丫应得的身故保险金份额应转化为张某丫的遗产，由张某丫法定继承人继承。张某丫的配偶和父母在继承发生时均已去世，张某丫也未立下任何遗嘱，故应按照法定继承由张某丫的子女依法继承。张某丫有八个子女，每人各占八分之一。

《民法典》第1128条规定："被继承人的子女先于被继承人死亡的，由被继承人的子女的直系晚辈血亲代位继承。被继承人的兄弟姐妹先于被继承人死亡的，由被继承人的兄弟姐妹的子女代位继承。代位继承人一般只能继承被代位继承人有权继承的遗产份额。"张一、张二、张某琦先于张某丫去世，三人的晚辈直系血亲可以代位继承其遗产份额。张一的三名子女张某山、张某妍、张某晨可以代位继承张一的遗产份额；张二的子女张某丽可以代位继承张二的遗产份额；张某琦两名子女张某宁、周某军可以代位继承张某琦的遗产份额。故张三、张四、张五、张七、张某宇、张某丽每人应继承张某丫遗产份额的八分之一；张某山、张某妍、张某晨每人应继承张某丫遗产份额的二十四分之一；张某宁、周某军每人应继承张某丫遗产份额的十六分之一。

故保险公司应当将身故保险金25,610,297.92元及其利息，按照以下比例给付给各方：（1）给付陈某海保险金本息总额的四分之一；（2）给付张三、张四、张五、张七、张某宇、张某丽每人保险金本息总额的三十二分之一［1/4（张某丫份额）×1/8］；（3）给付张某宁、周某军每人保险金本息总额的六十四分之十七［1/4（每人各自份额）+（1/4×1/16）］；（4）给付张某妍、张某山、张某晨每人保险金本息总额的九十六分之一［1/4（张某丫份额）×1/24］。

**典型案例四：**受益人约定为配偶并写明姓名，但保险事故发生时被保险人已经离婚的，身故保险金应当给付给谁？

常某元与苏某西系夫妻关系，2015年4月30日，苏某西以常某元为被保险人，向保险公司以电子投保方式投保主险平安福终身寿险，基本保险金额为300,000元，保险期间为终身，交费年期为15年，投保附加险：平安福重疾15（1146），基本保险金额为280,000元，保险期间为终身，交费年期为15年；长期意外13（1120），基本保险金额为200,000元，保险期间至70周岁，交费年期为15年；豁免C加强版（1148），保险期间为15年，交费年期为15年，期交保险费合计14,453.97元。条形码为××348的《人身保险投保书（电子版）》载明，身故保险受益人为苏某西，是被保险人的配偶。苏某西在保险公司电子投保申请确认书上投保人签名处签名，常某元在电子投保申请确认书上被保险人签名处签名。

该电子投保申请确认书载明：本电子投保申请确认书的上述内容均为本人的真实意愿。本人确认已了解并认可标识号后六位为9EC×××的《平安综合保障计划》，确认条形码为××348的《人身保险投保书（电子版）》内容中投保人、被保险人及身故受益人信息、投保事项信息均准确无误，健康、财务、转账授权信息及其他告知内容属实，与本次投保有关的问卷、体检报告书及对体检医生的各项陈述均确实无误。如有不实告知，贵公司有权依法解除保险合同，并对合同解除前发生的保险事故不承担保险责任。重要提示：《平安综合保障计划》《人身保险投保书（电子版）》应在签署本确认书前完成制作并成功上传，请您务必核对条形码号并完整填写本确认书内容后再亲笔签名。苏某西还在人身保险（个险渠道）投保提示书上签名。

2015年5月1日，保险公司向苏某西签发保险单号为××4551的保险单予以承保，除长期意外13（1120）的保险期间确定为32年外，其他投保项目、保险期间、交费年限、基本保险金额均与《人身保险投保书（电子版）》一致。保险合同成立及生效日为2015年5月1日，身故保险金受益人载明为苏某西，100%。平安福终身寿险条款第2.2条保险责任项下载明，在本主险合同有效期内，被保险人身故，按保险金额给付身故保险金，本主险合同终止。

后常某元、苏某西因感情不和于2017年10月23日协议离婚。2017年10月26日，常某元自杀死亡。后苏某西向保险公司提出理赔申请，保险公司以苏某西无请求权为由做退件处理并于2017年11月22日作出"常某元案件理赔退件通知书"。苏某西在收到上述通知书后向法院起诉要求保险公司向其支付身故保险金30万元。

## 裁判要点

如果约定的受益人包括姓名和身份关系，保险事故发生时身份关系发生变化，则认定为未指定受益人。《人身保险投保书（电子版）》中受益人同时约定了姓名和身份关系。保险事故发生时，苏某西与常某元的身份关系由于离婚已经发生了变化，应视为未指定受益人。故苏某西要求保险公司支付身故保险金的诉讼请求没有事实与法律依据，应予驳回。

## 律师分析

（一）《人身保险投保书（电子版）》与保险单对受益人的约定不一致，如何确定受益人？

《人身保险投保书（电子版）》中载明了受益人姓名为苏某西，身份为被保险人的配偶，同时约定了姓名和身份关系。由于在保险事故发生时，苏某西作为投保人已经与被保险人常某元离婚，依据《保险法司法解释（三）》第9条第2款第3项的规定，应视为未指定受益人，此时苏某西并不能作为保险单的受益人。但保险单号为××4551的保险单上仅载明受益人为苏某西,未约定身份关系,此时即使投保人苏某西与被保险人常某元离婚,苏某西仍具有受益人身份,能领取身故保险金。面对《人身保险投保书(电子版)》与保险单不一致的情况,应当如何确定受益人的身份?

《保险法司法解释(二)》第14条规定:"保险合同中记载的内容不一致的,按照下列规则认定:(一)投保单与保险单或者其他保险凭证不一致的,以投保单为准。但不一致的情形系经保险人说明并经投保人同意的,以投保人签收的保险单或者其他保险凭证载明的内容为准……"《保险法》第41条规定:"被保险人或者投保人可以变更受益人并书面通知保险人。保险人收到变更受益人的书面通知后,应当在保险单或者其他保险凭证上批注或者附贴批单。投保人变更受益人时须经被保险人同意。"

本案中,当保险单号为××4551的保险单和《人身保险投保书(电子版)》载明的受益人不一致时,应以《人身保险投保书(电子版)》载明的受益人为准,即受益人姓名为苏某西,且身份为常某元的配偶。原因为:第一,依据《保险法司法解释(二)》第14条的规定,当投保单与保险单不一致时,应当以投保单〔《人身保险投保书(电子版)》〕为准。第二,《人身保险投保书(电子版)》签订于2015年4月30日,保险单号为××4551的保险单签订于2015年5月1日,受益人发生了变更,依据《保险法》第41条的规定,投保人变更受益人应当经过被保险人的同意,由于受益人的变更未经过被保险人常某元的同意,故变更行为无效,仍应当以《人身保险投保书(电子版)》的约定确定受益人。

(二)常某元去世后,保险公司应当将身故保险金给付给谁?

《保险法司法解释(三)》第9条第2款第3项规定:"约定的受益人包括姓名和身份关系,保险事故发生时身份关系发生变化的,认定为未指定受益人。"根据《保险法》第42条第1款规定,被保险人死亡后,没有指定受益人的,保险金作为被保险人的遗产。

本案中,《人身保险投保书(电子版)》中受益人约定为苏某西且身份为常某元的配偶。在保险事故发生时苏某西与常某元已办理离婚登记手续,苏某西已不是常某元的配偶,因苏某西身份关系的变化,导致案涉保险被认定为未指定受益人。故身故保险金应作为被保险人常某元的遗产处理,由保险公司将身故保险金赔付给常某元的法定继承人。

**典型案例五**：受益人约定为"法定"，受益人如何确定？

邓某立与张某梅于1980年7月登记结婚，婚后育有一女邓小某，2004年7月双方协议离婚。2009年8月12日，邓某立与王某雪办理结婚登记，婚后二人未生育子女。邓某立的父母均已去世。

2012年5月15日，邓某立在某保险公司购买保险单一份，保险单具体内容如下：

1. 保险单号为2012××1，保险种类为"泰康金满仓D款两全保险（分红型）"。

2. 被保险人为邓某立，保险金额为75万元，保险费为15万元每年，保险期间为10年，自2012年5月16日至2022年5月15日，交费期间为5年。

3. 生存保险金：生存保险金为在每一年的年生效对应日或保险期间届满时，如被保险人生存，交费期间为5年、保险期间为10年，按4%向生存保险金受益人给付生存保险金，生存保险金的金额为保险单上载明的本合同的年交保险费的金额×生存保险金给付比例，生存保险金按约定的给付时间划入生存保险金受益人名下的生存保险金累积生息账户，根据保险公司每年确定的生存保险金累积利率以年复利方式累积生息，并于生存保险金受益人申请时或本合同终止时给付生存保险金受益人。

4. 身故保险金：身故保险金受益人为"法定"，若被保险人非意外身故，且身故时已满18周岁（含18周岁生日），身故保险金给付比例为105%。

5. 红利分配：本合同为分红保险合同，在每一保险单年度，如本合同有效，保险公司将根据分红保险业务的实际经营状况决定是否进行红利分配；如果有红利分配，保险公司将在保险单红利派发日根据保险监管机关的规定确定分配红利金额；保险单红利派发日为本合同生效日在每年的对应日，如果当月无对应的同一日，则以该月最后一日作为对应日；本合同提供的红利领取方式为累积生息，即红利留存在本公司，按保险公司每年确定的利率以年复利方式生息，并在申请或本合同终止时给付。

邓某立共向保险公司交纳2012年度及2013年度保险费30万元，2014年5月4日邓某立因病去世，未留有遗嘱。2019年王某雪向法院起诉请求法院判令保险公司给付王某雪保险金及生存金、红利的75%。法院经审理查明，截至2020年7月9日，保险单身故保险金为31.5万元、生存金为6000元、红利为5473.39元，生存金累计生息的金额为1474.65元。

## 裁判要点

受益人约定为"法定"或者"法定继承人"的,以法律规定的法定继承人为受益人。

## 律师分析

**(一)何谓人身保险的受益人?**

依据《保险法》第 18 条第 3 款的规定,受益人是指人身保险合同中,由被保险人或者投保人指定的享有保险金请求权的人。投保人、被保险人可以为受益人。具体有几种情况:(1)当投保人为自己投保人身保险,受益人可能是投保人即被保险人,也可能是第三人。(2)当投保人为他人投保人身保险,受益人可能是投保人,也可能是被保险人,或者是第三人。在保险期限内,被保险人可以更换受益人,投保人变更受益人须经被保险人同意。

投保人或被保险人可以指定一人或多人为保险金受益人。受益人为多人时,可以确定受益顺序和受益份额;未确定受益顺序和受益份额的,各受益人按照相同顺序和相等份额享有受益权。

**(二)受益人约定为"法定",受益人如何确定?**

依据《保险法司法解释(三)》第 9 条第 2 款第 1 项的规定,受益人约定为"法定"或者"法定继承人"的,以民法典规定的法定继承人为受益人。在本案中,在"泰康金满仓 D 款两全保险(分红型)"的身故保险金受益人为"法定",在邓某立去世的情况下,邓某立的父母早于邓某立去世,法定继承人只有妻子王某雪与女儿邓小某,所以身故保险金受益人为王某雪(配偶)、邓小某(女儿)。

**(三)身故受益人王某雪与邓小某取得的身故保险金是邓某立的遗产吗?**

《保险法》第 42 条第 1 款规定:"被保险人死亡后,有下列情形之一的,保险金作为被保险人的遗产,由保险人依照《中华人民共和国继承法》的规定履行给付保险金的义务:(一)没有指定受益人,或者受益人指定不明无法确定的;(二)受益人先于被保险人死亡,没有其他受益人的;(三)受益人依法丧失受益权或者放弃受益权,没有其他受益人的。"即在具有上述情况下,被保险人死亡后的身故保险金作为被保险人遗产处理。本案中,在"泰康金满仓 D 款两全保险(分红型)"明确指定了受益人"法定"的情况下(包括指定或约定受益人为"法定"），王某雪、邓小某取得的身故保险金是基于保险合同中受益人的受益权，并非继承关系中的继承权，因此获得的身故保险金并不属于邓某立的遗产。

（四）本案中，王某雪应享有的保险金是多少？

第一，依据《保险法》第 40 条第 2 款的规定可知，受益人为数人，未确定受益人的受益份额的，受益人按照相等份额享有受益权。本案中，人寿保险单的身故保险金受益人为"法定"，故邓某立的第一顺序继承人配偶王某雪、女儿邓小某属于身故保险金的受益人，在保险合同未约定各受益人受益顺序及受益份额的情况下，王某雪占有身故保险金的 50%，即 157,500 元。

第二，保险合同中约定的身故保险金不包含红利，且未约定生存保险金的受益人，故生存金为 6000 元、红利为 5473.39 元，生存金累计生息的 1474.65 元应属于邓某立与王某雪的夫妻共同所有财产，王某雪依法享有上述财产的 75% 的份额，即 9711.03 元。综上，王某雪共能获得 167,211.03 元的保险金。

**典型案例六**：夫妻一方作为身故受益人取得的身故保险金，在离婚时是否分割？

陈某辉、何某金于 2009 年 6 月开始同居生活，2010 年 5 月生育一子陈某飞，2011 年 2 月 14 日登记结婚。

2017 年，陈某辉的父亲陈某林因交通事故身亡。陈某林生前曾在某保险公司处投保了驾乘车意外身故或全残险，并指定身故受益人为陈某辉。在陈某林逝世后，保险公司于 2017 年 7 月 17 日给付陈某辉保险金 200 万元，这笔保险金全部支付到陈某辉名下的平安银行尾号为 9353 的银行卡中。

2020 年 4 月 14 日，因感情不和，何某金向法院起诉离婚，二人经法院调解解除了婚姻关系，但并未处理夫妻共同财产。

2021 年 5 月 9 日，何某金以离婚后财产纠纷为由向法院起诉，请求依法分割夫妻共同财产：依法分割婚姻关系存续期间购买的房产，由被告给付原告房屋折价款 40 万元；同时被告支付夫妻共同存款 371,807.46 元的一半即 185,903.73 元给原告。

事实与理由：2020 年 4 月 14 日，双方因感情不和经法院调解离婚，但未对夫妻共同财产进行分割。现何某金生活困难，夫妻共同财产全部由陈某辉占有，故请求人民法院对陈某辉、何某金婚姻关系存续期间的夫妻共同财产依法进行分割。

法院经审理查明：2020 年 4 月 14 日离婚时陈某辉名下的平安银行尾号为 9353 的银行卡中存款为 371,807.46 元。

陈某辉父亲因交通事故身亡后，陈某辉作为受益人获得了保险公司给付的共计 200 万元的保险金。陈某辉名下平安银行尾号为 9353 的银行卡于 2017 年 7 月 10 日开卡，2017 年 7 月 17 日，该银行卡到账一笔由保险公司支付的 200 万元保险金。2018 年 9 月 25 日，陈某辉使用保险金中的 80 万元购买了一套房屋，且登记在陈某辉个人名下。

法院经审理认为：陈某辉名下的平安银行尾号为 9353 的银行卡中，除这笔 200 万元款项入账外，其他交易全部为支取，没有存入，也就是说，原、被告双方婚姻关系存续期间，该账户中除了 200 万元的理赔款，并没有其他收入进入该账户中。综上，可以认定，陈某辉名下的平安银行尾号为 9353 的银行卡在 2020 年 4 月 14 日时的余款 371,807.46 元为 200 万元保险金中的一部分，系陈某辉个人财产，不应作为夫妻共同财产进行分配。

结合原、被告双方在获得 200 万元保险金之前均系普通工人，没有其他大额收入的经济状况，可以认定原、被告在获得 200 万元保险金之前并没有经济能力全款购买案涉房屋，结合陈某辉名下的平安银行尾号为 9353 的银行卡的支出情况及购房款的支付情况，可以认定案涉房产系使用身故保险金所购买。因此对原告要求依法分割该房产的要求不予支持。法院判决：驳回原告何某金的诉讼请求。

## 裁判要点

婚姻关系存续期间，夫妻一方作为受益人依据以死亡为给付条件的人寿保险合同获得的保险金，宜认定为个人财产，但双方另有约定的除外。

## 律师分析

**（一）夫妻一方作为身故受益人领取的身故保险金，在离婚时是否分割？**

陈某林生前在保险公司购买人寿保险时，已经指定了陈某辉作为身故受益人，所以陈某林去世后，身故保险金不能再作为陈某林的遗产进行处分，而是应归身故受益人陈某辉所有，由保险公司将身故保险金赔付给陈某辉。

《八民会议纪要》第 5 条第 1 款规定："婚姻关系存续期间……夫妻一方作为受益人依据以死亡为给付条件的人寿保险合同获得的保险金，宜认定为个人财产，但双方另有约定的除外。"因陈某辉与何某金并未签署任何夫妻财产约定或协议，故陈某辉作为身故受益人依据以死亡为给付条件所取得的保险金归陈某辉个人所有。

《民法典婚姻家庭编司法解释（一）》第 31 条规定："民法典第一千零六十三条规定为夫妻一方的个人财产，不因婚姻关系的延续而转化为夫妻共同财产。但当事人另有约定的除外。"从上述内容可知，陈某辉在婚姻关系存续期间所取得的身故保险金并不会因为婚姻关系的延续而转化为夫妻共同财产，所以，陈某辉所取得的身故保险金不能作为夫妻共同财产进行分配。

**（二）婚姻关系存续期间，使用身故保险金购买的房屋，是否作为夫妻共同财产分割？**

婚姻关系存续期间，陈某辉使用保险金购买房产并登记在自己名下，属于部分身故保险金从货币到房产的财产形式的转化，并不属于生产、经营收益范畴。原有财产价值的存在形态发生了变化，该财产归属并未发生变化，并不影响财产为陈某辉个人所有的性质，故该房产仍为陈某辉个人财产，不能作为夫妻共同财产分割。

**（三）若陈某辉使用身故保险金进行投资理财，则原告何某金能否依法要求分割投资理财收益？**

《民法典婚姻家庭编司法解释（一）》第 26 条规定："夫妻一方个人财产在婚后产生的收益，除孳息和自然增值外，应认定为夫妻共同财产。"夫妻一方使用个人财产在婚后投资，必然要花费一定的时间和精力，其投资行为是夫妻婚姻生活的一部分，因夫妻一方投资原因导致物质财富增加，资产货币价值增长的，这类投资收益也属于夫妻通过劳动所得财产类型，应归属于夫妻共同财产，此时，何某金有权要求分割陈某辉使用身故保险金进行投资理财所产生的收益。

孳息与自然增值除外，是因为夫妻一方并未对个人财产的天然孳息与自然增长的形成及产生付出任何劳动或者贡献，所以孳息与自然增值仍为夫妻一方个人财产，不能够作为夫妻共同财产依法分割。

**典型案例七**：变更受益人时有哪些注意事项？

王某明与张某倩系夫妻关系，双方于 2016 年 3 月 1 日登记结婚，2017 年 1 月 21 日生育一子王小某。

2015 年 8 月 3 日，张某倩与某保险公司签订人身保险合同，投保险种为

"平安百万任我行两全保险"，保险合同号为 P1600××，保险合同内容如下：（1）保险期间为 10 年，交费年限为 10 年，年交保险费为 1472 元；（2）生存保险金受益人为张某倩，身故保险金受益人为法定；（3）合同中保险责任条款中约定，疾病身故保险金为所交保险费的 120%。

2015 年 8 月 4 日，保险合同成立并生效。张某倩此后按期向保险公司交纳了三期保险费合计 4416 元。

2018 年 4 月 27 日，张某倩因身体多处恶性肿瘤在某市第一人民医院住院治疗，治疗效果欠佳，5 月 21 日出院，医嘱严格卧床休息等。

2018 年 5 月 24 日，投保人张某倩通过电子申请书方式向保险公司申请办理受益人变更业务，并向保险公司提交了其本人签名的声明文件及身份证等申请资料，申请变更保险合同号为 P1600×× 的保险合同受益人为其父亲张某军。保险公司经审核后于 2018 年 5 月 31 日出具受益人变更生效的批注。

2018 年 6 月 26 日，张某倩病故。张某倩去世后，王某明、王小某向保险公司申请理赔，但保险公司以二者并非人身保险合同的身故受益人为由，拒绝了王某明、王小某的理赔申请，于是王某明、王小某起诉至法院要求保险公司将身故保险金支付给王某明、王小某。

**裁判要点**

张某倩作为被保险人，生前向保险公司申请变更受益人为其父亲张某军，并提交相关书面资料，保险公司审核后出具批注对保险合同受益人进行了变更，符合《保险法》的规定及双方保险合同的相关约定，保险合同的受益人变更合法、有效。王某明、王小某提出的要求保险公司向其支付身故保险金的诉请不被支持。

**律师分析**

（一）投保人或被保险人变更受益人何时生效？是否需要保险公司的同意？

《保险法司法解释（三）》第 10 条规定："投保人或者被保险人变更受益人，当事人主张变更行为自变更意思表示发出时生效的，人民法院应予支持。投保人或者被保险人变更受益人未通知保险人，保险人主张变更对其不发生效力的，人民法院应予支持。投保人变更受益人未经被保险人同意，人民法院应认定变更行为无效。"

受益人是基于保险合同享有保险金请求权的人，由投保人或被保险人指定。由于我国法律对什么人可以成为受益人并没有明确限制（用人单位为其劳动者购买的保险合同除外），因此受益人的指定或变更实际上是由投保人或被保险人来决定的。

根据《保险法司法解释（三）》第10条的规定，受益人的变更应当从投保人或被保险人变更受益人的行为发出时生效。《保险法》第41条第1款规定，被保险人或者投保人可以变更受益人并书面通知保险人。即投保人或被保险人通知保险公司并不是受益人变更的生效要件，而是变更受益人对保险人生效的要件。也就是说，保险公司的批注是投保人或被保险人履行了通知义务的证明。如果投保人或被保险人将变更的通知送达保险公司，当保险事故发生时，保险公司可以直接将保险金支付给新的受益人；如果投保人或被保险人作出了变更受益人的意思表示，该通知尚未到达保险公司，当保险事故发生时，变更行为对保险公司尚未生效，保险公司仍可以将保险金支付给原受益人。但由于此时变更行为已经发出并生效，变更受益人的行为已经在原受益人和新受益人之间生效，新受益人完全可以基于不当得利要求原受益人向自己返还保险金。

本案中，张某倩在保险合同订立时将受益人约定为"法定"，2018年5月24日，张某倩将受益人由"法定"变更为"父亲张某军"，保险公司也作出了批注，变更行为对保险公司已经生效，张某倩去世后，保险公司应当将身故保险金支付给张某军。

**（二）受益人变更的通知，一定要及时通知保险公司，否则仍将面临举证困难问题**

在前面我们已经多次提到，变更受益人通知保险公司产生的只是对抗效力，未通知保险公司也不影响变更行为生效。但是需要提醒读者注意的是，一旦涉诉，法院要根据原被告双方的证据进行裁判，及时通知保险公司能起到固定证据的作用。

例如，在（2019）豫01民终13256号民事判决书中，投保人、被保险人（陈某勇）在保险合同订立时，指定的身故受益人为吴某，2018年8月，被保险人陈某勇去世，陈某勇去世后，陈某勇的母亲方某向法院起诉要求保险公司将身故保险金48万元支付给自己。方某的理由为：保险合同签订后，保险代理人到陈某勇家中回访时，陈某勇明确表示将受益人变更为方某，并咨询了变更受益人的程序。在庭审时，方某向法院提供了保险代理人的工作记录本，该份证据底页显示"小瑞·保险单检视（2018.7.14），小勇·（改电话、受益人）"，但最终法院认为，该笔记本中手写记载的"小瑞、小勇、改电话、受益人"等字样明显无法证明该内容与保险合同投保人陈某勇有直接的关系，亦不能说明投保人陈某勇向保险公司作出了明确、具体的变更受益人为方某的书面意思表示，故其该项诉讼请求证据不足，法院不予支持。

**（三）被保险人与受益人离婚后，被保险人仍将受益人变更为前配偶，保险事故发生时，保险公司是否应当将保险金支付给前配偶？**

在（2019）吉02民终3064号判决书中，林某森与杨某于2016年11月登记结婚，2017年7月登记离婚。林某森作为投保人和被保险人投保某保险公司的终身寿险，离婚后（2018年2月7日），林某森仍然将保险合同受益人变更为杨某，变更批单显示受益人与被保险人关系为妻/夫。2019年，林某森被法院宣告死亡后，杨某向保险公司申请理赔被拒，于是杨某起诉至法院要求保险公司向自己支付身故保险金。庭审中保险公司主张：根据《保险法司法解释（三）》第9条第2款第3项之规定，林某森投保的人寿保险单中约定的受益人包括姓名和身份关系，保险事故发生时，林某森与杨某的身份关系已经发生变化，应认定为未指定受益人，身故保险金应当作为林某森的遗产进行处理。但法院经审理后认为："本案中，林某森同时作为投保人和被保险人，将案涉保险合同受益人变更为杨某，保险公司已签发变更批单。虽然变更批单中载明变更受益人时林某森与杨某为夫妻关系，但当时双方已办理离婚登记，此后双方身份关系并未发生变化，且保险公司亦未提交林某森与杨某离婚后又与他人结婚的相关证据，故本院认定案涉保险合同受益人已变更为杨某。保险公司主张案涉保险合同应认定未变更受益人的理由不能成立，本院不予支持。"

无独有偶，（2019）皖07民终540号判决书也持同样观点。2010年7月，金某三作为投保人和被保险人投保某保险公司的终身寿险，2015年5月，金某三与潘某登记离婚。经多次变更受益人后，2015年7月金某三变更潘某为该保险单的身故受益人（该保险单批注写明潘某系金某三配偶）。2017年2月金某三去世，潘某向保险公司申请理赔被拒，于是潘某起诉至法院要求保险公司向自己支付身故保险金。庭审中，保险公司也同样认为，被保险人金某三变更受益人为潘某之前，并未将双方已经离婚的事实告知保险公司，属于受益人未指定，身故保险金应作为被保险人的遗产。但法院经审理后认为："在人身保险合同最后的变更中，被保险人金某三将潘某作为其身故受益人，且保险公司出具保险单予以确认，符合法律规定。从2015年7月被保险人金某三变更受益人为潘某至2017年2月金某三身故时，受益人仍为潘某，足以说明被保险人金某三对最终受益人予以明确，本案并不符合《保险法司法解释（三）》第 9 条规定的受益人未指定或指定行为无效的情形，故保险公司应当向潘某支付身故保险金。"

**（四）变更受益人通知到保险人才对保险人生效**

根据《保险法》第 41 条规定，通知保险人变更受益人的主体系投保人或者被保险人。但是投保人变更受益人须经被保险人同意。若投保人未经被保险人同意擅自变更受益人的，变更受益人无效。

《保险法》第 41 条规定，通知保险人变更受益人的方式应是书面形式。保险人在收到变更受益人的书面通知后，应当在保险单或者其他保险凭证上批注或者附贴批单。这样，能够避免将来发生争议。实践中，保险人通常在保险合同中约定变更受益人的程序及需要材料，并提供附件文本以供将来变更受益人时填写。若投保人或被保险人不方便前往保险人处变更受益人，亦可以书面方式通知保险人，如电子邮件、信件、合同书或者电子数据等方式。保险人在收到上述变更受益人的材料后，经审查系被保险人或者投保人的真实意思表示，办理变更批注手续或附贴批单即可。

但需要注意，变更受益人的意思表示必须通知到保险人，否则对保险人无效。保险人仍按照原保险合同约定履行保险金赔付义务的，变更后的受益人只能向原受益人主张权利。

**典型案例八**：在用人单位为劳动者投保的人身保险中，受益人有无限制？

2018 年 1 月 24 日，某工程公司与陶瓷公司签订《防腐翻新合同书》，约定陶瓷公司委托工程公司进行厂房除锈翻新刷油漆工程（以下简称仓库翻新工程）。工程公司为其承包的仓库翻新工程向某保险公司投保"建筑工程团队意外伤害保险"，保险单号为 109542700××××0055，被保险人为建筑工程的施工人员，受益人为法定继承人，保险期限自 2018 年 3 月 17 日 0 时起至 2018 年 9 月 16 日 24 时止。

万某国系仓库翻新工程的施工工人之一。2018 年 5 月 30 日，万某国在仓库维修作业时不慎坠落，经抢救无效死亡。2018 年 6 月 4 日，工程公司与死者万某国的家属在某市人民调解委员会的主持下达成《人民调解协议书》，由工程公司支付万某国家属 85 万元；因工程公司已为万某国购买了保险，万某国家属自愿放弃该保险的受益人权益，将该保险权益转让给工程公司，并同意无条件协助工程公司办理相关的保险赔偿事项。

2018 年 6 月 21 日，万某国家属出具《收款证明》，确认收到工程公司赔偿款85万元。随后，工程公司向保险公司申请理赔，但保险公司于2018年8月27日作出《保险理赔告知函》，拒绝工程公司的理赔申请。

2019年1月12日工程公司向法院起诉，要求判令保险公司向工程公司支付保险金50万元，并承担本案诉讼费。事实与理由：万某国的意外身亡属被告的保险范围且发生在保险期限内，工程公司向万某国家属赔付后已取得相应保险权益，故保险公司应向工程公司支付保险合同约定的保险金。

保险公司辩称：工程公司不是本案意外保险合同约定的受益人，不具有受益人资格，不享有保险金给付请求权，不是本案适格的诉讼主体。依据《保险法》的规定，工程公司与万某国为劳动关系，工程公司为万某国投保人身意外险，不得指定其近亲属以外的人为受益人，工程公司并非具有专属身份的被保险人万某国的近亲属，既不是保险合同约定受益人，也不是法定受益人，不享有保险金请求权，工程公司的诉讼请求应依法驳回。

法院经审理认为：工程公司作为用人单位为被保险人万某国投保案涉人身保险，万某国在施工过程中意外死亡后，工程公司虽通过与死者家属就死亡赔偿金、丧葬费、被抚养人生活费等达成赔偿协议并受让原受益人所享有的保险金请求权，但人身保险受益人身份具有人身专属性，唯具有特定身份关系的人方具备受益人资格，因专属身份享有的受益权不得转让。工程公司与被保险人属劳动关系，不具有亲属身份关系，即使工程公司承担了法定的工伤赔偿责任，也不改变保险合同约定及保险法规定的受益人资格，不能享有受益人的保险金请求权。工程公司据此主张被保险人万某国的身故保险金请求权，于法无据。法院判决如下：驳回原告工程公司的全部诉讼请求。

## 裁判要点

在用人单位为劳动者投保的人身保险中，用人单位不得指定被保险人及其近亲属以外的人为受益人。受益人变更或者保险金请求权转让不应超出法定受益人的范围，否则变更或转让行为无效。

## 律师分析

**（一）用人单位为劳动者投保人身保险，受益人范围是否有限制？本案中，工程公司是否为涉案保险合同中的受益人？**

《保险法》第31条第1款第4项赋予了用人单位对劳动者法定的保险利益，

故用人单位为劳动者投保人身保险具备法律基础。《保险法》第 39 条第 2 款规定："投保人为与其有劳动关系的劳动者投保人身保险，不得指定被保险人及其近亲属以外的人为受益人。"由于人身保险合同以人的生命、健康为保险标的，在用人单位为其劳动者投保的人身保险合同中，为防范道德风险，受益人的选定需要依附于"被保险人"这一特定的身份关系，即受益人为被保险人本人或者被保险人的近亲属。

本案中，工程公司投保的"建筑工程团队意外伤害保险"中，被保险人万某国的受益人（此处指身故受益人）为法定继承人，即依照《民法典》规定的法定继承人的范围确定受益人。工程公司不是万某国的近亲属，不属于《民法典》第 1127 条规定的万某国的法定继承人，故工程公司不能作为万某国的受益人。

**（二）工程公司能否依据受让保险金请求权而取得保险金？**

《保险法司法解释（三）》第 13 条规定："保险事故发生后，受益人将与本次保险事故相对应的全部或者部分保险金请求权转让给第三人，当事人主张该转让行为有效的，人民法院应予支持，但根据合同性质、当事人约定或者法律规定不得转让的除外。"

用人单位为劳动者投保人身保险，并非允许用人单位通过为劳动者投保人身保险转嫁风险甚至获取利益，而是赋予劳动者额外保护，进一步加强对外派劳务、建筑行业等高危行业务工人员的特殊保护。反之，如允许用人单位投保后通过协议的形式转让受益权，则用人单位均可以此方式规避《保险法》关于保险受益人的特殊限制，转嫁劳动者发生意外时用人单位的风险，《保险法》第 39 条第 2 款将形同虚设。因此，在用人单位为劳动者投保的人身保险中，受益人变更或者保险金请求权转让不应超出法定受益人的范围，否则变更或转让无效。

上述规范的意义在于，一方面，人身保险系以被保险人的身体为保险标的，通常对被保险人及其近亲属具有一定的生活保障功能；另一方面，限定受益人的范围亦可防止投保人（用人单位）利用强势地位侵害被保险人（劳动者）的合法权益、规避用人单位自身应承担的责任和风险的发生。《保险法》限定了用人单位为劳动者投保人身保险时受益人的范围，杜绝了用人单位作为受益人享有受益权的可能。故工程公司不享有保险金请求权。

## 第五节 保险金信托

### 一、家族信托

#### (一) 家族信托的概念

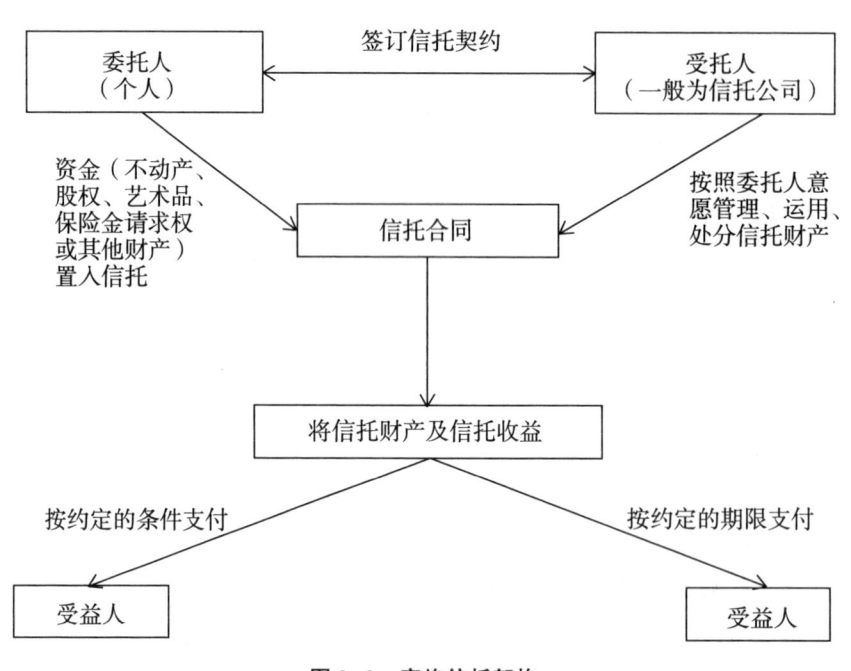

图 2-2　家族信托架构

依据 2018 年 8 月 17 日发布的《中国银行保险监督管理委员会信托监督管理部关于加强规范资产管理业务过渡期内信托监管工作的通知》(信托函〔2018〕37 号)，家族信托是指信托公司接受单一个人或者家庭的委托，以家族财富的保护、传承和管理为主要信托目的，提供财产规划、风险隔离、资产配置、子女教育、家族治理、公益（慈善）事业等定制化事务管理和金融服务的信托业务。

家族信托财产金额或价值一般不低于 1000 万元，很多信托公司将此作为开展业务的门槛性规定。北京很多家信托公司针对资金类信托的起步金额在 3000 万元左右。

家族信托既可以是营业信托，也可以是非营业信托。在家族信托中，考虑到信托公司的专业性，受托人一般是信托公司。但在委托人只愿意以其信任的自然人（个人）作为受托人的情况下，信托事务的管理内容也并非投资融资，只是持有和分配，并不违反法律规定。依据《信托法》第 24 条的规定，具有完全民事行为能力的自然人有权利成为受托人。2019 年 5 月判决的上海"遗嘱信托第一案"中，二审法院通过司法案例确认了自然人可以作为受托人，且有权收取报酬。[①]

在受托人为自然人的情况下，如何证明家族信托真实存在、信托账户如何单独设立、信托资产的独立性面临第三人的异议、受托人遭遇突发事件死亡、受托人离婚财产分割，如何处理信托事宜等一系列问题都会凸显出来。

### （二）家族信托属于自益信托还是他益信托？

按照"信托的利益是否归属于委托人本人"的划分标准，信托可分为自益信托与他益信托。自益信托是为了自己的利益而设立的信托，委托人和受益人是同一人。他益信托主要指的是在设立信托时，不能以自己为唯一的信托受益人，而是以其他人或共同与其他人作为受益人设立的信托。依据《中国银行保险监督管理委员会信托监督管理部关于加强规范资产管理业务过渡期内信托监管工作的通知》的规定，受益人应包括委托人在内的家庭成员，但委托人不得为唯一受益人，单纯以追求信托财产保值增值为主要信托目的，具有专户理财性质和资产管理属性的信托业务不属于家族信托。

### （三）设置家族信托的财产类型

设置家族信托的财产类型包括资金、合同收益权、不动产、股权、债权等。保险金（一般情况下是被保险人的身故保险金）是家族信托中拟设立信托的财产类型之一，只不过人身保险中的身故保险金（与遗嘱信托中的信托财产部分类似）属于未来可期的财产，一般不具有即时交付性。

## 二、保险金信托

**典型案例**：通过设立保险金信托，实现家族财富传承

张某峰与赵某燕是夫妻关系，两人生育一子张某立。婚后赵某燕与张某峰

---

[①] 参见上海市第二中级人民法院（2019）沪 02 民终 1307 号民事判决书。

在北京共同经营了一家文化传媒公司，赵某燕享有55%的股权，张某峰享有45%的股权。后因两人的性格均比较强势，在公司的管理方式上存在严重冲突，再加上缺乏有效沟通，最终导致夫妻感情彻底破裂。经两人协商，张某峰持有的公司全部股权转移至赵某燕指定的第三人名下，赵某燕补偿张某峰785万元，分三年付清。后双方通过协议的方式办理了离婚手续。张某立由张某峰抚养。

离婚后，张某峰设立了名都央联公司（化名）。该公司是一家综合性广告传媒公司，具有很强的户外媒体整合与电视媒体策划能力，再加上公司合作的媒体是央视及各大卫视，经过成立初期的几年经营，取得了良好的经济效益。但近年来，随着自媒体的兴起，广告行业的竞争日益加剧，公司的营销人才流失，几位主要负责人也相继离开，张某峰对公司的经营感觉到越来越力不从心。最让张某峰头疼的是孩子的学业。自从与前妻离婚后，张某峰一直把主要的精力放在公司的运营上，对儿子的教育过于疏忽，老师反馈孩子做事情没有积极性，逆反心理严重，成绩也一直处于下游。

一次偶然的机会，张某峰认识了某人寿保险公司的业务经理林某冬，张某峰向林某冬介绍了自己的家庭情况，并表达了想购买人寿保险的想法，希望林经理给推荐几款适合自己的产品。张某峰主要的想法是：（1）每年可以支付50万元到100万元的保险费，虽然自己手里现在有充足的现金，但不希望占用太多，要确保资金的流动性不出现问题。（2）保险赔付条件成就时，作为受益人的张某立在得到保险金后，不希望其将来交友不慎导致钱财被骗光或者把钱挥霍掉。同时也不希望孩子成家后万一婚变，未来的儿媳把这笔保险金分走一部分。（3）自己有个哥哥张某山生活在农村，家境比较贫困，目前瘫痪在床，万一有一天自己真的遭遇意外，能够按月给哥哥留点钱治病及养老。

林某冬告知张某峰自己所在的保险公司和北京某信托公司有长期的合作，张某峰可以设立保险金信托，这样基本可以达到张某峰的财富传承目的。在确定张某峰的保险金信托意向后，林某冬详细地介绍了设立保险金信托所需要的材料及流程。

第一步，在林某冬的推荐下，张某峰以自己作为投保人、被保险人，受益人为法定（100%），投保了某人寿保险股份有限公司的两款保险。其中一款产品为：某某终身寿险（分红型，保险期间为终身，保险合同号：×890），交费年限为20年，基本保险金额为999万元，年交保险费为258,741元。另一款产品为：某某人生（2021）年金保险（保险期间为15年，保险合同号：×8890），交费年限为10年，基本保险金额为865,675.95元，年交保险费为60万元。合同约定了交费期间为10年。

特别生存保险金：自本主险合同第5个保险单周年日开始至第9个保险单周年日，每年到达周年日被保险人仍生存，保险公司按本主险合同基本保险金额确定的年缴保险费的100%给付特别生存保险金。

生存保险金：自本主险合同第10个保险单周年日开始，至第14个保险单周年日，每年到达保险单周年日被保险人仍生存，保险公司按照主险合同基本保险金额的50%给付生存保险金。

期满生存保险金：被保险人于本主险合同保险期满时仍生存，保险公司按照期满时本主险合同的基本保险金额给付满期生存保险金，本主险合同终止。

身故保险金：被保险人身故，保险公司按本主险合同的所交保险费给付身故保险金，本主险合同终止。上述所交保险费，按照被保险人身故当时本主险合同的基本保险金额确定年交保险费×已交费年度数计算。

第二步，在两份保险合同的犹豫期过后，张某峰向保险公司申请保全变更，将保险合同的受益人由"法定（100%）"变更为"北京某信托公司"，北京某信托公司成为两份保险合同的唯一生存保险金及身故保险金的受益人。

第三步，张某峰又在林经理的带领下持保险合同、保险单变更批单、身份证、离婚证、受益人的身份证、银行卡、关系证明等材料到北京某信托公司签订了《某某保险金的信托2021×××之信托合同》，并交纳设立费3万元。随后，北京某信托公司向张某峰发送成立告知书。

信托合同中约定了原始信托财产为身故保险金请求权，并明确了原保险合同的保险人、投保人、被保险人、主险名称、保险单号等信息，设立费计算基数分别为600万元和999万元，共计1599万元。保险金进入信托公司后，由信托公司以自己的名义管理、运用、处分信托财产，根据信托文件的约定进行信托财产投资及投资管理。

在信托合同及相关文件中约定了保险金进入信托账户运营后，张某立及张某峰的哥哥张某山作为受益人，张某峰的侄子张某丰作为信托的保护人。在张某立18周岁之前，每年领取10万元的基本费用，该费用仅限于张某立的生活和学习使用。每年支付张某山6万元，专用于张某山的生活和医疗费用。在子女教育金的激励方面，明确约定如张某立考上国内重点大学，每年的基本费用增加至15万元；如张某立考上国内非重点大学，每年的基本费用增加至12万元。在信托合同中列明了负面行为清单及一定期限内的惩罚措施。在大额消费方面，约定了购车可领取75万元的消费基金，购房可领取房屋总价60%以内的购房基金。在信托合同和文件中同时约定了张某立结婚时可领取的礼金数额，并明确了结婚后张某立领取的受益财产"为张某立个人财产，与其配偶无关"等内容。

通过上述保险金信托设置，既达到了张某峰的财富传承目的，又保障了作为受益人的张某立及张某山的利益。

### （一）保险金信托的概念

保险金信托是指投保人与保险公司签订保险合同，而后作为委托人与信托机构签订信托合同，当理赔或给付条件发生时，保险公司将保险金（保险赔款、满期保险金等）交付信托机构，由信托机构依据信托合同管理、运用信托财产，并按照信托合同及其他信托文件的约定将信托资产及运作收益交付信托受益人。

信托在国外被称为"从坟墓里伸出来的手"。而保险金+信托（或遗嘱+信托）的传承模式是对这句话的最佳诠释：即使在委托人去世的情况下，受托人亦需按照信托文件的约定对信托财产进行管理和分配，实现对委托人意志的延续和履行。

保险金信托业务在我国起步较晚，但发展较快，得益于国内高净值人群的迅速壮大。在财富管理方面体现出通过保险工具、信托工具相结合达到财富传承目的的合理需求。相较于单一的保险或信托工具，保险金信托结合了保险和信托两种传承工具的优点，利用资金杠杆效益，能帮助高净值人士更好地管理和规划其资产，达到"1+1>2"的效果。在国内，资金型家族信托的门槛通常在3000万元至5000万元，会让很多人望而却步。但是保险金信托就不同了，委托人可以通过资金的杠杆效益，充分利用保险费和保额之间的差距，只要保额达到家族信托的门槛就可以设立。这相当于变相地降低了家族信托的门槛，而且很多保险公司的保险费允许投保人分期缴纳，极大地增强了投保人资金的流动性。据媒体报道，平安信托自2016年成立至2021年12月保险金信托累计超8000单，设立预估规模已经达310亿元。2021年8月9日，平安信托携手平安银行私行实现了中国客户个人最大规模保险金信托3.75亿元，这些数据充分显示出保险金信托巨大的市场，保险金信托业务未来可期。[1]

---

[1] 喻智：《2021年保险金信托业务发展回顾》，载用益信托网，https://yanglee.com/Research/Details.aspx? i=104986。

### (二) 保险金信托属于自益信托还是他益信托?

保险金信托属于他益信托。保险金信托中的受益人,大多数情况下为除委托人之外的第三人,受益人大多数情况下是委托人的家族成员,如委托人的配偶、子女或其他家族成员。按照《民法典》第 16 条的规定,胎儿具有民事权利能力,可以成为受益人。即便委托人是受益人,也应该不是唯一受益人,故保险金信托为他益信托。

### (三) 国内首单保险金信托产品及其升级版

1. 国内首例保险金信托介绍及解析

国内首例保险金信托产品出现于 2014 年 5 月 4 日,是由中信集团旗下的信诚人寿保险有限公司(以下简称信诚人寿)和中信信托有限责任公司(以下简称中信信托)联合推出的"传家"系列人寿保险信托产品(史称 1.0 版保险金信托)。[①]

其具体操作为:投保人与信诚人寿签订保险合同,购买信诚人寿一款高端终身寿险产品,保险金给付的条件为被保险人全残或者死亡。同时,投保人与中信信托签订信托合同,在符合理赔条件时,保险金进入中信信托并转化为信托财产。中信信托将按照投保人事先对保险金的处分和分配意志,长期且高效地管理这笔资金,实现对投保人意志的延续和忠实履行。

作为中信信托在家族信托基础上的延伸,保险金信托是高附加值的"事务管理+资产管理"的单一信托产品,重点是实现委托人在保险理赔后对受益人如何获取财产的管理意志的延续,而不仅仅是简单的财富增值。

2. 升级版家庭保险单的保险金信托介绍

传统模式下的保险金信托具有很多弊端,例如:客户在不同的保险公司投保时,保险单则相对分散,在设立保险金信托时,要对接多家保险公司,手续较为烦琐;在保险合同成立后,保险合同的投保人仍为委托人个人,若投保人出现违背最大诚信原则的情况,保险公司可解除合同或请求确认合同无效,最终导致信托合同效力终止。

2017 年,中信信托推出保险金信托的升级版,即 2.0 版保险金信托。2019 年又推出 3.0 版保险金信托——"家庭保险单"保险金信托,为客户打通了不

---

[①] 《我国保险金信托研究》,载中国银行保险报网,http://xw.cbimc.cn/2018-08/08/content_268472.htm。

同保险单间的壁垒，能够实现未来客户在任何一家与中信信托合作的保险公司购买保险单，都可以整合到同一个保险金信托中。"家庭保险单"保险金信托服务打破了市场上"单一被保险人+单家保险公司+信托"的模式。

目前，中信信托已经与10余家保险公司建立了稳定长期的业务合作关系，可以为客户整体统筹名下的所有保险资产，使保险金信托在延续家族掌舵人意志、传承家族财富、凝聚家族精神方面发挥更大的作用。同时升级版的家族信托以信托公司作为投保人、受益人，可以更好地做到信托财产的隔离，有效防止了委托人个人作为投保人到保险公司退保后保险单被作为遗产分割或强制执行的风险。

需要注意的是：即便是按照升级版保险金信托，在一般情况下，委托人并不能将未与信托公司建立业务合作关系的保险公司的保险单置入保险金信托之中。

### 三、保险金信托中的当事人

#### （一）投保人、信托委托人

投保人是指与保险人（保险公司）订立保险合同，并按照合同约定负有支付保险费义务的人。投保人同时是保险金信托中的信托委托人。

#### （二）保险人

保险人是指与投保人订立保险合同，并按照合同约定承担理赔或者给付保险金责任的保险公司。在保险金信托关系中，当保险事故发生时，保险人需将保险金支付给信托公司。

#### （三）被保险人

被保险人是指人身受保险合同保障，享有保险金请求权的人。投保人可为被保险人。如果投保人和被保险人不是同一人，指定、变更受益人需要被保险人同意并签字确认。

#### （四）保险受益人

保险受益人是指人身保险合同中由被保险人或者投保人指定的享有保险金请求权的人。在保险金信托关系中，在设立信托后，受益人需要变更为信托机构。

## （五）信托受益人

信托受益人是指在信托法律关系中享有信托受益权的人。受益人可以是自然人、法人或者依法成立的其他组织。在财富传承领域，保险金信托的受益人一般为委托人的近亲属，如子女、配偶、父母等，考虑到保险合同保险金条件成就的特殊性，不建议委托人作为受益人之一。

## 四、保险金信托的设立模式

### （一）终身寿险+信托

投保人与保险公司签订终身寿险合同，将信托公司设定为保险合同的身故受益人，约定当保险条件成就时，保险公司需将身故保险金转入信托公司账户作为信托财产。同时投保人与信托机构签订信托合同，约定双方之间的权利义务关系，并在信托合同中明确信托受益人。

### （二）年金险+信托

投保人与保险公司签订年金险合同，年金受益人、身故受益人设定为信托公司，年金险中每年的年金收入和最终的身故保险金转化为信托资产。投保人与信托公司签订信托合同，设定信托受益人。信托公司按信托合同约定对信托财产进行投资管理、处分，并对信托财产及信托收益进行分配。

### （三）年金险+终身寿险+信托

投保人与保险公司签订两份保险合同（年金险合同、终身寿险合同），将两份保险合同中的年金收入、身故保险金作为初始信托财产。案例中，张某峰设立的保险金信托就是年金险+终身寿险+信托模式。张某峰与保险公司分别订立两份保险合同，当保险事故发生时，将两份保险合同项下的保险金请求权作为首次交付的原始信托财产，设立费计算基数分别为 600 万元和 999 万元，共计 1599 万元。

## 五、设立保险金信托时一般需要提供的资料清单

1. 身份证复印件。包含身份证正反面复印件，主要是保险金信托涉及的人

员的身份证复印件，如委托人（配偶）、受益人（配偶）、保护人等，如果受益人是未成年人，则需要其监护人的身份证复印件。

2. 拟设立保险金信托的保险单、保险单变更批单复印件。一般情况下，这里的保险为人身保险中的年金险或终身寿险。

3. 委托人及受益人的银行账户信息，一般要求提供银行卡的复印件及相关信息（包含户名、账号、开户行等信息）。

4. 如受益人涉及未成年人，须提供受益人与监护人的户口簿、出生证明或派出所出具的关系证明。

5. 在投保人与被保险人不一致的情况下，应提供被保险人的书面声明材料。

6. 在需要证明夫妻身份的情况下，须提供《结婚证》或者加盖民政局印章的夫妻关系证明材料。

7. 委托人资金来源、合法性等书面声明。

8. 委托人及受益人的个人税收居民身份声明文件。

9. 委托人配偶同意设立保险金信托的书面同意材料。

10. 受益人确认函。

11. 委托人风险承受能力评估问卷。

12. 保险信息问卷。

## 六、保险金信托的发展

### （一）1.0版保险金信托

1.0版保险金信托的操作模式包括以下几步：

第一步，投保人在符合投保条件的情况下，与保险公司签订相应的保险合同，购买人寿保险产品；

第二步，投保人作为委托人与信托公司签署信托合同，投保人将其在保险合同项下的保险金请求权作为信托财产委托给信托公司设立信托，信托受益人为委托人所指定，一般为子女、配偶或其他委托人欲传承财产的第三人；

第三步，在发生保险事故的情况下，保险公司将保险金支付至信托公司，信托公司按照信托合同的约定对信托资产（保险金）进行管理，并向信托受益人分配信托利益。

本案中，张某峰设立的就是1.0版保险金信托。

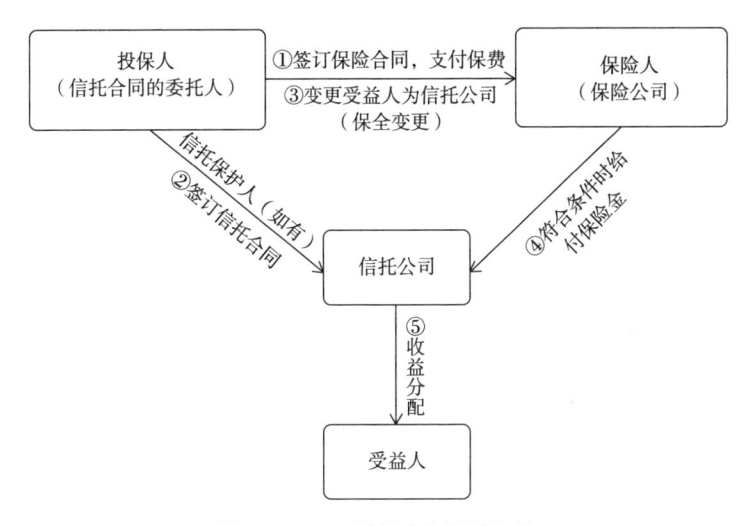

图 2-3 1.0 版保险金信托架构

## (二) 2.0 版保险金信托

2.0 版保险金信托的操作模式有两种：一种为将 1.0 模式下的投保人也变更为信托公司。另一种则由信托公司主导，先设立家族信托，然后注入续期保险费，以委托人或委托人指定的家庭成员作为被保险人，信托公司为受益人，在保险金给付条件成就时，由保险公司将保险金支付至信托公司专户。

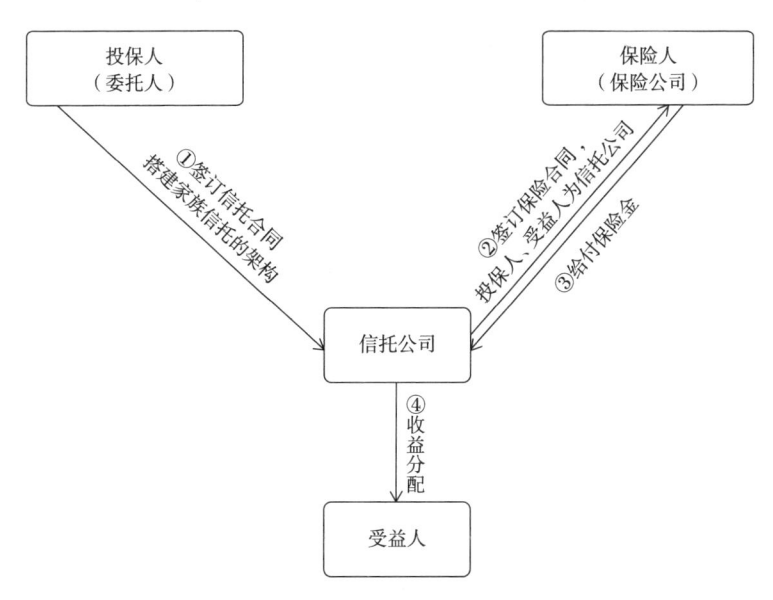

图 2-4 2.0 版保险金信托架构

### (三) 3.0版保险金信托

3.0版保险金信托,主导方为信托公司,是标准的家族信托,以家族财富的保护、传承和管理为主要信托目的,综合性地提供财产规划、风险隔离、资产配置、子女教育、家族治理等定制化事务管理和金融服务。

在3.0版保险金信托的操作模式中,保险合同中的投保人为信托公司,被保险人可以是信托合同中委托人及其家庭成员,受益人为信托公司,在给付保险金的条件成就时,保险公司将保险金给付至信托公司。投保人身保险只是信托资产管理的内容之一。投保所用的保险费可以是信托资产的收益。

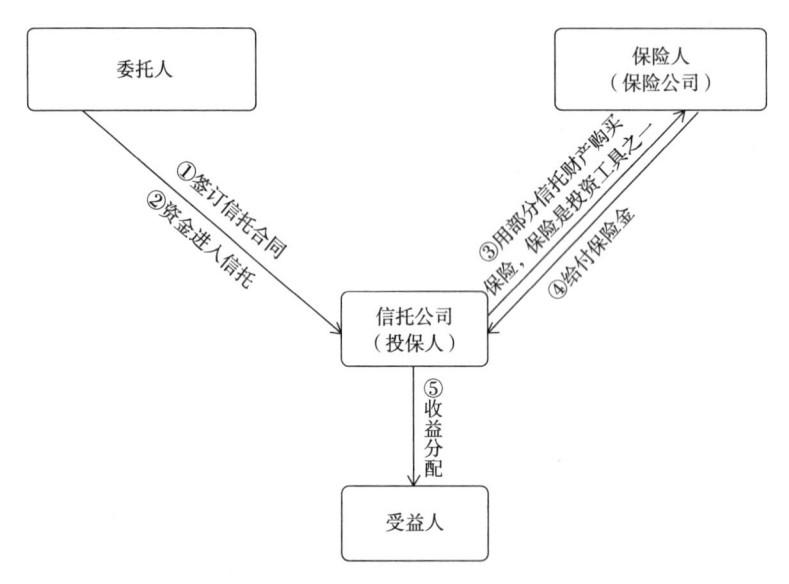

图2-5　3.0版保险金信托架构

### (四) 2.0版及3.0版保险金信托中,投保人、受益人的变更

#### 1. 将投保人变更为信托公司

变更投保人,主要是为了防范现有的投保人未来可能出现的债务风险及因离婚导致保险单现金价值被分割的风险,并提前享受信托服务。

如果投保人被法院列为被执行人,且其名下无其他财产可供执行,则保险合同的现金价值面临被强制执行的风险。如果保险单现金价值被执行,则信托将无法设立。因此,2.0版、3.0版保险金信托,以信托公司作为人寿保险单的投保人,可以有效避免投保人为债务人或被执行人的情况下,名下的人寿保险单的现金价值被强制执行的风险。

如果变更投保人，新的投保人是否需要与被保险人具有保险利益？不需要。按照《保险法》第 31 条的规定，订立人身保险合同时，投保人对被保险人不具有保险利益的，保险合同无效。对保险利益认定的时间节点为"订立人身保险合同时"，意味着在后续的保险合同履行过程中变更投保人的，并不需要具有保险利益。

此外，变更投保人的时间越早越好。例如，原投保人在对外负债的情况下变更新的投保人，根据《民法典》第 538 条规定，债务人以放弃其债权、放弃债权担保、无偿转让财产等方式无偿处分财产权益，或者恶意延长其到期债权的履行期限，影响债权人的债权实现的，债权人可以请求人民法院撤销债务人的行为。所以，这种情况下，变更投保人可能造成信托失效的风险。

保险的现金价值实质上是投保人对保险公司享有的一种债权，如果是用夫妻共同财产投保，实际上是以一人名义对外享有的夫妻共同债权。如果以自然人作为投保人，一旦投保人产生婚变，则保险单现金价值面临被分割的风险，而以信托公司作为投保人则可以避免这种风险。

2. 将保险受益人变更为信托公司

保险金信托还需要将人身保险合同中的身故受益人变更为信托公司。因为如果不变更受益人为信托公司的话，保险金信托就无从谈起。变更受益人更重要的意义在于：（1）避免未来被征收遗产税（未设定受益人的情况下）；（2）信托资金的来源（身故保险金）不作为被保险人的遗产；（3）为保险公司将身故保险金支付给信托公司提供合同依据。

## 七、保险金信托的实操

完整的保险金信托，包含原始信托财产、设立费用、管理费用、利益分配方案、信托目的、信托设立及生效、受托人权利、受益人权利、信托期限、投资管理原则、定期报告制度等条款。

### （一）保险金信托的原始信托财产：保险金请求权

以年金保险和终身寿险分别为例，详见以下示范文本：

1. 传承××年金保险的保险单和主要利益摘要情况

表 2-1

| ××人寿保险有限公司保险单 ||||
|---|---|---|---|
| 币种：人民币 ||||
| 保险合同号：×××× || 合同成立日：2021年1月×日 | 合同生效日：2021年1月×日 |
| 投保人：王某某 | 性别：× | 生日：××× | 证件号：× |
| 被保险人：王某某 | 性别：× | 生日：××× | 证件号：× |
| 身故保险金受益人：法定100% ||||
| （本栏以下空白） ||||
| 保险项目 | 保险期间 | 交费年限 | 基本保险金额/份数/档次 | 保险费 |
| 投保主险：传承××年金保险 | 15年 | 10年 | 865,675.95元 | 60万元 |
|  | 终身 | 趸交 | 详见合同条款 | 100元 |

表 2-2

| ××人寿保险有限公司<br>主要保险利益摘要表 |||||||||
|---|---|---|---|---|---|---|---|---|
| 保险合同号：×××× ||| 投保险种：传承××年金保险 ||| 币种：人民币 |||
| 保险单年度 | 年末生存金 | 疾病身故 | 意外身故 | 保险单年度 | 年末生存金 | 疾病身故 | 意外身故 |
| 1 |  | 600,000 | 600,000 |  |  |  |  |
| 2 |  | 1,200,000 | 1,200,000 |  |  |  |  |
| 3 |  | 1,800,000 | 1,800,000 |  |  |  |  |
| 4 |  | 2,400,000 | 2,400,000 |  |  |  |  |
| 5 | 600,000 | 3,000,000 | 3,000,000 |  |  |  |  |
| 6 | 600,000 | 3,600,000 | 3,600,000 |  |  |  |  |
| 7 | 600,000 | 4,200,000 | 4,200,000 |  |  |  |  |
| 8 | 600,000 | 4,800,000 | 4,800,000 |  |  |  |  |
| 9 | 600,000 | 5,400,000 | 5,400,000 |  |  |  |  |
| 10 | 432,837.98 | 6,000,000 | 6,000,000 |  |  |  |  |

续表

| 11 | 432,837.98 | 6,000,000 | 6,000,000 | | | | |
| 12 | 432,837.98 | 6,000,000 | 6,000,000 | | | | |
| 13 | 432,837.98 | 6,000,000 | 6,000,000 | | | | |
| 14 | 432,837.98 | 6,000,000 | 6,000,000 | | | | |
| 15 | 865,675.95 | 6,000,000 | 6,000,000 | | | | |
| 上表所列年末生存金为当年生存保险金、当年特别生存保险金、当年满期生存保险金的合计金额、具体保险单利益、给付时间及给付条件详见合同条款。 | | | | | | | |

2. 传世××终身寿险的保险单和主要利益摘要情况

表2-3

| ××人寿保险有限公司保险单 | | | | | |
|---|---|---|---|---|---|
| 币种：人民币 | | | | | |
| 保险合同号：×××× | | 合同成立日：2021年1月×日 | | 合同生效日：2021年1月×日 | |
| 投保人：王某某 | 性别：× | 生日：××× | | 证件号：× | |
| 被保险人：王某某 | 性别：× | 生日：××× | | 证件号：× | |
| 身故保险金受益人：法定100% | | | | | |
| （本栏以下空白） | | | | | |
| 保险项目 | 保险期间 | 交费年限 | 基本保险金额/份数/档次 | | 保险费 |
| 投保主险：传世××终身寿险 | 终身 | 20年 | 9,990,000元 | | 258,741元 |
| | 终身 | 趸交 | 详见合同条款 | | 100元 |

表2-4

| ××人寿保险有限公司主要保险利益摘要表 | | | | | | | |
|---|---|---|---|---|---|---|---|
| 保险合同号：×××× | | 投保险种：传世××终身寿险 | | | | 币种：人民币 | |
| 保险单年度 | 年末生存金 | 疾病身故 | 意外身故 | 保险单年度 | 年末生存金 | 疾病身故 | 意外身故 |
| 1 | | 9,900,000 | 9,900,000 | 59 | | 9,900,000 | 9,900,000 |
| 2 | | 9,900,000 | 9,900,000 | 60 | | 9,900,000 | 9,900,000 |

续表

|   |   |            |            |    |   |            |            |
|---|---|------------|------------|----|---|------------|------------|
| 3 |   | 9,900,000  | 9,900,000  | 61 |   | 9,900,000  | 9,900,000  |
| 4 |   | 9,900,000  | 9,900,000  | 62 |   | 9,900,000  | 9,900,000  |
| 5 |   | 9,900,000  | 9,900,000  | 63 |   | 9,900,000  | 9,900,000  |
| 6 |   | 9,900,000  | 9,900,000  |    |   |            |            |
| 7 |   | 9,900,000  | 9,900,000  |    |   |            |            |
| 8 |   | 9,900,000  | 9,900,000  |    |   |            |            |
| 9 |   | 9,900,000  | 9,900,000  |    |   |            |            |
| 10 |  | 9,900,000  | 9,900,000  |    |   |            |            |
| 11 |  | 9,900,000  | 9,900,000  |    |   |            |            |
| 12 |  | 9,900,000  | 9,900,000  |    |   |            |            |
| 13 |  | 9,900,000  | 9,900,000  |    |   |            |            |
| 14 |  | 9,900,000  | 9,900,000  |    |   |            |            |
| 15 |  | 9,900,000  | 9,900,000  |    |   |            |            |
| 16 |  | 9,900,000  | 9,900,000  |    |   |            |            |
| 17 |  | 9,900,000  | 9,900,000  |    |   |            |            |
| 18 |  | 9,900,000  | 9,900,000  |    |   |            |            |
| 19 |  | 9,900,000  | 9,900,000  |    |   |            |            |
| 20 |  | 9,900,000  | 9,900,000  |    |   |            |            |
| 21 |  | 9,900,000  | 9,900,000  |    |   |            |            |
| 22 |  | 9,900,000  | 9,900,000  |    |   |            |            |
| 23 |  | 9,900,000  | 9,900,000  |    |   |            |            |
| 24 |  | 9,900,000  | 9,900,000  |    |   |            |            |
| 25 |  | 9,900,000  | 9,900,000  |    |   |            |            |
| 26 |  | 9,900,000  | 9,900,000  |    |   |            |            |
| 27 |  | 9,900,000  | 9,900,000  |    |   |            |            |
| 28 |  | 9,900,000  | 9,900,000  |    |   |            |            |
| 29 |  | 9,900,000  | 9,900,000  |    |   |            |            |
| 30 |  | 9,900,000  | 9,900,000  |    |   |            |            |
| 31 |  | 9,900,000  | 9,900,000  |    |   |            |            |
| 32 |  | 9,900,000  | 9,900,000  |    |   |            |            |

续表

| | | | | | | | | |
|---|---|---|---|---|---|---|---|---|
| 33 | | 9,900,000 | 9,900,000 | | | | | |
| 34 | | 9,900,000 | 9,900,000 | | | | | |
| 35 | | 9,900,000 | 9,900,000 | | | | | |
| 36 | | 9,900,000 | 9,900,000 | | | | | |
| 37 | | 9,900,000 | 9,900,000 | | | | | |
| 38 | | 9,900,000 | 9,900,000 | | | | | |
| 39 | | 9,900,000 | 9,900,000 | | | | | |
| 40 | | 9,900,000 | 9,900,000 | | | | | |
| 41 | | 9,900,000 | 9,900,000 | | | | | |
| 42 | | 9,900,000 | 9,900,000 | | | | | |
| 43 | | 9,900,000 | 9,900,000 | | | | | |
| 44 | | 9,900,000 | 9,900,000 | | | | | |
| 45 | | 9,900,000 | 9,900,000 | | | | | |
| 46 | | 9,900,000 | 9,900,000 | | | | | |
| 47 | | 9,900,000 | 9,900,000 | | | | | |
| 48 | | 9,900,000 | 9,900,000 | | | | | |
| 49 | | 9,900,000 | 9,900,000 | | | | | |
| 50 | | 9,900,000 | 9,900,000 | | | | | |
| 51 | | 9,900,000 | 9,900,000 | | | | | |
| 52 | | 9,900,000 | 9,900,000 | | | | | |
| 53 | | 9,900,000 | 9,900,000 | | | | | |
| 54 | | 9,900,000 | 9,900,000 | | | | | |
| 55 | | 9,900,000 | 9,900,000 | | | | | |
| 56 | | 9,900,000 | 9,900,000 | | | | | |
| 57 | | 9,900,000 | 9,900,000 | | | | | |
| 58 | | 9,900,000 | 9,900,000 | | | | | |

3. 委托人首次交付的原始信托财产：传承××年金保险+传世××终身寿险的保险金请求权

表 2-5

| 首次交付的原始信托财产清单 ||||||||
|---|---|---|---|---|---|---|---|
| 序号 | 类别 | 保险人 | 投保人 | 被保险人 | 主险名称 | 保险单号 | 设立费计算基数 |
| 1 | 保险金请求权 | ××人寿 | 王×× | 王×× | 传承××年金保险 | ××× | 6,000,000 |
| 2 | 保险金请求权 | ××人寿 | 王×× | 王×× | 传世××终身寿险 | ××× | 9,990,000 |
| 合计 | | | | | | | 15,990,000 |

## （二）保险金信托的设立费

保险金信托的初期设立费用一般为1万—3万元，根据作为原始信托财产的身故保险金请求权来计算后期追加保险单，每单收取大约1万元。在实务操作中，为了争取客户，某些信托公司的设立费用低于1万元甚至免费设立。

例如，某信托合同对设立费的约定如下："（1）设立费计算基数高于或合计高于100万元（含）而低于500万元（不含）的，设立费用为1.5万元；（2）设立费计算基数高于或合计高于500万元（含）的，设立费用为3万元。"

详见以下示范文本：

表 2-6

| 受托人服务报酬约定函 |
|---|
| 鉴于，委托人拟以自己合法所有的财产信托于委托人，设立××××××，并由受托人在相关法律法规及信托合同确定的权限内，按委托人的意愿，为本信托项下受益人的利益对信托财产进行管理、运用。<br>经委托人、受托人协商一致，就受托人服务报酬及相关事宜，达成如下条款并共同遵守：<br>1. 受托人服务报酬<br>1.1 信托合同项下受托人服务报酬，是受托人向委托人提供受托人服务所收取的对价。<br>1.2 受托人服务报酬分为设立费用、年度管理报酬及维护费用。<br>2. 设立费用<br>2.1 本信托成立时的设立费用<br>2.1.1 委托人在本信托成立时应另行向受托人支付设立费用，不计入信托财产。基于作为原始信托财产的身故保险金请求权对应的设立费计算基数的合计估值金额不同，本信托项下设立费用分别为： |

续表

（1）设立费计算基数高于或合计高于 100 万元（含）而低于 500 万元（不含）的，设立费用为 1.5 万元；

（2）设立费计算基数高于或合计高于 500 万元（含）的，设立费用为 3 万元。

2.1.2 委托人须在本合同签署后 10 个工作日内将本信托成立时的设立费用另行转入受托人账户。

2.2 本信托成立后，委托人追加交付原始信托财产的设立费用

2.2.1 委托人追加交付作为原始信托财产的身故保险金请求权而导致设立费计算基数增加的，委托人应当根据本函第 2.1.1 条约定的标准另行补足设立费用（若需要）；因任何情形导致设立费计算基数降低的，受托人已经收取的设立费用不予退还。

为免歧义，举例说明：

委托人追加交付原始信托财产前，设立费计算基数为 300 万元，已支付设立费用 1.5 万元。

若委托人本次追加交付的原始信托财产对应的设立费计算基数合计 100 万元，则委托人无须另行支付设立费用；若委托人本次财产追加交付的原始信托财产对应的设立费计算基数合计 200 万元，则委托人须另行支付设立费用为：3 万元-1.5 万元=1.5 万元。

### （三）保险金信托的管理费

管理费一般为每年 0.3%—0.6%，根据信托财产总值来计算。例如某信托合同约定"本信托年度管理报酬按如下公式计算，自信托财产列支：当期年度管理报酬=当期基准日信托财产总值×管理报酬率×当期实际天数/365。其中，本信托'管理报酬率'为 0.6%。受托人于每个基准日计提当期应收取的年度管理报酬，并于每一自然季度最后一个基准日后的 10 个工作日内收取已计提但未收取的年度管理报酬"。

详见以下示范文本：

表 2-7

**年度管理报酬的计算及支付**

3.1 本信托年度管理报酬按如下公式计算，自信托财产列支：

当期年度管理报酬=当期基准日信托财产总值×管理报酬率×当期实际天数/365

其中，本信托"管理报酬率"为 0.6%。

"当期"指自上一基准日（不含）起至本基准日（含）的期间。第一个"当期"指自本信托估值起始日（含）起至首个基准日（含）的期间；最后一个"当期"指自上一基准日（不含）起至信托终止日（含）的期间。

3.2 受托人于每个基准日计提当期应收取的年度管理报酬，并于每一自然季度最后一个基准日后的 10 个工作日内收取已计提但未收取的年度管理报酬。

## （四）常见的信托利益分配方案

### 1. 固定分配

就是我们常说的固定时间、固定金额的分配方式，如案例中的保险金信托条款约定"每年支付张某山 6 万元，专用于张某山的生活和医疗费用"。

### 2. 附条件分配

所附条件包括学业支持、家庭和谐、创业支持、消费引导、生育礼金、住房补助、医疗补助等。例如，某信托合同对"学业支持"约定为："（1）小学入学、初中入学、高中入学当年各有权申领一次。每次申领的学业支持金计算公式为：分配基数×倍数；（2）本科入学、硕士入学、博士入学当年各有权申领一次。每次申领的学业支持金计算公式为：分配基数×10 倍；（3）若受益人就读本科、硕士、博士的学校属于国内 985、211 大学，则该受益人本科入学、硕士入学、博士入学时每次申领的学业支持金计算公式为：分配基数×15 倍。学业支持项下的"分配基数"为每次向该受益人分配本名目信托利益当年，某市统计局（或届时有权机构）已公布的最新城镇居民人均年度可支配收入。"

### 3. 临时分配

临时分配一般情况下是由信托合同中的委托人向受托的信托公司临时提出申请，目的在于信托利益对特定受益人的临时分配。信托公司在收到申请后进行审核，如符合信托合同的约定，在特定的期限内，按照信托文件的约定向特定的受益人分配信托利益。

详见以下示范文本：

表 2-8

| 名目 | 分配方式及金额 ||
|---|---|---|
| 基本生活金 | 计算方式 | 分配金额与时间 |
| | □按固定金额计算 | ＿＿＿周岁之前：<br>□每年：分配信托利益＿＿＿万元整，分配日为每年 12 月 20 日后 10 个工作日内。<br>□每半年：分配信托利益＿＿＿万元整，分配日为每年 6 月 20 日、12 月 20 日后 10 个工作日内。<br>□每季度：分配信托利益＿＿＿万元整，分配日为每年 3 月 20 日、6 月 20 日、9 月 20 日、12 月 20 日后 10 个工作日内。<br>＿＿＿周岁之后：<br>□每年：分配信托利益＿＿＿万元整，分配日为每年 12 月 20 日后 10 个工作日内。<br>□每半年：分配信托利益＿＿＿万元整，分配日为每年 6 月 20 日、12 月 20 日后 10 个工作日内。<br>□每季度：分配信托利益＿＿＿万元整，分配日为每年 3 月 20 日、6 月 20 日、9 月 20 日、12 月 20 日后 10 个工作日内。 |
| | □按公式计算 | 每个自然年度分配的基本生活金总额按照以下公式计算：分配基数×（5）倍×（1+增长率）$^{n-1}$，其中："分配基数"为本信托第 1 次向该受益人分配基本生活金当年，北京市统计局（或届时有权机构）已公布的最新城镇居民人均年度可支配收入，分配基数每年调整一次。"增长率"为 5%，"n"为分配次数，即第 1 次分配基本生活金时 n 为 1，第 2 次分配基本生活金时 n 为 2，以此类推。<br>□按年分配：一次性分配当年基本生活金总额，分配日为每年 12 月 1 日后 10 个工作日内。<br>□按半年分配：每次分配当年基本生活金总额的 1/2，分配日为每年 6 月 1 日、12 月 1 日后 10 个工作日内。<br>□按季分配：每次分配当年基本生活金总额的 1/4，分配日为每年 3 月 1 日、6 月 1 日、9 月 1 日、12 月 1 日后 10 个工作日内。 |
| 学业支持 | □小学入学、初中入学、高中入学当年各有权申领一次。<br>　　每次申领的学业支持金计算公式为：分配基数×（　）倍<br>□本科入学、硕士入学、博士入学当年各有权申领一次。<br>　　每次申领的学业支持金计算公式为：分配基数×10 倍<br>　　若受益人就读本科、硕士、博士的学校位列以下大学排名前（　）位<br>《泰晤士高等教育世界大学排名》《ARWU 世界大学学术排名》《US news 世界大学排名（US News）》《QS 世界大学排名》或属于中国 985、211 大学，则该受益人本科入学、硕士入学、博士入学时每次申领的学业支持金计算公式为：分配基数×（　）倍数<br>　　学业支持项下"分配基数"为每次向该受益人分配本名目信托利益当年，北京市统计局（或届时有权机构）已公布的最新城镇居民人均年度可支配收入。 ||

续表

| 名目 | 分配方式及金额 |
|---|---|
| 家庭和谐 | □结婚时有权申领结婚礼金，但信托存续期间，受益人仅有权申领一次结婚礼金。<br>　　结婚礼金计算公式为：分配基数×（　）倍<br>□婚内生育时有权申领生育金，信托存续期间，受益人申领生育金的次数不限。<br>　　每次申领的生育金计算公式为：分配基数×（　）倍<br>　　家庭和谐项下"分配基数"为受托人向该受益人分配本名目信托利益当年，北京市统计局（或届时有权机构）已公布的最新城镇居民人均年度可支配收入。 |
| 创业支持 | □创业奖励一次性分配信托利益＿＿＿＿万元整。<br>　　信托存续期间，受益人仅有权申领一次创业奖励。 |
| 消费引导 | □购房一次性分配信托利益＿＿＿＿万元整。<br>　　信托存续期间，受益人仅有权申领一次购房补贴。<br>□购车一次性分配信托利益＿＿＿＿万元整。<br>　　信托存续期间，受益人仅有权申领一次购车补贴。 |
| 医疗金 | □信托存续期间，受益人有权申领医疗金，受益人申领医疗金的次数不限。<br>　　每次申领的医疗金根据当次提交的医疗发票金额进行分配［每次提交的发票总数不超过20张，发票总金额须超过5万元（含），且该等发票的开具日期不得早于受托人受托之日前2年］。 |
| 紧急备用金 | □信托存续期间，若受益人出现紧急事件，则受托人于信托财产资金足够支付前提下，按照该受益人的书面申领通知中指定的金额向该受益人支付信托利益，但信托存续期间，受益人仅有权申领（　）次紧急备用金，且领取的金额合计不得超过人民币（　）万元（大写：　　）。 |

## （五）信托目的

详见以下示范文本：

表2-9

```
1.1 信托目的
　　1.1.1 委托人基于对受托人的信任，自愿将其合法所有的财产信托给受托人，由受托人在相关法律法规及本合同确定的权限内，按委托人的意愿，为本信托受益人的利益对信托财产进行管理、运用。受托人按照信托文件的规定持有、管理和处分信托财产，并以此作为信托利益的来源，按信托文件的约定向受益人分配信托利益。
　　1.1.2 本信托不因委托人身故而终止，继续存续直至信托终止日。委托人身故的，信托财产不作为其遗产。但法律法规另有规定的除外。
　　1.1.3 受托人根据委托人意愿，向受益人分配信托利益，满足受益人包括但不限于日常生活等的支出需要，以尽可能实现科学传承财富、专业管理、风险隔离、避免非法侵占的目的。
```

### （六）保险金信托的成立及生效条件

信托生效的必要条件为：(1) 信托公司取得授权且各方已经签署信托文件；(2)《保险合同》及配套法律文件已经签署并生效；(3) 设立费已经交纳。

详见以下示范文本：

表 2-10

| |
|---|
| 1.2.6 信托成立与生效 |
| 1.2.6.1 本合同经各方妥善签署，且下列条件均获满足之日，本信托成立： |
| （1）受托人已经取得签署及履行信托文件所需的适当的许可/授权。 |
| （2）信托文件的相关各方已向受托人和相应信托文件的其他各方交付了经其妥善签署的信托文件正本。 |
| （3）委托人及本信托项下身故保险金请求权对应的保险合同之被保险人已妥善签署《委托人及被保险人共同声明函》，承诺委托人与被保险人的身份关系符合相关法律法规的规定及本合同约定，且被保险人本人签署并同意《委托人及被保险人共同声明函》的相关内容。 |
| （4）本信托已按照监管规定通过监管报备（如需）。 |
| 1.2.6.2 本信托生效的前提为下列条件全部得以满足： |
| （1）本信托成立。 |
| （2）作为首批次原始信托财产的身故保险金请求权对应的保险合同及其相关配套法律文件（包括但不限于被保险人按照保险人的要求书面同意委托人以其为被保险人投保并将保险合同受益人变更为本信托的相关事宜）已经签署并生效。 |
| （3）委托人已经按照确认书附件3《受托人服务报酬约定函》的约定及时、足额缴纳本信托设立费用，或者，该笔费用已经由受托人酌情减免。 |
| 1.2.6.3 本合同第1.2.6.2条所述条件全部满足之日起20个工作日内，受托人应向委托人签发《信托生效通知书》（格式如附件），本信托生效日如《信托生效通知书》所载明。 |
| 1.2.6.4 除非法律法规有明确规定或本合同另有约定，否则，本信托为不可撤销信托。 |
| 1.2.7 信托名称 |
| 本信托名称如确认书所载明。 |

### （七）受托人权利

信托公司的主要权利有：收取服务报酬以及受托人以自己的名义管理、运用和处分信托财产。原则上，受托人应当自行管理、运用、处分信托财产。

详见下列示范文本：

表 2-11

1.3.2.1 受托人的权利
1.3.2.1.1 有权依照本合同的约定收取受托人服务报酬。
1.3.2.1.2 有权按照本合同的约定以自己的名义管理、运用和处分信托财产。根据信托文件约定进行信托财产投资及投资管理。
1.3.2.1.3 信托财产管理、运用、处分过程中，受托人有权视需要，自行选择并聘请资金保管机构、律师事务所等专项服务机构，经委托人（委托人在世期间）或全体受益人（委托人身故后）书面同意的，受托人有权根据委托人/全体受益人意见为本信托聘请投资/财务咨询顾问作为专项服务机构为本信托提供服务。为本信托提供相关的服务，并与该等机构就本信托签署相应的合同/协议，以约定相关当事方的权利及义务（包括但不限于相应的信托财产管理服务报酬）。
1.3.2.1.4 除非本合同另有约定，否则，受托人应自行对信托财产进行投资、投资管理及相关账户记录，并委托资金保管机构（若有）代为保管信托财产专户内的信托资金。

## （八）受益人权利

受益人权利主要包括：信托受益权和知情权。

详见以下示范文本：

表 2-12

1.3.3.1 受益人权利
1.3.3.1.1 自本信托生效之日起，根据信托合同的约定，享有信托受益权，享有从信托财产中获取信托利益的权利。
1.3.3.1.2 估值起始日起，受益人有权享有信托合同约定的信托利益分配。
1.3.3.1.3 受益人有权了解信托财产的管理、运用、处分及收支情况，并有权要求受托人作出说明。
1.3.3.1.4 受益人有权查阅、抄录或者复制与信托财产有关的信托账目以及处理信托事务的其他文件。

## （九）信托期限

详见以下示范文本：

表 2-13

□信托合同附件一（六）约定三个选择：
□本信托期限为自本信托生效日（包含该日）起（　）年，信托运行期间，发生信托合同约定的事由时，本信托终止。
□本信托长期有效，但本信托生效日起，每满（　）年后的 30 日内，委托人可提前终止本信托，具体以委托人出具的书面要求为准；或发生信托合同约定的事由时，本信托终止。
□本信托无固定到期日，发生信托合同约定的事由时，本信托终止。

## （十）投资管理原则

详见以下示范文本：

表 2-14

| |
|---|
| 基于委托人意愿，就本信托项下信托财产投资及管理，委托人和受托人约定如下条款，并共同遵守。<br>1. 投资管理原则<br>委托人在此确认，受托人对信托财产进行管理的方式是：受托人根据委托人的财产运用管理意愿、法律法规的规定、信托文件的约定和市场实际情况，本着稳妥、谨慎、诚信原则，对信托财产进行自主管理运用，受托人有权根据信托文件规定自主决定本信托所投资的投资组合并有权根据市场环境等因素的变化而适当调整。<br>2. 投资范围、方案及投资比例范围<br>2.1 投资范围<br>银行存款，货币基金及其他货币市场工具，有限合伙企业的有限合伙人财产份额，经备案的私募投资基金，投资于债权类资产、权益类资产、商品及金融衍生品类资产的资管产品，以及投资于公募证券投资基金的资管产品。在市场出现新的金融投资工具后，按照国家相关政策法规，履行相关手续并通知委托人、受益人后可进行投资。信托存续期间，如本信托拟投资的产品的受托人/管理人非××信托或其关联方（关联方发行产品以受托人认可为准）的，且该等产品所投资的底层资产为非标准化债权类资产，则本信托投资该等产品需经受托人允许。本信托所投资的产品的底层资产如涉及衍生品的，仅限于法律法规允许信托产品投资的品种。后续如监管文件或监管要求对本信托投资范围进行调整的，受托人相应调整投资范围，以使投向穿透核查后符合法律法规及监管合规要求。<br>上述产品的受托人/管理人可以为××信托或其关联方，且上述产品可以经××信托关联方代销，委托人/受益人知悉并同意该等关联交易及潜在利益冲突。<br>2.2 投资方案<br>2.2.1 委托人完全基于其自身意愿及选择，同意本信托项下全部信托财产按照如下表格第（　）项投资方案及相应投资范围进行投资。本信托的风险等级为委托人勾选的投资方案对应的"本信托风险等级"，委托人应选择与其签署本函时风险承受能力相适配的投资方案。投资方案项下单个投资标的之风险等级不得超过投资方案对应的"本信托风险等级"。 |

## （十一）信托定期管理报告

受托人将按照信托合同约定及法律法规的有关规定，妥善保存处理信托事务的完整记录，定期披露受托人报告（信托财产运作不到 3 个月的，不披露当期报告），报告内容包括但不限于：（1）家族信托基本情况；（2）委托财产变动情况；（3）资产配置情况；（4）信托收支情况；（5）信托利益分配情况；（6）报告期内信托规模、信托期限、受益人变更等与本信托相关的其他重大事项。

## 八、保险金信托的功能

保险金信托兼具保险传承工具与信托传承工具的优点，能够使高净值人群的财富得以有效传承，能利用资金杠杆效益使财富增值并能够有效地进行税务筹划，规避保险及信托工具的局限性。

### （一）利用资金杠杆效益使财富增值

以某款保险金信托产品为例，投保人以自己为被保险人，只需购买某款终身寿险，在保险合同中指定受益人。保险费采用分期交纳的方式，每期交纳28.65万元，共交纳20期，共交纳保险费573万元。在保险合同成立后，将原受益人变更为信托公司，在保险合同约定的给付保险金的条件成就时，保险公司支付999万元左右的保险金至信托公司专设的账户并成为信托资产。案例中的投保人张某峰考虑的就是保险较高的杠杆，充分利用了保险费和保险金额之间的杠杆，既实现了财富的保值增值，又享受到了信托工具带来的各项便利。

### （二）利用保险金信托实现债务隔离，并可提前进行税务筹划

根据本书其他案例的分析，保险合同并不能必然对抗人民法院的强制执行，保险合同面临被强制退保、保险单现金价值被强制执行的风险。但在保险金信托业务中，当信托公司为保险金受益人后，保险金装入信托里作为信托财产进行信托运作，与委托人未设立信托的其他财产隔离开，可以规避其外界债务风险，保障现有信托资产的有效传承。

根据《个人所得税法》的相关规定，个人所得保险赔款，免纳个人所得税。从理论上分析，高净值人士完全可以提前规划，如：投保人可以通过设立保险金信托将个人财产置入信托，避免支付高额税收。

### （三）保险金信托可有效突破保险及信托传承工具的局限性

单纯从财富传承的角度来看，保险工具虽然具有多种优势，但其解决不了受益人在取得保险金后面临的各种支配风险，并不符合投保人的传承意愿。而

家族信托的设立门槛动辄上千万元,且设立的大多是资金型家族信托,严重影响委托人资金的流动性。如何解决保险工具和信托工具的局限性?答案是保险金信托!

### (四)可以突破保险受益人的限制

人身保险在身故受益人的指定上,除了当投保人为其具有劳动关系的劳动者投保人身保险时,受益人必须是其本人或者被保险人的近亲属外,并无其他特定限制,但胎儿不能作为保险单受益人。在家族信托中,受益人并无此限制,除了可以是明确的人之外,还可以是确定的范围。

### (五)受益金的给付比例、数量、时间等相对灵活

虽然很多保险公司都提供理赔后的给付保险受益金安排服务,但灵活度不是很高。而信托则可以设定很多灵活的给付条件,例如,约定受益人考上世界排名前一百的学校(以××世界大学排名为准),则单独给付一笔受益金作为奖励。

### (六)让保险理赔金更独立

在保险金信托架构中,因受益人已经变更为信托公司,所以在被保险人发生保险事故时,保险公司应当直接将身故保险金支付到信托公司单设的独立账户,避免了在未能指定受益人的情况下烦琐继承程序。

### (七)可以设置单一的人身保险难以做到的防败家条款

保险理赔金给付到受益人后,受益人如何去利用这笔钱,是投保人或被保险人(其已去世)难以控制的,而受益人如果是信托公司,信托公司须按照信托协议(文件)的约定来支配信托财产及信托利益,因为信托财产具有独立性,可以有效地解决该问题。保险工具和信托工具的结合,表面上看是一套简单的"组合拳",但实际上是把两者优势充分发挥的"迷踪拳",在设置传承方案时应有效地突破各自的局限性,让两者最终实现"强强联合"。

## 九、保险金信托面临的问题

1. 在1.0版保险金信托的操作模式下,信托合同中原始信托财产为身故保

险金请求权,只有在保险事故发生后或者其他给付保险金的条件成就时,身故保险金或者年金才会进入信托公司专户,信托公司从事的其实是远期业务。在保险金支付至信托公司专户之前具有诸多不确定性因素,如:(1)人身保险合同中,投保人(信托合同中的委托人)行使任意解除合同的权利;(2)因投保人或被保险人未履行《保险法》所规定的如实告知义务而被保险公司解除保险合同;(3)因投保人欠债而被债权人申请强制执行,保险合同的现金价值被强制执行;(4)投保人因离婚而导致保险单现金价值被分割;(5)保险人基于保险合同的特殊约定而拒绝将保险金支付至信托公司专户;(6)在投保人和被保险人非为同一人的情况下,被保险人变更受益人;(7)信托公司作为受益人被其他权利人主张无效且获得司法支持;(8)出现《保险法》第32条第1款、第36条、第37条、第43条、第44条、第45条所规定的情形;(9)其他情形导致的保险公司拒绝将保险金支付至信托账户。

2. 在2.0版(此处特指信托公司主导的2.0版)和3.0版保险金信托的操作模式下,委托人应先与信托公司签订信托合同,并将符合规定的自有资金注入信托,信托公司受托购买人寿保险,以信托资产或收益支付保险费,信托公司为保险合同中的受益人,在给付保险金的条件成就时,由保险公司将保险金支付至信托公司专户,后由信托公司对保险金进行管理、分配,并按照信托合同及信托文件的约定处分信托利益给受益人。先设立家族信托,然后再由信托公司作为投保人购买人身保险,可以避免1.0版保险金信托操作模式下的部分弊端。

### 十、保险金信托在实务中应注意的几个细节问题

1. 在操作实务中,应注意保险公司和信托公司的选择,尽量选择相互之间有合作协议的,可以有效避免保险金信托设立失败的风险。

2. 在1.0版保险金信托中,涉及受益人变更的问题,应注意《保险法》第39条、第41条的规定,变更受益人的决定权在被保险人,如投保人与被保险人不一致,变更受益人须取得被保险人的同意。

3. 在1.0版保险金信托中,在投保时注意保险产品的选择,目前在实务操作中,保险规划方案一般是购买大额终身寿险或年金险,并非所有的保险产品都可以设定保险金信托。

4. 在签订信托合同时,受托人应为专业的信托公司,虽然从法律上来看,

受托人可以是自然人,但从实操层面来说,目前保险金信托中信托合同的受托人仍然是信托公司。

5. 目前实务中,已经出现设立信托的初始资产中,既包括保险单权益,也包括现金或金融资产受益权。如某信托公司在客户签订完保险金信托合同后,同意委托人将一部分资金或金融产品注入信托管理,但要求委托的现金加保险单价值应超过1000万元。

6. 如果保险单有贷款,能否设立保险金信托,主要看不同信托公司的要求。在保险金信托成立后,除非经信托公司同意,一般情况下不允许投保人进行保险单贷款,有的信托合同条款中会约定如出现投保人擅自贷款的现象,信托公司有权单方面终止信托。

7. 保险金信托的成立、生效。在没有达到保险合同约定的赔偿条件或者给付保险金条件前,因保险金尚未支付至信托专户,虽然委托人与信托公司签订了信托合同,但是信托合同处于成立但未生效的状态。

8. 信托合同的委托人为保险单的投保人,如果出现投保人与被保险人不一致的情况,根据我国《保险法》第41条的规定,被保险人有变更受益人的权利,而投保人变更受益人须征得被保险人的同意。在实务操作中,在将受益人变更为信托公司后,信托公司会在信托文件中让被保险人作出承诺,放弃在信托运营期间再次变更受益人的权利。

## 第六节　被保险人的介入权

**典型案例一**:投保人的财产被法院强制执行,被保险人行使介入权,是否可以防止保险单的现金价值被强制执行?

孙某忠因犯走私普通货物罪,被法院判处有期徒刑十年六个月,并处罚金人民币350万元。因孙某忠未履行法律文书所确定的义务,被江苏省苏州市中院刑事审判庭移送执行。

2018年9月,法院通过法院专递形式委托监狱向被执行人孙某忠送达《执行裁定书》《执行通知书》《报告财产令》《被执行人财产申报表》《限制消费令》等执行文书,责令其履行债务。被执行人孙某忠向法院申报财产,自述无收入、动产、财产性权益、其他财产,有房屋一套。

2018年9月至11月,法院通过江苏省及全国执行网络查控系统查询了孙某忠的银行存款、证券、公积金、车辆、不动产、工商等财产情况，反馈被执行人孙某忠有较大额银行存款，无证券、不动产，法院于2018年10月24日查封孙某忠名下车辆，查封期限2年，但未能实际扣押。

2018年10月至11月，法院扣划孙某忠名下银行存款51,273.1元，上缴国库。

2018年10月22日，法院调查孙某忠名下人身保险产品财产性权益，江苏省保险行业协会反馈截至11月5日孙某忠名下有保险单号为P××××2578、P××××9519的保险合同。

法院通过邮寄通知孙某忠家属是否同意承受投保人的合同地位、维系保险合同效力并向法院交付相当于退保后现金价值的财产替代履行；同时考虑到孙某忠自2016年6月23日被刑事拘留，之后无法通过个人财产为延续保险合同效力续交保险费，法院要求孙某忠家属承担保险合同成立至2016年6月23日期间的保险单现金价值。此外，法院委托监狱向被执行人孙某忠送达退保通知及退保申请书模板，告知孙某忠在其家属不同意交纳保险单现金价值的情况下，人民法院将强制解除保险合同。

对于孙某忠作为投保人的保险单P××××2578，案外人王某于2018年12月14日交纳保险单现金价值72,000元，故法院不再执行该保险单现金价值。（根据保险合同约定，王某在后期将获得现金价值7倍以上的生存保险金）

对于案外人王某作为投保人的保险单P××××9519，经审查保险责任承担方式为身故保险金，被保险人为孙某忠，受益人为王某，故法院不再执行该身故保险金。

**裁判要点**

在投保人与被保险人不一致的情况下，如投保人被法院列为被执行人且其名下无其他财产可供执行，则被保险人或受益人可以向法院支付相当于保险单现金价值的款项，从而保留住该份保险单，避免保险合同被法院强制解除。

**典型案例二**：赎买期内，被保险人未回复是否行使介入权，保险单现金价值是否可以被法院强制执行？

李某珍诉徐某红等人民间借贷纠纷一案，已经由生效法律文书判决徐某红等被告偿还原告李某珍借款本金1,000,000元及利息。在民间借贷案件诉讼过程中，李某珍向法院申请财产保全，法院于2018年1月30日裁定查封了徐某红在某保险公司购买的四种分红型保险，投保人均为徐某红，被保险人为李某明。

由于徐某红等人未按照生效判决确定内容履行付款义务，李某珍于2019年7月申请法院强制执行。执行过程中，法院向被执行人发出《执行通知书》《报告财产令》，责令限期履行还款义务、申报财产。但被执行人徐某红等人未履行还款义务，亦未申报财产。

案件进入执行程序后，李某明对法院查封徐某红在保险公司为其投保的保险单不服，向法院提出执行异议，请求解除查封徐某红为其在保险公司购买的所有保险单。

法院征求异议人李某明的意见，询问其是否愿意承受投保人的合同地位、维系保险合同效力并向执行法院交付相当于保险单的现金价值，但李某明在法院限定的期限内未答复。

法院认为，案外人就执行标的不享有足以排除强制执行的民事权益的，人民法院不予支持其异议申请。本案核心问题是：保险单的现金价值是否属于投保人的财产权益，能否作为执行标的。保险金是指保险事故发生后，被保险人或者受益人所获得的赔偿额，属于被保险人或者受益人享有的财产权益。人寿保险单的现金价值系基于投保人交纳的保险费所形成的，由投保人交纳的保险费以及扣除相关费用后的分红收益构成，是投保人依法应享有的财产权益，与保险金是两个不同的概念。

涉案保险系分红型保险，具有投资理财功能，保险单本身具有储蓄性和有价性，其储蓄性和有价性体现在投保人可以通过解除保险合同提取保险单的现金价值。这种保险单的现金价值属于投保人的责任财产，且在法律上不具有人身依附性和专属性，也不是被执行人及其所扶养家属所必需的生活物品和生活费用，不属于《最高人民法院关于人民法院民事执行中查封、扣押、冻结财产的规定》中的不得执行的财产。因此，保险单的现金价值依法可以作为强制执行的标的。

被执行人拒绝签署退保申请的，执行法院可以向保险机构发出《执行裁定书》《协助执行通知书》要求协助扣划保险产品退保后可得财产利益，保险机构负有协助义务。本案中，异议人作为被保险人，在法院限定的期限内不予回复是否愿意承受投保人的合同地位、维系保险合同效力并向执行法院交付相当于保险单的现金价值，根据法院释明权利义务，法院有权继续执行上述查封的保险单现金价值。异议人的异议理由不能成立。最终，法院裁定驳回案外人李某明的异议请求。

## 裁判要点

被保险人在法院限定的期限内不予回复是否愿意承受投保人的合同地位、维系保险合同效力并向执行法院交付相当于保险单的现金价值的款项，法院有权强制执行投保人的保险单现金价值。

## 律师分析

### 一、被保险人或受益人行使介入权的法律依据

《保险法》第15条规定："除本法另有规定或者保险合同另有约定外，保险合同成立后，投保人可以解除合同，保险人不得解除合同。"《保险法司法解释（三）》第17条规定："投保人解除保险合同，当事人以其解除合同未经被保险人或者受益人同意为由主张解除行为无效的，人民法院不予支持，但被保险人或者受益人已向投保人支付相当于保险单现金价值的款项并通知保险人的除外。"但书部分即被保险人及受益人的介入权的法律依据。

前文已经提到过，保险合同中有投保人、保险人、被保险人、受益人多个主体。虽然说，根据《保险法》第15条及《保险法司法解释（三）》第17条的规定，投保人解除保险合同不需要经过被保险人和受益人的同意，但是保险合同的存续确实会对被保险人和受益人的利益产生重大的影响，比如：被保险人或受益人基于对保险合同的期待，作出了相应的财务安排或者保险计划（放弃自行投保或放弃再投保类似保险产品）。

在此情形下，投保人解除保险合同是否需要经过被保险人及受益人同意，理论上曾经存在争议。限制说观点认为，投保人解除保险合同，因影响到被保险人和受益人利益，所以需要第三方同意。赎买说观点认为，第三方可以向投保人支付合理对价，取得投保人的合同权利和义务。

因保险单现金价值在很多情况下会低于保险费，也低于身故保额，由于投保人和被保险人、投保人和身故受益人可能为不同主体，所以强制执行很可能会损害案外人利益，使被保险人、受益人遭受巨大的损失。况且强制执行对于保险公司正常运营也会带来消极影响。所以从整体上来说，保险单强制执行的效益比较低。

赎买说观点与《保险法》第15条的规定相一致，尽可能平衡与保护了保险单各方的利益，与《保险法司法解释（三）》制定中遵循的保护保险消费者、

厘清保险合同法律关系等原则相适应，所以被最高人民法院采纳。

## 二、地区法院对介入权的规定

在投保人被法院列为被执行人的情况下，人寿保险单现金价值虽然可以被法院强制执行，但法院强制执行金额仅以保险单现金价值为限，为了保障被保险人、受益人的期待，尽可能维系保险合同的效力是较好的处理方式。在实务中，部分省市的高级人民法院对于介入权进行了更为详细的规定。

如上海市高级人民法院于2021年11月18日与中国人寿上海分公司、太保寿险上海分公司、平安人寿上海分公司、友邦人寿、工银安盛人寿、泰康人寿上海分公司、新华保险上海分公司、上海人寿上海分公司八大保险机构达成《关于建立被执行人人身保险产品财产利益协助执行机制的会议纪要》。该会议纪要在"保险单现金价值的执行"部分对于介入权的行使作出了更为详细的规定：冻结或扣划投保人（被执行人）的现金价值、红利等保险单权益，投保人（被执行人）与被保险人或受益人不一致时，人民法院应秉承审慎原则，保障被保险人或受益人相关赎买保险单的权益。人民法院冻结上述保险单权益后，应给予不少于15日赎买期限。保险机构在办理协助冻结后，联系投保人（被执行人）、被保险人或受益人，告知赎买权益、行使期限以及不赎买时保险单将被强制执行的事项。相关人员联系人民法院的，人民法院应向上述人员告知投保人（被执行人）保险单被强制执行的相关情况。

被保险人或者受益人赎买支付相当于保险单现金价值的款项的，由赎买人直接交予人民法院。人民法院应提取该赎买款项，不得再继续执行该保险单的现金价值、红利等权益。但赎买期届满后无人赎买或者被保险人、受益人明确表示不赎买的，人民法院可以强制执行投保人（被执行人）对该保险单的现金价值、红利等权益。

## 三、被保险人是否行使介入权考虑的因素

在典型案例一中，孙某忠作为保险单P××××2578的投保人，在被法院列为被执行人且无其他财产可供执行的情况下，保险单现金价值及分红作为一种财产性权益，有被执行的可能性。依照江苏省高级人民法院当时的规定，法院在执行过程中，并未简单粗暴对保险单现金价值加以强制执行，而是首先询问被执行人家属是否同意承受投保人的合同地位、维系保险合同效力并向法院交付相当于退保后现金价值的财产替代履行。此外，法院也告知被执行人在其家属不同意交纳保险单现金价值的情况下人民法院将强制解除保险合同。法院在执行中的具体做法可谓合情合理合法。

由于孙某忠投保的是一款养老年金保险,具有低现金价值、高生存年金的特点。王某作为被保险人支付了 7.2 万元后,将获得现金价值 7 倍(49 万元)以上的生存保险金,最终被保险人王某行使了介入权。由于王某及时向法院交纳了保险单现金价值,承受了投保人的合同地位,保险合同得以继续维系合同效力,在执行中取得了多赢的效果。

与典型案例一形成对比的是,在典型案例二中,法院在处理案外人李某明执行异议时,依然保障了被保险人介入权的行使,然而李某明作为被保险人,在法院限定的期限内不予回复是否愿意承受投保人的合同地位、维系保险合同效力并向执行法院交付相当于保险单的现金价值的款项,法院视为被保险人李某明放弃行使介入权,裁定驳回李某明的执行异议,继续强制执行投保人的保险单现金价值。

在介入权行使的问题上,法院一般会根据标的的大小、被保险人或者受益人的经济状况、筹措款项的能力以及其他相关因素,确定合理期限,以便被保险人或者受益人筹措相应的款项。

**四、财富传承方面的注意事项**

通过以上分析,可以得知,如果购买保险的目的是资产隔离,应该注意:首先,尽量选择没有负债风险或负债风险较低的人作为投保人。其次,如果家族中没有更合适的投保人,那么被保险人和受益人应尽量选择投保人以外的人,为被保险人行使介入权留有余地。最后,在险种搭配和险种选择上,可以有针对性地选择现金价值低的年金险。如果现金价值较低,但被保险人或受益人将来获得的生存保险金或身故保险金总和远高于现金价值,则被保险人通常愿意行使介入权。反之,如果现金价值与未来可能获得的收益差距不大,或者现金价值过大,则被保险人或受益人行使介入权的可能性大大降低。

**五、介入权行使后的其他问题**

如果被保险人或者受益人已经行使介入权赎买保险单,在赎买之后如果没有及时变更投保人,保险单也不会被二次执行。因为保险单的赎买,意味着被保险人或受益人将原来投保人的权益概括承受,原来投保人享有的权利也全部归属于被保险人或受益人。未及时变更投保人的,应当向法院说明上次行使介入权的情况,不会被再次执行。

同理,在赎买之后,过了一段时间,保险单的现金价值又增长了,法院也不能针对增长的现金价值进行再次执行,否则失去了赎买的意义。变更后的投保人非被执行人,所以不能执行,除非新的投保人(即行使介入权的被保险人或受益人）面临新的债务纠纷被列为新的被执行人。例如，投保人先是在上海的法院成为被执行人，然后被保险人把保险单赎买了，保险单得以保全。过了一段时间之后投保人又在北京的法院成为被执行人，这个时候这份保险单的现金价值及红利不会被再次执行。

## 第七节　人身保险作为财富传承工具的优势与配置

### 一、人身保险作为财富传承工具的优势

**典型案例**：立遗嘱为子女留下遗产，后因子女婚变导致财富传承事与愿违

王某军和李某欣系夫妻，婚后育有一子王某皓和一女王某鑫。王某军和李某欣在婚姻关系存续期间购买了一套房产，位于朝阳区安贞小区。后因两人年岁已大，同时考虑到女儿已成家立业、搬出去另住，而儿子王某皓一直未成家与父母同住的客观情况，于2014年1月分别立下公证遗嘱，两份遗嘱内容均为："位于朝阳区安贞小区的房产中属于本人的份额，于本人去世后，由儿子王某皓继承，与女儿王某鑫无关。"

2015年1月，王某皓与袁某丽结婚，未生育子女。王某皓与袁某丽婚后两年内，感情很好。因二老并未意识到儿子在婚姻关系存续期间继承房产的实际后果，故未对公证遗嘱进行变更。2017年，王某军和李某欣先后去世。同年12月，房产登记在王某皓名下。

2018年开始，王某皓和袁某丽时常因生活琐事发生争执，感情淡漠。袁某丽对王某皓彻底心灰意懒，遂以离婚纠纷为由将王某皓诉至法院，请求法院判决准予离婚，因安贞小区的房产是其与王某皓在婚姻关系存续期间，王某皓继承的财产，应当属于夫妻共同财产，在离婚时应当予以分割，故要求取得安贞小区房产现价值50%的折价款。

王某皓则辩称：夫妻感情确已破裂，同意离婚。但是安贞小区的房产应当属于王某皓的个人财产。父母的遗嘱中，明确该房产由王某皓继承，且父母立遗嘱时，王某皓还是单身，尚未结婚，父母不可能有将房产传给袁某丽的意思或想法，父母的本意就是将房产传给王某皓。因此王某皓不同意袁某丽分割该房产的请求。

法院经审理后认为：王某军和李某欣的遗嘱中，确定安贞小区的房产只归

王某皓一人所有,且在王某皓婚后,王某军和李某欣二人并未对遗嘱进行修订,故而遗嘱并没有排除袁某丽的权利。该房产应作为夫妻共同财产予以分割。案件庭审过程中,经法院委托鉴定机构进行鉴定,安贞小区房产目前市值为940万元左右。最终,法院判决准予王某皓和袁某丽离婚,并判决安贞小区房产归王某皓所有,王某皓补偿袁某丽房屋价值的一半即470万元。

## 律师分析

### (一) 案例中,立遗嘱传承房产,最终事与愿违的原因是什么?

案例中,王某军和李某欣二老的财富传承意愿明确,就是将安贞小区房产定向传给儿子王某皓,而且选择了遗嘱传承方式,排除了女儿王某鑫的继承权,并对遗嘱进行了公证。能够选择公证遗嘱的传承方式,说明王某军和李某欣二老具有定向传承的法律意识,在王某皓未婚的情况下,安贞小区房产应由王某皓个人继承,并作为其专有财产。

但是两位老人忽视了一点,遗嘱在遗嘱人死亡时才发生法律效力。也就是说,遗嘱订立时,并未实际发生法律效力。本案中,遗嘱订立时间为2014年1月,但是遗嘱的生效时间为2017年,即王某军和李某欣两位遗嘱人死亡时。而在遗嘱生效时或者说继承开始时,往往时过境迁。

《民法典》第1062条规定,夫妻在婚姻关系存续期间继承所得的财产,属于夫妻的共同财产。本案中,遗嘱生效时,王某皓已经与袁某丽结婚,遗嘱中应由王某皓继承的财产,可能会成为王某皓与袁某丽的夫妻共同财产。两位老人未意识到这一点,未能在生前对遗嘱进行完善和变更,是导致安贞小区房产未能按照二老的意愿传承给王某皓一人所有的原因之一。

### (二) 遗嘱作为财富传承工具的弊端

1. 遗嘱存在无效风险

实践中,在法院所受理的遗嘱继承纠纷案件中,很多遗嘱被法院认定为无效。鉴于遗嘱需要具备严格的法定形式要件,不建议有财富传承需求的人自行订立遗嘱。对于家庭关系复杂、财富达到一定量级的富裕阶层,可以委托专业律师量身定制遗嘱内容,再进行公证,以全面实现财富所有人的传承意愿。

2. 遗嘱可能面临财产分配不利的一方不认可遗嘱真实性甚至篡改遗嘱的风险

被继承人去世后,如果有其他继承人对遗嘱的真实性不认可,则此时遗嘱的真伪难辨，很难达到精准定向传承的目的，同时也不能避免继承人之间"打继承官司"的风险。

在涉及遗产纠纷诉讼中，持有遗嘱的一方需要对遗嘱真实性进行举证，如其他继承人不认可遗嘱的真实性，就涉及遗嘱真实性的鉴定问题。但立遗嘱人在不同时期尤其是在患有某种疾病的情况下，字体可能改变，再加上立遗嘱时，同一时期检材不足的问题，在实务中已经出现大量的鉴定机构回复法院无法鉴定遗嘱真伪的情况。

3. 立遗嘱人不能依据客观情况的变化而适时修订遗嘱的风险

立遗嘱可以是动态的，而非一成不变的。遗嘱是于遗嘱人去世时才生效的民事法律行为，而遗嘱生效时，往往物是人非。因此，遗嘱订立后，需要适时检查，看是否发生影响遗嘱效力的新情况。一旦客观情况发生变化，立遗嘱人应当及时对之前所立的遗嘱进行变更或撤回，否则无法保证财产定向传承，从而旁落他人。

4. 遗嘱丢失的风险

如遗嘱由被继承人自行保管，若被继承人突发意外，这份遗嘱有可能不会被人发现，或者在被继承人保管过程中丢失，最终同样无法达到财富传承的目的。

5. 即使订立遗嘱也无法逃避被继承人生前所负的债务以及遗产税

《民法典》第1161条第1款规定："继承人以所得遗产实际价值为限清偿被继承人依法应当缴纳的税款和债务。超过遗产实际价值部分，继承人自愿偿还的不在此限。"由此可见，订立遗嘱并不能避免偿还被继承人生前所负债务和缴纳遗产税的风险。

而以人身保险作为财富传承的工具，如果在保险合同中指定了受益人，则被保险人去世后取得的身故保险金属于受益人的财产而非被保险人的遗产。由于身故保险金不属于被保险人的遗产，因此受益人在收到身故保险金后不需要偿还被保险人生前所负的债务，且如果将来征收遗产税，还可以规避遗产税。

（三）如果以人身保险作为财富传承工具，能否克服遗嘱存在的弊端？

经过改革开放40多年的发展，尤其是加入WTO之后，中国发生了翻天覆地的变化，GDP总量已经跃居世界第二位，私人财富也出现了海量增长。2022年11月，胡润百富、中信保诚人寿联合发布了《2022中国高净值人群家族传承报告》，数据显示，拥有1000万元人民币家庭净资产的"高净值家庭"数量达到206万户；拥有亿元人民币家庭净资产的"超高净值家庭"数量达到13万户。

调研发现,97%的高净值人群会考虑家族传承事宜。① 2022 年 1 月,招商信诺人寿保险有限公司与胡润百富共同发布《2021 中国高净值人群健康投资白皮书》,数据显示,在财富传承的方式中,购买保险是首选,有 53.4%的参调者表示,在选择财富传承方式时,他们会购买保险,比如养老险、对接信托的传承类保险等。②

人身保险在财富传承中,与遗嘱继承相比,具有以下优势:

1. 杠杆增值

寿险产品,尤其是纯寿险,会带有杠杆比例,也就是说,保额是保险费的若干倍,而且投保年龄越年轻,杠杆比例越高。例如,某女士年龄 25 周岁,作为投保人和被保险人,投保某保险公司的终身寿险,每年支付保险费 27.5 万元,交费期 20 年,某女士将来去世的话,身故受益人可以获得 999 万元保险金。

2. 履行便捷

如果采用遗嘱继承的方式继承分配遗产,立遗嘱人去世后,若其他继承人对遗嘱的真实性不认可,各继承人很有可能要对簿公堂,而诉讼过程短则几个月,长则几年,耗时耗力。如果采用人身保险的方式进行财富传承,被保险人在保险合同中可以指定自己心仪的继承人作为受益人。当被保险人去世后,保险公司会依据保险合同约定直接向受益人赔付保险金,无须继承人一致同意,所需要提供的资料也明显少于遗嘱继承,实现财富传承更为便捷。

3. 成本更低

即使现在遗产税尚未开征,遗产继承中各项费用也不可忽略,主要包括拟定遗嘱的律师费、遗嘱的公证费、继承权的公证费、遗嘱的执行费等,这些还只是直接成本。而通过人身保险进行财富传承,受益人领取身故保险金的时候基本没有费用。即使在未来开征遗产税的情况下,受益人也无须缴纳遗产税。

4. 保密性高

前文多次提到了,如果采用遗嘱继承的方式,则立遗嘱人去世后,继承人之间很有可能会同室操戈。而通过人身保险进行财富传承,保险公司给付身故金,只会通知受益人或者其监护人,其他继承人可能根本就不知道这件事儿,保密性高且减少了财富传承可能引发的争端。

---

① 《胡润报告:中国千万资产家庭达 206 万户、超亿元 13 万户》,载新浪网,https://t.cj.sina.com.cn/articles/view/1659643027/62ec2493020018rlm? finpagefr=p_ 104。

② 《招商信诺携手胡润发布〈2021 中国高净值人群健康投资白皮书〉》,载网易网,http://shenzhen.news.163.com/22/0112/09/GTGKEQEP04178D6R.html。

5. 适用人群范围广泛

现在市面上的人身保险产品纷繁复杂，种类多样，保险费可以是几百元，也可以是几亿元。因此，人身保险不仅适合高净值人士，也适合普通大众。

### （四）保险可与其他财富传承工具强强联合

保险作为财富传承工具有上述优点，如结合其他财富传承工具，充分发挥各自的优点，强强联合，可以更好地达到财富传承的目的。

1. 人身保险与信托的结合

信托被称作"从坟墓里伸出来的手"，通俗来讲就是指委托人可以在去世后继续按照其生前意愿操控信托资产的安排，使财富能够代代相传。但实务操作中，家族信托大多数是千万元起步，普通人只能望而却步。

而人身保险产品种类丰富，投保人可根据自身经济实力选择保险费。人身保险与家族信托相结合使用，融合了保险与家族信托的优点，既降低了财富传承的门槛，也可以实现家族信托的定制化功能，比如防止子女挥霍等。有关保险金信托的相关内容，可参见本章第五节，在此不再赘述。

2. 人身保险与其他传承工具的结合

本书第一章第十节详细介绍了人身保险与赠与、遗嘱等传承工具灵活结合的内容，在此不再赘述。

## 二、人身保险的配置

**典型案例**：职场新人如何选择适合自己的保险？

张某萍毕业于北京科技大学，在某律师事务所担任行政人员。张某萍长相甜美可爱，工作勤奋上进，深受领导赏识，但由于平时交际圈子比较窄所以至今未婚。张某萍每月的工资收入为8000元，律所为其缴纳五险一金，除去日常的花销，张某萍每年存款3万—4万元。

张某萍所在的律所每年都会组织一次体检，在今年的体检结果出来后，张某萍发现所里有两位年轻的律师被查出来"甲状腺结节"，其中一位还是张某萍的好闺蜜。这可把张某萍吓了一跳，有段时间张某萍经常在网上搜索"甲状腺结节会变成甲状腺癌吗？""甲状腺结节对身体有什么影响吗，需要怎么治疗？"等问题。经过这次体检，张某萍意识到，应该给自己配置点人身保险为自己的未来增添一份保障，但考虑到自己的收入情况，张某萍又不想保险费占用自己太多的工资收入。

一次下午茶的时间，张某萍专门咨询了本所财富传承部主任王律师，希望王律师能够根据自己的实际情况，给自己配置一下人身保险。王律师认为：首先，考虑到张某萍属于内勤人员，职业风险不高，平时上班两点一线，建议其可以为自己购买一份20万元左右的意外伤害保险。其次，张某萍可以为自己购买一份重大疾病险，主要是为了应对发生重大疾病时导致的收入减少及康复费用支出等，保障额度可以选择在60万元左右，同时，搭配一份包含住院责任的中端医疗险。最后，考虑到张某萍现在每月都有固定的房租、生活等费用支出，且步入社会的时间也不长，手头现在没有太多的积蓄，建议其暂时先不要考虑养老保障，等将来成家立业后再进行规划也完全来得及。

听了王律师的意见后，张某萍开始联系自己认识的保险代理人，并在某保险公司分别购买了一份意外伤害险及重大疾病保险及中端医疗险。

## 律师分析

### （一）家庭理财四大账户理论

本书第一章介绍了人身保险的分类。可以看到，人身保险产品种类繁多，而且客户的具体情况千差万别，想要合理配置保险，首先要深入了解保险产品，再结合个人或者家庭的具体情况进行配置。

家庭理财四大账户理论可以为保险配置提供参考，也适合大多数普通家庭。这个理论将家庭保险需求分为四个账户，分别是：家庭收入保障账户、家庭健康保障账户、家庭年金保障账户和家庭投资理财账户。

1. 家庭收入保障账户

家庭收入保障账户，主要是给家庭经济支柱建立的，对全职主妇家庭尤其重要，以防止负责养家糊口的家庭经济支柱出现意外的情况下，家庭在经济上难以维系。由于此类风险概率较低，所以相应的保险费也比较低，杠杆则很高。对应的产品包括意外险和寿险，尤其是定期寿险，不失为最适合此类保障的产品之一。以某定期寿险为例，30周岁男性，交费和保障期间均为30年，保额为100万元，每年保险费仅为2100元。

2. 家庭健康保障账户

家庭健康保障账户，覆盖的范围则更加广泛，根据业内公认的数据，人的一生中罹患重疾的概率为72%，所以这个账户适合几乎所有人。对应的产品主要有重疾险和医疗险。

其中重疾险属于给付型，即凭达到一定条件的诊断证明或者在采取特定治疗手段的条件下，保险公司进行理赔，主要用于对冲重大疾病而产生的间接成本。市面上的重疾险产品五花八门，保障的重疾种类从几年前的50种左右，几乎增加到了上百种，重疾赔付次数从一次增加到了多次，很多产品轻症赔付次数也增加到了6次以上。在选择产品时，需要注意的是，并不是种类和次数越多越好。研究一下各大保险公司的理赔报告就会看出，癌症、心脏病、脑血管病这三类重疾几乎已经占到了理赔总数量的90%。相比之下，基本保额则重要得多。重疾险还可分为储蓄型产品和消费型产品，有条件的话，尽量选择储蓄型产品。由于重疾险中被保险人年龄越大保险费越贵，而且随着年龄增长，免体验额度也在不断降低，所以重疾险要尽早配置。在经济条件允许的情况下，当然额度越高越好。国内有过600万元的重疾险赔付案例（非身故）。

医疗险大体上可以分为中端医疗和高端医疗两类。两者最大的区别就是高端医疗覆盖了公立医院国际部、特需部以及私立医院。高端医疗险会有直付医院列表，去列表中的医院就医，则可以享受医院与保险公司直接结算的服务，无须客户先垫付再报销，非常方便。高端医疗险甚至还可以选择海外就医服务，有些保险公司会为高端客户提供完善的海外就医服务，最大限度提高客户就医效率和便捷性。

医疗险也可以按照是否包含门诊责任划分，包含门诊责任的医疗险，会比只包含住院责任的产品价格高出许多。值得一提的是，只包含住院责任的高端医疗险，价格一般在每年几千元，保额则可以达到几百万元，还可以享受公立医院国际部、特需部以及私立医院的服务，性价比非常高。

许多家庭在孩子出生后会给孩子购买健康险等保险产品，因为孩子的年龄占据巨大优势，同样的产品，成人的保额要比小孩高几倍。其实，保险配置的正确顺序应该是优先家庭经济支柱，只给孩子买保险，而大人却不配置，是一个常见的误区。

3. 家庭年金保障账户

家庭年金保障账户的主要目的是解决家庭未来教育金和养老金现金流问题。我国养老金替代率已经从2000年的70%降至2020年的41.3%，而根据国际劳工组织发布的《社会保障最低标准公约》，55%是养老金替代率的警戒线，低于此水平的退休后生活质量将显著下降。①

老年人在退休后身体各项机能衰弱,单靠退休金很难满足正常的养老需求,所以需要个人提早准备大额养老金,因为未来的养老花费会是一笔大额支出。养老金与其他支出的一个重大区别就是,在人们退休失去固定收入后,还要负担养老生活的支出,而且谁也无法预测自己养老金的支出时间。

商业养老险产品有固定的交费年限,被保险人自己设置一个开始领取年龄,开始领取后,就有了与生命等长的现金流,所以与其他养老金的来源相比,商业养老险是最靠谱的一种养老现金流解决方案。活多久领多久的特点,也会在很大程度上降低养老时面对的内心焦虑。为了防止开始领取后,所交保险费少于所领养老金,商业养老险一般会设置一个最低领取年限,例如20年,如果被保险人70周岁开始领取养老金,80周岁身故,则保险公司将会继续给身故受益人支付10年的养老金。此外,有些大型保险公司还有高端养老社区服务,在客户保险费满足一定标准时,赠送养老社区入住资格。高端养老社区会提供完善的生活服务,比如游泳馆、SPA、超市、餐厅、销售大厅、健身房、康复运动馆、老年大学、图书馆等丰富多样的设施。有条件的客户可以考虑保险公司的高端养老社区服务。

4. 家庭投资理财账户

家庭投资理财账户,主要用于解决资产长期保值增值的问题,可以采用的工具有很多,比如股票、基金、期货等,通常也是人们最感兴趣的领域。在这个象限对应的保险产品主要有万能险和投连险。万能险实际上非常类似于活期账户,一般每月公布结算利率,可以用保险单贷款功能实现灵活的资金出入,而且万能险还有收益保底条款,很多万能险产品的保底收益为每年2.5%,在银行利率逐渐下行的大趋势下,保底收益2.5%且具有高度流动性和安全性的产品,吸引力将会越来越大。

人们一般认为保险是防御性的金融工具,收益比较低,而投连险则是个例外。投连险于1999年被引入中国市场,它其实非常类似于基金,不承诺保底收益,客户可以在几个从激进到稳健的子账户之间进行资金配置。在市场行情好的时候,投连险投资回报率也会很高。而且与其他非保险类金融产品相区别的是,无论是万能险或是投连险,都具有保险属性,会有保险保障责任(一般是

---

① 陈玉琪:《养老金替代率20年下降30%,退休后生活水平谁来保障?》,载中国经营网,http://www.cb.com.cn/index/show/wzjx/cv/cv13410911581。

身故责任)。所以,这类保险在财富传承中也具有相当独特的优势。

### (二) 家庭生命周期理论进行保险配置

就一个普通家庭来讲,一般都会经历以下周期:一对新人结婚登记到生育子女(筑巢期),子女出生到完成学业(满巢期),子女完成学业到夫妻双方均退休(离巢期),夫妻二人均退休到最后一人过世(空巢期)。其实,在组建家庭之前,单身人士也需要保险配置,单身期和家庭生命周期的各个阶段,都有不同的保险配置需求及配置方案。

1. 单身期

单身期是指客户参加工作到登记结婚前的这段时间。这段时间内,由于刚刚步入社会不久,消费支出占总收入的比例较大,故客户手头并没有太多积蓄,但也没有太多的家庭负担,基本处于"一人吃饱全家不愁"的状态。

单身期的客户通常是职场新人,年纪较小、身体健康状况较好。但现代年轻人工作压力大,尤其在北上广地区很多年轻人都有长期加班的工作习惯,大病发病有逐渐年轻化的趋势且费用高昂。因此,建议单身期的客户可以为自己配置意外伤害险、重疾险、医疗险及定期寿险。重疾险尤其可以选择消费型产品,这类产品的保险费较低,并不会加重客户的经济负担,一旦发生保险事故,则可以获得一大笔保险金,保障自己的生活水平不会骤然下跌。

2. 筑巢期

筑巢期是指夫妻双方办理结婚登记到子女出生的这段时间,客户年龄在25—35周岁居多。在这段时间内,夫妻二人比较年轻,正处于家庭与事业的新起点,但由于夫妻双方刚刚组建家庭,前期家庭收入并不稳定,随着时间的推移,消费支出逐渐稳定。

现实中,很多年轻人结婚后都会购买房产、车辆,并背负房贷、车贷等贷款。目前大部分家庭都是双职工的收入状态,贷款需要家庭收入来进行偿还,如有一方出现意外或者重大疾病,都会给家庭带来不小的冲击。因此,在这个阶段建议选择高杠杆的定期寿险、意外险、重疾险、医疗险,保险金额高于房贷、车贷等负债金额并足够满足家庭成员5—10年的生活开支,目的在于即便一方发生意外、疾病或者去世后,配偶的生活也能够得到保障。

3. 满巢期

满巢期是指家庭中的第一个子女出生到子女完成学业的这段时间,客户年龄一般在35—55周岁居多。在这个时间段,家庭迎来了新的成员,夫妻双方的收入水平稳步提升，但子女出生后，父母开始考虑子女的教育问题，教育成本占据家庭的收入比例将会大大增加。

人的健康状况随着时间的推移也会逐步下降，尤其是40周岁以后，健康风险增大，因此，在此阶段可以投保医疗险及终身保障型的重疾险，而对于定期寿险和意外伤害保险，在保险额度上进行适当调整。在给大人配置完保险后，还可以在孩子幼年期间，给孩子配置少儿重疾险、意外险、医疗险，同时考虑到子女将来教育成本的增加，可以为子女购买教育年金保险，为孩子的教育提供经济保障。

如果家庭的资金比较充裕，还可以考虑投保高端医疗险及理财型保险，例如，万能险和投连险等，以实现资产的保值增值。

部分客户在此阶段也开始考虑财富传承，故在此阶段，可以增加在年金保险、终身寿险上的投入。

4. 离巢期

离巢期是指子女完成学业到父母退休的这段时间，客户的年龄一般在55—65周岁。这个阶段，随着子女的独立，家庭支出将会降低，同时由于之前的积累，事业发展和家庭收入均达到巅峰。

但客户患病风险较之前进一步增高，对于保险的需求的重点为养老和老年医疗、护理。因此，在此阶段建议配置医疗险、养老年金保险和护理险。此外，考虑到财富传承，客户也可以增加在年金保险、终身寿险上的投入。

5. 空巢期

空巢期主要是指夫妻双方均退休到最后一人过世的这段时间。客户的年龄一般在65—85周岁居多。在这个阶段，客户基本没有工资收入，资金来源主要依靠养老金及自己之前积累的财富及子女的支持。这个阶段，客户对养老保障及健康保障的需求很大，但很多保险公司都会拒绝承保健康保险。

## 第八节　人身保险合同中暗含的道德风险

### 一、保险合同中被保险人自杀的道德风险

**典型案例一**：保险合同成立未满两年，被保险人自杀，保险公司应赔付保险金吗？

何某兴与王某华系夫妻关系，2019年12月17日，王某华以投保人身份为丈夫何某兴（被保险人）在某保险公司购买了守护专享意外伤害保险。2020年10月8日23时左右，何某兴在电信机房进行检修，不幸从机房四楼坠落至一楼，因抢救无效于当晚23时28分死亡。

王某华在丈夫去世后，便到保险公司办理保险理赔事宜，而保险公司拒绝赔付，要求合同终止并返还保险单现金价值。王某华起诉，要求保险公司依照人身保险合同约定向王某华支付理赔款200万元。

法院经审理查明，被保险人所填职业为内勤人员。投保事项为守护专享意外伤害保险。保险免责条款约定：被保险人自本合同成立或合同效力恢复之日起2年内自杀，但被保险人自杀时为无民事行为能力人的除外。

2020年10月8日23点，被保险人何某兴因高处坠伤被送往医院经抢救无效死亡。2020年10月9日，派出所制作《接（报）处警登记表》，载明：2020年10月8日21时15分接市局110，21时19分到达现场，并与报警人取得联系，详细了解事件情况：当天下午何某兴告诉家人要去公司排除故障，晚饭时间其家人一直联系不上何某兴，随后于当晚21时许发现何某兴坐在电信公司机房四楼楼顶，准备跳楼。22时40分，王某华在与何某兴近距离交谈时，何某兴突然跳楼，救援人员虽极力劝阻，但何某兴还是从四楼楼顶跳下，120当即将其送往医院抢救，因为伤势过重，于当晚23时许宣布死亡。

派出所随后因何某兴坠亡事件对王某华和何某兴女儿进行询问，并制作询问笔录，两人描述了目睹何某兴跳楼的经过。

**裁判要点**

被保险人系自杀身亡，不符合赔付条件，故原告的诉请法院不予支持。

**典型案例二**：被保险人在无民事行为能力时自杀，保险公司应赔付保险金吗？

赵某铭与高某彤系夫妻，婚后育有二子赵某林与赵某乐。2012年5月8日，经保险公司销售人员王某介绍，高某彤与人寿保险有限公司签订《保险合同》，合同生效日期：2012年5月9日，投保人：高某彤，被保险人：高某彤，交费方式：年交，交费日期：每年5月9日，险种名称：国寿福满一生两全保险（分红型），保险金额：6058.16元，保险期限：32年，标准保险费：3000元；国寿长久呵护意外伤害费用补偿医疗，保险金额：3000元，保险期限：1年，标准保险费：18元。

2013年1月，赵某铭患脑梗，使这个贫寒的家庭雪上加霜，一家的顶梁柱从此倒下，家庭一切重担均落在高某彤身上。因家庭经济的拮据和生活的困难，高某彤各方面压力过大，造成精神失常，经常在街上乱跑，寻死觅活。2月13日，高某彤的家人带其到诊所检查，诊断证明记载："高某彤患神经症，表现为：神情淡漠，反应迟钝，少言语塞，病情严重，建议去洛阳市第五人民医院诊治，以防病情变化延伸。"2月15日，孟津县中医院临床诊断为：心肾亏、失眠，并开具药物；3月2日，临床诊断为癔病，并开具药物。4月24日，高某彤上吊自杀，经医院抢救无效死亡。

高某彤死亡后，由于外债累累，赵某铭及其子要求保险公司按《保险合同》进行理赔。2014年3月11日，保险公司向赵某铭发出《拒绝给付保险金通知书》，保险公司认为：被保险人高某彤在合同生效之日起二年内自杀，属于合同约定的责任免除范围，根据保险合同及相关法律规定，合同终止，并返还保险单现金价值。

因保险公司拒绝理赔，赵某铭及其子向法院起诉，要求保险公司按照国寿福满一生两全保险利益条款，赔偿原告15,116.32元，并提交证据材料证明高某彤的死因是高某彤患有精神疾病，属于无民事行为能力人，其死亡结果应依据合同约定由被告进行赔偿。

保险公司辩称，高某彤投保情况属实，投保时我公司业务员已向投保人讲解保险条款、责任免除条款等相关内容，高某彤2013年4月上吊死亡，属于自杀行为，原告并未向我公司提供高某彤患有精神疾病的证据，根据《保险合同》第6条、责任免除条款第3项明确约定因被保险人在本合同成立或合同效力恢复之日起，两年内自杀，但被保险人自杀时为无民事行为能力的除外，我公司不承担给付保险金的责任，本合同终止，我公司只退还本合同的现金价值。因此我公司不应支付原告保险金。

法院最终判决：被告保险公司给付原告保险金15,080.32元。

## 裁判要点

原告方提供的证据能够充分证实高某彤在自杀前已无民事行为能力，属于无民事行为能力人，因此保险公司应当按照保险合同的约定进行理赔。

**典型案例三**：保险合同成立已满两年，被保险人自杀，保险公司应赔付保险金吗？

2016年9月29日，刘某玲向某人寿保险投保并签订保险合同，约定投保人刘某玲为被保险人丁某洋投保泰康全能保（2015）保障计划，包括泰康全能保C款两全保险和泰康附加全能保C款重大疾病保险，保险金额为10万元，保险期间至被保险人年满80周岁时所在保险单年度结束时止，交费期间为20年，保险合同成立日为2016年9月29日，生效日为2016年9月30日，身故保险金受益人为刘某玲。

2021年2月24日，丁某洋在利川市旁空地上的一辆车内死亡。死亡鉴定原因为一氧化碳中毒。4月8日，保险公司作出《理赔决定通知书》，向保险金受益人刘某玲通过银行转账支付了保险金10万元。刘某玲要求保险公司按照意外赔付20万元，被保险公司拒绝。刘某玲向法院起诉要求保险公司再赔付10万元。

一审法院经审理查明，公安局现场提取了丁某洋手机，手机内显示了现场炭火的照片及文字内容，内容载明："丁某洋，男，1991年生，30岁，已婚，老婆很爱我，孩子很黏我，父母很宠我，亲人喜欢我，朋友们也很信任我，我本来拥有这世间所有的美好，大学毕业后做过很多事情，可没有哪件事情能坚持很久，吃了点苦受了点累就觉得尝尽了世间百态，想自己出来创业，父母借了10万元在武汉注册了公司。那时候自己什么都不懂，觉得是个老板就很了不起，经营不善最终从武汉回到利川，想重新开始，开养殖场，重新注册公司，工程上挣了点钱就开始飘了，花钱大手大脚，从不想后果，1997年大雪，养殖场被雪压塌，损失殆尽，那个时候我开始变成了严重的毒瘤，开始祸害起那些关心我、信任我、爱我的人。在损失巨大的时候不是想着怎么开源节流，也没有想着怎么善后，心里想着的是以前的生活。"

公安局司法鉴定中心于 2021 年 3 月 15 日出具《关于丁某洋的死亡原因分析》显示，现就丁某洋的死因作出如下说明：现场车窗紧闭，车窗完好无损，车内无打斗痕迹。死者衣着整齐，尸表检验未发现有机械性损伤。抽取心血送恩施州公安局司法鉴定中心行毒化鉴定，并出具检验报告显示：送检的死者丁某洋心血中检出碳氧血红蛋白，其饱和度为 68.2%。其血氧饱和度已达中毒致死量。结合现场调查、走访、尸表检验及毒物分析，排除系刑事案件可能，其死者丁某洋死亡原因系一氧化碳中毒。

一审法院认为，从公安局司法鉴定中心出具的《关于丁某洋的死亡原因分析》来看，死者丁某洋生前意识清醒，能够将车内炭火拍摄照片存储于自己手机内，并在其手机内写下生前的生活及思想状态等情况，死者丁某洋应该知道在车内放置炭火、紧闭车窗导致的后果。丁某洋的死亡，已经公安机关排除刑事案件的可能性，原告提供的现有证据不足以证明炭火系外来的，非死者本意的情况下置于紧闭车窗的车内，故案涉保险事故并不属于保险合同约定的一般意外身故的情形。所以驳回了原告的诉讼请求。刘某玲上诉。

二审法院判决：驳回上诉，维持原判。

## 裁判要点

根据证据可认定，被保险人系自杀，合同成立已超过两年，保险人应赔付基本保额，而自杀不属于合同中的意外身故情形，所以不应按照意外身故赔偿两倍保额。

## 律师分析

### （一）《保险法》及相关司法解释中的"自杀"条款

《保险法》第 44 条明确规定："以被保险人死亡为给付保险金条件的合同，自合同成立或者合同效力恢复之日起二年内，被保险人自杀的，保险人不承担给付保险金的责任，但被保险人自杀时为无民事行为能力人的除外。保险人依照前款规定不承担给付保险金责任的，应当按照合同约定退还保险单的现金价值。"即自合同成立或者合同效力恢复之日起两年内，被保险人自杀的，保险人不承担赔付保险金责任。若被保险人自杀时为无民事行为能力人，不论保险合同成立或生效多久，保险公司均应承担赔付保险金责任。

司法实践中，被保险人自杀案件的焦点问题为被保险人死亡原因的举证责任。根据"谁主张，谁举证"的举证原则，《保险法司法解释（三）》第 21 条规定："保险人以被保险人自杀为由拒绝承担给付保险金责任的，由保险人承担举证责任。受益人或者被保险人的继承人以被保险人自杀时无民事行为能力为由抗辩的，由其承担举证责任。"

（二）如何界定"自杀"？

被保险人"自杀"，严格意义上是指被保险人在具有完全民事行为能力的情况下，主观上能够认识到自杀的后果并欲追求死亡结果的发生，即被保险人必须有自由意志，自主决定选择死亡，客观上支配着直接导致自己死亡的行为，并最终造成死亡的结果。

最高人民法院在 2002 年 3 月 6 日回复江西省高院《关于如何理解〈中华人民共和国保险法〉第六十五条"自杀"含义的请示的答复》中提到，本案被保险人在投保后两年内因患精神病，在不能控制自己行为的情况下溺水身亡，不属于主动剥夺自己生命的行为，亦不具有骗取保险金的目的，故保险人应按合同约定承担保险责任。

依据《民法典》第 20 条、第 21 条的规定，不满 8 周岁的未成年人、不能辨认自己行为的成年人及 8 周岁以上不能辨认自己行为的未成年人，为无民事行为能力人。如果被保险人自杀时为无民事行为能力人，就不构成自杀。

（三）为何被保险人在订立保险合同两年内自杀属于保险人的免责条款？

关于被保险人自杀的赔付，是一个学理中存在争议的问题，共有三种不同意见：免责说、不免责说和部分免责说。由于设置一定时间期限的部分免责说平衡了保险人与受益人的利益，而根据心理学研究，人的自杀意图很难持续超过两年，所以各国保险法一般都采纳了部分免责说观点，设定了两年的自杀免责期间。

《保险法》第 44 条中，"两年内自杀"属于保险人的免责条款。须注意：此处的"自杀"系具有完全民事行为能力人的自杀，排除被保险人自杀时为无民事行为能力人的情形。

（四）两年内自杀条款在实务中的理解与适用

如果被保险人自保险合同成立或者保险合同效力恢复之日起两年内自杀，受益人与保险人就被保险人自杀时是否具有民事行为能力有争议时，受益人与保险人均需承担举证责任。

以上案例中，以被保险人死亡为给付保险金条件的保险，只要不是保险合同中明确规定的除外风险所导致的被保险人死亡,保险人对于被保险人死亡均负有保险金给付责任。

典型案例一中,根据派出所的《接(报)处警登记表》可以证明,被保险人何某兴死亡的原因是跳楼。何某兴属于完全民事行为能力人,其完全能够意识到跳楼后的结果,且保险合同成立未超过两年,依据保险合同中关于被保险人自杀的免责条款的约定,保险公司不需要承担赔付保险金责任,但应当按照合同约定退还保险单的现金价值。

典型案例二中,被保险人高某彤死亡的原因为上吊,但被保险人高某彤在自杀前已经处于精神失常的状态,且医院的诊断证明也记载被保险人患有神经症,法院经审理后认为目前现有的证据能够充分证实被保险人高某彤死亡时系无民事行为能力人,其死亡不能够认定为自杀,故保险公司应予赔付保险金。

典型案例三中,根据公安局司法鉴定中心出具的《关于丁某洋的死亡原因分析》可以看出,被保险人的死亡原因为一氧化碳中毒。通过丁某洋生前的手机内容也可以看出,丁某洋在对外负债的情况下,想要选择自杀的方式结束自己的生命。由于丁某洋生前为完全民事行为能力人,其完全能够意识到自己吸入一氧化碳的后果,属于自杀。由于保险合同成立已经超过两年,所以保险公司需要承担保险责任赔付基本保额,但由于丁某洋吸入一氧化碳自杀并不属于意外身故的情况,所以保险公司不应按照意外身故赔偿两倍保额。

## 二、投保人故意造成被保险人死亡、伤残、疾病的道德风险

**典型案例**:投保人故意造成被保险人死亡,保险人不承担给付保险金的责任,且对此无说明义务

袁某三、李某淑系夫妻,生育女儿袁小某。2013年7月30日,袁某三向保险公司投保智胜人生终身寿险(万能型),与保险公司签订《智胜人生终身寿险》(保险合同编号P09000××××9586),交纳保险费4170元。该合同主要内容为:(1)投保人袁某三,被保险人李某淑,生存保险金受益人李某淑,身故保险金受益人袁小某。(2)保险期间终身;基本保险金额150,000元。签订保险合同的经办人系该营销部职员袁某霞。

2014年2月3日,袁某三同李某淑因日常婚姻生活发生纠纷而激情杀死庞某秀、李某淑母女后纵火焚尸。当日,袁某三亦畏罪自杀。

3月18日,袁小某向保险公司申请保险理赔。3月28日,保险公司经审核

后认为，双方签订的《智胜人生终身寿险》合同条款约定的责任免除事项之第1款约定，投保人对被保险人故意杀害、故意伤害，保险公司不承担给付保险金的责任。被保险人本次事故属于该条款规定的免赔事由。故保险公司于3月28日作出《理赔决定通知书》，决定对《智胜人生终身寿险》退还1787.37元。

袁小某不服该决定，于2014年4月1日提起诉讼，请求判决保险公司支付保险金21万元，从2014年3月18日起按银行同期贷款基准利率支付迟延履行违约金直至付清全部保险金之日止，赔偿律师代理费12,000元并承担本案诉讼费用。

一审法院认为：袁某三生前同保险公司签订的人身保险合同依法成立并生效，现被保险人李某淑意外身故，袁小某作为指定保险金受益人，有权申请保险理赔。被保险人李某淑身故系投保人故意杀害所致，保险合同约定该情形保险人不予赔偿。基于前述理由，一审法院遂依照《保险法》第43条之规定，判决驳回袁小某的诉讼请求。袁小某不服一审法院的上述判决，以保险公司未尽到法定提示义务为由依法提起上诉。

二审法院认为：本案中的免责情形为《保险法》第43条所明文规定，保险人对此无须说明。袁小某以保险公司未履行明确说明义务为由主张法定免责条款无效与法相悖，其理由不能成立。二审判决如下：驳回上诉，维持原判。

## 裁判要点

《保险法》第43条第1款规定："投保人故意造成被保险人死亡、伤残或者疾病的，保险人不承担给付保险金的责任。投保人已交足二年以上保险费的，保险人应当按照合同约定向其他权利人退还保险单的现金价值。"该规定系保险人不承担保险责任的法定免责条款，只要投保人有上述情形，保险公司就不承担给付保险金的责任。

## 律师分析

**（一）投保人故意造成被保险人死亡的情形下，保险人是否应当赔偿保险金？**

《保险法》第43条规定只要存在投保人故意造成被保险人死亡、伤残或者疾病的情形，保险人就不承担给付保险金的责任。即从法律条款上防范人性之恶，投保人投保目的不能按照善良的原则来推定。

现实中有大量的投保人为了千万保额的身故保险金，不惜铤而走险，既葬送了被保险人的性命,也亲手把自己送入了牢笼。2018年10月27日泰国普吉岛杀妻案就是典型的杀妻骗保案。故无须区分投保人是否以骗保为目的,只要存在投保人故意造成被保险人死亡、伤残或者疾病的情形,保险人依法享有法定豁免权。

需要注意:《保险法》第43条第1款规定的投保人行为系"故意",不是"过失";若投保人过失造成被保险人死亡、伤残或者疾病的,保险公司不免除赔付保险金责任。

《保险法》第43条第1款并不区分投保人是否为受益人或受益人之一的情形,只要投保人具有故意造成被保险人死亡、伤残或者疾病的情形,保险公司就具有法定免赔权。投保人已交足两年以上保险费的,保险公司应当按照合同约定向其他权利人退还保险单的现金价值。依据《保险法》第43条第2款的规定,这种情况下,如果投保人同时系受益人或受益人之一,那么投保人将丧失受益权。保险公司退还的现金价值,投保人无权参与分配。

如果投保人同时是被保险人,依据《保险法》第44条第1款的规定,以被保险人死亡为给付保险金条件的合同,自合同成立或者合同效力恢复之日起两年内,被保险人自杀的,保险人不承担给付保险金的责任,但被保险人自杀时为无民事行为能力人的除外。保险人依照该规定不承担给付保险金责任的,应当按照合同约定退还保险单的现金价值。

因此,不论投保人系被保险人还是受益人,投保人故意造成被保险人死亡、伤残或者疾病的,保险公司都不承担赔付保险金责任;投保人已交足两年以上保险费的,保险公司应当按照合同约定向其他权利人退还保险单的现金价值。投保人的故意伤害行为不但损害了被保险人的人身权利,同时也可能剥夺了被保险人与受益人对保险金的合法受益权。

(二)保险人是否需要就法定免责条款向投保人履行说明义务?

免责条款包括法定免责条款和约定免责条款。其中,法定免责条款由《保险法》直接规定,应是公众都了解的内容,因此保险人无须对此进行说明。对于约定免责条款,因其为保险人单方事先拟定,主要体现的是保险人的意志,为公平起见,保险人应对格式条款中约定的免责条款作出说明。

《保险法司法解释(二)》第10条规定:"保险人将法律、行政法规中的禁止性规定情形作为保险合同免责条款的免责事由,保险人对该条款作出提示后,投保人、被保险人或者受益人以保险人未履行明确说明义务为由主张该条款不成为合同内容的,人民法院不予支持。"该条规定的是保险人将法律、行政法规中的禁止性规定情形作为保险合同免责条款的免责事由，保险人需要履行提示义务，否则不免责。

本案中的免责情形为《保险法》第43条明文规定的保险人不承担保险责任的法定免责条款，而非法律禁止性规定。对法定免责条款，应当鼓励保险人进行提示和明确说明，但即使保险人未向投保人、被保险人提示和明确说明，保险人仍可依据法律规定拒绝承担保险责任。袁小某以保险公司未履行明确说明义务为由主张法定免责条款无效与法相悖，其理由不能成立，故法院依法判决驳回袁小某的诉讼请求。

（三）对于以被保险人死亡为给付保险金条件的人身保险合同，如何加强对被保险人的保护，以防范投保人的道德风险？

1. 投保人必须对被保险人具有保险利益，否则保险合同无效。

《保险法》第12条第1款规定："人身保险的投保人在保险合同订立时，对被保险人应当具有保险利益。"第31条第3款规定："订立合同时，投保人对被保险人不具有保险利益的，合同无效。"在订立保险合同时，保险人应主动审查投保人对被保险人是否具有保险利益，对保险合同效力进行初步审查。

2. 必须经被保险人同意并认可保险金额，否则保险合同无效，父母为其未成年子女投保的人身保险除外。

《保险法》第34条规定："以死亡为给付保险金条件的合同，未经被保险人同意并认可保险金额的，合同无效。按照以死亡为给付保险金条件的合同所签发的保险单，未经被保险人书面同意，不得转让或者质押。父母为其未成年子女投保的人身保险，不受本条第一款规定限制。"

被保险人是与投保人关系最密切之人，也只有被保险人才能作出对自己安全放心的判断。为防范投保人的道德风险，避免投保人以被保险人的生命、健康为赌注，需要被保险人对投保人为其投保的人身保险合同进行初步判断。由被保险人决定是否同意投保人为其投保以死亡为给付保险金条件的人身保险，是否认可保险金额。即被保险人对自己的人身安全负责，作出初步判断。若投保人以保险单现金价值进行质押或转让进行资金融通，也需要被保险人的同意，也是依据被保险人的智力、经验判断投保人是否具有图财害命的道德风险，防范投保人在高额保险金诱惑之下实施不利于被保险人的行为。

（四）被保险人可以在订立保险合同时作出同意的意思表示，也可以在合同订立之后追认

《保险法司法解释（三）》第1条第1款规定："当事人订立以死亡为给付

保险金条件的合同，根据保险法第三十四条的规定，'被保险人同意并认可保险金额'可以采取书面形式、口头形式或者其他形式；可以在合同订立时作出，也可以在合同订立后追认。"有下列情形之一的，应认定为被保险人同意投保人为其订立保险合同并认可保险金额：（1）被保险人明知他人代其签名同意而未表示异议的；（2）被保险人同意投保人指定的受益人的；（3）有证据足以认定被保险人同意投保人为其投保的其他情形。

### （五）被保险人随时可以撤销其同意的意思表示

《保险法司法解释（三）》第2条规定："被保险人以书面形式通知保险人和投保人撤销其依据保险法第三十四条第一款规定所作出的同意意思表示的，可认定为保险合同解除。"因保险合同的履行时间跨度比较长，会发生各种情况，如投保人与被保险人的身份变更等，在被保险人对投保人不再有信赖基础的情况下，为防范道德风险，被保险人可以随时以书面形式通知保险人，撤销其同意的意思表示。

### （六）法院应主动审查保险合同效力

《保险法司法解释（三）》第3条规定："人民法院审理人身保险合同纠纷案件时，应主动审查投保人订立保险合同时是否具有保险利益，以及以死亡为给付保险金条件的合同是否经过被保险人同意并认可保险金额。"

## 三、以死亡为给付保险金条件的人身保险，受益人杀害被保险人的道德风险

**典型案例**：受益人故意造成被保险人死亡的，丧失受益权，但保险公司仍然要承担给付责任

2013年2月，李某与廖某相识，并于同年3月5日登记结婚。3月9日，廖某在某保险公司购买意外险产品。该保险单保险项目为意外身故、残疾，保险金额为300万元，投保人和被保险人均为廖某，受益人为法定，后变更为廖某丈夫李某。保险生效日期为2013年3月10日，到期日为2014年3月9日。

2013年5月9日，李某指使好友周某伪造驾驶电动车溺水事故，将妻子廖某杀害。2014年12月12日，李某被最高人民法院复核核准死刑。2016年，廖某的父母及独生子要求保险公司支付保险金遭拒，遂诉至法院，请求判令保险公司支付三原告保险金300万元及相应利息。

## 裁判要点

受益人故意造成被保险人死亡、伤残、疾病的,或者故意杀害被保险人未遂的,该受益人丧失受益权,但保险公司仍然要承担给付责任。

## 律师分析

### (一) 人身保险合同中,受益人故意杀害被保险人的法律后果

《保险法》第43条第2款规定:"受益人故意造成被保险人死亡、伤残、疾病的,或者故意杀害被保险人未遂的,该受益人丧失受益权。"依据上述规定可知,受益人故意杀害被保险人的,该受益人丧失受益权,但是保险人仍应当对被保险人的其他受益人承担赔偿或者给付保险金的责任。

《保险法》第42条第1款规定:"被保险人死亡后,有下列情形之一的,保险金作为被保险人的遗产,由保险人依照《中华人民共和国继承法》的规定履行给付保险金的义务:(一)没有指定受益人,或者受益人指定不明无法确定的;(二)受益人先于被保险人死亡,没有其他受益人的;(三)受益人依法丧失受益权或者放弃受益权,没有其他受益人的。"若被保险人指定的受益人只有一人,则在该受益人丧失受益权之后,身故保险金作为被保险人的遗产由被保险人的法定继承人依法继承。本案即属于第三种情况,李某故意杀害被保险人,依法丧失受益权。因此,300万元保险金应作为廖某的遗产由廖某的法定继承人依法继承。若被保险人指定数人为受益人的,因李某丧失了受益权,由廖某指定的其他受益人依法取得身故保险金。

### (二) 如何防范受益人为高额保险金故意杀害被保险人的道德风险?

受益人是经投保人或被保险人指定成为享有保险金请求权的主体。受益人一般与被保险人具有特殊的亲情、血缘关系。在被保险人指定受益人时,充分考虑夫妻感情、父母子女亲情等关系,可以指定法定继承人为受益人或者指定多人为受益人,避免一人为受益人时为获取高额保险金而诱发道德风险。

因保险合同系典型的射幸合同,受益人在保险事故发生之前,对保险公司享有期待权。若受益人在保险事故发生之前并不知道自己为受益人,一定程度上可以避免受益人为获取高额保险金故意杀害被保险人。

为防止受益人故意杀害被保险人以获取高额保险金,可以借助保险金信托的方式,将身故保险金交给信托公司,由信托公司对保险金进行管理投资,在

被保险人身故后也能传递财富传递爱给受益人,还能够避免道德风险。

本案带给我们的启示是,作为当事人,无论何时都要尽量避免成为多份大额意外保险单的被保险人。有句话叫作:世上有两样东西不能直视,一是太阳,二是人心。对于保险公司和监管机构来说,则应建立有效的信息共享机制,在核保环节进行更加严格的把控与契约访谈,才能最大限度地避免道德风险,保护客户利益。

## 第九节 受益权转让

**典型案例**:保险事故发生后,受益人将保险金请求权转让给第三人,是否有效?

某咨询公司为其员工与某保险公司签订团体人身意外保险合同,投保人数为179人,保险期间为2014年5月1日0时至2015年4月30日24时,投保险种包括团体意外伤害保险30万元等。被保险人清单中载明的被保险人包括许某圣等公司员工,受益人为法定。

2015年1月18日,许某圣在工作时摔倒伤及左小腿,后经医院诊断为左胫骨骨折并肌腱血管断裂伤。4月20日,人力资源和社会保障局作出《认定工伤决定书》,认定许某圣上述事故伤害为工伤。2016年2月23日,劳动能力鉴定委员会作出《初次鉴定(确认)结论书》,鉴定许某圣劳动功能障碍等级为九级。

2016年3月18日,咨询公司与许某圣签订《补偿协议书》,主要约定:咨询公司一次性支付许某圣165,000元(包括停工留薪期工资、九级一次性伤残补助金、九级一次性工伤医疗补助金、九级一次性伤残就业补助金及解除劳动合同关系经济补偿金等),咨询公司在扣除许某圣受伤期间借支的45,000后,实际支付许某圣120,000元。许某圣出具《保险受益权转让声明》,主要内容为:咨询公司已向其支付165,000元,鉴于咨询公司于2014年5月1日以其为被保险人向保险公司购买的团体意外伤害保险,现其声明上述保险的全部受益权转让给咨询公司。

后咨询公司向保险公司请求保险金6万元[30万元×20%(对应九级伤残)]及相应利息。保险公司不认可工伤鉴定结论及《保险受益权转让声明》的效力,拒绝赔付。咨询公司将保险公司诉至法院,请求法院依法判令保险公司给付保险金6万元。

## 裁判要点

保险事故发生后,受益人将与本次保险事故相对应的全部或者部分保险金请求权转让给第三人,当事人主张该转让行为有效的,人民法院应予支持,但根据合同性质、当事人约定或者法律规定不得转让的除外。

## 律师分析

《保险法司法解释(三)》第13条规定:"保险事故发生后,受益人将与本次保险事故相对应的全部或者部分保险金请求权转让给第三人,当事人主张该转让行为有效的,人民法院应予支持,但根据合同性质、当事人约定或者法律规定不得转让的除外。"由此,应根据保险事故发生的前后进行判断,在保险事故发生前,受益人所享有的权益非常不确定,在性质上甚至称不上期待权,仅仅为期待,所以缺乏转让的前提条件。在保险事故发生后,保险人的给付责任已经确定,受益人的保险金请求权转化为确定的具有财产性质的债权,受益人作为权利主体有权自由处分。

允许保险金请求权转让,主要包括以下几个方面的原因:(1)符合《民法典》合同编原理。保险金请求权转让本质上是一种债权转让,而债权转让并未给债务人增加额外负担,从鼓励交易的角度出发,应予以允许。(2)符合保险市场的实际需求。诸如保险单贷款、保险单逆按揭、保险单贴现,保险金请求权转让等业务,可以活跃金融市场,促进经济发展。随着金融市场的发展,相信保险单逆按揭、保险单贴现等保险单类金融业务也会逐渐出现并逐步普及。

本案历经两级法院审理。在一审中,保险公司不予认可劳动能力鉴定委员会作出的鉴定结论,但却未能提出劳动能力鉴定委员会作出的鉴定结论存在不真实、不合理及该鉴定结论与涉案合同所附《人身保险伤残评定标准》存在明显差异的充分证据,所以一审法院对劳动能力鉴定委员会作出的鉴定结论予以认定。

一审法院认为:咨询公司、保险公司之间签订的保险合同系双方真实意思表示,未违反法律、行政法规的强制性规定,应属合法有效,双方均应恪守履行。

涉案事故发生后,咨询公司与许某圣签订赔偿协议,约定咨询公司一次性向许某圣支付赔偿款165,000元。后许某圣又出具《保险受益权转让声明》,同意将保险金受益权转让给咨询公司。该让与行为符合《保险法司法解释（三）》第13条规定。因此，咨询公司有权要求保险公司按照保险合同的约定给付保险金。因此，一审法院判决保险公司支付咨询公司保险金60,000元。

保险公司随后上诉称，伤残评定标准包括：《劳动能力鉴定 职工工伤与职业病致残等级》《人身保险伤残评定标准》等。伤残评定标准不同，评定的伤残等级结果不同。根据保险合同约定的《人身保险伤残评定标准》，被保险人许某圣的伤残情况，不能被评定为残疾。

二审法院认为：首先，被保险人和受益人许某圣在涉案保险期间内遭受意外事故，许某圣将意外伤残保险金请求权转让给咨询公司，咨询公司依法有权要求保险公司给付意外伤残保险金。其次，保险公司主张许某圣未达到《人身保险伤残评定标准》规定的伤残等级，但其未提供充分的证据予以证实咨询公司提供的劳动能力鉴定委员会《初次鉴定（确认）结论书》评定标准与《人身保险伤残评定标准》存在明显差异。最终二审法院维持了一审判决。

关于保险金请求权的转让问题，司法实践中存在争议。本案中，法院认为保险事故发生后，受益权转化为保险金给付请求权，该权利与普通债权没有本质区别，可以转让。而在其他案件中，有的法院则认为，即使保险事故发生，保险金请求权的转让也不应当超出法定受益人的范围，否则变更或转让行为无效。这种观点认为，人身保险的保险金请求权是依附于一定身份关系的权利，不能随便转让。例如，保险事故发生后，用人单位与劳动者约定，将受益权或保险金请求权转让给用人单位是否有效？对于该问题，在司法实务中存在不同的观点。

实务中，之所以会出现很多意外伤害保险金请求权转让的情形，原因在于用人单位想通过购买保险来转嫁其可能承担的工伤赔偿责任，但投保的却是人身意外伤害保险，投保目的与险种并不对应。该问题是司法实务中的棘手问题：第一，如果认可受益权转让有效，则相当于变相允许用人单位通过购买保险来转移责任，且存在规避《保险法》第39条关于"投保人为与其有劳动关系的劳动者投保人身保险，不得指定被保险人及其近亲属以外的人为受益人"的规定的风险。第二，如果不认可受益权转让有效，则用人单位的投保目的不能实现，一旦出现保险事故，用人单位除了承担工伤赔偿责任外，还需要支出保险费，用人单位投保的积极性将会极大降低。鉴于目前该问题还不能达成一致意见，且均有生效裁判文书予以支持。因此，读者可根据案件的实际需要，选择对自己有利的观点。

## 第十节　保险合同中的第二投保人

**典型案例：** 投保人先于被保险人去世，以人寿保险单为遗产的继承出现纠纷

王某凯与李某彤系再婚夫妻，双方于 2015 年 1 月 6 日登记结婚，婚后育有一子，取名王某怀。王某凯与前妻共育有三个子女，分别为王某 1、王某 2、王某 3。

为了保障王某怀将来的教育及生活质量，在朋友的推荐下，2018 年 1 月，王某凯与某保险公司签订保险合同，被保险人为王某怀，生存受益人为王某怀，身故受益人为法定，基本保险金额为 173,800 元。投保后，王某凯足交了 100 万元的保险费。

保险合同约定有生存保险金条款、身故保险金条款、永久完全残疾保险金条款、满期保险金条款。其中，生存保险金条款约定："如被保险人生存至 18 周岁、19 周岁、20 周岁和 21 周岁后的首个合同生效日对应日，且未发生本条款约定的永久完全残疾，我们按照本合同的基本保险金额给付生存保险金。"满期保险金条款约定："如被保险人生存至保险期间届满日，且未发生本条款约定的永久完全残疾，我们按照 130%×已交保险费给付满期保险金，本合同终止。"

然而天有不测风云，2022 年 3 月，王某凯驾驶无号牌的三轮汽车与案外人驾驶的普通小客车发生交通事故，造成王某凯受伤，经抢救无效，王某凯于 2022 年 3 月 20 日 5 时去世。

王某凯去世后，李某彤一家的经济陷入了困境，李某彤知道丈夫王某凯生前投保了人寿保险单，想利用人寿保险单进行贷款，于是向保险公司提出变更投保人的想法。但保险公司却告知李某彤，保险合同的保险费用和退保事宜涉及王某凯的全部法定继承人利益，如变更投保人需要得到全部法定继承人同意，保险公司无法违背合同当事人的意思自治原则对合同进行变更。

王某凯去世后，李某彤曾多次联系王某 1、王某 2、王某 3 协商变更李某彤为新的投保人，但王某 1、王某 2、王某 3 不同意，并要求将人寿保险单退保，将退保金作为遗产进行分割。至此投保人的变更陷入僵局，截至王某凯去世时，该人寿保险单的现金价值为 1,043,995.74 元。

## 律师分析

**一、王某凯去世时未留有遗嘱，人寿保险单如何继承？**

投保人先于被保险人去世的，人寿保险单将被认定为投保人的遗产。《民法典》第1153条第1款规定："夫妻共同所有的财产，除有约定的外，遗产分割时，应当先将共同所有的财产的一半分出为配偶所有，其余的为被继承人的遗产。"

本案中，王某凯去世后的保险单现金价值属于遗产，但根据《民法典》第1153条的规定，由于王某凯交纳的100万元保险费来自夫妻共同财产，当王某凯去世后保险单的现金价值应当先析出来一半521,997.87元归配偶李某彤所有，另一半521,997.87元属于王某凯的遗产。王某凯去世后，未留有遗嘱，其遗产应当由第一顺序法定继承人：李某彤、王某怀，王某1、王某2、王某3五人共同继承。

虽然王某凯去世，但是保险合同并不必然终止，只要有新投保人继续持有这份人寿保险单，则保险合同仍然有效。如果李某彤作为新投保人继续持有人寿保险单，按照保险合同的约定王某怀在18周岁、19周岁、20周岁、21周岁时，每年都能领取173,800元的生存保险金；当王某怀年满22周岁时，其还能获得一笔130万元的满期保险金，很显然持有这份人寿保险单，对李某彤、王某怀是有吸引力的。而维持保险合同的效力，对王某1、王某2、王某3是没有任何利益可言的，相反如退保，王某1、王某2、王某3还可以要求将退保金作为王某凯的遗产进行分割。因此，五个继承人就变更投保人的事宜无法达成一致意见。

而实务中，想要成为新的投保人继续维持保险合同的效力，则王某凯的全部法定继承人需要共同到公证处办理继承权公证或共同到保险公司签署有关声明文件，并同时指定一人为新的投保人，继续履行保险合同的权利与义务。很显然，在案例中的情况下，王某1、王某2、王某3，根本不会配合李某彤变更投保人，至此，变更投保人陷入僵局。而王某凯在投保时希望将来王某怀成年后，获得的生存保险金能够保障其生活和学业的意愿暂时还无法实现。

或许有人说，李某彤、王某怀可以起诉到法院要求变更新的投保人，但是在实务中已经出现了法院驳回原告起诉的案例，有法院认为"合同当事人的变更属于更新合同，应由双方当事人协商一致才能变更，张某华（投保人的配偶）

要求判令太平洋人险焦作支公司、太平洋人险济源支公司变更合同当事人，不属于人民法院受理民事诉讼的范围"。① 退一步来讲，即使法院作出了相应的判决，也会为了保障投保人的其他继承人利益，按照继承的相关规定，由新的投保人补偿给其他继承人相当于遗产份额的折价款。以本案为例，如将李某彤变更为新的投保人，王某1、王某2、王某3作为王某凯的法定继承人，李某彤需要补偿每人约104,400元。

**二、为避免投保人去世后，人寿保险单继承出现问题，王某凯在购买人寿保险单时可以指定第二投保人**

（一）第二投保人的内涵

第二投保人是指，在投保人与被保险人不是同一人的情况下，如投保人先于被保险人去世时，由被指定的第二投保人成为新的投保人继续履行保险合同。第二投保人主要解决的是，属于原投保人的保险现金价值及保险合同的权利与义务如何转移的问题。

在本案中，如果王某凯在购买保险时将妻子李某彤设置为第二投保人，即使王某凯不幸去世，李某彤只要依照保险合同的约定提交相关的文件向保险公司申请变更为新的投保人就可以办理投保人的变更手续，而不需要全部法定继承人到公证处办理继承权公证或共同到保险公司签署有关的声明文件。

（二）指定第二投保人的好处

1. 私密性强

在实务中，保险公司一般会要求在指定第二投保人时，由投保人、第二投保人、被保险人（或者法定监护人）共同签字（实务中，有的保险公司还会要求投保人配偶签字），无须告知投保人的其他继承人，具有较好的私密性。

2. 省时省力

如投保人生前设置了第二投保人，则投保人去世后，第二投保人按照保险合同的约定向保险公司提供相应的资料就可以办理投保人变更手续，无须全体继承人办理继承权公证或共同到保险公司指定新的投保人，同时也避免了投保人的继承人之间因继承保险单现金价值产生争议。

3. 维护原投保人的真实意愿

投保人购买人寿保险单时，其目的无非是希望为被保险人提供一份保障，投保人也不希望自己去世后，因继承人之间的矛盾导致保险合同的终止或解除。

---

① （2012）济中民二终字第17号民事裁定书。

设置第二投保人后，保险合同的权利义务将由第二投保人承继，保险合同继续履行。

实务中，保险公司通常会根据被保险人的年龄来确定第二投保人，且要求第二投保人也对被保险人具有保险利益。例如，某保险合同约定：（1）原投保人身故时被保险人已经年满18周岁的，仅能指定被保险人本人为第二投保人。（2）原投保人身故时，被保险人年满8周岁（含）但不满18周岁（不含）的，原则上仅父母可作为第二投保人。特殊情况下，经被保险人父母同意的，其他履行监护职责的人可作为第二投保人。（3）原投保人身故时，被保险人未满8周岁（不含）的，仅父母可作为第二投保人。

### 三、设置了第二投保人，就真的能万无一失吗？

设置第二投保人的价值尤为突出，比如，无须全体法定继承人办理继承权公证就可以维持保险合同的效力；避免保险单现金价值成为投保人的遗产被分割的风险；能够最大限度实现投保人的财富传承意愿，维护被保险人及受益人的权益。但指定第二投保人也存在如下潜在风险：

（一）目前指定第二投保人的法律规定并不明确

截至目前，并没有相关的法律规定投保人在保险合同中取得的财产性权益及人身权利直接由第二投保人取得。对于指定第二投保人的法律性质究竟属于赠与还是遗嘱，在实务中也存在争议。

部分观点认为，指定第二投保人的行为属于附生效条件的赠与合同。该合同自投保人和第二投保人签字时成立，自原投保人去世后生效。其主要观点认为，遗嘱是一种单方法律行为，不需要任何人的同意。而在实务中，如投保人指定第二投保人，不仅要求原投保人签字同意，还需要被保险人及第二投保人同意，有的保险公司甚至需要投保人的配偶同意，这不符合遗嘱单方法律行为的特征。而且，根据法律规定第二投保人也要对被保险人存在保险利益，而实务中，能被指定为第二投保人的通常是投保人的配偶、父母、子女，而他们正是投保人的第一顺序法定继承人。如果将指定第二投保人的行为认定为遗嘱，那么在该遗嘱中有其他继承人的签字，显然遗嘱是无效的。

部分观点认为，指定第二投保人的行为属于遗嘱。第一，赠与协议属于《民法典》合同编的调整范围，赠与合同通常在订立后立即生效，而不以赠与人身故为生效要件。第二，虽然指定第二投保人需要投保人、被保险人、第二投保人同意后才能申请，但是不同主体签字的法律后果并不相同。第二投保人签字同意，并不是简单地表示接受保险合同的权利，而是概括承继保险合同的权利与义务，包括继续交纳保险费的义务。第三，虽然投保人、第二投保人都需要签字同意，但是并非基于赠与关系，且需要签字的申请书等文件也并未体现出赠与的意思表示。第四，指定第二投保人的行为自投保人去世后才生效，且该行为解决的仍然是投保人身故，保险单权益由谁继承的问题，具有遗嘱的典型特征。

除了法律性质有争议外，如果投保人使用夫妻共同财产交纳保险费，投保人去世后，投保人的配偶也可能会提出要求分割保险单现金价值。假如本案中，王某凯以王某1（王某凯与前妻的子女）作为被保险人购买该保险，保险费100万元仍然使用其与李某彤的夫妻共同财产交纳，并指定前妻作为第二投保人。当王某凯去世后，虽然指定了前妻作为第二投保人，但是根据《民法典》第1153条关于"夫妻共同所有的财产，除有约定的外，遗产分割时，应当先将共同所有的财产的一半分出为配偶所有，其余的为被继承人的遗产"的规定，王某凯去世后保险单现金价值应当先析出一半归李某彤所有，所以，如果指定第二投保人未经投保人配偶同意，会存在原投保人无权处分的风险。

（二）第二投保人所得到的现金价值存在因婚变而被分割的风险

《民法典》第1062条规定，夫妻在婚姻关系存续期间继承或受赠所得的财产，为夫妻的共同财产。如果第二投保人根据保险合同的约定承继了保险单的相关权益，此时正值第二投保人的婚姻关系存续期间，在保险合同及签署的相关文件中无特殊约定的情况下，第二投保人取得的保险单现金价值属于夫妻共同财产。一旦第二投保人发生婚变，则人寿保险单现金价值仍然面临被分割的风险。

（三）第二投保人擅自退保或保险单被法院强制执行的风险

投保人去世后，保险单的现金价值将由第二投保人承继，此时如第二投保人擅自退保或对外负有债务又无其他财产可供执行的情况下，人寿保险单也面临被退保，投保人意愿无法实现的风险。

因此，笔者建议投保人尽量不要将参与商业经营较多且负债概率较高的人士，指定为第二投保人。

## 第十一节　人身保险合同被解除，财富传承面临失败风险

**典型案例**：投保人故意不履行如实告知义务，保险人对保险事故不承担赔偿或者给付保险金的责任，且不退还保险费

王某田与田某芳系夫妻，婚后育有一子王某圣。2011年11月25日，田某芳作为投保人、王某田作为被保险人在保险公司处投保终身寿险，约定保险合同的生效日为2011年12月1日0时，保险期间为终身，身故保险金受益人为王某圣，交费期限为10年。

保险合同第六部分"其他需要关注的事项"载明："7.1明确说明与如实告知规定：我们就您和被保险人的有关情况提出询问，您应当如实告知。如果您故意或者因重大过失未履行前款规定的如实告知义务，足以影响我们决定是否同意承保、提高应扣除的保障成本或者降低基本保险金额的，我们有权解除本主险合同。如果您故意不履行如实告知义务，对于本保险合同解除前发生的保险事故，我们不承担给付保险金的责任，并不退还保险费。如果您因重大过失未履行如实告知义务，对保险事故的发生有严重影响的，对于本保险合同解除前发生的保险事故，我们不承担给付保险金的责任，但会退还保险费。前条规定的合同解除权，自我们知道有解除事由之日起，超过30日不行使而消灭。自本保险合同成立之日起超过2年的，我们不得解除合同；发生保险事故的，我们承担给付保险金的责任。"双方还对其他事项进行了约定。保险合同签订后田某芳支付了两年的保险费用。

2012年12月3日，王某田因病死亡。随后，王某圣至保险公司处理赔，保险公司于2013年1月15日以被保险人投保时已患病，投保人未如实告知为由作出解除保险合同、不退还保险费、不给付保险金的决定。王某圣对该决定不服，遂于2013年4月7日诉至法院。请求依法确认解除保险合同的行为无效；判令保险公司支付保险金。

保险公司辩称：

1. 保险公司拒绝理赔具有充分的理由。（1）投保人田某芳违反了如实告知义务。2011年11月25日，被保险人王某田在高密市人民医院做过颅脑MRI，诊断为左颞叶占位性病变。当天下午投保人田某芳在投保时隐瞒了被保险人王某田患有左颞叶占位性病变的情况。（2）投保人田某芳违反如实告知义务具有主观上的故意。保险公司代理人在签单前履行了必要的告知义务，并按照投保书上的健康告知询问事项进行了询问。投保人在明知道被保险人患有左颞叶占位性病变的情况下，在被问及被保险人在过去一年内是否去医院进行过门诊的检查、服药、手术或其他治疗，是否目前患有或曾经患过下列症候、疾病或手术史时，依然作出了否认回答。由此可见投保人田某芳系故意不履行如实告知义务。（3）投保人田某芳故意不履行如实告知义务的行为，严重影响保险人的核保工作及对于保险费的确定,并最终导致保险人作出不真实的意思表示。依照《保险法》第 16 条的规定,保险人有权解除保险合同,并不承担保险金给付责任。

2. 由于投保人田某芳未尽如实告知义务,未告知事项严重影响保险人决定是否承保及保险费率,保险公司已经行使合同解除权,王某圣在收到保险公司的解除合同通知书、理赔决定书后未在法律规定的合理期间内提出异议或向法院请求确认解除合同无效,已超出合理期限。该保险合同已经解除,因此,王某圣无权要求保险公司给付保险金。综上,投保人田某芳未履行如实告知义务,保险公司有权不承担给付保险金的责任和解除保险合同。王某圣起诉缺乏依据,请求法院依法驳回其诉讼请求。

法院经审理认为,本案的焦点问题是田某芳投保时是否履行了法律规定的如实告知义务,保险公司是否应当承担相应的赔付义务。

法院认为:保险公司提交的证据能够形成有效的证据链证实田某芳投保时对王某田患病是明知的,因田某芳、王某田的回答结果影响到保险公司决定是否承保以及是否提高保险费,已经构成了对保险公司的故意不如实告知,被告保险公司解除与田某芳之间的保险合同符合保险合同的约定及法律规定。根据《保险法》第 16 条第 4 款"投保人故意不履行如实告知义务的,保险人对于合同解除前发生的保险事故,不承担赔偿或者给付保险金的责任,并不退还保险费"之规定,保险公司作出的不予赔付、不退还保险费的决定并无不当,法院予以认同。

法院最终作出判决:驳回原告王某圣的诉讼请求。

## 裁判要点

投保人故意不履行如实告知义务的,保险人对于合同解除前发生的保险事故,不承担赔偿或者给付保险金的责任,并不退还保险费。

## 律师分析

**一、投保人故意或因重大过失不履行如实告知义务,即使购买了人寿保险,也可能面临财富传承失败的风险**

依据《保险法》第 16 条的规定,投保人故意或者因重大过失未履行如实告知义务,足以影响保险人决定是否同意承保或者提高保险费率的,保险人有权解除合同。保险人对于合同解除前发生的保险事故,不承担赔偿或者给付保险金的责任。

投保人购买人寿保险的目的在于提前进行风险防范、转嫁风险、损失补偿或财富传承等，如风险发生时，因法定事由导致保险公司不承担赔付保险金责任甚至不退还保险费，那么，投保人最初购买人寿保险的目的无法实现，或者说财富传承的目的无法实现。

从投保人的角度看，投保人是否履行了如实告知义务，对财富传承的成败有着重要的影响。结合本案，当保险公司对田某芳、王某田的健康情况进行询问时，田某芳有如实告知的法定义务，但田某芳与王某田在投保时，却故意隐瞒王某田身体患病的真实情况。当被保险人王某田去世时，保险公司直接行使了合同解除权，拒绝支付保险金并不退保险费。最终田某芳不仅无法实现投保目的还损失了保险费，财富传承彻底失败。

案例中，田某芳因故意不履行如实告知义务导致保险公司解除保险合同并不退还保险费，此案应引起投保人足够的重视。为避免保险合同被依法解除或被确认无效，进而导致财富传承失败，建议投保人在购买人寿保险前咨询专业的财富传承律师或专业的人寿保险代理人，防止保险合同被依法解除或被确认无效，导致投保人投保人寿保险的目的无法实现。

## 二、保险合同被解除或者确认无效后，投保人、被保险人的权利是否会受到影响

依据《民法典》第155条、第156条的规定，无效的或者被撤销的民事法律行为自始没有法律约束力。民事法律行为部分无效，不影响其他部分效力的，其他部分仍然有效。依据《民法典》第157条的规定，民事法律行为无效、被撤销或者确定不发生效力后，行为人因该行为取得的财产，应当予以返还；不能返还或者没有必要返还的，应当折价补偿。有过错的一方应当赔偿对方由此所受到的损失；各方都有过错的，应当各自承担相应的责任。法律另有规定的，依照其规定。

同时依据《保险法》的相应规定，保险合同解除后，保险人在不承担赔偿或者给付保险金基础上，或不退回保险费，或退回保险费，或退回保险单的现金价值。案例中，投保人田某芳明知被保险人王某田患病，仍然对保险公司的询问作出否认，主观上存在明显的故意。所以在被保险人王某田死亡后，保险公司有权解除合同，不承担保险责任并不退还保险费。此处提醒投保人，在进行财富传承架构设计时，应结合自身状况选择合适的传承工具，不能违背诚信义务去"削足适履"。

**三、保险公司解除保险合同的权利并非可以任意行使，《保险法》对保险公司的解除权作了必要限制**

依据《保险法》第 16 条的规定，保险合同解除权，自保险人知道有解除事由之日起，超过 30 日不行使而消灭。自合同成立之日起超过 2 年的，保险人不得解除合同；发生保险事故的，保险人应当承担赔偿或者给付保险金的责任。保险人在合同订立时已经知道投保人未如实告知的情况的，保险人不得解除合同；发生保险事故的，保险人应当承担赔偿或者给付保险金的责任。

由此可见，虽然法律上赋予了保险人解除合同的权利，但是权利仍然是受到限制的。如果案例中保险公司存在以下行为之一，即使投保人未履行如实告知的义务，保险公司也不能解除保险合同，发生保险事故时，保险公司仍要承担保险责任：（1）保险公司在知道投保人田某芳未履行如实告知义务之日起 30 天后仍未提出解除合同的；（2）被保险人王某田在 2013 年 11 月 25 日之后死亡的；（3）保险公司在合同订立时已经知道田某芳未如实告知被保险人王某田患病情况的。

第三章

# 人身保险与婚姻继承

## 第一节　婚前投保的效力

**典型案例**：女朋友为男朋友投保，保险合同是否有效？

2013年6月20日，于某丽（女）作为投保人投保中邮富富余1号两全保险（分红型），投保份数为180份，保险期间为5年，被保险人为张某（男），保险单号为××9363，基本保险金额192,060元，保险费共计180,000元，交费方式为一次交清，交费日期为2013年6月20日，保险期间自2013年6月21日起至2018年6月20日止。

《人身保险投保单》中"投保告知栏""声明及授权栏"均加黑加粗予以提醒。被保险人与投保人关系载明为配偶，但事实上于某丽与张某并未登记结婚，只是同居男女朋友关系。于某丽在"投保人确认"栏中手抄"本人已阅读保险条款，产品说明书和投保提示书，了解本产品的特点和保险单利益的不确定性"，并在投保人签名处签名。张某在被保险人签字处签字，并在当日通过银行转账支付保险费。

中邮富富余1号两全保险（分红型）投保书中的产品说明书中记载：保险责任满期保险金：保险责任期满时，被保险人仍然生存，我公司按保险合同约定的基本保险金额给付"期满保险金"，保险合同效力终止。《人身保险投保提示书》记载：保险公司向本人提供所投保产品条款，对条款进行了说明，尤其对免责条款、合同解除条款进行了明确说明。本人对所投保的产品条款及产品说明书已认真阅读并理解。投保人签名处有于某丽签字。

另外，于某丽在《保险合同回执》中签字确认，已充分了解投保单中"投保须知""声明及授权"和"投保告知"的相关内容，准确填写投保单的各项内容，已认真阅读并充分了解本人所购买的保险产品的"保险责任条款""责任免除条款"及"犹豫期条款"内容。

于某丽投保后，保险公司对于某丽回访录音显示：（1）于某丽认可该保险合同的被保险人及投保人分别为张某、于某丽本人所签。（2）于某丽本人在购买保险时已经阅读了产品说明书、投保提示书，并了解这款产品的保险责任、责任免除等相关内容。

中邮富富余1号两全保险（分红型）保险条款约定，"为被保险人提供的保险保障"含有"期满保险金"，即保险责任期间届满时，被保险人仍然生存，保险公司按本合同约定的基本保险金额给付满期保险金，本合同效力终止。

2019年1月，于某丽以自己与张某非亲非故，自己对张某不具有保险利益且自己并不知道是在投保人身保险，以为是储蓄为由，起诉至法院要求：撤销保险公司与于某丽订立的××9363号保险合同，给付本金18万元及利息损失（从2013年6月20日计算至实际结清为止，按照中国邮政储蓄银行5年以上定期存款的利息标准计算）。

法院经审理后认为：《保险法》第31条第2款规定，被保险人同意投保人为其订立合同的，视为投保人对被保险人具有保险利益。故即便于某丽与张某在投保时并非夫妻关系，但被保险人张某在《人身保险投保单》中被保险人处签字确认，应认定张某同意于某丽为其投保，故于某丽对张某具有保险利益，涉案合同不归于无效。

虽然于某丽主张保险公司对其进行了欺诈但未提供有效证据，且于某丽在《人身保险投保单》《人身保险投保提示书》《保险合同回执》中多次签字确认：认真阅读并充分了解保险条款、产品说明书和投保提示书，在《人身保险投保单》中更是书写"本人已阅读保险条款，产品说明书和投保提示书，了解本产品的特点和保险单利益的不确定性"。于某丽在电话回访中亦明确认可知悉被保险人为张某，且明确认可其在投保时阅读了产品说明书、投保提示书，并了解这款产品的保险责任、责任免除等相关内容。前述文件中均含有"人身保险""保险"等内容，在文件名称中即包含"保险"。于某丽称并不知悉相关交易为保险，误以为是存款，与常理明显相悖。最终判决：驳回原告于某丽的全部诉讼请求。

## 裁判要点

被保险人同意投保人为其订立保险合同的，视为投保人对被保险人具有保险利益。故即便于某丽与张某在投保时并非夫妻关系，但被保险人张某在《人身保险投保单》中被保险人处签字确认，应认定张某同意于某丽为其投保，保险合同并不因此而无效。

## 律师分析

一、什么是保险利益？

保险利益是指投保人或者被保险人对保险标的具有的法律上承认的利益。

人身保险以人的寿命和身体为保险标的，投保人为被保险人投保人身保险的，在保险合同订立时必须对被保险人具有保险利益，否则保险合同无效；保险合同订立后，投保人对被保险人丧失保险利益的，并不影响保险合同的效力。

保险利益既可以是法定保险利益也可以是法律拟制保险利益。《保险法》第31条第1款规定了法定保险利益，投保人对下列人员具有保险利益：（1）本人；（2）配偶、子女、父母；（3）前项以外与投保人有抚养、赡养或者扶养关系的家庭其他成员、近亲属；（4）与投保人有劳动关系的劳动者。《保险法》第31条第2款规定了法律拟制保险利益，即被保险人同意投保人为其订立合同的，视为投保人对被保险人具有保险利益。

本案中，于某丽在投保时与张某为男女朋友关系，于某丽对张某并不具备法定保险利益，但张某作为被保险人在保险合同中进行了签字确认，该行为可以认定为被保险人张某同意投保人于某丽为其订立保险合同，此时于某丽对张某具有法律拟制保险利益。因此，于某丽以订立保险合同时与张某非亲非故，不具有保险利益，主张保险合同无效的诉讼请求不能得到法院的支持。

需要提示的是，虽然我国承认法律拟制保险利益，但在实务操作中保险公司出于防范道德风险的考虑，保险公司在核保时往往会要求投保人与被保险人之间具有特定的身份关系，如配偶、子女等，如果投保人与被保险人仅仅是普通的男女朋友关系，保险公司很有可能拒绝承保。因而也就出现了于某丽投保时，《人身保险投保单》上显示投保人与被保险人的身份关系为配偶关系的情况。

**二、投保人对被保险人具有保险利益的，投保人是否可以随意为被保险人投保以死亡为给付保险金条件的保险合同？**

投保人为被保险人投保以死亡为给付条件的保险合同，需要同时具备以下条件：（1）投保人对被保险人具有保险利益；（2）被保险人同意投保人为其投保以死亡为给付条件的保险；（3）被保险人认可保险金额。为防范道德风险，《保险法》第33条同时也规定了投保人不得为无民事行为能力人投保以死亡为给付保险金条件的人身保险，保险人也不得承保。父母为其未成年子女投保的人身保险，不受该款规定限制。但是因被保险人死亡给付的保险金总和不得超过国务院保险监督管理机构规定的限额。

当投保人为被保险人投保以死亡为给付条件的保险合同时，在什么情况下可以视为被保险人同意并认可保险金额呢？《保险法司法解释（三）》第1条规定："当事人订立以死亡为给付保险金条件的合同，根据保险法第三十四条的规定,'被保险人同意并认可保险金额'可以采取书面形式、口头形式或者其他形式;可以在合同订立时作出,也可以在合同订立后追认。有下列情形之一的,应认定为被保险人同意投保人为其订立保险合同并认可保险金额:(一)被保险人明知他人代其签名同意而未表示异议的;(二)被保险人同意投保人指定的受益人的;(三)有证据足以认定被保险人同意投保人为其投保的其他情形。"

《保险法司法解释(三)》第2条规定:"被保险人以书面形式通知保险人和投保人撤销其依据保险法第三十四条第一款规定所作出的同意意思表示的,可认定为保险合同解除。"这也就是说,在投保人投保以死亡为给付条件的保险时,被保险人同意投保人为其投保及认可保险金额应该是自合同订立时起至保险事故发生时止,要持续同意并认可,如果在保险合同订立时被保险人同意,保险合同订立后被保险人出于某种因素考虑又不同意投保人为其投保的,被保险人可以随时撤销自己同意的意思表示,此时保险合同也就相应解除。这个规定体现了法律对于被保险人生命及身体健康的尊重,能够有效防范在保险合同订立后自己的生命受到投保人或受益人威胁的道德风险。

## 第二节 婚前个人财产投保的增值归属

**典型案例**:以个人财产投保人寿保险,现金价值的增长及实际取得的分红是否属于夫妻共同财产?

任某与卢某杰系再婚夫妻,双方于2015年2月9日登记结婚,婚后未生育子女。任某与前妻生育一子任某冬,任某与任某冬共同生活。

2012年2月17日,任某在保险公司购买红利发两全保险(分红型)5年期,投保人与被保险人均为任某,生存受益人为任某,身故受益人为法定,保险期间自2012年2月17日0时起至2017年2月16日24时止或该合同列明的终止性保险事故发生时止,交费方式为趸交,保险费总计200万元,红利领取方式为累积生息。2015年8月24日,任某变更该保险的身故受益人为任某冬与王某兰(任某之母)。

2015年10月12日,任某使用婚前个人财产购买鸿福两全保险一份,投保人与被保险人均为任某;生存受益人为任某;身故受益人为任某冬与王某兰。保险期间自2015年9月17日0时起至2025年9月16日24时止。保险费100万元,给付方式为一次性给付,红利领取方式为累积生息。

2019年4月9日，因感情不和任某与卢某杰协议离婚，但《离婚协议书》中未对上述保险进行分割。2019年8月22日，卢某杰向法院起诉，要求依法分割任某名下保险金及保险收益。

诉讼中，一审法院依法向保险公司调取了任某名下保险单基本情况及前述保险单在双方离婚时的保险单现金价值和收益情况。

2019年10月24日，保险公司出具《回复函》：（1）任某名下红利发两全保险（分红型），投保人、被保险人与生存受益人均为任某，身故受益人为任某冬与王某兰（任某之母），生效日期在2012年2月17日0时即双方婚前，并于2017年2月16日24时到期，保险红利为175,033.13元，期满保险金为2,126,000元，期满保险金与保险收益共计2,301,033.13元，已于2017年2月24日转入任某名下农业银行62×××23账户中。（2）任某名下鸿福两全保险，投保人、被保险人与生存受益人均为任某，身故受益人为任某冬与王某兰。截至2019年10月26日，该保险已产生分红及相应的收益6334元，该笔款项已转入任某名下农业银行62×××23账户中。

法院经审理认为：本案中，原被告双方均表示离婚时存在尚未处理的夫妻共同财产，结合《离婚协议书》中财产分割相关约定无兜底条款情况，双方离婚时确有部分保险金未分割，应当在本案中予以分割。就任某名下两份保险收益的分割问题，分析如下：任某名下红利发两全保险（分红型）保险单购买于双方婚前，保险费也于婚前全部交纳完毕，该保险的相关收益不应作为夫妻共同财产进行分割。任某名下鸿福两全保险在婚姻关系存续期间生效，且任某已提交材料充分证实系使用其婚前个人财产购买，现有证据亦不能证明该保险系使用夫妻共同财产购买，因此，该保险中除发生在双方婚姻关系存续期间的分红及相应的利息外，其他价值宜认定为任某的个人财产。根据保险公司提交的《回复函》，婚姻关系存续期间该保险已产生分红及相应的收益6334元，任某应将其中的一半即3167元支付给卢某杰。

## 裁判要点

夫妻一方个人财产在婚后产生的收益，除孳息和自然增值外，应认定为夫妻共同财产。

## 律师分析

**一、任某婚前投保并趸交保险费的红利发两全保险（分红型）应属任某个人财产，卢某杰无权主张分割**

《民法典》第 1063 条规定，夫妻一方的婚前财产为夫妻一方的个人财产。《民法典婚姻家庭编司法解释（一）》第 31 条规定："……夫妻一方的个人财产，不因婚姻关系的延续而转化为夫妻共同财产。但当事人另有约定的除外。"

本案中，法院认为任某婚前于 2012 年 2 月 17 日购买红利发两全保险（分红型）并趸交保险费。任某购买保险的投资行为在婚前已经完成，所取得的投资收益仍属个人财产。2017 年 2 月 24 日，即在任某婚后的第三年，该份保险产生保险红利 175,033.13 元与期满保险金 2,126,000 元，合计 2,301,033.13 元仍应属任某个人财产，归任某个人所有。

**二、任某使用个人财产投保的鸿福两全保险在婚后所得分红与收益，应作为夫妻共同财产予以分割**

依据《民法典婚姻家庭编司法解释（一）》第 25 条的规定可知，在婚姻关系存续期间，一方以个人财产投资取得的收益，为夫妻共同财产，归夫妻共同所有。同时，《民法典婚姻家庭编司法解释（一）》第 26 条规定："夫妻一方个人财产在婚后产生的收益，除孳息和自然增值外，应认定为夫妻共同财产。"

《民法典》第 321 条第 2 款规定："法定孳息，当事人有约定的，按照约定取得；没有约定或者约定不明确的，按照交易习惯取得。"孳息包括天然孳息和法定孳息。天然孳息是依照物的自然性质而产生的收益，如树上结出的果子；法定孳息是依照法律规定产生的收益，如银行存款利息。自然增值是通货膨胀或市场行情等变化所致，如房屋价格上涨等。

本案中，任某使用个人财产购买保险的行为属于投资行为。任某投保鸿福两全保险的保险费 100 万元属于其婚前个人财产，根据《回复函》，双方婚姻关系存续期间已产生的分红及相应的收益共 6334 元。该保险分红与收益均不属于孳息和自然增值，故应依法作为夫妻共同财产进行分割，其中的一半款项 3167 元归卢某杰所有。

此外，还有部分法院认为：婚姻期间，夫妻一方使用婚前个人财产购买保险，所得的投资收益，应扣除个人财产部分，余下收益应作为夫妻共同财产进行分割。理由是：夫妻一方使用个人财产在婚后投资，必然花费一定的时间和精力，其投资经营行为是夫妻婚姻生活的一部分，因此，一方使用个人财产在婚后投保的，该投资行为产生的收益应认定为夫妻共同财产。除个人财产支付保险费部分仍归个人所有外，其他收益均应作为夫妻共同财产依法分割。

## 第三节　离婚时人身保险的分割

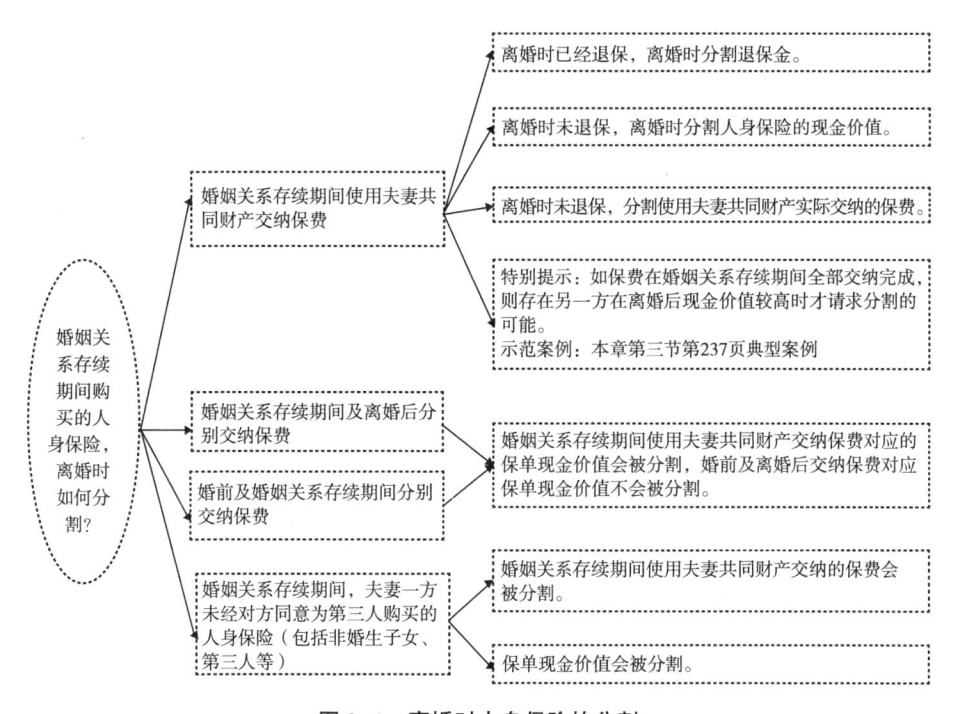

```
                                    ┌─ 离婚时已经退保，离婚时分割退保金。
                                    │
                                    ├─ 离婚时未退保，离婚时分割人身保险的现金价值。
                     婚姻关系存续期间使用夫妻共│
                     同财产交纳保费 ─────────┼─ 离婚时未退保，分割使用夫妻共同财产实际交纳的保费。
                                    │
                                    └─ 特别提示：如保费在婚姻关系存续期间全部交纳完成，
                                       则存在另一方在离婚后现金价值较高时才请求分割的
                                       可能。
                                       示范案例：本章第三节第237页典型案例
婚姻关系
存续期间购
买的人   ─── 婚姻关系存续期间及离婚后分
身保险，      别交纳保费              ─── 婚姻关系存续期间使用夫妻共同财产交纳保费对应的
离婚时   ───                              保单现金价值会被分割，婚前及离婚后交纳保费对应
如何分      婚前及婚姻关系存续期间分别          保单现金价值不会被分割。
割？        交纳保费

         婚姻关系存续期间，夫妻一方     ┌─ 婚姻关系存续期间使用夫妻共同财产交纳的保费会
         未经对方同意为第三人购买的 ───┤   被分割。
         人身保险（包括非婚生子女、     │
         第三人等）                └─ 保单现金价值会被分割。
```

图 3-1　离婚时人身保险的分割

### 一、婚姻关系存续期间使用夫妻共同财产购买的人身保险的分割

**典型案例一：** 婚姻关系存续期间使用夫妻共同财产购买人身保险后退保，离婚时如何分割退保金？

王某与夏某原系夫妻关系，婚姻关系存续期间，夏某购买了两份人身保险。第一份保险单：国寿瑞祥终身寿险（万能型）（A款），保险单号为2007××1，保险单生效日为2007年9月29日，投保人是夏某，被保险人是夏某，此保险单退保日期为2018年11月3日，保险公司给付退保金51,476.65元。第二份保

单：国寿瑞祥终身寿险（万能型）（A 款），保险单号为 2007××2，保险单生效日为 2007 年 10 月 23 日，投保人是夏某，被保险人是王某，此保险单退保日期为 2018 年 11 月 3 日，保险公司给付退保金 52,381.34 元。

婚后二人因感情不和于 2018 年 9 月 14 日在北京市怀柔区民政局协议离婚。《离婚协议》中并未对婚姻关系存续期间购买的两份国寿瑞祥终身寿险（万能型）A 款进行分割。

2020 年 3 月 31 日，王某在向保险公司交保险费时，得知夏某已将两份保险单退保，5 月 7 日，王某起诉到法院，要求依法分割婚姻关系存续期间购买的两份保险单退保金的一半即 51,929 元。

庭审过程中，王某主张该两份保险是婚姻关系存续期间双方共同购买的，保险费亦是使用夫妻共同财产交纳的，属于王某与夏某双方的共同财产。夏某擅自退保，但未将退保金支付给王某，其行为损害了王某的财产权益。夏某则辩称，离婚的时候债权债务、子女抚养都已经分割清楚了，故不同意王某的诉讼请求。

## 裁判要点

婚姻关系存续期间使用夫妻共同财产购买的保险，两份保险单退保后的退保金由夏某经办并在夏某处，故上述退保金由夏某支付王某一半折价款，即 51,929 元。

**典型案例二**：婚姻关系存续期间使用夫妻共同财产购买的人身保险未退保，离婚时如何分割保险费？

曹某、张某于 1998 年 10 月 8 日办理结婚登记手续，婚后育有一子曹小某。婚后双方因感情不和，于 2015 年 7 月 29 日在民政局协议离婚。婚姻关系存续期间，张某作为投保人购买了四份人身保险，分别如下：2013 年 6 月 7 日，张某（投保人、被保险人）购买了 NFJ-中英人寿乐安康两全保险（C 款）及 MBR-中英人寿附加乐安康住院津贴医疗保险（C 款）各一份，月交保险费 915 元，至双方离婚时（2015 年 7 月 29 日）已交费 23,790 元（共 26 个月）。2013 年 7 月 30 日，张某（投保人、被保险人）购买了 NFI-中英人寿乐意人生两全保险（B 款）及 CMR-中英人寿附加乐意人生提前给付重大疾病保险（B 款）各一份，月交保险费 517.46 元，至双方离婚时（2015 年 7 月 29 日）已交费

12,936.50元（共25个月）。

曹某、张某离婚时，离婚协议中并未对张某购买的人身保险进行处理。双方协议离婚后，曹某向法院提起离婚后财产纠纷诉讼，要求法院依法分割张某使用夫妻共同财产交纳的保险费。

法院经审理后认为：曹某请求分割中英人寿保险费［中英人寿乐安康两全保险（C款）、中英人寿附加乐安康住院津贴医疗保险（C款）、中英人寿乐意人生两全保险（B款）及中英人寿附加乐意人生提前给付重大疾病保险（B款）］共计85,947元。因在双方夫妻关系存续期间所交纳的保险费共计36,726.50元，所以曹某只能分得18,363.25元。

## 裁判要点

婚姻关系存续期间使用夫妻共同财产购买的保险，因保险费使用夫妻共同财产交纳，故离婚时支持将已经实际支出的保险费作为夫妻共同财产分割。

## 律师分析

上述两个典型案例中，均涉及婚姻关系存续期间使用夫妻共同财产购买人身保险，在离婚诉讼中如何分割的问题，但是典型案例一中，法院分割的是退保金，而典型案例二中，法院分割的是婚姻关系存续期间使用夫妻共同财产交纳的保险费。那么，司法实务中，到底应该采用哪种分割方式？

（一）婚姻关系存续期间使用夫妻共同财产购买的人身保险，离婚时，到底应该分割保险费、保险单的现金价值还是退保金？

在典型案例一中，对于使用夫妻共同财产交纳保险费的人身保险，法院分割的是"退保金"。在王某与夏某的婚姻关系存续期间，夏某使用夫妻共同财产购买两份人身保险并交纳保险费，在双方协议离婚后夏某将上述保险单退保，但相应退保金亦为夫妻共同财产。夏某将两份保险单退保后共获得103,858元的退保金，故夏某应当向王某支付51,929元的补偿款。而在典型案例二中，由于张某使用夫妻共同财产交纳保险费的数额共计36,726.50元，最终法院将保险费作为夫妻共同财产进行分割，并判决张某向曹某支付18,363.25元补偿款。

《八民会议纪要》第4条规定："婚姻关系存续期间以夫妻共同财产投保，投保人和被保险人同为夫妻一方，离婚时处于保险期内，投保人不愿意继续投保的，保险人退还的保险单现金价值部分应按照夫妻共同财产处理；离婚时投保人选择继续投保的，投保人应当支付保险单现金价值的一半给另一方。"在笔者查询到的其他裁判文书中，例如：(2019) 豫 06 民终 1149 号、(2020) 辽 02 民终 6484 号、(2021) 皖 1203 民初 3270 号等，法院都根据《八民会议纪要》第 4 条的规定，将人身保险权益判归投保人所有，由投保人支付给另一方保险单现金价值一半的补偿款。

此外，实务中还出现了部分法院认为被保险人和受益人才是享有保险金请求权的人，在保险事故未发生的情况下，面对夫妻双方要求分割保险费或现金价值的诉讼请求均不予支持。(但该观点是值得商榷的，且并不多见，因为忽略了保险在婚姻家事领域的应用。) 就外部关系 (主要指被保险人或受益人与保险公司之间) 而言，当保险事故发生时，被保险人或受益人才享有保险金请求权。而在离婚诉讼中处理的是使用夫妻共同财产交纳保险费的人身保险如何分割的问题，人身保险本身具有现金价值，而保险单现金价值从法律属性来看可以理解为投保人对保险公司所享有的债权。因此，离婚诉讼中处理的是投保人的财产如何分割的问题，而不是作为被保险人或受益人保险金请求权如何分割的问题。

目前司法实务中，大多数法院都参考了《八民会议纪要》第 4 条的规定，对于婚姻关系存续期间使用夫妻共同财产交纳保险费的人身保险，在离婚时分割该保险单的现金价值。婚姻关系存续期间使用夫妻共同财产购买的人身保险，保险单现金价值仍属于夫妻共同财产。离婚后，如投保人选择继续投保，则应当支付保险单现金价值的一半给对方，如投保人选择退保则应当将保险公司退还的现金价值 (退保金) 作为夫妻共同财产予以分割。

**(二) 注意《八民会议纪要》第 4 条与《民法典》第 1087 条的灵活运用**

保险单现金价值与保险费在数额上可能存在差距，保险单的现金价值并非一直低于保险费。在一定期间内，保险单的现金价值很有可能会高于保险费。鉴于司法实务中尚有争议，此时读者可以选择最有利于自己的分割方案。

此外，《八民会议纪要》的生效时间为 2016 年 11 月 30 日，在《民法典》生效后，《民法典》第 1087 条第 1 款规定："离婚时，夫妻的共同财产由双方协议处理；协议不成的，由人民法院根据财产的具体情况，按照照顾子女、女方和无过错方权益的原则判决。"因此，为了最大限度维护自身的利益，读者可以充分利用《民法典》第 1087 条第 1 款的原则性规定 (照顾女方、子女、无过错方的原则)，请求法院在分割夫妻共同财产时对自己予以照顾，以实现自身利益最大化。

## 二、婚姻关系存续期间及离婚后分别交纳保险费的人身保险的分割

**典型案例**：婚姻关系存续期间及离婚后分别交纳保险费的人身保险，离婚时如何分割？

何某焕、李某彬原系夫妻关系，婚后育有一子何某冉。2010年4月1日，双方在民政局协议离婚。双方在离婚协议中对子女抚养、房产问题和债权债务问题进行了处理，但未对双方在婚姻关系存续期间购买的保险予以处理。

2018年11月27日，何某焕以离婚后财产纠纷为由起诉到法院，要求分割李某彬在婚姻关系存续期间购买的平安福临门保险（649元/年×20年），诉讼费由李某彬承担。

经查：1998年5月6日，李某彬作为投保人购买了平安福临门9712保险一份（保险单号：××6166），被保险人、生存受益人均为李某彬，身故受益人为法定继承人。该保险每年交纳保险费649元，共交纳20年。离婚后的保险费由李某彬继续交纳，现李某彬已连续交满20年，总交费金额为12,980元。2010年4月，双方离婚时保险单现金价值为7341.36元；截至2019年2月25日，该保险单现金价值为19,633.58元。

### 裁判要点

婚姻关系存续期间以夫妻共同财产投保，投保人和被保险人同为夫妻一方，离婚时处于保险期内，投保人不愿意继续投保的，保险人退还的保险单现金价值部分应按照夫妻共同财产处理；投保人选择继续投保的，投保人应当支付保险单现金价值的一半给另一方。本案中，双方夫妻共同财产与个人财产的时间分界线为2010年4月1日，故应按照第12个保险单年度末的现金价值作为双方夫妻共同财产进行分割。

### 律师分析

人身保险中，既有个人财产交保险费，又有夫妻共同财产交保险费，该保险单离婚时应如何分割？

《八民会议纪要》第4条规定："婚姻关系存续期间以夫妻共同财产投保，投保人和被保险人同为夫妻一方，离婚时处于保险期内，投保人不愿意继续投

保的，保险人退还的保险单现金价值部分应按照夫妻共同财产处理；离婚时投保人选择继续投保的，投保人应当支付保险单现金价值的一半给另一方。"

本案中，李某彬购买的人身保险既有个人财产交纳保险费，又有夫妻共同财产交纳保险费，该人身保险仍归投保人李某彬所有，但保险单的现金价值部分何某焕也有份额。保险公司退还保险单现金价值后，个人财产交纳的保险费所对应的现金价值不会被分割，以夫妻共同财产交纳的保险费所对应的现金价值部分按照夫妻共同财产进行分割。考虑到李某彬在双方离婚后长期交纳保险费、保险单的现金价值以及照顾女方权益等因素，最终法院判决该保险权益归李某彬所有，李某彬支付该保险单对应现金价值折价款给何某焕。

李某彬作为投保人与被保险人于1998年5月6日购买的平安福临门9712保险（保险单号××6166）。该保险每年交纳保险费649元，共交纳20年。截至2010年4月1日双方离婚，已交纳12期保险费，故使用夫妻共同财产交纳保险费对应的现金价值应属于夫妻共同财产，即第12个保险单年度末对应的保险单现金价值7341.36元应认定为夫妻双方共同财产。双方离婚后李某彬继续交纳保险费，而离婚后交纳保险费所对应的现金价值属于投保人李某彬的个人财产。所以，李某彬应将截至2010年4月保险单现金价值一半的折价款3670.68元支付给何某焕。

### 三、夫妻一方未经对方同意购买的人身保险的分割

**典型案例一**：婚姻关系存续期间，夫妻一方未经对方同意为自己和子女购买的人身保险，离婚时如何分割？

赵某路与宋某于2006年8月8日在北京市丰台区民政局登记结婚，双方均系再婚，婚后未生育共同子女，宋某与前夫生育有一子栾某。双方结婚后，经常因家庭琐事发生争吵，2019年1月，赵某路与宋某经人民法院判决离婚，但离婚诉讼案件中并未处理人身保险。2019年9月，赵某路向法院提起离婚后财产纠纷诉讼，要求分割婚姻关系存续期间宋某购买的5份人身保险。

经梳理，婚姻关系存续期间，宋某为自己购买了3份人身保险，为栾某购买了2份人身保险，分别如下：

2010年1月，宋某为其本人在保险公司投保永福人生年金保险（分红型）（保险单号：××662），累计保险费100,000元，截至2019年9月12日保险单现金价值为82,808.38元。

2010年6月，宋某为其本人在保险公司投保泰康吉祥住院津贴健康保险（保险单号：××541），累计保险费50,000元，截至2019年9月12日保险单现金价值为27,280.91元。

2009年5月，宋某为其本人在保险公司投保世纪康泰个人住院医疗保险（保险单号：××668），累计保险费8250元，截至2019年9月12日保险单现金价值为407.05元。

2015年1月，宋某为栾某在保险公司投保康逸人生保障计划（保险单号：××285），累计保险费9100元，截至2019年9月12日保险单现金价值为3300元。

2016年3月，宋某为栾某在保险公司投保康泰全能2015保障计划（保险单号：××485），累计保险费19,040元，截至2019年9月12日保险单现金价值为5560元。

赵某路提起诉讼，要求分割上述5份人身保险的价值：第一份182,808元（保险费及保险单现金价值）、第二份77,280元（保险费及保险单现金价值）、第三份8250元（保险费）、第四份9100元（保险费）、第五份19,040元（保险费）。

而宋某则认为，法院不应当支持赵某路的诉讼请求，理由如下：宋某为自己投保的人身保险具有人身性质，不应作为夫妻共同财产予以分割。宋某为栾某购买的保险系对子女的赠与，且具有人身性质，不应作为夫妻共同财产予以分割。

## 裁判要点

宋某虽以其本人名义投保数份保险，但上述保险均具有一定现金价值，且购买于双方婚姻关系存续期间，法院审理过程中，宋某亦认可前述保险均未出险，故该保险仍应作为夫妻共同财产予以分割，宋某的该项主张不能成立。由此，宋某在婚姻关系存续期间以栾某名义投保的保险亦具有相应现金价值，应作为夫妻共同财产予以分割。

**典型案例二**：婚姻关系存续期间，夫妻一方未经对方同意为第三人购买的人身保险，离婚时如何分割？

李某与章某晨于2000年1月3日登记结婚。2002年，李某与案外人王某生育一子李某鑫。2015 年 12 月 21 日，李某、章某晨在北京市朝阳区民政局办理了协议离婚手续。《离婚协议书》中除房产、车辆、银行存款外，并未分割其他财产。离婚后，章某晨向法院起诉要求分割李某为第三人购买的人寿保险。

在双方婚姻关系存续期间，李某为第三人购买的保险如下：

2008 年 8 月 25 日，在 A 保险公司为李某鑫购买了国寿瑞鑫保险，至 2015 年 8 月 11 日共交保险费 80,960 元。

在 B 保险公司为李某鑫购买保险，已交保险费 51,030 元。交费金额和时间分别为：18,000 元（自 2003 年 3 月 7 日起交费，下次交费时间为 2018 年 2 月 7 日）、22,200 元（自 2003 年 5 月 9 日起交费，交费终期为 2013 年 5 月 9 日）、2280 元（自 2003 年 5 月 9 日起交费，交费终期为 2013 年 5 月 8 日）、8550 元（自 2009 年 1 月 23 日起交费，交费终期为 2009 年 1 月 23 日）。

2015 年 1 月 2 日，在 C 保险公司为李某鑫购买了百万财富年金保险（分红型、保险费 10,010 元）、百万康泰终身重大疾病保险及附加险（保险费 2997.6 元）。

2008 年 5 月 27 日、2014 年 8 月 25 日、2015 年 1 月 4 日在 D 保险公司为李某鑫购买得益人生保险（交费年限 10 年、保障年龄 85 周岁、保险费 9810.5 元、保险金额 35,000 元，至 2017 年已交保险费 10 期）、购买富贵年年保险（交费年限 10 年、保险费 10,687.5 元、保险期间至 100 周岁、保险金额 25,000 元，至 2018 年已交保险费 5 期）、购买"大赢家两全"保险（保险费 22,323.8 元、交费年限 3 年、保险期间 13 年，至 2017 年已交 3 期）。

2015 年 6 月 28 日，李某为王某购买至尊保驾保险，附加合众附加综合意外保险（分别交费年限 10 年、1 年，保险费 1974 元、108 元，保险金额 20 万元、3 万元，保险期间 30 年，至 2018 年已交保险费 4 期）。

2003 年 2 月 25 日，在 A 保险公司为公司员工张某峰交保险费 22,560 元（自 2003 年 2 月 25 日交费，下次交费时间为 2019 年 2 月 25 日）。

在庭审过程中，章某晨主张李某在婚姻关系存续期间使用夫妻共同财产为他人投保，属于擅自处分夫妻共同财产的行为，严重侵害了自己的财产权益，并要求分得已交保险费一半的补偿款。而李某则认为，自己为李某鑫投保是履行父亲的法定义务，张某峰是本公司的员工，为张某峰购买保险属于员工的福利待遇，属于工资发放的一种形式，以上保险单不应进行分割。

## 裁判要点

李某为第三人投保时未经妻子章某晨同意，属于擅自处分夫妻共同财产的行为，李某应当向章某晨支付婚姻关系存续期间已交保险费一半的补偿款。

## 律师分析

**（一）婚姻关系存续期间，夫妻一方未经对方同意为第三人购买的保险单如何分割？**

《民法典》第1062条第2款规定，夫妻对共同财产，有平等的处理权。该条是家事代理权的权利来源。家事代理权是指在婚姻关系存续期间，夫妻一方因家庭日常生活需要而与第三人发生民事法律行为时，享有代理对方的权利，即夫妻一方因家庭日常生活需要与第三人发生的民事法律行为对夫妻双方均有法律约束力。需要注意的是，家事代理权仅限于日常家庭生活需要，例如衣食住行、教育医疗、正常的娱乐活动等，夫妻一方非因家庭日常生活需要而处分夫妻共同财产时，仍应当征得另一方的同意。由于人寿保险往往具有储蓄性、投资性，且保险费相比于健康保险、意外伤害险价值较高，并不属于家庭日常生活所必需的花费，因此，夫妻一方为第三人购买人寿保险时应当与另一方平等协商，并取得另一方的同意。

婚姻关系存续期间，在未征得另一方同意的情况下，配偶一方为己方父母、非婚生子女、员工等三方购买保险都属于擅自处分夫妻共同财产的行为。目前，《民法典》《保险法》及有关司法解释都没有对一方擅自使用夫妻共同财产为第三人投保的问题应该如何处理作出规定。在我们列举的案例中，法院也出现了不同的裁判方式。在典型案例一中，法院分割的是保险单的现金价值，而在典型案例二中，法院分割的是使用夫妻共同财产交纳的保险费。

在典型案例一中，婚姻关系存续期间，宋某未经配偶同意，为栾某投保了两份人身保险，虽然在庭审时宋某主张该行为应视为对未成年子女的赠与，但法院经审理后认定，宋某在婚姻关系存续期间以栾某名义投保的保险具有相应的现金价值，最终将人身保险的现金价值作为夫妻共同财产分割。而在典型案例二中，婚姻关系存续期间，李某未经配偶同意为非婚生子李某鑫及案外人张某峰投保人身保险，法院认定，李某的行为属于擅自处分夫妻共同财产，李某应当向章某晨支付婚姻关系存续期间已交保险费一半的补偿款。

笔者倾向于认为，投保人应当向另一方支付婚姻关系存续期间使用夫妻共同财产交纳保险费的一半作为补偿款。这主要考虑到，投保人擅自使用夫妻共同财产的行为是对夫妻共同财产的侵权，在赔偿时直接要求投保人支付保险费一半的补偿款，可以直接弥补对方的损失。

当然，如果夫妻双方均同意使用夫妻共同财产为第三方购买人寿保险或是在事后追认或一方明知为第三方购买保险而未提出异议的，法院则很有可能将该行为认定成是夫妻双方对第三方的赠与，在离婚诉讼中不再将该保险单作为夫妻共同财产分割。

（二）在典型案例二中，李某应当向章某晨支付多少折价款？

在李某与章某晨的婚姻关系存续期间（2000年1月3日至2015年12月21日），李某为李某鑫投保各类保险支付保险费总额为263,805.4元，包括在A保险公司合计交保险费80,960元，在B保险公司交保险费14,625元（累计18,000元÷已交16年×13年）、22,200元、2280元、8550元，2015年1月2日在C保险公司为李某鑫交主险保险费10,010元、附加险保险费2997.6元，2008年5月27日、2014年8月25日、2015年1月4日在D保险公司为李某鑫交保险费78,484元（9810.5元×8年）、交保险费21,375元（10,687.5元×2年）、交保险费22,323.8元；为张某峰交保险费17,251.76元（22,560元÷已交17年×13年）；为王某交保险费2082元（1974元+108元）。以上费用合计283,139.16元，所以李某应当向章某晨支付141,569.58元（283,139.16×50%）的补偿款。

**典型案例三**：婚姻关系存续期间，夫妻一方为婚外情人投保，另一方能否以违反公序良俗为由主张保险合同无效？

张某与王某珊系夫妻关系。婚姻关系存续期间，张某认识了赵某并与赵某同居，赵某于1999年1月15日生育了二人的非婚生女儿张某玲。

2016年3月7日，张某在保险公司购买了1000份和谐财富一号护理保险（万能型），被保险人为赵某，身故受益人为张某玲。该保险的保险期限为终身，交费方式为趸交，保险费为100万元。2016年3月12日，保险公司向张某出具了编号为××39553的保险单，载明保险合同的成立日期为2016年3月11日。

2016年3月20日，张某再次购买了1500份前述和谐财富一号护理保险（万能型），保险的被保险人、受益人、保险期间、交费期间与第一份保险一致，保险费为150万元。2016年4月6日，保险公司向张某出具了编号为××88226

的保险单，载明保险合同的成立日期为 2016 年 4 月 5 日。

在购买前述保险时，经办人员对张某进行了产品需求分析及风险承受能力测评，并对张某就犹豫期、保险的投资收益、保险单管理费用等进行了告知并存有录像。且对张某的投保经历、投保目的、收入情况等进行了调查并形成契调报告，报告显示张某购买保险的目的为养老保障，投保动机为储蓄及养老。

《和谐财富一号护理保险（万能型）条款》关于保险公司承担保险责任的约定如下：在本合同有效期内，保险公司承担如下保险责任：

1. 疾病身故保险金：被保险人在其年满 85 周岁的保险单年度末之日 24 时前，因意外伤害之外的其他原因导致身故，保险公司将直接给付疾病身故保险金（疾病身故保险金由被保险人身故当日 24 时的个人账户价值及风险保额组成），同时本合同效力终止；若被保险人在其年满 85 周岁的保险单年度末之日 24 小时后，因意外伤害之外的其他原因导致身故，保险公司将按被保险人身故当日 24 时的个人账户价值给付疾病身故保险金，同时合同效力终止。

2. 护理保险金：被保险人从本合同生效之日起，至其年满 85 周岁的保险单年度末之日 24 时前，进入符合合同约定的长期护理状态，并在观察期结束后仍处于长期护理状态的，保险公司将给付护理保险金（护理保险金由观察期结束当日 24 时的个人账户价值及风险保额组成），可用于支付被保险人所需的护理服务与费用，同时本合同效力终止；若被保险人在其年满 85 周岁的保险单年度末之日 24 时后，进入符合合同约定的长期护理状态，保险公司将按提交保险金给付申请书当日 24 时的个人账户价值给付护理保险金，可用于支付被保险人所需的护理服务与费用，同时本合同效力终止。

3. 本合同的护理保险金受益人为被保险人本人，保险公司不接受其他的指定或变更；投保人或被保险人可以指定一人或多人为疾病身故保险金受益人，疾病身故保险金受益人为多人时，可以确定受益顺序和受益份额，如果没有确定份额，各受益人按照相等份额享有受益权。

2017 年 8 月 4 日，张某去世。张某去世后，王某珊以张某使用大额资金为赵某投保行为侵害了其合法权益且有悖公序良俗为由诉至法院，以张某投保时不具有保险利益为由要求确认张某与保险公司签订的保险单号为××39553、××88226 的保险合同无效，赵某及保险公司退还张某交纳的保险费 250 万元及其对应的利息。

## 裁判要点

张某、赵某在明知张某已有配偶的情况下，长期同居并生育了非婚生女儿，该行为确实违背了夫妻之间的忠实义务，但张某在投保时勾选的投保目的是保证资产的增值及老年生活，从这一点考虑张某的投保行为并未违背公序良俗，王某珊以此理由要求确认保险合同无效的诉讼请求不能得到法院的支持。

## 律师分析

### （一）投保人张某对婚外情人赵某是否有保险利益？

《保险法》第31条第1款、第2款规定："投保人对下列人员具有保险利益：（一）本人；（二）配偶、子女、父母；（三）前项以外与投保人有抚养、赡养或者扶养关系的家庭其他成员、近亲属；（四）与投保人有劳动关系的劳动者。除前款规定外，被保险人同意投保人为其订立合同的，视为投保人对被保险人具有保险利益。订立合同时，投保人对被保险人不具有保险利益的，合同无效。"

本案中，虽然张某与赵某并非夫妻关系，但赵某同意张某为其投保，根据《保险法》第31条第2款的规定，应视为张某对赵某具有保险利益。王某珊以张某投保时不具有保险利益为由请求确认保险合同无效没有法律依据。

### （二）张某为婚外情人投保的行为是否有悖公序良俗？

张某、赵某在明知张某已有配偶的情况下，长期同居并生育了非婚生女儿，该行为确实违背了夫妻之间的忠实义务。但关于张某以赵某为被保险人投保是否有悖公序良俗的问题，应从保险合同的性质、张某投保的目的等方面综合进行分析。

张某投保的保险为万能险，具有人身保险的属性，但与传统人身保险不同的是，万能险可以让客户直接参与由保险公司为投保人建立的投资账户内资金的投资活动。保险单价值与保险公司独立运作的投保人投资账户资金的业绩挂钩，其投资收益相对可观，而且投保人可随时支取保险单价值金额。这与张某在投保时勾选的投保目的是保证资产的增值及老年生活相符合，从这一点考虑张某的投保行为并未违背善良风俗。

虽然该保险的被保险人为赵某，但保险的受益人为张某玲，而张某玲系张某的女儿，张某的该投保行为并未违背公序良俗。虽然护理保险金的支付对象为被保险人，但护理保险金的支付条件为被保险人长期进入护理状态。如果保险事故发生，彼时赵某已处于长期需要护理的状态，则承担主要照顾义务的应为张某玲，保险金的支付主要也是为了减轻张某玲的负担，因此张某以赵某为被保险人、张某玲为受益人，更多的是维护张某玲的权益。这种行为与将夫妻共有财产赠与第三者的行为有本质上的区别，不应同等对待。所以，最终法院并未支持王某珊以有悖公序良俗为由确认保险合同无效的诉讼请求。

**典型案例四**：婚姻存续期间，夫妻一方未经对方同意为自己购买人身保险，是否构成隐藏、转移夫妻共同财产？

刘某与张某之于 2016 年 3 月经法院判决离婚，在梳理夫妻共同财产时，张某之并未向法院如实告知其购买过人身保险。离婚后，刘某偶然发现，在离婚诉讼过程中，张某之为自己购买了两份人身保险，分别如下：

1. 张某之于 2015 年 11 月 4 日以自己作为投保人及被保险人购买的人寿保险，保险费 13,477.30 元。

2. 张某之于 2015 年 11 月 5 日通过邮政储蓄所为自己购买富德生命人寿保险，保险费 30,000 元。上述两笔保险费共计 43,477.30 元。

刘某认为张某之在离婚诉讼期间恶意隐匿夫妻关系存续期间的共同财产，将夫妻共同财产 43,477.30 元据为己有，违反我国婚姻制度的基本原则。于是，在 2020 年 6 月 8 日刘某以离婚后财产纠纷起诉，请求人民法院依法判令 43,477.30 元归刘某所有。

法院经审理认为，刘某在与张某之离婚后，发现张某之隐匿了夫妻共同财产，可以要求分割。张某之为自己办理保险所花的保险费及存款属于夫妻共同财产，应平均分割。判决如下：张某之于本判决生效后十日内将其为自己购买保险所花的保险费人民币 43,477.30 元分割出 21,738.65 元给付刘某。

## 裁判要点

婚姻关系存续期间，夫妻一方使用夫妻共同财产为自己购买的保险，应属于夫妻共同财产，离婚时应依法分割。张某之在离婚诉讼期间为自己购买保险未经刘某同意，且在离婚诉讼中故意隐瞒其投保事实，损害了刘某对共同财产享有的权利。张某之的行为构成隐藏转移财产，该部分财产应依法分割。

## 律师分析

**（一）婚姻期间，张某之未经刘某同意为自己购买人身保险，是否构成隐藏转移夫妻共同财产？**

《民法典》第 7 条规定："民事主体从事民事活动，应当遵循诚信原则，秉持诚实，恪守承诺。"第 1062 条第 2 款规定，夫妻对共同财产，有平等的处理权。

夫妻双方在婚姻关系存续期间，平等享有对共同财产进行处分的权利，对财产进行处分也应当在诚实、互信、协商一致的基础上进行。而夫妻双方对共同财产享有的平等处理权，主要体现在两方面：第一，因日常生活需要而处理夫妻共同财产的，任何一方均有权决定；第二，夫妻在非因日常生活需要处分共同财产时，应当平等协商，取得一致意见，任何一方不得违背对方的意志，擅自处理。尤其在涉及大额夫妻共同财产处理的情况下，更应双方协商一致。

婚姻关系存续期间，投保人擅自为自己购买人身保险并不必然构成隐藏、转移夫妻共同财产，但本案具有特殊性。第一，因刘某与张某之当时正处于离婚诉讼期间，张某之为自己购买人身保险且未告知刘某，也未与刘某协商一致，具有故意隐藏、转移夫妻共同财产的嫌疑；第二，在双方离婚诉讼中分割夫妻共同财产时，张某之仍未主动申报其使用夫妻共同财产为自己购买人身保险的事实，也具有一定的故意心理。由此导致刘某根本无法知道该部分夫妻共同财产的存在，失去对该部分夫妻共同财产的控制。张某之的行为明显违背了《民法典》基本的诚信原则，也侵害了刘某对夫妻共同财产享有的权利，符合《民法典》第 1092 条的规定，构成隐藏、转移夫妻共同财产。

**（二）对于张某之隐藏、转移的该部分财产，能否依法全部判归刘某所有？**

《民法典》第 1092 条规定："夫妻一方隐藏、转移、变卖、毁损、挥霍夫妻共同财产，或者伪造夫妻共同债务企图侵占另一方财产的，在离婚分割夫妻共同财产时，对该方可以少分或者不分。离婚后，另一方发现有上述行为的，可以向人民法院提起诉讼，请求再次分割夫妻共同财产。"

依据上述规定，对实施侵害夫妻共同财产的一方，在分割夫妻共同财产时，可以少分或者不分。即少分或者不分夫妻共同财产，是侵害夫妻共同财产一方理应承担的法律责任。但对少分的具体份额或者比例，法律及相关司法解释没有作出明确规定。目前的处理方式有：一是向侵害夫妻共同财产一方分配较少的夫妻共同财产；二是不再向其分配该部分夫妻共同财产，全部由另一方获得。此处的夫妻共同财产是指被隐藏、转移、变卖、毁损或者伪造债务所侵占而涉及的夫妻共同财产部分。《民法典》规定"可以"对侵犯夫妻共同财产一方以少分或者不分的方式进行惩罚，但是并非必须适用。在具体案件中，需要人民法院根据实施侵害行为的情节、案件事实和双方当事人的具体情况决定如何处理。

本案中，法院认为，刘某在与张某之离婚后，发现张某之隐匿了夫妻共同财产，法院结合张某之隐藏、转移夫妻共同财产的事实及案涉离婚双方的具体情况，认为张某之为自己办理保险支付保险费使用的夫妻共同财产，应由双方依法平均分割。

**（三）本案中，在依法分割张某之隐藏、转移的财产时，应当分割该两份保险的现金价值还是保险费？**

《八民会议纪要》第4条规定："婚姻关系存续期间以夫妻共同财产投保，投保人和被保险人同为夫妻一方，离婚时处于保险期内，投保人不愿意继续投保的，保险人退还的保险单现金价值部分应按照夫妻共同财产处理；离婚时投保人选择继续投保的，投保人应当支付保险单现金价值的一半给另一方。"

依据上述内容的规定，如在离婚诉讼过程中，分割张某之使用夫妻共同财产购买的两份保险，应分割该两份保险的现金价值的一半给刘某。但结合本案的案件事实，因张某之在使用夫妻共同财产购买案涉两份保险时，并未告知刘某，也未取得刘某的同意，已经构成隐藏、转移夫妻共同财产，剥夺了刘某对夫妻共同财产享有的合法处分权，如仅依据该两份保险的现金价值进行分割，对刘某显失公平。因为具有现金价值的人身保险一般在购买保险的初期现金价值较低，随着保险年份的增加，现金价值逐年增长，而本案中张某之于2015年购买两份保险，双方于2016年经法院判决离婚，案涉保险在投保一年后明显现金价值较低，法院考虑到因保险费系用夫妻共同财产交纳，且依据公平原则及保护女方权益原则，最终在本案中依法分割张某之购买保险所支付的保险费，双方各半。

**典型案例五：** 婚姻关系存续期间，夫妻一方未经对方同意为子女购买人身保险，是否构成隐藏、转移夫妻共同财产？

孙某东与闫某原系夫妻关系，婚后二人生育一女孙某笑。双方因性格不合于2016年3月5日协议离婚。离婚协议书中并未涉及保险合同现金价值的分割。

2018年闫某偶然得知，孙某东在婚姻关系存续期间购买了4份人身保险，闫某认为保险费使用夫妻共同财产交纳，且孙某东是在闫某不知情的情况下购买，孙某东的行为属于隐藏、转移夫妻共同财产，于是向法院起诉要求孙某东返还全部保险费194,610元。

经法院审理查明，婚姻关系存续期间孙某东购买保险的情况如下：

2003年9月，孙某东为孙某笑投保吉庆有余两全保险（分红型），保险费每年5000元，交费期限自2003年9月19日至2023年9月18日。截至2016年3月5日双方离婚时共计支付保险费65,000元。

2014年4月，孙某东为孙某笑投保健康福星增额终身重大疾病保险，保险费每年3890元，首期交费日期为2014年4月10日，交费期间为20年，续期保险费交费日期为每年4月12日。截至2016年3月5日双方离婚时共计支付保险费7780元。

2014年9月，孙某东为孙某笑投保金彩一生终身年金保险，保险费每年30,400元，交费期间10年，续期保险费交费日期为每年9月3日。截至2016年3月5日双方离婚时共计支付保险费60,800元。

2015年6月，孙某东为孙某笑投保新华盛世赢家年金保险，保险费每年10,870元，交费期间为10年，续期保险费交费日期为每年6月19日。截至2016年3月5日双方离婚时共计支付保险费10,870元。

## 裁判要点

孙某东所购买的4份保险合同的被保险人均为孙某笑，虽然保险合同的身故保险金受益人为孙某东，但生存保险金受益人均为孙某笑，故应视为夫妻双方出于为子女利益考虑的赠与行为。购买4份保险合同的时间跨度较大、总体金额不高，并非短期内大量投入资金，孙某东不存在隐藏、转移夫妻共同财产的恶意，即使闫某不知情，也不应认定为隐藏转移夫妻共同财产。

## 律师分析

（一）丈夫未经妻子同意购买人身保险，是否构成隐藏、转移夫妻共同财产？

依据《民法典》第1092条的规定，如果夫妻一方存在隐藏、转移夫妻共同财产的行为，则在离婚分割夫妻共同财产时，法院可以判决该方少分或者不分。离婚后，如发现另一方有上述行为的，可以向人民法院提起诉讼，请求再次分割夫妻共同财产。

由于夫妻双方对共同财产有平等的处理权,在超出家庭日常生活需要处分夫妻共同财产时应当双方协商一致,否则擅自处分者的行为就侵害了另一方的合法权益。投保人身保险并非维持家庭共同生活必不可少的支出,不属于家庭日常生活所需。因此,在购买人身保险时夫妻双方应当协商一致,任何一方均无权单独处分夫妻共同财产。

面对一方提出的未经自己同意购买人身保险属于隐藏、转移夫妻共同财产的主张,法院通常会结合保险合同签订的时间、保险费的金额、夫妻双方的经济状况等因素综合进行考虑。

第一,如果一方购买人身保险时夫妻双方感情状况良好,法院很难认定投保人存在侵害夫妻共同财产的故意,无法认定投保人构成隐藏、转移夫妻共同财产。

第二,如果投保人在夫妻感情状况恶化时进行投保,那么此时法院还会根据保险费的金额大小等因素进行判断。如果投保人投保的保险费数额较少或投入保险费占总保险费的比例较小,那么此种情况下法院很难认定投保人构成隐藏、转移夫妻共同财产。

第三,如夫妻双方的家庭经济状况较好,资金充足,那么,法院还会考虑使用保险费在夫妻共同财产所占比例来进行判断。例如,一次性趸交50万元保险费对于一个资产不足100万元的家庭而言是一笔不小的支出,此时如果投保人无正当理由进行投保,那么很有可能会被认定构成隐藏、转移夫妻共同财产;但趸交50万元保险费对于一个资产过亿的家庭来讲,可能算不上大额支出,在此种情况下法院很难认定投保人构成隐藏、转移夫妻共同财产。

**(二)本案中,孙某东的行为不构成隐藏、转移夫妻共同财产**

第一,虽然孙某东在购买人身保险时并未与闫某协商,其行为侵害了妻子对夫妻共同财产的平等处理权。但未经妻子同意投保人身保险与一般隐藏、转移夫妻共同财产的行为存在一定差别,不能因丈夫孙某东擅自处分了夫妻共同财产就直接认定为存在隐藏、转移夫妻共同财产的故意。第二,早在2003年孙某东就购买过人身保险,由此可见孙某东有投保的习惯,并不存在隐藏、转移夫妻共同财产的故意。第三,孙某东购买的人身保险交纳保险费的金额不高,且时间跨度较大,就此也很难认定孙某东存在隐藏、转移夫妻共同财产的故意。第四,保险合同的被保险人均为孙某东和闫某的子女孙某笑,虽然保险合同的身故保险金受益人为孙某东,但生存保险金受益人均为孙某笑,故应视为夫妻双方出于为子女利益考虑的赠与行为。

**典型案例六**：夫妻分居期间，一方未经对方同意为子女购买人身保险，离婚时另一方可以分得补偿款吗？

许某波与周某欣原系夫妻，双方于2006年3月登记结婚，并于2006年12月生育一女许小某。双方因感情不和，于2009年10月开始分居。2016年4月，经法院调解，二人解除婚姻关系。

2019年，许某波以离婚后财产纠纷为由起诉至法院，许某波主张，婚姻关系存续期间周某欣购买的10份商业保险，均未经许某波同意，许某波对该购买行为不予以追认，周某欣的行为构成转移、隐藏夫妻共同财产，要求分得使用共同财产投保的保险费500万元的70%。具体情况如下：

2010年11月29日，周某欣作为投保人，以女儿许小某为被保险人，在保险公司购买了险种为平安金裕人生两全保险（分红型）的保险共计10份。10份保险单总计保险费金额508.70万元，交费期限为5年，每年共计交费101.74万元。

婚姻关系存续期间，每期保险费的交纳情况如下：

2010年11月26日，周某欣的尾号0717的银行账户现金存入102万元，同日保险公司从该账户扣划走保险费共计101.74万元。

2011年11月23日，周某欣的尾号8079的账户现金存入102万元，11月24日该102万元转入周某欣的尾号0717的银行账户，同日保险公司从该账户共扣划走保险费101.74万元。

2012年12月10日，周某欣的尾号8079的银行账户收到李某芝的账户转账100万元，12月15日，周某欣的该账户收到李某芝的账户转账30万元。同年12月31日，周某欣从尾号8079的账户向其尾号9018的账户转账100万元。同日周某欣从尾号9018的账户向其尾号0717的账户转账110万元。2013年1月2日，保险公司从尾号0717账户扣划走保险费101.74万元。

周某欣尾号8079的银行账户在收到李某芝转账100万元前只有余款8万余元，其尾号9018账户在收到100万元转账时只有余款13万余元，其尾号0717账户在收到9018账户转账110万元时余款6971.07元。

2014年1月，周某欣向保险公司申请保险单贷款。2014年1月26日，周某欣的尾号0717银行账户收到保险公司发放的贷款共计999,950元，其中贷款总计100万元，代扣印花税50元，实收999,950元。同年1月27日，保险公司扣划走保险费共计 101.74 万元。

2015 年 1 月，周某欣向保险公司申请保险单贷款。2015 年 1 月 4 日，周某欣的尾号 0717 银行账户收到保险公司发放的贷款共计 521,673.80 元（贷款总计 525,946.60 元，扣除 2014 年贷款 100 万元的利息、印花税后，实收 521,673.80 元）。1 月 29 日，周某欣尾号 8079 的账户收到张某飞的转账 50 万元，2 月 2 日，该 50 万元转入周某欣的 0717 账户内。当日保险公司扣划走保险费 101.74 万元。

而周某欣则认为，自己是因为无法联系上许某波，购买保险时才无法经过对方同意，用于交纳保险费的钱款前两期来源于向黄某玲出售静林苑房屋所得款，后三期保险费是向案外人李某芝、张某飞的借款和保险单贷款，因此 500 万元的保险费从未使用过夫妻共同财产支付，不应分割。

同时，周某欣请求法院在本次诉讼中，处理夫妻共同债务问题：（1）2012 年至 2015 年向李某芝、张某飞夫妻借款共计 205 万元，用于偿还消费贷款 291,088.59 元，支付平安金裕人生两全保险（分红型）的保险费，偿还保险单贷款利息，及信用卡还款及生活支出。（2）2014 年至 2015 年向保险公司贷款 152 万余元，用于支付平安金裕人生两全保险（分红型）的保险费。

经法院调取相关的案卷材料查明，就周某欣向黄某玲出售静林苑房屋事宜，北京市某中级人民法院作出生效判决，认定周某欣与黄某玲所签订的《存量房屋买卖合同》无效。

法院经审理后认为：针对 2010 年至 2011 年，周某欣支付的保险费 203.48 万元，由于无法证明周某欣与黄某玲之间存在真实的付款关系，所以，前两期保险费 203.48 万元应认定系用夫妻共同财产交纳。对于后三期保险费现有证据能证实源自周某欣向案外人的借款及向保险公司的贷款，且许某波认为上述借款、贷款属于周某欣个人债务，不同意分担。故仅对以夫妻共同财产交纳保险费的部分，依照公平、合理的原则进行分割。判决：周某欣就其个人用夫妻共同财产交纳的保险费给付许某波补偿款 1,017,400 元。

## 裁判要点

夫妻分居期间，一方未经对方同意购买的大额人身保险，针对使用夫妻共同财产交纳保险费的部分，法院根据公平、合理的原则在双方之间分割保险费。

## 律师分析

**（一）夫妻分居期间，一方未经对方同意为子女购买大额人身保险，离婚时如何分割？**

周某欣在双方分居期间为子女购买了大额人身保险，每年需支付保险费101.74万元，面对如此大额的款项支出，周某欣并未与许某波商量，且在开庭时许某波明确表示对周某欣的行为不予追认，并认为周某欣的行为属于转移、隐匿夫妻共同财产。本案中，法院并未认定周某欣的行为是否构成转移、隐匿夫妻共同财产，而是直接在双方之间分割了以夫妻共同财产交纳的保险费，共计203.48万元，并判令周某欣给付许某波保险费的一半作为补偿款。

本章第四节中，笔者介绍了为未成年子女购买的人身保险在离婚时的三种分割方式，其中提到了如夫妻双方正处于分居期间或感情破裂期间，一方无正当理由，擅自使用夫妻共同财产购买大额保险单，则面临分割实际交纳的保险费的风险。无独有偶，本案中的法院也采用了同样的裁判方式。但是需注意的是，在本案中，周某欣并未提出将人身保险视为对未成年子女的赠与的答辩意见，而只是强调自己未使用夫妻共同财产交纳保险费，所以主张不予分割。如果周某欣变更一下答辩思路，是否会取得不一样的判决结果？

**（二）本案中，周某欣向李某芝、张某飞借款，以及向保险公司贷款所产生的债务，如何处理？**

本案中，周某欣主张向李某芝、张某飞借款205万元，用于日常生活及支付平安金裕人生两全保险（分红型）的保险费等其他生活支出，法院认定，上述借款均发生在周某欣与许某波分居之后，许某波对上述债务不认可。鉴于上述借款涉及第三人的利益，不宜在案件中处理，可由第三人案外另行主张。

关于周某欣向保险公司的贷款，周某欣陈述上述贷款用于交纳保险费和偿还黄某玲的购房款。因保险系周某欣单独决定购买，保险所产生的相关收益亦已由周某欣领取，许某波在庭审中也明确表示不再要求分割相关收益。故因购买保险、交纳保险费所产生的贷款应属于其个人债务。关于偿还黄某玲的购房款，周某欣与黄某玲签订《存量房屋买卖合同》是其个人行为，且已有生效判决认定《存量房屋买卖合同》无效。所以，最终法院驳回了周某欣要求分割夫妻共同债务的诉讼请求。

## 四、离婚时未处理的人身保险能否再起诉要求分割？

**典型案例**：婚姻关系存续期间趸交保险费，离婚时未处理的人身保险可否等到现金价值较高时再起诉要求分割？

梁某与田某原系夫妻关系，双方于1990年10月登记结婚，2017年4月1日，二人从网上下载一份《离婚协议书》，签完字后二人便匆匆办理了协议离婚手续。离婚后，梁某才想起来田某在婚姻关系存续期间购买了很多人身保险，便于2019年8月提起离婚后财产纠纷诉讼，要求分割田某名下保险单的现金价值。

法院经审理查明，田某名下人身保险情况如下：

1. 田某在A保险公司投保保险单号为2013××1、险种为国寿瑞盈两全保险（万能型），被保险人为梁某，受益人为梁某静（双方的孙女），交费期限为2013年1月18日至2016年1月18日，截至2019年6月20日保险单现金价值为24万元。

2. 田某在B保险公司投保保险单号为8837××1、险种为红双喜新C款两全保险（分红型），保险单生效日期为2010年7月28日，交费方式为趸交，截至2019年3月26日保险单现金价值为293,424.47元。

3. 田某在C保险公司投保保险单号为1600××1、险种为红福宝两全保险（分红型），保险单于2009年4月19日生效，保险单交费方式为3年交清。2019年5月田某办理了保险单退保手续，保险单退保金额为94,426.94元。

4. 田某在C保险公司投保保险单号为3010××1保险，交费方式为趸交，合同生效日期为2012年12月28日，截至2019年3月26日保险单现金价值为91,562.82元。

## 裁判要点

婚姻关系存续期间购买并已支付全部保险费的保险单，自双方离婚后一直处于未变动的状态，梁某有权获得起诉时保险单现金价值一半的补偿款。

## 律师分析

（一）婚姻关系存续期间使用夫妻共同财产交纳全部保险费的保险单，离婚后另一方可待现金价值较高时起诉分割

保险单的现金价值会随保险单年度增加而发生变化，婚姻关系存续期间，

投保人使用夫妻共同财产购买保险单并足额交纳全部保险费，保险合同在双方离婚后一直处于未变动的状态。如离婚时正处于保险单的前几个年度，此时保险单的现金价值较低，另一方如果在此时要求分割保险单的现金价值，则获得的补偿款较少。所以，面对这种情况，另一方可以考虑在离婚诉讼中暂不分割该份保险单，待离婚后保险单的现金价值较高时再行起诉要求分割，此时能最大限度地维护自己的合法权益，避免财产损失。

但需要提示的是，只有在婚姻关系存续期间交纳全部保险费的情形下，另一方在起诉时才可以选择按照保险单现金价值较高的节点进行分割，如属于婚前、离婚后与婚姻关系存续期间分别交纳保险费的情形，则并不适用。

（二）本案中，田某应当向梁某支付多少补偿款？

婚姻关系存续期间，田某作为投保人共购买了四份保险，保险单号分别为：2013××1、8837××1、1600××1、3010××1，这四份保险单均使用夫妻共同财产交纳全部保险费。在双方离婚后至梁某提起诉讼时，2013××1号保险单、8837××1号保险单、3010××1号保险单尚未退保且保险单现金价值（2019年度）分别为：24万元、293,424.47元、91,562.82元，对于这三份保险单，田某应当给付梁某312,493.645元的补偿款〔（24万元+293,424.47元+91,562.82元）÷2〕，对于已经退保的1600××1号保险单，退保金额为94,426.94元，田某应当给付梁某47,213.47元的补偿款（94,426.94元÷2）。所以，田某一共应当向梁某支付359,707.115元补偿款。

### 五、婚姻关系存续期间，一方获得具有人身性质的保险理赔金的分割

**典型案例一**：婚姻关系存续期间，一方因健康保险合同获得保险理赔金，是否属于夫妻共同财产？

王某、张某系夫妻，二人在婚后成立了一家商贸公司，张某是公司实际控制人，王某担任公司财务。

2014年1月6日，张某为王某投保了平安智胜人生终身寿险（万能型）人身保险，险种包含智胜重疾28万元。后王某身患疾病，保险公司进行了保险理赔，并于2014年9月24日向王某个人银行账户汇入28万元，王某收到该笔款项后随即转入张某的账户。

因感情不和，双方于2017年9月27日在民政局协议离婚。离婚协议约定：

（1）婚姻关系存续期间的两套房屋全部归张某所有。（2）张某名下现有银行存款、私人债权、经营公司及公司债权归张某所有，王某名下存款及私人债权归王某所有。（3）夫妻婚姻关系存续期间，无共同债权收益，亦无共同债务清偿，今后若发现债权、债务，各自经手或立据的债权由各自受益，各自经手或立据的债务由各自清偿，双方互不干涉。（4）当事人张某补偿王某 200 万元整人民币，相关款项限于 2019 年 5 月 15 日之前付清。

2019 年 6 月，王某向法院起诉，请求法院判令张某返还 28 万元保险理赔金。在法庭上双方对 28 万元款项的性质说法不一：王某称当时张某公司经营周转困难，急需钱周转，于是王某便将 28 万元款项转给张某用于公司经营，口头约定以后经济宽松的时候把这笔钱的本金还给王某，该笔款项应属于王某个人财产，且在离婚协议中未予处置，因此张某应当向自己返还 28 万元。张某则称王某得到保险理赔金后将款项汇给自己，实际上是对家庭的一种赠与，在这种情况下，这笔财产已经变成家庭财产，王某在陈述中也认可该款用于家庭共同经营。

**裁判要点**

婚姻关系存续期间，夫妻一方作为被保险人依据意外伤害保险合同、健康保险合同获得的具有人身性质的保险金，除双方另有约定的除外，宜认定为个人财产。故保险公司于 2014 年 9 月 24 日转入王某账户的 28 万元系其作为被保险人依据重疾险获得的具有人身性质的保险金，应属于其个人财产。但考虑到王某给付张某 28 万元款项时仍处在双方婚姻关系存续期间，不宜认定双方存在借款关系，且结合双方签订的离婚协议书可以看出，双方对婚姻期间所涉财产都已进行了处理，王某再行主张分割上述 28 万元无依据。

**典型案例二**：婚姻关系存续期间，一方因意外伤害保险合同获得保险理赔金，已经投入股票的如何分割？

郭某军与赵某芳原系夫妻关系。2016 年 3 月 21 日，双方办理了离婚登记。离婚协议书约定：双方无共同债权、债务，婚姻关系存续期间一方发生的个人债务由个人承担，与对方无关。离婚协议书中并未分割赵某芳名下的股票。

2010 年 7 月 20 日，赵某芳因患舌癌获得保险赔偿款 10 万元，当日，赵某芳将该 10 万元存为银行定期存款。

2015年1月27日，赵某芳将该10万元定期存款取出9万元另加现金1万元共10万元汇入符某的账户，保险赔偿款的定期存款余额1万元及利息共计22,819.4元续存。

2015年2月9日，符某将10万元汇入赵某芳方正证券绑定的银行卡账户（汇入前该银行账户余额为27.23元）。当日，赵某芳将该款转入其方正证券账户。

2015年8月3日，赵某芳又将保险赔偿款的定期存款余额22,819.4元及利息744.84元，共计23,564.24元转入其与方正证券账户绑定的银行卡账户，并先后转入方正证券账户。

2015年3月11日，赵某芳向陈某借款，陈某通过银行转账将30,975元转入赵某芳方正证券账户绑定的银行卡账户，当日，赵某芳出具借条给陈某，借条内容为："今借到陈某人民币叁万壹仟元整（实际银行转30,975元）用于股市买股票，三年内归还，按同期银行贷款利率计息。借款人：赵某芳。2015年3月11日。"后赵某芳将该借款陆续投入其方正证券账户。

2017年，郭某军提起离婚后财产纠纷诉讼，要求分割赵某芳名下的股票，并申请法院进行财产保全。截至2017年3月28日，法院冻结赵某芳股票账户的金额328,738元，郭某军主张在婚姻关系存续期间赵某芳持有的股票资产为328,738元，该项财产应作为夫妻共同财产予以分割。

赵某芳则认为：第一，其离婚后在股票账户又追加投资金，并提交了方正证券出具的历史资金情况表，拟证明离婚时（即2016年3月21日）股票总资产为266,278.55元。第二，股票账户的资产来自自己因患舌癌获得的保险金，应当予以扣除。

法院经审理后认为：一方因身体受到伤害获得的赔偿或补偿，属于一方的个人财产。现有的证据能够证明，赵某芳因患舌癌获得的赔偿款10万元及利息13,564元均投入涉案的股票账户。根据上述规定，该意外伤害赔偿款及利息应属于赵某芳的个人财产。

赵某芳向陈某借款30,975元投入了涉案的股票账户。根据双方离婚协议的约定，该借贷债务应属于赵某芳的个人债务，郭某军亦予认可，应由赵某芳负责偿还，但该借款已投入赵某芳的股票资产，根据权利义务对等原则，该借款30,975元亦不能作为夫妻共同财产予以分割，应从股票资产中予以扣除。

综上，本案属于双方夫妻共同财产的股票资产价值应认定为121,739.55元（266,278.55元-意外伤害赔偿款10万元-意外伤害赔偿款的利息13,564元-陈某的借款30,975元）。

## 裁判要点

一方因身体受到伤害获得的赔偿或补偿，属于一方的个人财产。现有的证据能够证明，赵某芳因患舌癌获得的赔偿款10万元及利息13,564元均投入涉案的股票账户，故该部分款项应当自股票资产中扣除。

**典型案例三**：婚姻关系存续期间，一方因身体受到伤害获得的赔偿或补偿，已经被另一方实际花费的，是否应当返还？

赵某飞与李某娇原系夫妻关系，双方因感情不和于2019年3月办理离婚登记手续。

2015年11月29日，赵某飞与案外人刘某相撞发生交通事故，造成赵某飞受伤、车辆受损。随后赵某飞提起诉讼，最终法院判决，保险公司赔偿赵某飞246,931.63元。该赔偿费用具体为医疗费84,699.81元、营养费4500元、住院伙食补助费3840元、护理费10,021元、误工费14,014元、残疾赔偿金107,419.2元、交通费500元、精神损害赔偿金12,000元、被抚养人生活费9937.62元。

2017年1月25日，赵某飞尾号4617的工商银行卡收到保险公司支付的赔偿款246,931.63元。该笔费用由保险公司打入赵某飞银行卡后，截至2018年4月19日支出245,371.73元，剩余1559.9元仍然在赵某飞银行卡中。

赵某飞与李某娇离婚后，赵某飞提起离婚后财产纠纷诉讼，要求李某娇向赵某飞返还保险公司支付的保险金245,371.73元。

在庭审中，李某娇起初主张赵某飞名下的赔偿款已由赵某飞本人实际消费，后又改口称，由李某娇持赵某飞银行卡支出。法院在询问赔偿款项的去向时，李某娇未作出合理的解释。

法院经审理后认为：该赔偿款中的残疾赔偿金107,419.2元、精神损害赔偿金12,000元，共计119,419.2元，是对赵某飞因交通事故造成身体活动功能受限的赔偿，李某娇应当予以返还。该赔偿款中医疗费84,699.81元、营养费4500元、住院伙食补助费3840元、护理费10,021元、误工费14,014元、交通费500元已经因交通事故支出，考虑到交通事故赔偿金具有填补损失的性质，该项费用已经支出，赵某飞要求李某娇返还，法院不予支持。被抚养人生活费9937.62元是用于抚养双方的儿子，因双方儿子现由李某娇直接抚养，赵某飞要求李某娇返还该项费用，法院不予支持。综上，李某娇应当返还给赵某飞的个人财产数额为 119,419.2 元。

## 裁判要点

一方因身体受到伤害获得的赔偿或补偿，属于一方的个人财产。具备人身专属性的赔偿款已经被另一方实际花费且无法作出合理解释的，另一方应当予以返还。

## 律师分析

（一）夫妻一方因意外伤害保险合同、健康保险合同获得的保险金是否属于夫妻共同财产？

《八民会议纪要》第 5 条规定："婚姻关系存续期间，夫妻一方作为被保险人依据意外伤害保险合同、健康保险合同获得的具有人身性质的保险金，或者夫妻一方作为受益人依据以死亡为给付条件的人寿保险合同获得的保险金，宜认定为个人财产，但双方另有约定的除外。"

意外伤害保险是以被保险人遭受意外伤害造成死亡、伤残为给付保险金条件的人身保险，常见类型有旅游意外险、人身意外险、交通意外险、航空意外险等。当被保险人发生保险合同约定的保险事故时，保险公司将承担给付保险金的责任，例如给付伤残保险金、医疗保险金、误工津贴等费用。

根据《民法典》第 1063 条第 2 项规定，一方因受到人身损害获得的赔偿或者补偿属于夫妻一方的个人财产。意外伤害保险中，被保险人获得的伤残保险金、医疗保险金主要用于个人的生活、治疗等特定用途，具有人身属性，因此属于夫妻一方的个人财产，而误工津贴则是对受害者因受伤而减少的劳动报酬的补偿，并不具备人身属性，应当参照《民法典》第 1062 条的规定认定为夫妻共同财产。

健康保险是指在被保险人身体出现疾病时，由保险公司向其支付保险金的人身保险，其中医疗保险、疾病保险、失能收入损失保险的保险金给付一般都针对被保险人的人身损害，也具有人身属性，一般认定为夫妻一方的个人财产。

在典型案例二中，赵某芳因患舌癌获得保险赔偿款 100,000 元，其在收到相关款项后并未将相关款项消费或转移给第三人，而是将款项存为定期并产生利息 13,564 元，随后赵某芳将相关款项投入自己名下的股票账户中，相当于将意外伤害保险金转变为股票资金，最终法院在分割赵某芳名下的股票时，将该部分款项在股票市值中进行了相应的扣除。

在典型案例三中，婚姻关系存续期间，因赵某飞发生交通事故，保险公司赔偿赵某飞246,931.63元，该款项的构成多样，既有残疾赔偿金、精神损害赔偿金，又有医疗费、营养费、住院伙食补助费、护理费、误工费、交通费等。法院考虑到，因医疗费、营养费、住院伙食补助费等费用，在实际赔付前已经使用夫妻共同财产支出，故不再要求李某娇返还，而面对残疾赔偿金、精神损害赔偿金，法院认定该类款项具有人身属性，支持了赵某飞要求李某娇返还的诉讼请求。

（二）同样是面对花掉的保险理赔金，为什么典型案例一中，法院未支持张某返还，而在典型案例三中，法院却支持了赵某飞的部分诉讼请求？

首先，在典型案例一和典型案例三中，法院均认可，如果获得保险赔偿款主要是用于一方的治疗、生活等特定用途，则具有人身属性，属于受害方的个人财产。

在典型案例一中，首先，王某与张某之间不存在借款关系，基于此张某无须返还王某28万元的借款。其次，保险公司虽然将28万元汇入王某的个人账户，但王某并没有将该笔款项用于治疗、生活等特定用途，而是将该笔费用转入张某的账户中用于公司的生产经营。考虑到公司实际由张某、王某夫妻二人共同经营，公司所产生的收入也都用于二人的家庭生活，且王某作为公司财务的负责人，对28万元汇入公司账户及公司收入用于家庭生活等情况应当明知，且在2014年至双方解除婚姻关系期间王某也并未提出任何异议，因此可以视为是王某个人改变了该28万元保险理赔金的特定用途，将该笔费用用作公司的生产经营，该笔费用投入公司后即成为公司资产的一部分。最后，退一步来讲即使王某是将28万元的保险理赔金出借给公司用于资金周转，该28万元也应属于公司债权的一部分。由于双方在离婚协议中已经写明"经营公司及公司债权归张某所有"，所以不管该笔28万元是作为公司的投资还是作为对公司的债权，王某都无权再请求分割该笔款项，即张某无须返还王某28万元。

与典型案例一不同的是，在典型案例三中，虽然保险公司向赵某飞支付了保险理赔金，但是最终该款项实际由李某娇持有并支出，且李某娇本人对于款项的去向不能作出合理的解释说明，法院无法确定该款项是用于家庭共同生活还是李某娇的个人消费，因此，考虑到案件的实际情况，法院判决李某娇向赵某飞返还具有人身属性的残疾赔偿金、精神损害赔偿金。

## 第四节　子女作为被保险人、受益人的特殊纠纷

```
婚姻关系存续期间，为未成年子女购买的人身保险，离婚时如何分割？
├─ 如投保人行使任意解除权，解除保险合同，即退保 → 退保后所得的退保费用属于夫妻共同财产会被分割。
├─ 如投保人未退保 → 保单视为对子女的赠与。
│                 → 分割保单的现金价值。
├─ 如生存保险金受益人为作为投保人的夫妻一方(非未成年子女) → 基于未成年子女的生命健康仅仅是人身保险的标的，故该项人身保险不能视为对未成年子女的赠与，夫妻离婚时保单的现金价值，仍要作为夫妻共同财产分割。
├─ 分居期间或感情破裂期间，一方无正当理由，擅自使用夫妻共同财产购买大额人身保险 → 因夫妻间未形成赠与的合意，在夫妻之间分割实际交纳的保费或保单的现金价值。
│                                                                  示范案例：本章第三节第234页典型案例六
└─ 如果法院在离婚案件中已经判决保单属于对孩子的赠与，投保人在判决生效后擅自退保的 → 退保费用属于孩子所有。
                                                                  示范案例：本章第四节244页典型案例一
```

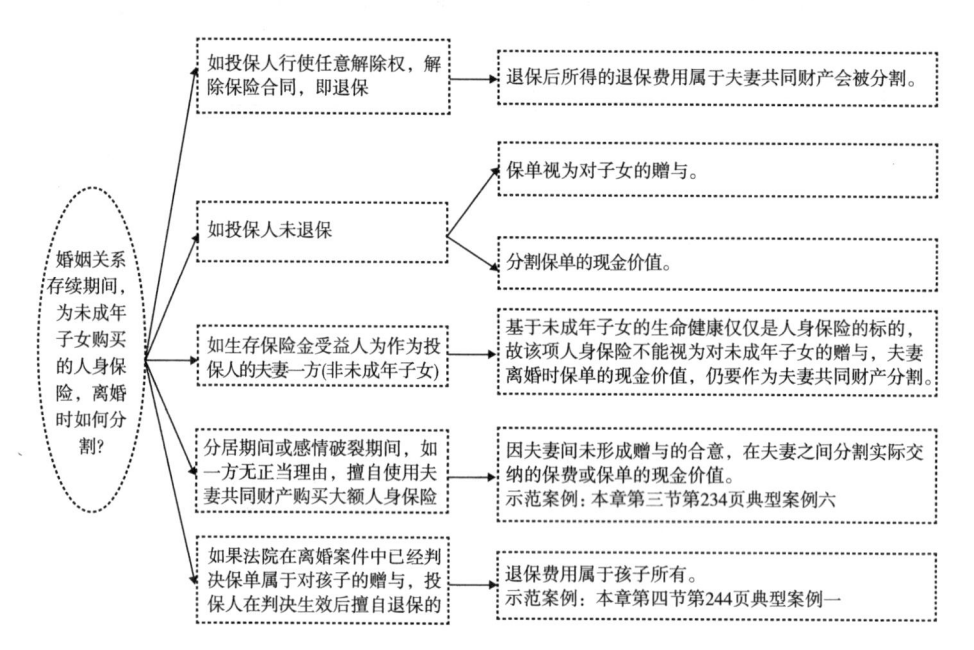

图 3-2　婚姻关系存续期间，为未成年子女购买的人身保险的分割

### 一、婚姻关系存续期间为子女购买人身保险，离婚后的退保问题

**典型案例一**：婚姻关系存续期间为子女购买人身保险，离婚后投保人擅自退保的，子女有权主张投保人返还保险单现金价值及赔偿损失吗？

王某洋与赵某芳原系夫妻关系，二人婚后生育一子王某潇。2000年，王某洋作为投保人为被保险人王某潇投保了少儿乐两全保险B款，保险期间自2000年6月30日0时起至2021年6月30日0时止或本合同列明的终止性保险事故发生时止，交费方式为年交（15年），保险费为每年3000元，投保份数10份，开始给付日期为2015年6月30日，保险金给付方式为按年给付，保险金额为高中教育金（每期）3450元、大学教育金（每期）10,340元、意外伤害身故（全残）50,000元、疾病身故保险金20,000元。在少儿乐两全保险条款的说明中，针对B款有两种领取方式供选择：（1）当被保险人生存至15周岁、16周岁、

17周岁合同生效日的对应日时，可按年分别领取高中教育金，当被保险人生存至 18 周岁、19 周岁、20 周岁、21 周岁合同生效日的对应日时，可按年分别领取大学教育金，被保险人领取最后一次大学教育金后，本合同终止；(2) 当被保险人生存至 21 周岁合同生效日的对应日时，可一次性领取全额教育金，本合同终止。

2014 年 11 月 3 日，王某洋与赵某芳经法院判决离婚，判决中载明王某洋为王某潇购买的少儿乐两全保险 B 款，属于双方对王某潇的赠与，不作为夫妻共同财产进行分割。收到离婚判决后，王某洋于同年 12 月 6 日向保险公司申请退保，保险公司向王某洋退还现金 44,440 元。

王某洋退保后，王某潇向法院起诉请求法院判令王某洋赔偿自己的保险金损失 51,710 元〔(3450 元×3 年) + (10,340 元×4 年)〕。庭审过程中，王某洋则主张根据《保险法》的规定，自己作为投保人有随时退保并领取保险单现金价值的权利，王某潇的诉讼请求无任何事实与法律依据。

## 裁判要点

在已有生效法律文书认定少儿乐两全保险 B 款不属于夫妻共同财产的情况下，王某洋擅自退保并占据退保金额的行为侵害了王某潇的合法权益。根据《民法典》及相关法律规定，监护人不履行监护职责或者侵害被监护人的合法权益的，应当承担责任，给被监护人造成财产损失的，应当赔偿损失。

## 律师分析

**（一）王某洋作为少儿乐两全保险 B 款的投保人，能否随时退保？**

婚姻关系存续期间，一方为未成年子女购买的人寿保险，已经交纳的保险费通常会视为夫妻双方合意对子女的赠与。离婚时，保险单的现金价值或者保险利益不应当作为夫妻共同财产进行分割。故在王某洋与赵某芳的离婚纠纷诉讼中，该保险单应当视为王某洋与赵某芳对王某潇的赠与财产，法院并没有将少儿乐两全保险 B 款作为夫妻共同财产分割。

《保险法》第 15 条规定，保险合同成立后，投保人可以解除合同，但该项法律规定仅规范投保人和保险人之间的合同关系，并未针对投保人退保情况下的投保人与被保险人之间的权利义务进行规制。依据《民法典》第 34 条规定，监护人负有保护被监护人的人身权利、财产权利以及其他合法权益的义务，如监护人不履行监护职责或者侵害被监护人合法权益的，应当承担法律责任。本案中，王某洋与赵某芳虽然已经离婚，但二人仍为王某潇的法定监护人，应当依法履行监护义务，保护王某潇的财产权益，除为被保险人利益外，不得随意处分王某潇的财产，即在少儿乐两全保险 B 款的保险利益归属于王某潇的情况下，王某洋不能擅自退保。

### （二）王某洋是否应当向王某潇赔偿损失？

第一，王某洋擅自退保的行为导致王某潇丧失了对高中教育金、大学教育金的财产权利，损害了王某潇的合法权益。第二，在王某洋与赵某芳的离婚诉讼中，在生效裁判文书认定少儿乐两全保险 B 款不属于夫妻共同财产的情况下，王某洋仍擅自退保，其主观存在侵占王某潇财产的故意。第三，依据《民法典》第 34 条的规定，监护人侵害被监护人合法权益的，应当承担法律责任。因此，在王某潇提供证据证明自己损失的情况下，王某潇要求王某洋赔偿其依据保险合同应当享受的教育保险金 51,710 元［3 年的高中教育金 10,350 元（3450 元×3 年）与 4 年的大学教育金 41,360 元（10,340 元×4 年）之和］的诉讼请求得到了法院的支持。

需要提示的是，子女要求作为投保人的父或母赔偿自己退保的损失，必须提供相应的证据证明自己的损失，否则法院也有可能驳回该项诉求。例如，在（2016）陕 01 民终 2419 号判决书中，李某甲（女儿）起诉薛某（母亲）擅自退保，请求法院判令薛某返还李某甲退保财产 3800 元（现金价值），赔偿李某甲退保损失 20,000 元。法院经审理后认为，薛某作为李某甲的监护人擅自解除保险合同、领取退保金之行为，侵害了李某甲的财产权益，理应依法返还退保金，但退保金应以薛某实际领取金额 3612.96 元为准。至于李某甲请求薛某赔偿退保损失 20,000 元的诉求，由于李某甲对薛某退保行为对其造成损失之事实未提供证据相佐证，且薛某作为保险合同的投保人及李某甲的监护人，申请退保亦不违反法律禁止性规定，故对李某甲该项诉请法院没有支持。

**典型案例二**：婚姻关系存续期间为非亲生子女购买人身保险，离婚后投保人能否擅自退保？子女有无权利主张投保人返还保险单现金价值及赔偿损失？

曹某顺与孟某珍系夫妻，婚后共同抚养一女曹某琳，但曹某琳并非曹某顺亲生子女。2017 年 6 月 22 日，曹某顺作为投保人为被保险人曹某琳投保一份人寿保险（保险单号 P2500××96220），身故受益人为法定，共计交纳保险费用 22,120.02 元。

2020年6月10日，曹某顺与孟某珍经法院判决双方离婚，确认曹某顺与孟某珍为曹某琳所交纳22,120.02元保险费为夫妻共同财产，孟某珍支付保险费的一半即11,060.01元给曹某顺。孟某珍已经将保险费11,060.01元支付给曹某顺。2020年8月28日，曹某顺将为被保险人曹某琳所投保的人寿保险退保，退保金额1651元已由曹某顺领取完毕。2021年2月7日，孟某珍另行为曹某琳投保一份人寿保险，交费年限为20年，首年保险费为11,461.95元，孟某珍已支付完毕，剩余保险费尚未支付。

2021年3月5日，孟某珍作为曹某琳的法定代理人向法院提出诉讼请求：(1) 判令曹某顺赔偿孟某珍退保损失105,550.02元；(2) 本案一切费用均由曹某顺承担。事实与理由：曹某琳原来交纳的案涉保险费是每年7373元，已经交纳3年，由于曹某顺私自退保人寿保险（保险单号P2500××96220），该份险种（投保的少儿福21产品计划人寿保险）现在重新购买，需要重新交纳年保险费11,461.95元，孟某珍每年需要多交纳4088.95元，仍需要再购买20年，孟某珍共计损失81,779元，该损失曹某顺应承担赔偿责任。

曹某顺辩称：其与孩子没有任何血缘关系，且其作为投保人有权随时退保。

法院经审理认为：在夫妻关系存续期间取得的保险单具有一定的现金价值，属于夫妻共同财产，离婚时应当予以分割。对于人身保险合同，依据保险单的人身依附性，为子女购买的保险单视为对子女的赠与，归子女所有。本案中，在婚姻存续期间，曹某顺作为投保人为曹某琳投保的保险单（保险单号P2500××96220），视为对曹某琳的赠与，归曹某琳所有。在孟某珍与曹某顺离婚时，经法院判决，为曹某琳购买保险花费的保险费的一半即11,060.01元，孟某珍作为曹某琳的法定代理人支付给曹某顺。

因被保险人曹某琳并非曹某顺的亲生女儿，且孟某珍与曹某顺的婚姻已经解除，曹某顺对被保险人曹某琳不再具有保险利益，曹某顺无权私自解除被保险人曹某琳的人寿保险合同。

1. 曹某顺在未告知孟某珍的情况下擅自退保，致使孟某珍已经交付22,120.02元保险费的保险合同（P2500××96220）解除，且孟某珍已经将保险费的一半即11,060.01元支付给曹某顺，故对孟某珍要求曹某顺赔偿直接经济损失22,120.02元的诉讼请求，法院予以支持。

2. 曹某顺领取的1651元退保金为保险单的现金价值，该保险单现金价值来源于孟某珍交纳的22,120.02元保险费，非孟某珍另行支出的费用，如曹某顺返还退保金，则构成重复返还，故对孟某珍要求曹某顺返还退保金1651元的诉讼请求，法院不予支持。

3. 孟某珍为曹某琳重新投保少儿福21产品计划人寿保险的行为与曹某顺擅自退保的行为不具有必然性和因果关系，且重新投保的20年人寿合同仅仅履行1年，其余的尚未履行，合同结果不具有可预见性和客观确定性。故法院对孟某珍要求曹某顺赔偿重新投保增加的20年保险费81,779元的诉讼请求不予支持。

法院判决：一、曹某顺于本判决生效后十日内赔偿孟某珍各项损失共计22,120.02元；二、驳回孟某珍的其他诉讼请求。

## 裁判要点

在夫妻关系存续期间取得的保险单具有一定的现金价值，属于夫妻共同财产，离婚时应当予以分割。经法院判决为子女购买的人身保险合同，视为对子女的赠与，归子女所有的为子女个人财产，非为子女利益，任何人不得擅自退保。如投保人擅自退保，侵害他人财产利益的，财产损失按照损失发生时的市场价格或者其他合理方式计算。

## 律师分析

**（一）曹某顺作为投保人能否随时将案涉保险退保？**

《保险法》第15条明确赋予投保人任意解除权，却并未就利他保险作出任何例外规定。在投保人与被保险人不是同一人的情况下，即为他人利益保险合同中，被保险人、受益人保险金给付请求权是其于保险事故发生后实际享有的财产权利，但在保险事故发生前属于其享有的期待权或期权。即投保人在行使任意解除权时原则上不受任何限制。被保险人、受益人也不能仅仅以合同解除导致自己的利益受损为由，阻却投保人行使任意解除权。而唯一例外的情况即在于被保险人或者受益人的介入权。

《保险法司法解释（三）》第17条规定："投保人解除保险合同，当事人以其解除合同未经被保险人或者受益人同意为由主张解除行为无效的，人民法院不予支持，但被保险人或者受益人已向投保人支付相当于保险单现金价值的款项并通知保险人的除外。"虽然投保人享有任意解除权，如果被保险人或者受益人已经向投保人支付了相当于保险单现金价值的款项并通知保险人的，投保人的任意解除权因被保险人或者受益人已经支付了相当的对价，被保险人或者受益人取得变更合同投保人的权利，同时，可以阻止已经获得资金补偿的投保人行使解除权，或者可以理解为被保险人或者受益人概括受让了保险合同。

本案中，曹某顺与孟某珍经法院判决离婚时，已经判决案涉保险视为夫妻双方对子女的赠与，归子女所有。同时，孟某珍也已经将案涉保险保险费的一半11,060.01元支付给曹某顺，即孟某珍已经取得了案涉保险变更投保人的权利，具备阻止曹某顺行使任意解除权的条件。曹某顺与孟某珍已办理离婚手续，但案涉保险合同的投保人仍为曹某顺，根据案涉保险合同约定，享有退保权利的系投保人，在保险人并不知道孟某珍已经支付相应对价给曹某顺的情况下，保险公司按照曹某顺的申请解除案涉保险合同并无不当。

(二) 曹某顺解除案涉保险合同是否有效？

依据《保险法》第15条规定，投保人享有任意解除权。《保险法司法解释(三)》第17条规定："投保人解除保险合同，当事人以其解除合同未经被保险人或者受益人同意为由主张解除行为无效的，人民法院不予支持，但被保险人或者受益人已向投保人支付相当于保险单现金价值的款项并通知保险人的除外。"即在被保险人或者受益人将其已经向投保人支付相当于保险单现金价值的款项一事通知到保险人之前，投保人与被保险人或者受益人之间的转让行为对保险人不发生效力。所以，在保险人不知道被保险人或者受益人已经与投保人达成转让保险合同合意的情况下，其在收到投保人解除通知后向投保人退还保险单现金价值，保险合同仍应当归于消灭，保险合同解除。

本案中，依据离婚判决，案涉保险视为夫妻双方对被保险人曹某琳的赠与，归曹某琳个人所有，在孟某珍已经将案涉保险保险费的一半11,060.01元支付给曹某顺的情况下，孟某珍概括受让了案涉保险合同，取得了案涉保险合同投保人的变更权利。但是在孟某珍未将其已经支付一半保险费给投保人曹某顺的情况通知到保险人之前，即在保险人不知道孟某珍已向投保人支付相当于保险单现金价值的款项的情况下，保险人依据投保人曹某顺的申请解除案涉保险合同，向其支付案涉保险现金价值1651元符合保险合同约定。

(三) 孟某珍能否向曹某顺主张退保损失？

财产损害可以划分为直接财产损害和间接财产损害。直接财产损害亦称为积极财产损害，指由于侵权行为直接作用于受害人的财产所造成的财产损害，或者受害人为了补救民事权益所为的必要支出。间接财产损害亦称消极财产损害，指由于受害人受到侵害而发生的可得利益的丧失。

案涉保险合同已经被离婚判决认定视为夫妻双方对子女的赠与，归曹某琳个人所有。同时，孟某珍已经将案涉保险的一半保险费支付给曹某顺，曹某顺无权私自解除人寿保险合同。曹某顺在未告知孟某珍的情况下擅自退保，致使孟某珍已经交付 22,120.02 元保险费的保险合同（保险单号 P2500××96220）解除，同时直接造成孟某珍损失保险费 22,120.02 元，曹某顺应对孟某珍的直接经济损失予以赔偿。

（四）孟某珍能否向曹某顺主张保险单的现金价值损失？

案涉保险单的现金价值系投保人交纳保险费后，在退保时保险人从投保人已经交纳的保险费 22,120.02 元中扣除掉保险公司因该保险单向保险工作人员支付的佣金、保险公司的管理费用开支在该保险单上分摊的金额、保险公司已经承担该保险单保险责任所需要的纯保险费，加上剩余保险费及所产生的利息，并非孟某珍另行支出的费用，如曹某顺返还退保金，则构成重复返还，故对孟某珍要求曹某顺返还退保金 1651 元的诉讼请求，法院不予支持。

（五）孟某珍能否主张因重新投保额外增加的保险费？

本案中，孟某珍为曹某琳重新投保的少儿福 21 产品计划人寿保险，并非曹某琳日常生活学习的必需品，也不是法律法规规定的义务性行为，孟某珍可以选择为曹某琳重新投保，也可以选择不投保；可以选择涉案少儿福 21 产品计划人寿保险，也可以选择其他任意一种少儿人寿保险类型。孟某珍为曹某琳重新投保少儿福 21 产品计划人寿保险的行为与曹某顺擅自退保的行为不具有必然性和因果关系，且重新投保的 20 年人寿保险合同仅仅履行 1 年，其余的尚未履行，合同结果不具有可预见性和客观确定性。故法院对孟某珍要求曹某顺赔偿重新投保增加的 20 年保险费 81,779 元的诉讼请求不予支持。

（六）离婚时，为未成年子女投保的保险未作处理，后来退保的，子女能否主张损失赔偿？

司法实践中，（2012）宁民初字第 686 号法院判决认为：婚姻关系存续期间为子女投保的人身保险系为子女设定的一种人身保险和家庭理财方式，虽然子女为被保险人，但在保险期间保险合同终止时，保险合同中的现金价值仍应属于夫妻共同财产。离婚时未对保险合同处理的，离婚后作为投保人的一方退保的，保险合同因为投保人退保而解除，保险人支付的保险单现金价值属于夫妻共同财产，归夫妻双方共同所有，投保人应将退回的保险单现金价值的一半支付给另一方。而未成年子女对退还的保险单现金价值不具有所有权。

## 二、夫妻一方为未成年子女投保人身保险后，未经另一方同意变更受益人

**典型案例**：妻子为未成年子女投保人身保险，未经丈夫同意将受益人由"法定"变更为妻子本人，变更行为是否无效？

孙某鹏与赵某萍原系夫妻，二人婚后于 2011 年 5 月育有一子孙某宇。2014 年 3 月 2 日，赵某萍为孙某宇投保了一份人身保险。保险合同主要内容如下：(1) 投保人为赵某萍，被保险人为孙某宇，身故保险金受益人为"法定（100%）"；保险单号为 P3200××，投保主险为平安智慧星终身寿险（万能型），保险金额为 10 万元。(2) 在指定和变更受益人时，必须经过被保险人（或其监护人）同意。

2016 年 12 月 25 日，赵某萍将身故受益人由投保时的"法定"变更为"赵某萍"，受益比例为 100%。保险公司收到赵某萍的变更申请后并未在保险单上进行批注，亦未附贴批单。

2018 年 6 月 27 日，赵某萍与孙某鹏在民政局办理了协议离婚手续，《离婚协议书》载明：(1) 孙某宇随孙某鹏生活；(2) 赵某萍为孙某宇购买的平安智慧星终身寿险（万能型）一份，由赵某萍配合孙某鹏，将投保人变更为孙某鹏。2018 年 7 月 12 日，保险合同投保人、续期保险费付费人均由赵某萍变更为孙某鹏。

2019 年 8 月 14 日，被保险人孙某宇因意外身亡，孙某鹏在办理保险理赔时，保险公司称该份保险单的受益人为赵某萍，保险公司无法将身故保险金给付给孙某鹏。孙某鹏则认为，自己与赵某萍离婚后，孙某宇由自己抚养且自己当前是保险单的投保人，保险公司未经自己的同意擅自变更受益人，损害了自己及孙某宇的合法权益，于是孙某鹏以保险公司为被告、赵某萍为第三人提起诉讼，要求保险公司给付孙某鹏保险金 10 万元。

庭审过程中，保险公司则表示，赵某萍作为被保险人孙某宇的监护人，变更保险单受益人的行为具有法律效力。申请书中有投保人赵某萍及被保险人监护人赵某萍的两处签字确认，现在身故受益人已经变更为赵某萍，保险公司无须给付孙某鹏任何保险金。

**裁判要点**

赵某萍在合同履行过程中变更受益人，应当经过被保险人的另一监护人即

孙某鹏同意。赵某萍的变更受益人行为，未取得孙某鹏同意，且孙某鹏尚不认可，应为无效。

## 律师分析

（一）赵某萍变更保险受益人的行为是否有效？

第一，《保险法》第 41 条规定，投保人变更受益人时须经被保险人同意。《保险法司法解释（三）》第 10 条第 3 款规定："投保人变更受益人未经被保险人同意，人民法院应认定变更行为无效。"保险合同也约定，在指定和变更受益人时，必须经过被保险人（或其监护人）同意。因此，作为投保人的赵某萍变更保险合同的受益人，应当经过孙某宇的另外一位监护人孙某鹏的同意，在赵某萍没有证据证明其在变更受益人时征求过孙某鹏的意见，且孙某鹏本人事后拒绝追认的情况下，应当认定赵某萍变更受益人未经被保险人的同意，变更行为无效。

第二，保险公司在变更受益人时存在过错。在孙某鹏与赵某萍离婚后，孙某鹏成为保险合同新的投保人，作为原投保人的赵某萍与保险公司有义务向孙某鹏披露保险合同的主要条款。保险公司在投保人变更后应当就受益人情况征求新的投保人、被保险人的意见，但保险公司并未告知孙某鹏上述事宜，甚至在变更受益人时并未在保险单上作出批注，亦未附贴批单，新的投保人孙某鹏凭借保险合同根本不可能知晓受益人已经变更，更无法享受保险利益。综上，法院认定赵某萍变更受益人的行为无效。

（二）保险公司应当如何给付保险金？

由于赵某萍变更受益人的行为无效，则保险合同的受益人仍然为变更前的"法定"，由孙某宇的法定继承人赵某萍、孙某鹏作为身故受益人。保险合同中未约定各受益人的受益顺序及受益份额，视为双方等额享有，各占 50%，保险公司应当分别向赵某萍、孙某鹏给付 5 万元的保险金。

### 三、"子女"与投保人无法律上的父母子女关系，能否作为人身保险的受益人？

典型案例："义子"能否作为人身保险的受益人？

2014 年 8 月 25 日，王某权与保险公司签订了一份保险合同，主要内容如下：

1. 投保人：王某权；被保险人：王某权；指定受益人：赵某磊。保险合同中注明被保险人与受益人的关系为父子，保险金额为 200 万元。

2. 保险类型：太平福利健康 C 款终身寿险，保险标的为王某权的生命，保险期限为终身。

2018 年 12 月 15 日，王某权因病去世，办理完王某权的丧葬手续后，赵某磊向保险公司提出理赔请求。但这一请求遭到了保险公司的拒绝，保险公司认为赵某磊并非王某权的子女，不符合受益人的身份关系，保险公司无法办理理赔手续。

2019 年 5 月，赵某磊将保险公司告上法院，要求保险公司向自己支付 200 万元保险金。庭审过程中，赵某磊称投保人王某权指定其为保险金的受益人系因投保人王某权认其作"义子"，但双方并未到民政部门办理收养关系的手续。保险公司在法庭上则表示，保险事故已经发生，我公司同意理赔，但本案的保险单中约定受益人方式为指定方式，需同时符合姓名和身份关系，身份关系发生变化的应认定为未指定受益人，而应按照《保险法》的规定将保险金作为被保险人的遗产由其法定继承人继承，因此赵某磊并不是保险金请求权的主体。

## 裁判要点

受益人赵某磊与被保险人王某权之间一直都不存在法律意义上的特殊身份关系，应视为本案中的保险合同并未采取姓名加身份关系的方式指定受益人，且被保险人王某权与受益人赵某磊的身份关系也一直没有发生变化，保险公司应当向赵某磊支付保险金。

## 律师分析

**（一）人身保险的受益人如何确定？**

人身保险合同中具有保险金请求权的受益人是否需要与被保险人之间具有某种利益关系？《保险法》第 39 条第 2 款规定："投保人指定受益人时须经被保险人同意。投保人为与其有劳动关系的劳动者投保人身保险，不得指定被保险人及其近亲属以外的人为受益人。"因此，原则上人身保险的受益人不需要与被保险人之间具备特殊利益关系，但投保人指定受益人时必须征得被保险人的同意，否则指定行为无效。

如各方当事人对保险合同中受益人无异议的话，按照保险合同的约定即可确定受益人，如各方产生争议则可依据《保险法司法解释（三）》第9条第2款规定按以下情形进行处理：（1）受益人约定为"法定"或者"法定继承人"的，以《民法典》规定的法定继承人为受益人。（2）受益人仅约定为身份关系的，投保人与被保险人为同一主体时，根据保险事故发生时与被保险人的身份关系确定受益人；投保人与被保险人为不同主体时，根据保险合同成立时与被保险人的身份关系确定受益人。（3）约定的受益人包括姓名和身份关系，保险事故发生时身份关系发生变化的，认定为未指定受益人。

（二）保险公司应当将200万元身故保险金给付给谁？

本案中，保险公司认为在保险事故发生时，王某权与赵某磊并不存在法律上的父子关系，依据《保险法司法解释（三）》第9条第2款第3项的规定，受益人的约定包括姓名和身份关系，保险事故发生时身份关系发生变化的，认定为未指定受益人。在未指定受益人的情况下，保险金将作为王某权的遗产，按照《继承法》（现《民法典》继承编）的规定进行处理。但是保险公司忽视了一点，《保险法司法解释（三）》第9条第2款第3项针对的是受益人与被保险人之间的身份关系"发生变化时"保险受益人的认定问题，即需要以受益人与被保险人在订立保险合同时存在身份关系为前提条件。而本案中，赵某磊与王某权之间自始便不存在父子关系，双方的身份关系是客观的，从未发生过变化，并不符合上述司法解释的适用条件。即使投保单填写的身份关系与事实不符，王某权对其指定的受益人赵某磊的身份情况应当是明知的，因此可以认定该指定行为系被保险人王某权的真实意思表示。依据《保险法》第39条第1款的规定，人身保险的受益人由被保险人或者投保人指定。本案中，投保人及被保险人均为王某权，其指定赵某磊作为保险受益人，并不违反《保险法》的禁止性规定，应认定为合法有效。在保险事故发生后，保险公司应当将身故保险金给付给赵某磊而并非王某权的法定继承人。

## 四、为未成年子女购买的人身保险的分割

**典型案例一**：为未成年子女教育成长而购买的人身保险，离婚时能否分割？

张某涛、王某丽于2004年3月登记结婚，2006年生育一子名张某哲，2018年2月8日，两人经法院判决离婚，但在该离婚诉讼中法院并未处理双方名下的保险单。2018年12月，张某涛向法院起诉要求分割王某丽作为投保人的人身保险。

经查明，婚姻关系存续期间，王某丽共购买了两份保险单：

2017年2月9日，王某丽购买保险合同号为P××1的平安人寿保险，使用夫妻共同财产支付首期保险费9339.93元。

2017年7月2日，王某丽购买保险单号为P××2的平安人寿保险并一次性交足保险费210,890元，其中附加高中教育、大学教育保险费为183,500元。

上述两份保险单的被保险人均为张某哲，生存保险金受益人为张某哲，身故保险金受益人为王某丽。

**裁判要点**

王某丽用夫妻共同财产购买保险，被保险人和生存受益人均为双方婚生子，从保险的内容来看主要目的是从经济上保障孩子今后的教育成长，在王某丽未解除该份保险合同或保险事故并未发生的情况下，王某丽作为投保人或者身故受益人并不能取得保险利益，故本案中暂不对该份保险权益进行分割。

**典型案例二**：为未成年子女购买的具有投资属性的人身保险，离婚时能否分割？

徐某鹏与张某倩于2006年9月30日登记结婚，婚后育有一子徐小某，后双方办理离婚登记，但离婚后二人仍共同居住在一起，并于2012年4月25日再次办理结婚登记手续。2015年7月两人因感情不和开始分居，2019年2月20日，双方经法院判决解除婚姻关系。

2008年9月5日，张某倩为儿子徐小某购买了一份"国寿金彩明天两全保险（A款）（分红型）"，保险合同号为2008××，投保人为张某倩，被保险人为徐小某，保险期间为80年，交费期间为10年，保险费每年10,650元，交费方式为年交，首期及续期交费形式均为银行转账方式，投保后每年均按期交纳了保险费。

2019年10月15日张某倩办理了案涉保险的退保手续，从保险公司获得退保金额74,954.86元、红利9503.37元、红利利息1224.20元、生存金13,500元、生存金利息2645.53元，上述款项共计101,827.96元。

徐某鹏认为退保金应当属于徐某鹏、张某倩的夫妻共同财产，徐某鹏应分得50,913.98元，但张某倩拒绝分配给徐某鹏，于是徐某鹏起诉至法院要求依法分割退保金。

张某倩则认为退保金不应作为夫妻共同财产进行分割。第一，该保险是婚姻存续期间由张某倩作为投保人与徐某鹏共同为孩子投保的，2013年开始双方的婚姻出现矛盾，2015年7月开始分居，2015年7月分居经济独立之后的保险费均是由张某倩自己交纳的，与徐某鹏无关；第二，根据《保险法》的规定，张某倩作为投保人应是现金价值及保险利益第一顺序的受益人，其次才是子女。因此，请法院驳回徐某鹏的全部诉讼请求。

## 裁判要点

张某倩在与徐某鹏婚姻关系存续期间投保，而该保险具有投资属性，双方离婚时的保险单现金价值应当认定为夫妻共同财产。所以对张某倩辩称其对退保的现金价值及保险利益应为第一顺序受益人的抗辩主张，不予支持。张某倩从保险公司获得退保金101,827.96元应为夫妻共同财产，故张某倩应给付徐某鹏101,827.96元÷2＝50,913.98元。

**典型案例三**：为未成年子女购买的具有投资属性的人身保险，离婚时如何分割？

李某君、张某琪系夫妻关系，双方于2010年5月6日登记结婚，同年10月29日生育一女，取名李小某。

婚后，张某琪、李某君因缺乏信任和理解，为日常生活琐事多次产生矛盾并导致夫妻感情破裂。于是，张某琪向法院起诉离婚，案件审理过程中，李某君表示同意离婚，但双方就李某君为李小某购买的人身保险分割问题产生争议。

2014年1月10日（此时双方正处于分居状态），李某君为了达到转移财产的目的，与某保险公司签订保险合同，投保人为李某君，被保险人为李小某，合同成立日期为2014年1月12日，合同生效日期为2014年1月13日，险种为国寿鸿运少儿两全保险（分红型），保险费为趸交12万元。合同中还约定：本合同自接到解除合同申请书时终止。投保人于签收保险单后十日内要求解除本合同的，本公司在接到解除合同申请书之日起三十日内向投保人退还已收全部保险费。投保人于签收保险单十日后要求解除本合同，本公司于接到解除合同申请书之日起三十日内向投保人退还本合同的现金价值。

此外，保险合同第6条红利事项规定：在本合同保险期间内，在符合保险监管结构规定的前提下，本公司每年根据上一会计年度分红保险业务的实际经营状况确定红利分配方案。如果本公司确定本合同有红利分配,则该红利将分配给投保人。投保人在投保时可选择现金领取和累积生息两种红利处理方式。

在离婚诉讼中,张某琪提出要求分割使用夫妻共同财产交纳的保险费 12 万元。张某琪认为,李某君在双方分居期间购买人身保险,该保险属于投资理财型合同,李某君购买该保险并未经过张某琪同意,是李某君出于转移夫妻共同财产的目的而实施的行为,李某君应当补偿张某琪保险费 12 万元的一半。李某君则认为,自己为李小某购买的人身保险应当视为对未成年子女的赠与,在本次离婚诉讼中不应作为夫妻共同财产分割。

## 裁判要点

李某君未经张某琪同意趸交 12 万元保险费,虽然该保险合同的受益人是李小某,但该保险合同属于投资理财型合同,可以每年领取红利分配或累积生息领取红利。而每年领取红利或累积生息领取红利只能由李某君领取并控制使用,张某琪无法行使权利。且张某琪并不同意投保该型种的保险合同,李某君擅自投保的行为损害了张某琪的权益,李某君应当补偿张某琪 6 万元。

## 律师分析

**(一)为未成年子女购买的人身保险,离婚时如何分割?**

截至目前法律或司法解释并未明确规定夫妻一方或双方为未成年子女购买的保险,是否可以在离婚诉讼中分割,因此该问题在实务中存在争议。通过以上三个典型案例,我们可以发现不同法院在裁判时观点也不统一。

1. 大多数法院会认定,夫妻一方为未成年子女购买的人身保险视为对子女的赠与,不作为夫妻共同财产分割。

部分省高院曾就该问题作出规定,例如,2016 年浙江省高级人民法院民一庭发布的《关于审理婚姻家庭案件若干问题的解答》(高法民一〔2016〕2 号)指出:"十五、婚姻关系存续期间,夫妻一方为子女购买的保险,在离婚时可否作为夫妻共同财产予以分割?答:婚姻关系存续期间,夫妻一方为子女购买的保险视为双方对子女的赠与,不作为夫妻共同财产分割。"

司法实践中,大部分法院会认定,婚姻关系存续期间,一方为子女购买的人寿保险,已经交纳的保险费视为夫妻双方合意对于子女的赠与。离婚时,保险利益不应当作为夫妻共同财产进行分割。这主要考虑到,即使夫妻双方离婚,父或母仍然对未成年子女有抚养、照顾、保护的义务，父母与子女之间的关系不因父母离婚而消除，离婚后子女无论由哪一方直接抚养，仍然是父母双方的子女。夫妻双方离婚时，为未成年子女投保的人寿保险尚处于保险的有效期内，未成年子女作为保险单的生存受益人，只要未成年子女生存便能获得生存保险金，该生存保险金属于未成年子女专有，并不会给付给直接抚养子女的一方，直接抚养子女的一方也没有因此而受益。典型案例一中，王某丽虽然投保了两份保险单并使用夫妻共同财产交纳保险费，但由于两份保险单的被保险人及生存受益人为双方的未成年子女张某哲，因此法院认定这两份保险单应当视为夫妻双方对子女的赠与，最终法院驳回了张某涛要求分割保险单保险利益的诉讼请求。

此外，除了本节提到的典型案例一，在（2018）沪0113民初22296号、（2019）辽1002民初2730号、（2019）川1781民初1101号、（2020）鲁06民终6996号、（2021）川01民终6607号等民事判决书中，法院都倾向于认为夫妻一方为未成年子女购买的人身保险视为对子女的赠与，不作为夫妻共同财产分割，可供读者参考。

2. 如投保人退保，则退保后所得的退保险费用属于夫妻共同财产。

虽然前文提到，大多数法院会将已经交纳保险费的人身保险视为夫妻双方合意对于未成年子女的赠与，不作为夫妻共同财产分割。但现实中，由于投保人享有任意解除权，所以很多投保人会将人身保险退保。在典型案例二中，法院经审理后认定，由于保险费使用夫妻共同财产交纳，所以张某倩从保险公司获得退保金101,827.96元应为夫妻共同财产，故张某倩应给付徐某鹏50,913.98元的补偿款。

除了本节提到的典型案例二，在（2021）鲁0321民初22号、（2021）吉0112民初660号、（2019）苏0812民初10280号等民事判决书中，法院也倾向性地认为，投保人退保后所得的退保险费用属于夫妻共同财产，应当予以分割。

3. 需要特别提示，如夫妻双方正处于分居期间或感情破裂期间，一方无正当理由，擅自使用夫妻共同财产购买大额保险单，则面临在夫妻之间分割实际交纳的保险费的风险。

很多离婚诉讼中的当事人都有疑问：能否通过购买人身保险来达到自己转移财产的目的，典型案例三中李某君的行为为此类案件敲响了警钟。在司法实务中，法院会综合考虑投保人是否有投保的习惯、保险费金额、投保人的家庭经济状况等因素，来认定投保人是否有转移财产的故意。所以，在此提示读者，尽量在双方感情状态好并征得对方同意的情况下为子女购买人身保险，"平时不烧香，临时抱佛脚"的行为存在一定风险。在典型案例三中，由于投保人李某君一直没有投保习惯，又在双方的分居期间为子女购买人身保险，并趸交保险费，法院认定李某君的行为属于擅自处分夫妻共同财产，并判决李某君补偿张某琪一半的保险费，李某君想要通过为子女购买人身保险转移财产的目的未能实现。

（二）夫妻一方以未成年子女为被保险人购买的保险，受益人为夫妻一方，离婚时，该保险单如何分割？

2003年最高人民法院曾发布《关于审理保险纠纷案件若干问题的解释（征求意见稿）》，其中第45条规定，人民法院对于以夫妻共同财产投保后，夫妻又离婚的，应当按照以下情况处理涉及保险的纠纷：（1）一方为投保人并以自己或其亲属为受益人的，应当给予对方相当于保险单现金价值的一半的补偿。（2）一方为投保人，对方或其亲属为受益人的，人民法院应当支持对方继续交纳保险费维持合同效力的请求，但该方当事人应当给予投保人相当于保险单现金价值一半的补偿。

虽然该征求意见稿并未生效，但司法实践中大部分法院还是会按照类似的裁判规则进行裁判。从保险利益角度看，对于不退保的保险单，受益人并非未成年子女，双方离婚后作为受益人的一方将获得相应的保险金，而保险费是使用婚姻关系存续期间的夫妻共同财产交纳的，如不进行分割将不利于保护另一方配偶的合法权益，因此在司法实践中，法院往往会在双方之间分割保险单的现金价值。

## 五、婚前父母为子女投保人身保险，子女离婚时保险单的现金价值的分割

**典型案例**：婚前父母为子女投保人身保险，子女离婚时保险单的现金价值能否分割？

王某军、张某燕经朋友介绍相识后便迅速坠入爱河，在初次见面后，张某燕的父亲感觉到这个未来的女婿比较自我，举止轻浮，不像是踏实过日子的老实人。张某民把自己的感受告诉了女儿，谁知女儿根本不当回事儿，仍然坚持和王某军交往。2014年7月5日，王某军、张某燕登记结婚，2016年12月25日，生育一子王某某。由于二人婚前相处时间较短，了解较少，且王某军有嫖

娼的行为，导致夫妻感情恶化，2017年11月双方开始分居。

为了结束这段没有感情的婚姻，2018年张某燕向人民法院提起离婚诉讼。王某军在诉讼中明确表示同意离婚，但王某军提出张某燕名下有多份人身保险，由于人身保险的现金价值具有财产属性，所以要求分割张某燕名下的保险单现金价值。

经法院审理查明：2014年5月，张某燕父亲张某民在某保险公司为张某燕投保了三份人身保险，投保主险分别为福满分两全保险、金鑫盛终身寿险、鑫盛终身寿险，合同生效日分别为2014年5月11日、2014年5月20日、2014年5月25日，基本保险金额分别为74,000元、36,000元、90,000元，这三份人身保险的投保人为张某民，被保险人为张某燕。

法院经审理后认为：关于王某军提出的分割张某燕名下保险单现金价值的诉讼请求，由于该三份保险系婚前由张某燕父亲作为投保人为张某燕所购，故保险不能认定为夫妻共同财产，对王某军提出平分保险单现金价值的诉讼请求，不予支持。

**裁判要点**

父母作为投保人为子女购买的人身保险，交纳保险费使用的是父母的财产而并非子女的财产，保险单现金价值应属于父母所有，无法在子女离婚时进行分割。

**律师分析**

（一）父母作为投保人为子女购买人身保险，即使子女发生婚变，保险单的现金价值也不会被分割

《保险法》第47条规定："投保人解除合同的，保险人应当自收到解除合同通知之日起三十日内，按照合同约定退还保险单的现金价值。"由于保险合同的签订主体是投保人与保险公司，所以保险单退保后的现金价值属于投保人所有。父母作为投保人为子女购买人身保险，保险单现金价值属于父母的财产，即使子女离婚，保险单的现金价值也不会被分割。

本案中，虽然三份人身保险的被保险人是张某燕，但投保人都是张某民，保险单的现金价值应当归属于张某民所有，在王某军与张某燕离婚时，保险单的现金价值不会被作为夫妻共同财产进行分割。

**（二）子女结婚后，父母以子女作为投保人购买保险，即使由父母支付全部保险费，保险单的现金价值仍面临被分割的风险**

《民法典》第1062条第1款明确规定，夫妻在婚姻关系存续期间继承或者受赠的财产，为夫妻的共同财产，归夫妻共同所有，但是遗嘱或者赠与合同中确定只归一方的财产除外。在婚姻关系存续期间，如果由父母支付全部保险费，在父母与子女未签订任何协议的情况下，一旦子女的婚姻发生婚变，那么女婿或儿媳妇可能就会主张保险费是父母对夫妻双方的赠与，在子女离婚时保险单的现金价值仍面临被分割的风险。

如果父母与子女签订赠与协议，应在赠与协议中写明赠与的资金只赠与女儿（或儿子）×××个人，与其配偶及家庭无关，赠与资金用于购买保险，未经赠与人书面同意，投保人×××不得退保，否则赠与合同无效。但需要注意的是，实务操作中如果父母选择分期支付赠与资金，建议张某燕单独办理一张新的银行卡，每次在需要交纳保险费前从父母的银行卡直接转移赠与资金到张某燕的银行卡中。婚姻关系存续期间，张某燕既不向该卡存款，也不从该卡支出或消费，使该账户具有充分的独立性，避免与婚后夫妻共同财产混同。这样能够确保所有的保险费都是使用张某燕的个人财产支付的，即使发生婚变，女婿王某军既不能主张分割保险单的现金价值，也不能主张赠与资金属于夫妻共同财产。

**（三）若在张某燕与王某军离婚诉讼期间，张某民突然去世，王某军能否主张分割案涉保险单现金价值？**

首先，要确定案涉保险合同中是否有指定第二投保人，如果张某民在投保时已经指定了第二投保人，则案涉保险投保人变更为第二投保人，案涉保险也归第二投保人所有。此时又分两种情况：

第一种情况是：如果指定的第二投保人不是张某燕，那么此时案涉保险单归第二投保人所有，保险单利益也归属第二投保人。

第二种情况是：若指定的第二投保人是张某燕，此时案涉保险单归张某燕所有，保险单利益也归属于张某燕，依据《民法典》第1062条的规定案涉保险利益应归夫妻共同所有，此时，王某军有权要求依法分割保险单的现金价值。

其次，若案涉保险合同并未指定第二投保人，此时案涉保险应由张某民的所有继承人继承。张某民的继承人包括张某民的父母、配偶、女儿（张某燕）。所有继承人共同继承。此时又分两种情况：

第一种情况是：张某燕放弃对案涉保险的继承权，此时王某军无权主张分割保险单现金价值。

第二种情况是：张某燕不放弃案涉保险的继承权，此时案涉保险归所有继承人共同继承：（1）所有继承人一致同意解除案涉保险，取得保险单现金价值，依法继承保险单现金价值，此时，王某军依据《民法典》第1062条的规定，有权主张分割张某燕继承的保险单现金价值；（2）所有继承人不同意解除案涉保险，希望继续投保维持保险合同效力的，所有继承人之间可以协商推举一个继承人作为投保人。继承人之间可以协议分割案涉保险单现金价值，由持有保险单的投保人向其他继承人支付部分保险单现金价值折价款，此时王某军仍有权主张分割张某燕依法继承的案涉保险单现金价值。

再次，若张某民只有张某燕一个法定继承人，则案涉保险单归张某燕所有，依据《民法典》第1062条的规定，王某军有权主张依法分割案涉保险单的现金价值。

最后，若张某民去世之前已经立下遗嘱，将案涉保险合同留给了指定的继承人，案涉保险单归张某民的遗嘱继承人所有；若张某民指定的遗嘱继承人仍然是张某燕，但并未说明"归张某燕个人所有，系张某燕的个人财产与配偶无关"，则张某燕在依据遗嘱继承后，王某军仍有权主张分割案涉保险单的现金价值。

## 六、继父母在投保人死亡的条件下解除保险合同，如何保护继子女作为被保险人的合法权益？

**典型案例一**：继母在投保人死亡的条件下解除保险合同，继子女（被保险人）能否主张解除行为无效？

韩某与杨某于2006年7月8日登记结婚，双方均系再婚。韩某与前妻育有一子小韩，杨某与前夫育有一女小余。

2007年4月，韩某作为投保人投保了一份人身保险，保险单的被保险人为小韩，受益人为杨某，每年应交保险费1080元，交费期间共计9年。保险合同约定，被保险人生存至18周岁、19周岁、20周岁、21周岁、22周岁及60周岁直至身故，能取得成人纪念金、教育金、婚嫁金及养老金等保险金；被保险人身故后，由受益人领取保险金；若投保人在交费期间内身故，可由被保险人或其监护人向保险人申请免交未到期保险费，免交保险费后，保险人仍负有约定的保险责任。

2010年2月，韩某患病后去世，杨某依据保险合同约定向保险公司申请豁免保险费，但保险公司称投保人未如实告知自己患病事实，拒绝了杨某的申请。2010年4月，保险公司向杨某发出了投保人为"韩某"的交费通知单。收到通知单后，杨某以"韩某"名义交纳了2011年保险费。2012年5月，杨某持有小韩亲笔书写的要求退保的文件到保险公司办理了退保手续，保险公司共退还杨某3810元现金价值。退保时，小韩、小余均未成年。

2014年5月，小韩以保险公司及杨某为被告向法院提起诉讼，请求法院依法确认杨某解除保险合同的行为无效，保险公司恢复该合同的效力。小韩认为，杨某作为小韩的继母，没有任何权利解除韩某生前为自己投保的人身保险，杨某解除保险合同的行为使自己丧失了应得的保险金，损害了自己的合法权益，该行为应属无效。

## 裁判要点

一审法院认为，作为投保人的韩某去世后，投保人处于缺位状态，杨某作为小韩的继母未经合法程序将人身保险的投保人变更为自己，所以杨某不得以投保人名义解除保险合同。杨某擅自解除保险合同的行为使小韩丧失了不需要交纳保险费就能获得的保险保障，该行为无效，保险公司应当继续履行保险合同。

二审法院认为，基于继承的基本原理，投保人去世后投保人的继承人可以继承原投保人的地位，但因本案涉及以被保险人生存或死亡为保险金给付条件的人身保险，故本案中需要原投保人的全部继承人对被保险人具有保险利益，才能行使任意解除权。本案中，很显然小余对小韩不具有保险利益（双方为继兄弟姐妹关系，且不存在扶养关系），小余不能成为投保人。由于人身保险的解除并未征得全部继承人的同意，故保险合同的解除无法律依据。而且，韩某去世后，根据保险合同的约定，小韩就能享受到免交保险费所带来的保险保障，此时的保险合同对于小韩来讲属于纯获利益的合同。虽然小韩书写过要求退保的文件，但是由于小韩是未成年人，其不具有认知解除保险合同后果的能力，所以杨某擅自解除保险合同的行为无效，保险公司应当继续履行保险合同。

## 律师分析

本案中，一、二审法院最终都支持了小韩的诉讼请求，确认了杨某解除保险合同的行为无效，保险公司应当继续履行保险合同。但两级法院论证的理由并不相同。

一审法院认为，在韩某去世后，投保人的继承人并不当然取得投保人的地位，在未经合法程序将投保人变更为杨某的情况下，杨某作为韩某的继承人之一无权直接解除保险合同。而二审法院则认为，投保人的继承人虽然可以承继保险合同的解除权，但涉及两个以上的继承人时，保险合同的解除需要全部继承人的同意且要求全部继承人对被保险人具有保险利益。具体到典型案例一中，韩某的继承人有杨某、小韩、小余三位。其中，杨某作为与小韩共同生活的继母对小韩具有保险利益，能成为投保人；但小余与小韩属于继兄弟姐妹关系，双方不存在抚养、赡养的关系，故小余对于小韩不具有保险利益，不能成为投保人。

对于二审法院论述的要求投保人的继承人均需要对被保险人具有保险利益的观点目前在司法实践中存在较大争议。《保险法》第12条规定，人身保险的投保人在"保险合同订立时"，对被保险人应当具有保险利益，并不要求投保人对被保险人在整个保险合同存续期间都具有保险利益，因此该观点是值得商榷的。

**典型案例二**：继子女为投保人和被保险人，继父母在继子女未到场的情况下为其办理退保，是否构成表见代理？

谭某怡系彭某云的继母。2012年4月28日，某保险公司与彭某云签订88634682××号保险合同，保险公司承保尊尚人生两全保险（分红型）。合同生效日期为2012年4月28日。保险期间为2012年4月28日0时起至2067年4月27日24时止。投保人和被保险人为彭某云。2012年4月28日，彭某云依约交纳了保险费。此后连续五年足额交纳保险费。

2019年4月，谭某怡持有彭某云的身份证原件、银行存折原件、亲属关系证明原件、保险合同原件及授权委托书在保险公司柜台代为办理保险单的退保手续。2019年4月30日，保险公司对承保的88634682××号保险合同作退保处理。2019年5月5日，保险公司向彭某云交纳保险费的银行账户中退还保险金及红利共计55,850.57元，后谭某怡通过柜面交易将该款取走。

彭某云发现人身保险被退保后，一直与保险公司沟通并表示自己对此事并不知情，希望保险公司继续履行保险合同，但保险公司则认为，谭某怡持有上述材料原件足以让保险公司形成合理信赖，故谭某怡的行为构成表见代理，保险公司办理的解除手续合法有效，不同意恢复履行。沟通无果后，彭某云向法院起诉请求：确认保险公司解除尊尚人生两全保险（分红型）保险合同（保险单号88634682××）行为无效。

## 裁判要点

保险公司在投保人未到场的情况下，无法对退保是否系投保人真实意思表示进行严格审查。退保后也未通知投保人，退保行为未经投保人追认，解除保险合同对投保人不生效。

## 律师分析

《民法典》第172条规定："行为人没有代理权、超越代理权或者代理权终止后，仍然实施代理行为，相对人有理由相信行为人有代理权的，代理行为有效。"因此谭某怡的行为是否构成表见代理成为典型案例二的争议焦点问题。

虽然谭某怡在办理退保手续时与彭某云系继母女关系，但从主体上来看，二人都是独立的民事法律主体，不能当然认为能够代表彼此。此外，彭某云与保险公司订立的保险合同具有人身属性，在对具有人身性质的财产权利进行处分时，保险公司作为专业机构，有义务对退保是否为投保人彭某云本人的意愿进行核实。但在本案中，保险公司在未对授权委托书签字真实性进行核实的情况下，接受了谭某怡的退保，且事后也并未通知彭某云，该行为侵害了被保险人彭某云的利益。退保行为未经彭某云追认，对彭某云不发生效力。

## 第五节 重大疾病保险金处置权

**典型案例**：夫妻一方对于因重大疾病取得的保险金有无单独处置的权利？

董某与赵某颖系夫妻关系，董某曼系二人所生之女。

2015年2月，董某在保险公司购买了重大疾病保险。2016年9月23日，董某在确认其患有肺癌后将保险受益人变更为张某健。2016年11月8日，董某因病委托张某健办理了保险理赔手续。2016年12月9日，董某账户收到保险公司向其支付的保险理赔款15万元。2016年12月12日，董某自其账户向张某健账户转款15万元。张某健一直照顾董某至2017年8月。董某于2017年8月21日因病死亡。

2018年8月,赵某颖、董某曼以不当得利纠纷诉至法院。赵某颖、董某曼认为,董某生前将涉案款项转至张某健账户系让其"保管",以防董某看病所需。但张某健却认为,董某转款行为系赠与,且赠与行为已经完成,自己无须返还。

最终法院认为:15万元是保险公司因董某生前患有重大疾病,依据保险合同规定而向董某支付的保险金,该保险金在董某生前应属其个人财产,与婚姻关系没有直接关系,因此不属于夫妻共同财产。从董某的行为看,2016年9月23日,即董某在确认其患有肺癌后将保险受益人变更为张某健,其在2016年12月9日收到保险公司理赔款的三天后,自行将涉案款项转至张某健账户。董某于2017年8月21日因病死亡,现无证据证明董某病故前对属于其个人财产的涉案款项处分给张某健提出异议,故应当认定,董某变更受益人及转款行为系其真实意思表示,属于赠与行为,且赠与行为已经完成。故法院最终判决:驳回原告赵某颖、董某曼的诉讼请求。

## 裁判要点

夫妻一方因重大疾病获得的保险金属于一方的个人财产,董某在收到保险金后转入张某健的账户是对个人财产的处分,合法有效。

## 律师分析

### 一、因重大疾病取得的保险金是否属于夫妻共同财产?

《八民会议纪要》第5条规定:"婚姻关系存续期间,夫妻一方作为被保险人依据意外伤害保险合同、健康保险合同获得的具有人身性质的保险金……宜认定为个人财产,但双方另有约定的除外。"同时《民法典》第1063条规定,夫妻一方因受到人身损害获得的赔偿或者补偿为夫妻一方的个人财产。

本案中,董某投保的是以董某的寿命和身体健康为保险标的的人身保险合同,并于2016年12月9日即董某生前获得保险金,该重大疾病保险金与董某的生命健康直接相关,具有特定用途及人身属性,且本案中赵某颖也并未提交任何证据证明董某与赵某颖签订任何《夫妻财产约定》或《夫妻财产协议书》,故董某因重大疾病取得的保险金宜认定为董某的个人财产,不属于夫妻共同财产。

### 二、董某有权对自己的个人合法财产作出任何处置

由于董某因重大疾病取得的保险金属于董某的个人财产,董某作为重大疾

病保险的被保险人及受益人，有权利依法取得保险金，也有权利在取得保险金后赠与张某健。同时，董某可以根据自己的真实意愿变更重大疾病保险的受益人。董某变更受益人及转款行为系其真实意思表示，就属于赠与行为，且赠与行为已经完成，张某健依法有权取得董某的赠与款项。最终本案经原一审法院重审后，驳回了赵某颖、董某曼的诉讼请求。

无独有偶，在（2019）新40民终1055号民事判决书中，法院的判决结果及说理与本案基本一致。在（2019）新40民终1055号民事判决中，法院查明事实如下："田某1投保有中国平安人寿保险股份有限公司平安康乃馨终身女性重大疾病保险（分红型）。2010年11月15日，田某1被诊断为胃癌晚期，2010年12月27日田某1生前获赔，保险公司向田某1的银行账户转账支付80,230元重大疾病保险金。2010年12月28日，田某1将80,230元转账存入田某2（田某1的同胞兄弟）建设银行账户中。2011年1月11日田某1因医治无效逝世。"田某1去世后，其配偶（张某1）与子女（张某2）起诉至法院，要求法院将田某1转给田某2的80,230元作为遗产进行分割。最终法院认定，涉案的80,230元保险理赔款应认定为田某1生前个人财产，其收到该款后将该款转入田某2账户的行为系对个人财产的有权处分，合法有效。因田某1生前对该款已处分，故不应认定为遗产。张某1、张某2未能证实田某1处分该保险理赔款非其真实意思表示，或受到欺诈、胁迫的情况，亦未证实该款至今存在，故对于张某1、张某2主张分割该保险理赔款的诉讼请求不予支持。

## 第六节　人身保险与继承

### 一、投保人的法定继承人是否对保险合同享有任意解除权？

**典型案例一**：投保人的法定继承人是否对保险合同享有任意解除权？保险合同被解除后，保险公司应当如何返还费用？

韩某君与高某芳系夫妻关系，二人婚后生育一女韩某静。

2017年6月23日，韩某君与保险公司签订保险合同，险种为：国寿鸿福至尊年金保险（分红型），投保单号：×××，被保险人为韩某静，保险金额为78,390元，保险期间为20年，年交保险费为30万元，交费期满日为2027年6

月 23 日。保险合同特别约定如下：

1. 本合同本金、特别生存金、期满保险金、红利作为保险费自动转入投保人韩某君在×××合同项下的万能个人账户。

2. 该保险利益条款关于保险合同构成约定：本合同由保险单及所附国寿鸿福至尊年金保险（分红型）利益条款、个人保险基本条款、现金价值表、声明、批注、批单以及与本合同有关的投保单、复效申请书、健康声明书和其他书面协议共同构成。

3. 关于保险责任条款约定：在本合同保险期间内，本合同承担以下保险责任：（1）年金，自本合同生效年满一个保险单年度的年生效对应日起至本合同保险期间届满前，若被保险人生存至本合同的年生效对应日，本公司每年按下列约定给付年金：本合同交费期间为十年的，按本合同年交保险费的 12% 给付；（2）特别生存金，自本合同生效之日起，至本合同第一个保险单年度届满的年生效对应日，若被保险人生存，本公司按本合同基本保险金额给付特别生存金；（3）期满保险金；（4）身故保险金。该保险与国寿鑫账户年金保险（万能型）（卓越版），保险单号：×××和国寿鑫账户年金保险（万能型）（惠享版），保险单号：×××作为组合。

4. 个人保险基本条款、国寿鑫账户年金保险（万能型）（卓越版）条款、国寿鑫账户年金保险（万能型）（惠享版）条款均约定投保人解除合同的处理：本合同成立后，除本合同另有约定外，投保人可以要求解除本合同……本合同自本公司接到解除合同申请书时终止……投保人于签收保险单十日后要求解除本合同，本公司于接到解除合同申请书之日起三十日内向投保人退还本合同的现金价值。

保险合同签订后，韩某君共交纳四年保险费，合计 120 万元。2020 年 9 月 19 日韩某君死亡。高某芳、韩某静为韩某君第一顺序法定继承人。

2021 年 4 月，高某芳、韩某静起诉至法院请求：（1）判令解除韩某君与保险公司签订的组号×××《国寿鸿福至尊年金保险（分红型）》保险合同；（2）判令保险公司退还投保人韩某君支付的保险费 120 万元人民币；（3）判令保险公司给付《国寿鸿福至尊年金保险（分红型）》保险红利、年金、特别生存金暂计 224,372.97 元人民币，合计 1,424,372.97 元人民币。

2021 年 5 月 10 日，法院将起诉状副本送达保险公司。诉讼过程中，保险公司自认该保险合同目前能退保险费合计 931,086.44 元，并提供了保险单系统查询截图予以佐证，此数额高于保险 2021 年 5 月 10 日的现金价值。

## 裁判要点

投保人韩某君去世后，高某芳、韩某静作为韩某君的继承人，依法享有继承保险合同的权利，并享有保险合同的解除权。投保人解除合同的，保险人应当自收到解除合同通知之日起三十日内，按照合同约定退还保险单的现金价值。

## 律师分析

本案中，保险合同被解除后，保险公司应当向高某芳、韩某静返还多少款项？

《民法典》第565条第2款规定："当事人一方未通知对方，直接以提起诉讼或者申请仲裁的方式依法主张解除合同，人民法院或者仲裁机构确认该主张的，合同自起诉状副本或者仲裁申请书副本送达对方时解除。"第566条规定："合同解除后，尚未履行的，终止履行；已经履行的，根据履行情况和合同性质，当事人可以请求恢复原状或者采取其他补救措施，并有权请求赔偿损失。"

本案中，一审法院于2021年5月10日将起诉状副本送达保险公司，因此保险合同的解除日期为2021年5月10日，应当以此时间计算保险合同现金价值。根据保险合同约定，保险公司应当于接到解除合同申请书之日起三十日内退还合同的现金价值。但二审期间，保险公司自认案涉保险合同目前能退保险费合计931,086.44元，并提供了保险单系统查询截图予以佐证，此数额高于保险合同解除之日现金价值，法院考虑到目前保险合同尚未经法院判决解除的事实，及保险公司的自认，认定保险公司应退还的保险费为931,086.44元。

关于高某芳、韩某静要求保险公司支付保险合同项下的保险红利、年金、特别生存金的诉讼请求，根据《民法典》第566条合同解除的效果来看，保险合同项下的保险红利、年金、特别生存金224,372.97元属于履行保险合同所获利益，保险合同解除后应当返还保险公司。

故二审法院判决：投保人韩某君与保险公司于2017年6月23日签订的保险合同（组）号为×××的国寿鸿福至尊年金保险（分红型）保险合同、保险合同（组）号为×××的国寿鑫账户年金保险（万能型）（惠享版）保险合同、保险合同（组）号为×××的国寿鑫账户年金保险（万能型）（卓越版）保险合同于2021年5月10日解除；保险公司于本判决生效之日起七日内返还高某芳、韩某静保险合同的保险费931,086.44元人民币；驳回高某芳、韩某静的其他诉讼请求。

**典型案例二**：保险公司在未与被保险人协商一致的情况下，能否仅依投保人的继承人的申请解除合同？

钱某海与张某辉的爷爷张某是兄弟关系，钱某海常年在外打工，妻子住在老家，钱某海妻子平时多由张某辉的父母照料。为了表示谢意，2005 年 4 月 8 日，钱某海作为投保人为张某辉向保险公司投保平安千禧红两全保险。投保人为钱某海，被保险人为张某辉，生存保险金受益人为张某辉，投保书上填写的与被保险人的关系为祖孙关系。

2005 年 4 月 8 日，保险公司出具保险单，载明保险合同生效日为 2005 年 4 月 9 日，保险期间为 5 年，保险金额为 10,320 元。根据所附保险利益摘要表的记载，第 5 个保险单年度末生存金为 10,320 元（不含分红）。

保险合同生效后，每年的对应日是保险单的周年日。被保险人于保险期满时仍生存，则保险人按基本保险金额给付满期生存保险金，保险合同终止。

保险合同为分红保险合同，投保人有权参与分红保险业务的盈利分配。在保险合同有效期内，按照保险监管机关的有关规定，保险人每年将根据分红保险业务的实际经营状况确定红利的分配，如有红利分配，则该红利将于保险单周年日分配给投保人。每一年度的红利在保险单周年日分配后，将按保险人确定的利率，以复利方式储存生息至投保人申请或保险合同终止时给付。

2006 年 7 月 13 日，钱某海去世，其配偶于 2009 年 8 月 10 日去世。

2010 年 4 月 10 日，张某辉向保险公司领取保险金才得知，钱某海的法定继承人（其子）钱某1、钱某2 在 2010 年 3 月 17 日向保险公司书面申请解除保险合同，经保险公司核准，保险合同已于 2010 年 3 月 22 日终止并退还了钱某1、钱某2 保险现金价值及红利总计 11,504.64 元。于是，张某辉以保险公司为被告提起诉讼，要求保险公司给付张某辉保险金 10,320 元。

一审法院判决保险公司承担给付张某辉 10,320 元的保险责任，保险公司不服提起上诉，双方在二审法院的组织下进行了调解。

## 裁判要点

保险公司在未与被保险人张某辉协商一致的情况下，仅依投保人之继承人的申请即解除合同，存在不当，保险人于原保险合同期限届满时应向受益人张某辉给付保险金的义务不得免除。

## 律师分析

投保人先于被保险人死亡后，从继承法的一般原理及保险业的惯例来讲，投保人的继承人依法享有继承保险合同的权利。《保险法》第15条规定，除本法另有规定或者保险合同另有约定外，保险合同成立后，投保人可以解除合同，保险人不得解除合同。这也就是说，投保人享有保险合同的任意解除权，但投保人死亡后，其继承人是否能够继承保险合同的解除权，法律并没有明确规定，司法实践中也存在争议。

**（一）有观点认为：投保人为他人投保，法定继承人的任意解除权应当受到限制**

第一，保险合同的法律关系比较复杂，除作为保险人的保险公司外，还涉及投保人、被保险人、受益人（部分保险合同的受益人还分为生存受益人、身故受益人）。被保险人以自己的寿命和身体作为保险标的，法律应当加强对被保险人利益的保护。在被保险人、受益人已经对保险合同产生信赖利益的情况下，如允许投保人的继承人随意解除保险合同，必将损害被保险人或受益人的利益。

第二，投保人在生前为被保险人投保，其初衷肯定是保障被保险人或受益人将来的生活，投保人自投保至去世时未进行退保，且在去世后也没有授权他人代为退保，应当视为自投保人死亡后该解除权消灭，如此既能符合投保人生前的安排又能保障被保险人、受益人的合法权益。

第三，诚实信用是民法的基本原则，在投保人没有明确表达要解除保险合同的情况下，投保人的继承人未征得被保险人、受益人的同意擅自解除保险合同，不仅有悖投保人生前的意思表示，也与诚实信用原则不符，投保人的继承人在换取保险现金价值的同时损害了被保险人及受益人的利益，所以应当对该行为进行必要的限制。

在典型案例二中，法院认为投保人为他人投保，法定继承人的任意解除权应当受到限制。虽然投保人钱某海去世，但是保险合同并不当然因此而解除，该人身保险合同涉及被保险人张某辉的利益，保险公司在未与被保险人张某辉协商一致的情况下，仅因投保人之继承人的申请即解除合同，存在不当。最终法院判决：保险公司于原保险合同期限届满时向受益人张某辉给付保险金。

## (二) 有观点认为：投保人的法定继承人可以行使任意解除权而无须受到任何限制

第一，《民法典》第 1122 条、第 1159 条分别规定，遗产是自然人死亡时遗留的个人合法财产。分割遗产，应当清偿被继承人依法应当缴纳的税款和债务。由此可以看出，继承人继承遗产的范围并未外加其他限制，包括被继承人生前的财产上的权利与义务。所以当投保人的法定继承人继承人身保险后，其就享有保险合同的权利与义务，当然也包括合同的解除权，任何人不得擅自剥夺投保人法定继承人的合同解除权。

第二，《保险法》第 15 条赋予了投保人任意解除权，投保人可以随时解除合同，法律并未规定投保人解除保险合同需要经过被保险人、受益人同意，所以作为投保人的法定继承人也可以随时解除保险合同而没有任何限制。

第三，保险合同以投保人与保险公司作为合同当事人，被保险人与受益人虽然在保险合同中有所体现，但是地位为合同关系人，并不是合同当事人，因此在投保人去世后投保人的法定继承人就取得了保险合同当事人的地位，其解除保险合同不会受到任何限制。

第四，保险合同中交纳保险费的主体是投保人，保险费来源于投保人的财产，投保人为被保险人投保后，投保人的财产转化为保险利益（保险单现金价值、分红等），该保险利益属于投保人的财产，可以由法定继承人继承，因此作为投保人的法定继承人为了保障自己的合法权益，有权解除保险合同，获得保险单的现金价值。至于被保险人、受益人因投保人的法定继承人解除合同所产生的损害赔偿问题，可以由投保人的法定继承人与被保险人、受益人自行协商解决。

在典型案例一中，法院认为，投保人的法定继承人可以行使任意解除权而无须受到任何限制。投保人韩某君去世后，高某芳、韩某静作为韩某君的第一顺序法定继承人，依法享有继承保险合同的权利，并享有保险合同的解除权。

就投保人的法定继承人能否继承投保人对保险合同享有的任意解除权的问题，笔者倾向性地认为，投保人的法定继承人可以行使任意解除权而无须受到任何限制。遗产是自然人死亡时遗留的个人合法财产。根据《保险法》的相关规定，保险单的现金价值属于投保人所有，保险单的现金价值作为一种财产性权益，并不具备人身属性，在投保人去世后，应该由投保人的法定继承人继承。投保人的法定继承人概括继承了保险合同，当然也包括保险合同的解除权。但是需要指出的是，为了避免出现争议，建议投保人的继承人在退保前，征求被保险人或受益人的意见，询问其是否愿意行使介入权。如果被保险人或受益人愿意向投保人的法定继承人支付保险单的现金价值的折价款来保住这份人身保险，则可实现利益最大化。有关被保险人或受益人介入权的问题，可参见本书第二章第六节的相关内容。

## 二、投保人的继承人如何取得投保人地位？

**典型案例**：继承人要取得投保人地位，是否需要对被保险人具有保险利益？

康某娟与卢某成系继父母子女关系，卢某成的父亲是卢某伟，母亲是雷某，祖父是卢某，祖母是张某华。卢某伟与康某娟于2005年2月1日登记结婚，双方系再婚夫妻，婚后未生育共同子女。

2007年6月27日，卢某伟以卢某成为被保险人，投保某保险公司的"智富人生B"（主险）和"智富重疾B"（附加寿险），生存保险金受益人为卢某成，身故保险金受益人为法定，保险合同生效日为2007年6月20日，保险费按年期交，每年保险费金额为5052.85元。其后卢某伟每年都按约定向保险公司交纳保险费。2011年10月24日，卢某伟去世。

卢某伟去世后，根据康某娟的申请，保险公司曾在2013年4月将上述保险合同的投保人变更为康某娟。卢某成的祖父母卢某、张某华发现后提出交涉，保险公司拒绝再次变更投保人，于是卢某成起诉至法院请求法院判令：（1）保险公司立即无条件恢复《人身保险合同》；（2）保险公司将上述保险合同的投保人变更为卢某、张某华。诉讼过程中，保险公司又将保险合同恢复至初始状态，即投保人为卢某伟，被保险人和生存受益人为卢某成，身故受益人为法定。

在庭审过程中，保险公司主张：（1）诉争保险合同现在已经恢复到投保人为卢某伟的有效状态；（2）变更投保人是合同行为，需要原投保人的全部继承人共同到我方去申请变更。

## 裁判要点

在原投保人已经死亡情况下，为使该合同能够继续履行，必须变更投保人，以确定新的交纳保险费义务主体。保险公司要求投保人只能是一人，卢某成同意由张某华作为投保人，张某华是卢某成的祖母，对卢某成具有保险利益，符合作为投保人的条件，依法可以变更为涉案保险合同的投保人。卢某成要求变更投保人的请求符合法律规定，法院予以支持。

## 律师分析

人身保险合同存续期间,如果投保人先于被保险人死亡,那么保险合同的权利与义务将由投保人的继承人继承。但是,如果投保人的继承人对于被保险人不具有保险利益,是否会因此导致保险合同无效?目前该问题存在争议。

一种观点认为,根据保险利益原则,投保人的继承人必须对被保险人具有保险利益。另一种观点则认为,由于人身保险合同的履行期限一般都比较长,在保险合同期限内,投保人与被保险人的身份关系经常会发生变化,因此只要投保人在订立保险合同时对被保险人具有保险利益即可,投保人去世后其继承人是否对被保险人具有保险利益,不会影响保险合同的效力。对此,笔者倾向性地认为第二种观点更为合理,具体理由如下:

1. 从《保险法》对保险利益原则的规定来讲,现行《保险法》也仅仅是要求投保人在保险合同"订立时"对被保险人具有保险利益。

2002年10月28日修正的《保险法》第12条规定,投保人对保险标的应当具有保险利益,此时的《保险法》将保险利益原则规定为保险合同的效力要件,要求保险合同的整个存续期间投保人都要对被保险人具有保险利益,否则保险合同无效。而2015年4月24日修正的《保险法》第12条则规定,人身保险的投保人在保险合同订立时,对被保险人应当具有保险利益。财产保险的被保险人在保险事故发生时,对保险标的应当具有保险利益。现行《保险法》将保险区分为人身保险、财产保险两大类,其中人身保险的投保人只需要在"保险合同订立时"对被保险人具有保险利益,并未要求投保人在整个保险合同存续期间对被保险人具有保险利益。正是基于这个道理,在人身保险合同中,即使投保人的继承人对于被保险人不具有保险利益,也可以继承投保人的地位。

2. 符合保险利益原则的制度功能。

保险利益原则设置的初衷是防范道德风险,只有在可能存在道德风险或者增加道德风险的情况下,才有必要适用保险利益原则来加以限制。而投保人的继承人不管是不是保险合同的受益人均不会增加被保险人的道德风险,因此投保人的继承人对被保险人是否具有保险利益并不会影响保险合同的效力。首先,如果投保人的继承人与受益人是同一人的情况下,《保险法》第43条第2款规定:"受益人故意造成被保险人死亡、伤残、疾病的,或者故意杀害被保险人未遂的,该受益人丧失受益权。"所以,一旦投保人的继承人实施杀害被保险人的行为,那么其将丧失受益权,可以在很大程度上防范投保人的继承人杀害被保险人的道德风险。其次,根据《保险法》第41条的规定,被保险人可以随时变更受益人且只需要通知保险公司即可。这也就是说,一旦被保险人认为投保人去世后其继承人继承人身保险可能会增加道德风险,被保险人可以通过变更受益人的方式来维护自身的合法权益,而且被保险人变更受益人只需要通知保险公司即可,并不需要征求投保人的继承人的意见。

3. 符合人身保险合同跨度时间长、主体多的特征。

人身保险的保险期间一般跨度较长,有的人身保险保障期间长达10年、20年,甚至直接约定以被保险人的死亡作为保险期间的终止时间(比如终身寿险)。在投保人与被保险人不是同一个人的情况下,在保险期间内投保人与被保险人的关系很有可能会发生变化,除了投保人去世还可能存在分别作为投保人、被保险人的夫妻双方离婚等情形。如果机械地要求投保人对被保险人在整个保险期间内均具有保险利益,否则保险合同无效,将使被保险人、受益人丧失应有的保险保障,且与保险实务严重脱节。此外,大部分的人身保险具有储蓄及投资的性质,在没有道德风险的情况下仅由于保险利益而导致丧失价值,有悖公平及诚实信用原则。

在本案中,卢某伟去世后,其第一顺序法定继承人有配偶康某娟、儿子卢某成、父亲卢某、母亲张某华,上述主体均享有对人身保险的继承权。保险公司要求新的投保人只能是一人。目前,被保险人卢某成同意由张某华作为新的投保人,张某华是卢某成的祖母,对卢某成具有保险利益,符合作为投保人的条件,最终法院判决:保险公司将投保人为卢某伟、被保险人为卢某成的《人身保险合同》的投保人变更为张某华。

## 三、投保人或被保险人通过遗嘱变更受益人

**典型案例一:**投保人或被保险人通过遗嘱变更受益人,其法律效力可能会产生哪些争议?

田某勇于2011年10月12日离婚,有一独生女田某涵。后田某勇未再婚。2017年1月至4月间,田某勇作为投保人为自己投保了4份人寿保险,保险金额合计53万元。其中3份身故受益人为田某涵,一份未指定。2019年4月12日,田某勇因病身故,田某涵向保险公司申请理赔金。

2019年4月15日,祁某梅给保险公司打电话称其系田某勇生前女友,田某

勇去世当天留下遗嘱，变更受益人为祁某梅，并提供给保险公司录音光盘和授权委托书。

由于受益人存在争议，所以保险公司拒绝田某涵的保险金请求。田某涵以保险公司为被告向法院起诉，请求法院判决保险公司向田某涵赔付保险金。

## 裁判要点

用遗嘱方式变更受益人，其效力要受到遗嘱有效性的制约，包括遗嘱本身的形式要件、立遗嘱人的精神状况、对见证人的要求等。虽然祁某梅提供录音光盘和授权委托书给保险公司，但其未能提供其他证据佐证上述内容确系田某勇本人出于真实意愿所为，且证据形成时间为田某勇死亡当日，无法确认田某勇录音时的身体和精神状况，其在生命垂危时的行为是不是其真实意思表示，况且田某勇未就此重大变更事项向保险公司明示或告知，其录音内容对商业保险赔偿金的归属表意不明确，即使录音真实也无法充分确认田某勇有将商业保险赔偿金全部变更给祁某梅所有的意思表示真实有效，故法院无法确认田某勇已通过遗嘱变更保险受益人的情况属实，田某勇投保的四份保险仍均应按照合同约定履行。田某涵作为受益人领取三份保险单的保险金。另外一份未指定受益人的保险单，作为田某勇的遗产，由唯一第一顺序继承人田某涵继承。

**典型案例二**：投保人或被保险人通过遗嘱变更受益人，未通知保险公司，是否发生法律效力？

薄某瑞于2007年10月7日在保险公司购买两全保险，初始基本保额为32,277元，被保险人为薄某瑞，受益人为法定。2012年8月11日，薄某瑞订立遗嘱，同时进行了公证。该遗嘱中写明，两全保险的受益人指定为同母异父的妹妹李某婵。2012年10月6日，薄某瑞因病医治无效在老家去世。2012年10月30日，薄某瑞养子薄某伟以儿子的身份，谎称保险单丢失，向保险公司申请理赔并领取了保险金36,975元。李某婵将薄某伟和保险公司起诉至法院，请求两被告赔付保险金36,975元。

保险公司辩称，公司在保险事故发生后，在对理赔人的资料、资格进行审核后，根据规定履行了保险理赔义务，被保险人虽通过遗嘱的方式将保险单及相关证件交给原告，但没有根据法律规定更改受益人，也未告知我公司，故我公司并未侵害原告的合法权益。

## 裁判要点

投保人或者被保险人可以变更受益人并书面通知保险人。投保人或者被保险人变更受益人，当事人主张变更行为自变更意思表示发出时生效的，人民法院应予支持。薄某瑞订立的遗嘱经公证机关予以公证，故该遗嘱应为其真实意思的表示，合法有效，对该遗嘱效力予以认定。薄某瑞在变更保险受益人后虽然未通知保险公司，受益人变更并不因此无效。法院最终判决，薄某伟支付李某婵保险理赔款 36,975 元。

**典型案例三**：投保人或被保险人通过遗嘱变更受益人，虽然没有通知保险公司，但保险公司已经知道变更意思表示存在的，是否发生法律效力？

2017 年 12 月 19 日，孟某福在保险公司投保泰康全能保 2017 两全保险及泰康附加全能保 2017 重大疾病保险各一份（被保险人为孟某福），保险合同生效日期为 2018 年 1 月 2 日。保险合同中记载，身故保险金受益人为法定继承人。

2019 年 8 月 23 日至 2019 年 9 月 4 日，孟某福因病在医院住院治疗，史某甲为孟某福垫付住院医疗费 63,122.59 元。2019 年 6 月 30 日，史某甲书写《遗嘱》一份，并交由孟某福签字。《遗嘱》记载：孟某福生前在保险公司购买的大病保险归史某甲所有，补偿孟某福生病期间史某甲所花的一切费用。

孟某福于 2019 年 9 月 4 日去世，去世时无配偶、子女，且孟某福的父母均早于孟某福去世。孟某福与孟某甲、孟某乙、孟某丙、孟某丁系同胞兄弟姐妹关系。

2020 年 1 月 13 日，史某甲以孟某甲、孟某乙、孟某丙、孟某丁为被告，向法院提起遗赠纠纷之诉，要求确认孟某福所立遗嘱合法有效，50,000 元遗产由史某甲继承。法院经审理认为：孟某福生前立有遗嘱，该遗嘱由史某甲书写，而不是由遗嘱中的见证人之一书写，且史某甲与遗嘱内容有直接的利害关系，上述遗嘱不符合法定形式要件，不宜认定为有效。法院最终驳回史某甲的全部诉讼请求。

随后，史某甲以被继承人债务清偿纠纷为由再次起诉到法院，请求：(1) 判决孟某甲、孟某乙、孟某丙、孟某丁在继承的遗产范围内清偿史某甲垫付的医疗费 50,000 元，孟某甲、孟某乙、孟某丙、孟某丁承担连带清偿责任；(2) 判决保险公司予以协助办理。

一审法院认为，关于史某甲向孟某福继承人追偿债务的数额问题。根据史某甲提供的医院开具的孟某福2019年8月23日至9月4日的住院医疗费票据（共计金额63,122.59元），史某甲在本案中所主张的数额50,000元并无不当，应予确认。关于孟某甲、孟某乙、孟某丙、孟某丁应否清偿孟某福债务的问题。因孟某福投保时已经指定受益人为法定继承人，且孟某福的法定继承人目前能够确定，故保险金不应作为孟某福的遗产，法院对史某甲要求保险公司协助办理保险金给付的主张不予支持。一审法院判决如下：一、孟某甲、孟某乙、孟某丙、孟某丁在继承孟某福遗产的实际价值范围内偿还史某甲50,000元；二、驳回史某甲的其他诉讼请求。

史某甲不服一审判决，提起上诉。史某甲认为，虽然已经有生效的法律文书认定孟某福订立的遗嘱不具有遗嘱的法律效力，但是该文书具有确认双方债权债务关系的作用，孟某福具有用身故保险金抵偿债务的意思表示，事实上孟某福的真实意思表示是变更保险受益人，由史某甲作为受益人，因此史某甲有权领取孟某福的身故保险金。一审判决没有对孟某福生前与我方签订的所谓遗嘱的性质作出法律评价是错误的。根据孟某福生前的意思表示，孟某福已经变更了保险受益人，史某甲作为变更后的保险受益人有权向保险公司主张给付保险金。保险公司在一审中对保险金的给付对象表示与己无关，说明保险公司对保险金给付对象没有意见，我方请求对方在遗产范围内承担债务责任，并不排除我方对孟某福的保险金有直接的请求权。

二审法院经审理后认为，投保人或者被保险人变更受益人，当事人主张变更行为自变更意思表示发出时生效的，人民法院应予支持。投保人或者被保险人变更受益人未通知保险人，保险人主张变更对其不发生效力的，人民法院应予支持。虽然，孟某福订立的遗嘱在形式上不符合遗嘱的构成要件，但是结合孟某福生前生病住院、史某甲支付医疗费及孟某福生前购买保险的情况，可以认定此字条内容的真实性，此系孟某福生前变更保险受益人的意思表示，此变更的意思表示虽然没有通知保险人，但是本案中的保险人在诉讼中已经知道变更意思表示存在，且现在可以确定此意思表示的真实性，因此，保险公司可以将保险合同的受益人变更为史某甲。

## 裁判要点

被保险人生前变更保险受益人的意思表示虽然没有通知保险公司，但诉讼中如果保险公司已经知道变更意思表示存在的，保险公司可以变更保险合同的受益人。

## 律师分析

### （一）遗嘱变更受益人究竟有无法律效力？

《保险法》第41条规定，被保险人或者投保人可以变更受益人并书面通知保险人。《保险法司法解释（三）》第10条规定："投保人或者被保险人变更受益人，当事人主张变更行为自变更意思表示发出时生效的，人民法院应予支持。投保人或者被保险人变更受益人未通知保险人，保险人主张变更对其不发生效力的，人民法院应予支持。投保人变更受益人未经被保险人同意，人民法院应认定变更行为无效。"

关于能否通过遗嘱的形式变更受益人，在理论界一直存在争议。但主流观点认为，变更受益人是投保人或被保险人的单方法律行为，无须保险公司或受益人同意。首先，变更受益人没有加重保险公司的责任或义务。其次，在保险事故发生前，原受益人享有的仅仅是期待权，同时《保险法》第41条并未对变更受益人作出限制，投保人或被保险人变更受益人不会损害到原受益人的利益，因此投保人或被保险人可以随时变更受益人，法院应当尊重当事人的意思自治。

遗嘱自立遗嘱人去世后才发生法律效力，因此投保人或被保险人以订立遗嘱的方式变更受益人，只有当立遗嘱人死亡时才生效。当投保人与被保险人不一致时，如果投保人以订立遗嘱的方式变更受益人，而被保险人又先于投保人去世，由于保险事故发生时，投保人的遗嘱尚未生效，此时，还应当由原受益人领取保险金。

### （二）投保人或者被保险人变更受益人未通知保险公司，变更意思表示对保险公司不发生效力

根据《保险法司法解释（三）》第10条的规定，投保人变更受益人的意思表示，应当自发出时生效，而不是到达保险公司后才生效。因为，如果规定意思表示到达保险公司后才生效，会导致在意思表示发出后，到达保险公司之前，若此时投保人身故，受益人将不发生变更，这将与投保人或被保险人的真实意愿不符。

如果保险公司收到了投保人变更的意思表示，在保险单或者其他保险凭证上批注或者附贴批单的，则保险公司可直接将保险金给付给新受益人。但是，

如果投保人未将变更的意思表示通知保险公司，则保险公司有权拒绝向新受益人给付保险金。但投保人已经作出变更的意思表示的，变更的意思自发出后就可以在新受益人与原受益人之间生效，此时，保险公司如果将保险金给付给原受益人，则新受益人可以基于不当得利另行提起诉讼，要求原受益人将保险金支付给自己。

在典型案例二中，最终法院认为，遗嘱经公证机关予以公证，故该遗嘱应为其真实意思的表示，合法有效，对该遗嘱效力予以认定。薄某瑞在变更保险受益人后虽然未通知保险公司，但受益人变更并不因此无效。法院最终判决，薄某伟（原受益人）支付李某婵（新受益人）保险理赔款 36,975 元。

在典型案例三中，二审法院同样提到了，孟某福订立的字条是孟某福生前变更保险受益人的意思表示，此变更的意思表示虽然没有通知保险人，但是本案中的保险公司在诉讼中已经知道变更意思表示存在，且现在可以确定此意思表示的真实性，因此，保险公司可以将保险合同的受益人变更为史某甲。

**（三）如果投保人或被保险人想要通过遗嘱的方式变更受益人，需注意遗嘱的有效性**

依据《民法典》第 1133 条、第 1135—1139 条的规定，遗嘱的形式包括：自书遗嘱、代书遗嘱、打印遗嘱、录音录像遗嘱、口头遗嘱、公证遗嘱。上述遗嘱形式各有利弊，从严谨性而言，口头遗嘱最不可靠，有被其他继承人否认或面临被法院不予采信的巨大风险。公证遗嘱从证据的客观真实性而言更容易被司法机关采纳，而自书遗嘱则必须严格按照法律规定来立，不能天马行空随意拟订。

在典型案例一中，虽然祁某梅向保险公司提供了田某勇的录音光盘和授权委托书，但是由于该证据的形成时间在田某勇死亡当天，法院无法核实订立该遗嘱时立遗嘱人的精神状态及其是否将全部的商业保险赔偿金都变更给祁某梅的意思表示。最终法院仍然按照原保险合同的约定，判决保险公司将保险金给付原受益人。

## 四、保险金或退保金作为被保险人遗产发生继承

**典型案例一**：投保人先于被保险人去世，保险合同如何处理？

谭某军与黄某娟是夫妻关系，婚姻关系存续期间，双方生育一女，取名谭某洁。谭某军和陆某存在不正当男女关系，其间，陆某怀孕并于 2011 年 3 月 26

日生育女儿谭某。

2011年12月11日，谭某军为谭某在某保险公司购买了5年期（2011年至2015年）的智惠安享年金保险（分红型），保险单号为180××4283，投保人是谭某军，被保险人为谭某，受益人为法定。谭某军投保时签订了保险费自动转账付款授权书，2011年至2015年间，该保险单均由谭某军名下中国农业银行卡交纳保险费，每期保险费为3万元，截至2015年12月，谭某军已交清5期保险费，共计15万元。

2016年3月18日，谭某军去世。谭某军去世后，谭某于2016年6月22日以非婚生女的身份向某区人民法院起诉黄某娟、谭某洁，要求继承谭某军名下的遗产。庭审过程中，法院委托某司法鉴定所进行亲子关系鉴定，鉴定意见结果为："根据检验结果分析，可以排除谭某与谭某洁来自同一父系亲属。"最终法院驳回了谭某要求继承谭某军名下遗产的诉讼请求。

2018年，黄某娟、谭某洁作为原告起诉至法院，并提出诉讼请求如下：（1）谭某军为谭某购买人寿保险支出保险费15万元而签订保险合同，由两原告和保险公司办理退保手续，且由两原告领取截至2018年12月的退保金70,462元和尚未领取的祝福金（生存金）及红利，退保金、祝福金（生存金）及红利以办理退保手续时的实际金额为准；（2）陆某、谭某将其已经领取的祝福金（生存金）4961.14元返还两原告。

庭审过程中，黄某娟、谭某洁提出两种解决方案：（1）保险合同的权利和义务全部转给陆某、谭某，由陆某、谭某和保险公司继续履行保险合同的权利和义务，陆某、谭某已经领取的4961.14元祝福金（生存金）不用退还给两原告，两原告也不主张利息，但要求陆某、谭某把保险费15万元返还给两原告，而且要求还清该保险费时再去办理变更合同主体的手续；（2）如果陆某、谭某不同意上述方案，则由两原告和保险公司办理退保手续，届时还没有领取的红利、祝福金（生存金）和陆某已经领取的祝福金（生存金），以及退保金全部归两原告所有。经法官询问，作为被保险人的谭某不同意概括承受保险合同的权利与义务。

案件审理过程中，保险公司作为第三人参加了诉讼。保险公司确认以下事实：（1）2016年3月1日，谭某军向保险公司申请领取上述保险合同的祝福金（生存金）及红利，领取的祝福金（生存金）是12,916.48元，红利是3768.57元，保险公司的业务员已按照谭某军的委托，将谭某军领取的祝福金（生存金）及红利支付到谭某军账户上。（2）2018年6月12日，陆某作为被保险人的监护人，领取了祝福金（生存金）4961.14元。（3）谭某军购买的保险，如果中途解约，截至2018年12月计算出来的退保金额是70,462元。具体数额以办理退保手续时的金额为准。（4）谭某军的继承人目前不能领取红利，合同的权益暂时归属被保险人，只能由其监护人领取。如果退保，退保金、祝福金（生存金）以及红利均成为谭某军的遗产，按法律规定处理。黄某娟、谭某洁可以凭借人民法院的生效裁判文书到保险公司办理退保手续。

## 裁判要点

谭某军作为投保人，曾经领取祝福金（生存金）12,916.48元，领取红利3768.57元。谭某军死亡后，如果退保，保险剩余价值即退保金，以及祝福金（生存金）和红利均属谭某军的遗产，应归谭某军死亡时的继承人所有。

## 律师分析

### （一）保险单既没有投保人豁免条款也没有设置第二投保人

目前法律对投保人死亡之后人身保险的继承问题没有作出明确的规定，《保险法司法解释（三）》的征求意见稿第27条规定，人身保险合同的投保人死亡，其继承人要求承受投保人在保险合同中的权利的，人民法院应予支持。但是，生效的《保险法司法解释（三）》并没有采纳该条内容，因此其并不具有法律效力。但《民法典》第1122条、第1159条分别规定，遗产是自然人死亡时遗留的个人合法财产。分割遗产，应当清偿被继承人依法应当缴纳的税款和债务。由此可以看出，继承人继承被继承人的遗产，包括被继承人生前的财产上的权利与义务。从法律的一般原理及保险业的惯例来讲，当投保人去世后，投保人的继承人依法享有继承保险合同的权利。

在此种情况下，投保人先于被保险人去世的，人身保险将被认定为投保人的遗产，此时如想继续维持保险合同的效力，则投保人的全部法定继承人需要共同到公证处办理继承权公证或共同到保险公司签署有关声明文件，并同时指定一人为新的投保人，继续履行保险合同的权利与义务，否则保险公司很可能会因为投保人两年未交保险费而强制解除保险合同。

《民法典》第1127条第1款规定：" 遗产按照下列顺序继承：（一）第一顺序：配偶、子女、父母；（二）第二顺序：兄弟姐妹、祖父母、外祖父母。"当投保人去世后，如果全体继承人之间关系和睦，则变更投保人并不是一件难事，但是大多数情况下，不论办理继承权公证还是变更新的投保人都需要全体法定继承人到场，各位继承人出于各自的利益考虑，可能并不愿意配合办理相应的手续，在其他继承人拒绝配合办理变更手续的情况下，被保险人及受益人的利益就很有可能无法得到保障。

（二）保险单设置第二投保人

第二投保人是指在保险合同中的有效期限内，当投保人去世后，由被指定的第二投保人成为保险单新的投保人继续履行保险合同。如在保险合同中设置了第二投保人，则在投保人去世后，投保人的继承人无须办理继承权公证或共同到保险公司签署有关声明文件，第二投保人按照约定提供相应的材料即可向保险公司申请成为新的投保人，保险合同继续有效，保险事故发生后被保险人或受益人即可按照保险合同的约定获得保险理赔金。

（三）保险单有保险费豁免条款

保险费豁免是指在保险合同规定的交费期内，当投保人或被保险人出现了某些特殊情况（例如：身故、重大疾病、残疾、轻症、中症等），保险公司免除投保人交纳后续保险费的义务，当保险事故发生时保险公司依然按照保险合同的约定承担保险责任。有的保险费豁免条款直接体现在保险合同中，有的则单独以附件的形式出现，投保人可以自行选择使用方式。

如保险合同中有保险费豁免条款，由于保险公司免除了投保人去世后继续交纳后续保险费的义务，所以投保人先于被保险人去世并不会影响保险合同的履行，即在保险事故发生后，被保险人或受益人即可按照保险合同的约定获得保险理赔金。

（四）本案中，作为投保人的谭某军去世后，人身保险应当如何处理？

本案中，谭某军投保的人身保险没有保险费豁免及第二投保人的约定，因此谭某军去世后人身保险就成为谭某军的遗产，应当由其法定继承人黄某娟、谭某洁继承。

由于在庭审过程中，作为被保险人的谭某不同意概括承受保险合同的权利与义务，且黄某娟、谭某洁询问过被保险人谭某对退保的意见，谭某未提出任何异议，因此也不存在损害被保险人利益的情形。黄某娟、谭某洁作为谭某军的法定继承人，请求保险公司办理退保手续，以阻断陆某、谭某继续获取保险利益，且要求届时退保金和尚未领取的祝福金（生存金）和红利全部归自己所有，符合法律规定。

最终法院判决：自本案判决生效之日起十日内，由原告黄某娟、谭某洁和保险公司办理智惠安享年金保险（分红型）的退保手续，该保险截至办理退保手续时的保险剩余价值即退保金（暂计至2018年12月为70,462元）及尚未领取的祝福金（生存金）、红利全部归原告黄某娟、谭某洁所有，由原告黄某娟、谭某洁领取［退保金、祝福金（生存金）及红利的具体数额以办理退保手续时核算为准］。

**典型案例二**：人身保险合同未指定受益人，保险金应作为被保险人遗产发生继承

2018年2月，周某为自己购买了一份人身意外伤害保险，保险合同约定，如果周某在保险期间内因意外去世，保险公司将一次性给付10万元保险金，保险合同中未约定受益人。

2019年11月，周某因意外事故去世。2019年12月，周某的妻子带着人身保险合同向保险公司申请理赔，保险公司将10万元保险金全部支付给周某的妻子。2020年1月，周某的父母向保险公司申请理赔，但保险公司以已经将全部保险金支付给周某妻子为由拒绝了二老的申请。

理赔申请被拒，周某的父母以保险公司为被告向法院提起保险合同纠纷诉讼。周某的父母认为，周某去世后其法定继承人共有四位（妻子、女儿、父亲、母亲），但保险公司在未查明全部继承人身份的情况下，将10万元的保险金全部支付给周某的妻子，保险公司存在严重疏漏。而保险公司则认为，保险公司没有义务查明被保险人的全部继承人身份。周某去世后，妻子是其法定继承人之一且其持有人身保险，保险公司向周某妻子给付保险金并无不妥，请法院驳回原告的全部诉讼请求。

**裁判要点**

因案涉人身保险合同未指定受益人，保险金应作为被保险人遗产。保险公司在核实周某妻子的身份及其持有的保险单后，向周某妻子支付了全部保险金，已经尽到了保险合同约定的义务，符合法律规定。至于周某妻子在收到保险金之后如何在周某的继承人之间进行分配，属于法定继承法律关系，与本案保险合同纠纷不是同一法律关系，可另案解决，故驳回原告的全部诉讼请求。

## 律师分析

**(一) 哪些情形下,保险金应当作为被保险人的遗产?**

《保险法》第 42 条第 1 款规定:"被保险人死亡后,有下列情形之一的,保险金作为被保险人的遗产,由保险人依照《中华人民共和国继承法》的规定履行给付保险金的义务:(一) 没有指定受益人,或者受益人指定不明无法确定的;(二) 受益人先于被保险人死亡,没有其他受益人的;(三) 受益人依法丧失受益权或者放弃受益权,没有其他受益人的。"

根据以上法律规定,如果人身保险中未指定受益人,则在被保险人去世后,保险公司给付的保险金应当作为被保险人的遗产。从财富传承角度来讲,人身保险中未指定受益人或"受益人"一栏显示为空白,在被保险人去世后身故保险金属于被保险人的遗产,将来可能会被征收遗产税,且在被保险人生前负有债务的情况下,身故保险金有可能用于偿还被保险人生前所负债务。

如果投保人或被保险人在保险合同中指定了受益人(包括将受益人约定为"法定"或"法定继承人"),那么被保险人去世后,身故保险金属于受益人的财产,能够隔离被保险人生前的债务,在未来征收遗产税的情况下,不用缴纳遗产税、个人所得税。

**(二) 作为被保险人遗产的保险金如何给付?**

根据《保险法》第 42 条的规定,被保险人去世时没有约定受益人或受益人丧失受益权、放弃受益权的,保险金就会作为被保险人的遗产,由被保险人的继承人进行继承。当被保险人存在多个继承人的情况下,保险公司应当将全部保险金支付给某一个继承人还是全部继承人?对此,《保险法司法解释(三)》第 14 条规定:"保险金根据保险法第四十二条规定作为被保险人遗产,被保险人的继承人要求保险人给付保险金,保险人以其已向持有保险单的被保险人的其他继承人给付保险金为由抗辩的,人民法院应予支持。"

根据《保险法司法解释(三)》第 14 条的规定,可以看出,我国司法实务中采用的观点为"只要被保险人的继承人持有人身保险,保险公司即可向其支付保险金,保险公司不需要查明被保险人的全体继承人",这主要是基于以下几个方面考虑:

第一,被保险人的其他继承人要求保险公司给付保险金的基础法律关系为继承法律关系而非保险法律关系。保险合同纠纷处理的是投保人、被保险人、受益人与保险公司之间的关系,而继承法律关系处理的是被保险人死亡后,身故保险金在继承人之间如何分配的问题。在保险公司已经将保险金给付给被保险人的某一继承人的情况下,保险公司已经履行了全部的保险合同义务,后期分配问题属于继承法律关系要解决的问题。

本案中,法院也同样认为,保险公司向被保险人周某妻子支付了全部保险金,已经尽到了保险合同约定的义务,符合《保险法司法解释(三)》第14条的规定。至于周某妻子在收到保险金之后如何在周某的继承人之间进行分配,属于法定继承法律关系,与本案保险合同纠纷不是同一法律关系,可另案解决,故驳回周某的父母要求保险公司支付保险金的诉讼请求。

第二,保险公司的做法有利于提高理赔效率。保险公司并不是公检法等司法机关,其在理赔时很难掌握被保险人的继承人身份信息。如果硬性要求保险公司查明全体的继承人后才能进行理赔,则保险公司很可能会担心由于操作不当而拒绝理赔或延迟理赔,保险公司的理赔效率将会大大降低。所以,法律也不应当强人所难,对保险公司做过高的要求。

第三,保险公司的做法不会侵犯其他继承人的合法权益。如果被保险人存在多个继承人,虽然某个继承人领取了保险金,但也不代表保险金就应当归属于已经领取保险金的继承人。未取得保险金的其他继承人仍然可以提起继承纠纷诉讼向取得保险金的继承人主张权利。

本案中,虽然周某的妻子一次性领取了10万元保险金,但这并不代表10万元全部归周某的妻子所有,周某的其他继承人可以向法院提起继承纠纷诉讼,要求法院依法分割10万元的身故保险金。

**典型案例三**:保险金作为被保险人遗产发生继承时,保险公司可向持有保险单的继承人给付保险金

吴某胜、李某静系夫妻关系,二人婚后育有一女,取名吴某秀。

2019年,吴某胜在保险公司为其女吴某秀购买国寿附加学生儿童伤残意外伤害保险(2013版),保险金额5万元,保险费50.5元,该保险合同中未指定受益人。保险合同生效日期为2019年4月17日。2019年11月22日,被保险人吴某秀因煤烟中毒意外离世。

2020年1月,吴某胜向保险公司申请理赔,保险公司则认为,因被保险人吴某秀所投保险未指定受益人,应由其法定继承人(即被保险人的父母)共同到保险公司处申请,因此保险公司拒绝向吴某胜支付保险金。

2020年3月，吴某胜向法院起诉，要求保险公司向其支付保险理赔金5万元。

保险公司在庭审中答辩称，原告吴某胜的主体不适格，其主要理由为：(1) 根据我国法律规定，在继承遗产的诉讼中，部分继承人起诉的，人民法院应通知其他继承人作为共同原告参加诉讼；被通知的继承人不愿意参加诉讼又未明确表示放弃实体权利的，人民法院仍应将其列为共同原告。必须共同进行诉讼的当事人没有参加诉讼的，人民法院应当通知其参加诉讼。本案中，被保险人吴某秀因保险事故发生而死亡，且保险合同中未指定死亡保险金的受益人，因此，保险金应当转为被保险人吴某秀的遗产，由吴某秀的法定继承人共同受领。保险金请求权应属于被保险人吴某秀的父母共同享有。(2) 在案件审理过程中，吴某胜明确表示，被保险人吴某秀的母亲健在，且能够联系到本人。依据法律规定，被保险人吴某秀的父母为本案的必要共同诉讼人，吴某秀的母亲应当共同参加诉讼，原告主体不适格。

## 裁判要点

当保险金作为被保险人遗产时，保险公司只要向持有保险单的继承人给付保险金，即视为已履行给付保险金的义务，被保险人的其他继承人就不能再向保险公司主张保险金。故保险公司要求被保险人的其他继承人与吴某胜作为共同诉讼当事人参加诉讼无法律依据，法院不予支持。

## 律师分析

保险金作为被保险人的遗产发生继承，在保险公司拒付的情况下，是否需要被保险人的全体继承人都作为原告提起诉讼？

《最高人民法院关于适用〈中华人民共和国民事诉讼法〉的解释》（以下简称《民事诉讼法司法解释》）第70条规定："在继承遗产的诉讼中，部分继承人起诉的，人民法院应通知其他继承人作为共同原告参加诉讼；被通知的继承人不愿意参加诉讼又未明确表示放弃实体权利的，人民法院仍应将其列为共同原告。"本案中，保险公司认可被保险人吴某秀在保险事故发生后死亡，身故保险金应当作为被保险人的遗产。但根据《民事诉讼法司法解释》第70条的规定，吴某秀的全部法定继承人（父亲吴某胜，母亲李某静）均应作为原告参加诉讼，本案中只有父亲吴某胜参加诉讼，主体不适格。但笔者认为，该观点不能成立。

首先，本案案由为人身保险合同纠纷，被告为保险公司，原告吴某胜请求保险公司支付保险金的基础法律关系为保险合同关系而非遗产继承关系，两种法律关系性质不同，因此本案并不适用《民事诉讼法司法解释》第70条的规定。

其次，《保险法司法解释（三）》第14条规定："保险金根据保险法第四十二条规定作为被保险人遗产，被保险人的继承人要求保险人给付保险金，保险人以其已向持有保险单的被保险人的其他继承人给付保险金为由抗辩的，人民法院应予支持。"

这也就是说，当保险金成为被保险人遗产时，保险公司只要向持有保险单的继承人给付保险金，就视为保险公司已履行了给付保险金的义务。本案中，吴某胜系被保险人吴某秀的父亲，是其合法继承人，保险公司可以直接向持有保险单的吴某胜赔付保险金，符合《保险法司法解释（三）》第14条的规定。

最后，保险公司向持有保险单的继承人赔付保险金的行为也并未侵犯其他继承人的权益。前面我们已经提到了，如果被保险人存在多个继承人，已经取得保险金的继承人的身份应为遗产保管人或遗产管理人，负有妥善保管遗产的义务。未取得保险金的其他继承人可向取得保险金的继承人另行主张权利。

**典型案例四**：投保人的某一位继承人继承了人身保险，其他继承人如何保障自己的合法权益？

赵某贺与刘某婷原系夫妻关系，婚后育有大儿子赵某江与小儿子赵某海，2013年赵某贺与刘某婷办理了协议离婚手续，双方约定大儿子赵某江由赵某贺直接抚养，小儿子赵某海由刘某婷直接抚养。2017年8月，刘某婷向保险公司投保和谐一号护理保险（万能型）B款，保险单号为2110×××。该保险单投保人为刘某婷，被保险人为赵某海，刘某婷交纳了首期保险费10万元，保险合同生效日期为2017年8月10日。保险合同条款载明每月1日为个人账户结算日，并约定了个人账户价值的计算顺序和方法，但未约定投保人死亡则本合同终止。

2018年5月24日，刘某婷死亡。2018年6月28日，赵某海向保险公司申请变更投保人，并出具其他法定继承人放弃保险合同相关权益的证明材料。保险公司批准赵某海变更为投保人。保险公司系统显示，该保险单个人账户价值于2018年5月1日为99,294.05元，于2018年6月1日为99,690.22元，于2018年8月1日为100,474.39元。

2019年12月，赵某江以赵某海、保险公司为被告向法院起诉，请求判决：（1）保险公司与刘某婷于2017年8月9日签订的保险合同（保险单号为2110×××）终止；（2）保险公司向赵某江退回全额保险费10万元的二分之一份额或判决赵某海向赵某江支付保险合同全额保险费10万元的二分之一份额的对价。法院经审理查明，刘某婷的父母分别于2000年、2003年相继去世。

## 裁判要点

投保人刘某婷死亡，合同并非必然终止，但投保人死亡后，保险单个人账户价值属于刘某婷的遗产，赵某江与赵某海依法继承刘某婷的遗产各占50%即49,845.11元。在赵某海成为保险单投保人的情况下，赵某海应当向赵某江支付49,845.11元。

## 律师分析

本案中，刘某婷投保的人身保险没有保险费豁免及第二投保人的约定，因此在刘某婷去世后人身保险就成为刘某婷的遗产，应当由其法定继承人赵某江、赵某海继承。但赵某海在向保险公司提交投保人变更手续时隐瞒了刘某婷还有其他法定继承人的情况，导致保险公司在受欺诈的情况下为赵某海办理了变更手续。

但赵某江要求终止保险合同的诉讼请求不能成立。第一，本案中，保险合同并未约定投保人去世后保险合同终止。因此，刘某婷去世并不会必然导致保险合同终止。第二，保险公司根据申请变更赵某海为投保人，不违反法律规定。第三，虽然赵某海未如实披露刘某婷的法定继承人，违背了诚信原则，但保险公司已经批准了赵某海成为新的投保人，在保险公司及赵某海未提出解除保险合同的情况下，保险合同不能随意解除。

针对赵某江的第二项诉讼请求，刘某婷去世后，2018年6月1日保险单个人账户价值99,690.22元应作为刘某婷的遗产，由赵某海与赵某江各继承50%即49,845.11元。在赵某海成为保险合同新的投保人的情况下，赵某海应向赵某江返还49,845.11元。

**典型案例五**：被保险人及部分受益人去世，保险金如何分配？

李某振与王某洁系夫妻关系，二人婚后育有一女李某静。2011年12月17

日，李某振驾驶鲁B×××号轿车载王某洁、李某静沿215省道由北向南行驶发生交通事故，导致李某振、王某洁、李某静三人死亡且死亡顺序无法确定。李某国与潘某霞系李某振之父母，王某山与杨某系王某洁之父母。李某振、王某洁生前均未留遗嘱。

在李某振一家三口去世后，李某国、潘某霞与王某山、杨某几位老人因保险单继承问题产生纠纷，经梳理，李某振、王某洁二人购买的保险单如下：

1. 太平无事意外伤害保险（1002），保险合同号为××008，投保人为李某振，被保险人为王某洁，身故受益人为法定继承人，保险金额50,000元。

2. 太平无忧长期健康保险（分红型）（1006）、太平无事意外伤害保险（1001），两份保险单的被保险人均为李某振，身故受益人均为王某洁（受益顺序1）、李某静（受益顺序2），保险金额均为100,000元。

保险公司出具的理赔结果通知书载明：被保险人李某振应赔付金额合计为202,768.47元，被保险人王某洁应赔付金额为50,000元。

3. 被保险人李某振承保于山东××工业有限责任公司青岛卷烟厂投保的团体保险计划下，团体保险单号为1088××，保险金额150,000元，身故受益人为：王某洁（受益顺序1）、李某静（受益顺序2）、李某国（受益顺序3）、潘某霞（受益顺序4）。

保险公司出具的理赔结案通知书载明：被保险人李某振应赔付金额150,000元。

在提起本次诉讼前，潘某霞已根据《继承公证书》领取了李某振的身故保险金共计352,768.47元 [（1）投保保险公司团体险（保险单号：1088××），保险金额为150,000元；（2）投保太平无忧长期健康保险（分红型）（1006），保险金额为100,000元；（3）投保太平人寿保险有限公司太平无事意外伤害保险（1001），保险金额为100,000元]。

由于潘某霞、王某山、杨某未就上述保险金的理赔事宜达成一致，于是杨某以继承纠纷为由向法院提起诉讼，要求法院依法分割上述保险金。

## 裁判要点

受益人与被保险人在同一事件中死亡，且不能确定死亡先后顺序的，推定受益人死亡在先。部分受益人在死亡、放弃受益权或依法丧失受益权的，该受益人应得的受益份额按照保险合同的约定处理，保险合同没有约定或者约定不明的,该受益人应得的受益份额按照《保险法司法解释(三)》第12条的规定依法处理。

## 律师分析

**(一)太平无事意外伤害保险(1002)获得的保险金应当给付给谁?**

《保险法》第42条第2款规定:"受益人与被保险人在同一事件中死亡,且不能确定死亡先后顺序的,推定受益人死亡在先。"太平无事意外伤害保险(1002)的被保险人为王某洁,身故受益人为法定继承人,即保险事故发生时该保险合同约定的身故受益人是被保险人王某洁的法定继承人。王某洁的法定继承人有丈夫李某振、女儿李某静、父亲王某山、母亲杨某,即李某振、李某静与王某山、杨某系该份保险的身故受益人。

因作为被保险人的王某洁与作为身故受益人的李某振、李某静三人的死亡顺序不能确定,依据《保险法》第42条第2款的规定推定李某振、李某静先于被保险人王某洁死亡,故太平无事意外伤害保险(1002)中的身故受益人剩下王某山与杨某。

《保险法司法解释(三)》第12条规定:"投保人或者被保险人指定数人为受益人,部分受益人在保险事故发生前死亡、放弃受益权或者依法丧失受益权的,该受益人应得的受益份额按照保险合同的约定处理;保险合同没有约定或者约定不明的,该受益人应得的受益份额按照以下情形分别处理:(一)未约定受益顺序及受益份额的,由其他受益人平均享有;……"依据上述规定,因王某洁并未约定受益人顺序及受益份额,故保险公司应当将身故保险金50,000元平均支付给王某山与杨某。

**(二)太平无忧长期健康保险(分红型)(1006)、太平无事意外伤害保险(1001)获得的保险金应当给付给谁?**

太平无忧长期健康保险(分红型)(1006)、太平无事意外伤害保险(1001),两份保险单的被保险人均为李某振,身故受益人均为王某洁(受益顺序1)、李某静(受益顺序2)。由于两份人寿保险单的第一顺序受益人王某洁、第二顺序受益人李某静及被保险人李某振在交通事故中均去世且死亡顺序不能确定,依据《保险法》第42条的规定可以推定受益人王某洁、李某静均先于被保险人李某振死亡。依据《保险法》第42条第1款第2项的规定,受益人先于被保险人死亡,没有其他受益人的,保险金作为被保险人的遗产。因此,保险公司给付的两份人寿保险的保险金合计 202,768.47 元应作为被保险人李某振的遗产,由李某振的法定继承人李某国与潘某霞继承。

### (三) 团体保险单获得的保险金应当给付给谁?

保险单号 1088××的团体人寿保险单以李某振作为被保险人,身故受益人为王某洁(受益顺序 1)、李某静(受益顺序 2)、李某国(受益顺序 3)、潘某霞(受益顺序 4)。在交通事故中,李某振的女儿李某静、妻子王某洁作为该份人寿保险单的受益人与被保险人李某振同时去世且不能确定死亡的先后顺序,应推定受益人李某静、王某洁先于被保险人李某振去世。

《保险法司法解释(三)》第 12 条规定:"投保人或者被保险人指定数人为受益人,部分受益人在保险事故发生前死亡、放弃受益权或者依法丧失受益权的,该受益人应得的受益份额按照保险合同的约定处理;保险合同没有约定或者约定不明的,该受益人应得的受益份额按照以下情形分别处理:……(三)约定受益顺序但未约定受益份额的,由同顺序的其他受益人平均享有;同一顺序没有其他受益人的,由后一顺序的受益人平均享有……"依据上述规定,保险公司应将身故保险金 150,000 元赔付给该份保险的第三受益人李某国,只有在第三受益人李某国去世、放弃受益权或者依法丧失受益权的情况下,保险公司才应将身故保险金 150,000 元赔付给第四受益人潘某霞。

**典型案例六**:互为受益人的两个被保险人同时死亡,保险金如何分配?

夏某斌与崔某某于 1982 年 2 月结婚,婚后一年生女夏某莉。崔某某在生下夏某莉一个多月后离家出走,音讯全无。1984 年周某婧与夏某斌结婚共同抚养照顾夏某莉。2004 年 3 月,夏某莉与李某阳结婚,婚后生育一子李某岩。

2008 年 7 月 25 日,夏某莉在保险公司购买了两份人寿保险单:(1) 康宁终身寿险。投保人:夏某莉;被保险人:夏某莉;受益人:李某岩,保险期间为终身,保险金额为 10,000 元。保险合同约定:被保险人身故保险金按三倍基本保险金额给付。(2) 康宁定期保险。投保人:夏某莉;被保险人:夏某莉;受益人:李某岩,保险期间为 43 年,保险金额为 20,000 元。保险合同约定:被保险人身故保险金按基本保险金额给付。

2009 年 4 月 25 日,夏某莉在保险公司为其子李某岩投保国寿瑞鑫两全保险(分红型)及国寿附加瑞鑫提前给付重大疾病保险一份。投保人:夏某莉;被保险人:李某岩;受益人:夏某莉,保险期限为 80 年,保险金额分别为 10,000元,被保险人在未成年时身故,累计死亡保额不超过 5 万元。

2012年1月27日，案外人高某驾驶苏A×××号轿车（车内载有夏某莉、李某岩）发生交通事故，致夏某莉、李某岩当场死亡且不能确定死亡的先后顺序。

事故发生后，保险公司对于夏某莉于2009年4月购买的以李某岩为被保险人、夏某莉为受益人的寿险保险单，根据《保险法》的规定，推定受益人夏某莉先死亡，身故保险金作为李某岩的遗产由其父李某阳继承，并向李某阳给付了保险金。对于夏某莉于2008年7月购买的寿险保险单，在李某阳向保险公司进行理赔时，保险公司亦根据《保险法》的规定，推定受益人李某岩先死亡，身故保险金应作为被保险人夏某莉的遗产由其配偶、父母等人继承，因此拒绝向李某阳一人给付保险金。

被保险公司拒赔后，李某阳以保险公司为被告起诉至法院。

## 裁判要点

受益人与被保险人在同一事件中死亡，且不能确定死亡先后顺序的，推定受益人死亡在先。保险与继承是不同性质的法律关系，在两份保险合同所建立起的两个相互独立的法律关系范围内，可以对同一事件的有关事实作出不同的推定。

## 律师分析

（一）夏某莉和李某岩在同一交通事故中同时死亡且不能确定死亡顺序的情况下，如何推定死亡顺序？

《民法典》第1121条第2款规定："相互有继承关系的数人在同一事件中死亡，难以确定死亡时间的，推定没有其他继承人的人先死亡。都有其他继承人，辈份不同的，推定长辈先死亡；辈份相同的，推定同时死亡，相互不发生继承。"按照《民法典》第1121条第2款的规定，由于夏某莉与李某岩在同一场交通事故中去世且不能确定死亡的先后顺序，应当推定夏某莉先于李某岩去世（夏某莉、李某岩都有第一顺序继承人的情况下，推定长辈夏某莉先去世）。

《保险法》第42条第2款规定："受益人与被保险人在同一事件中死亡，且不能确定死亡先后顺序的，推定受益人死亡在先。"《保险法司法解释（三）》第15条规定："受益人与被保险人存在继承关系，在同一事件中死亡且不能确定死亡先后顺序的，人民法院应根据保险法第四十二条第二款的规定推定受益人死亡在先，并按照保险法及本解释的相关规定确定保险金归属。"依据上述规定，在夏某莉 2008 年 7 月购买的两份人寿保险单中，应当推定受益人李某岩先于被保险人夏某莉去世。身故保险金作为被保险人夏某莉的遗产由其继承人继承。

在《民法典》第 1121 条第 2 款与《保险法》第 42 条第 2 款发生冲突时，应适用哪条法律？

本案保险合同纠纷中，确定保险金的归属问题，应当适用《保险法》的规定。依据《保险法》第 42 条第 2 款的规定，受益人与被保险人在同一事件中死亡，且不能确定死亡先后顺序的，推定受益人死亡在先。保险金作为被保险人的遗产，由保险人依照继承法的规定履行给付保险金的义务。

《保险法》属于特别法，应当予以优先适用。其主要理由如下：

第一，《民法典》第 1121 条第 2 款解决的是相关主体是否有继承权的问题，前提是被继承的遗产已经确定，不存在遗产归属的争议。该条是对相互有继承关系的多人同时死亡如何发生继承进行调整，不具有普适性。而本案中，被保险人与受益人在同一保险事故中同时死亡，保险金应当成为谁的遗产存在争议，不具有适用上述条款的前提条件。《民法典》第 1121 条第 2 款只规定了在继承过程中相互有继承关系的几人在同一事件中死亡的情况下，遗产处理的一般原则。而相互有继承关系的几人在同一事件中死亡，其中两人还存在被保险人与受益人的特殊法律关系的情况下，《保险法》则作出了推定受益人先死亡的特殊规定，进而确定保险金归属。因此，根据特别法优于普通法的原则，应当适用《保险法》的规定。

第二，《保险法》核心任务之一即是保护被保险人利益，《保险法》第 42 条第 2 款推定受益人先死亡的规定，把被保险人置于领受保险金的优势地位，使其权利得到更充分的保障。在本案中，系保险合同纠纷，被保险人与受益人在同一保险事故中死亡，无法确定先后顺序时，应从维护被保险人利益角度出发，推定受益人先死亡。而当受益人与被保险人不存在继承关系时，适用《保险法》第 42 条第 2 款的规定进行死亡推定会使问题更加简单化。

本案中被保险人夏某莉与受益人李某岩在一起事故中同时死亡，且相互有继承关系，保险金应当成为谁的遗产存在争议，所以不适用《民法典》第 1121 条第 2 款。《保险法》第 42 条第 2 款主要是对被保险人与受益人同时死亡时保险金如何分配进行规定，故应适用《保险法》第 42 条第 2 款的规定。

（二）夏某莉去世后，2008 年 7 月夏某莉购买的两份人寿保险单的保险金如何分配？

在被保险人夏某莉去世后，按照康宁终身寿险保险条款的约定，保险公司应当给付 30,000 元的保险金；按照康宁定期保险条款的约定，保险公司应当给付 20,000 元的保险金，以上保险金共计 50,000 元。

在推定受益人李某岩先于被保险人夏某莉去世的情况下，依据《保险法》第 42 条第 1 款第 2 项的规定，保险公司给付的保险金应作为被保险人的遗产。在确定夏某莉继承人时，应依据《民法典》第 1121 条第 2 款的规定，夏某莉的第一顺序继承人有：配偶李某阳、子女李某岩、父亲夏某斌、生母崔某某，有抚养关系的继母周某婧，因李某岩已死亡，保险公司给付的保险金应当由除李某岩之外的上述主体均等继承。最终保险公司应当给付李某阳、夏某斌、周某婧、崔某某各 12,500 元。

**（三）类似案件中，其他法院如何进行裁判？**

本案中，根据特别法优于普通法的原则，在确定保险金属于被保险人或受益人的遗产时适用了《保险法》第 42 条的规定，推定受益人先死亡，保险公司给付的保险金应作为被保险人的遗产。在确定相关主体是否有继承权，继续沿用受益人先死亡的结论进行遗产分配。

但在（2018）桂 0302 民初 718 号民事判决中，法院则认为，《最高人民法院关于贯彻执行〈中华人民共和国继承法〉若干问题的意见》（已失效）第 2 条[1]是对有继承关系的多人同时死亡如何继承进行调整，《保险法》第 42 条主要是对被保险人与受益人同时死亡时保险金如何分配进行规定，二者的调整范围不一致，应当适用各自调整范围内的法律关系。具体而言，在确定身故保险金的归属时，依据《保险法》第 42 条的规定，推定受益人先死亡，身故保险金作为被保险人的遗产。在确定保险金属于被保险人的遗产后，再适用《最高人民法院关于贯彻执行〈中华人民共和国继承法〉若干问题的意见》（已失效）第 2 条的规定对死亡顺序进行重新推定后再分配遗产。

**（四）受益人与被保险人在同一事件中死亡不能确定死亡先后顺序时，法律上推定受益人死亡在先，可能与客观事实不符**

被保险人与受益人存在多份保险单，不同保险单中的被保险人与受益人可能完全相反，在适用《保险法》第 42 条第 2 款的规定，推定受益人死亡在先时，不同保险单可能会得出不同的结论。

此时就会出现本案中李某阳提出的问题，即保险公司就这次事故已经作出夏某莉死亡在先的推定（2009 年 4 月投保的以李某岩为被保险人、夏某莉为受

---

[1] 2021 年 1 月 1 日《民法典》生效后，对应的法条为《民法典》第 1121 条第 2 款。

益人的寿险合同中，推定受益人夏某莉先死亡）的情况下，不应在同一事故中作出两种不同结果推定的观点。

依据《保险法》第42条第2款的规定，受益人与被保险人在同一事件中死亡，且不能确定死亡先后顺序的，推定受益人死亡在先。夏某莉于2008年7月、2009年4月分别购买了人寿保险单，在两份保险合同所建立起的两个相互独立的法律关系范围内，可以对同一事件的有关事实作出不同的推定。即便保险公司已在2009年购买的被保险人为李某岩、受益人为夏某莉的保险合同中作出了夏某莉死亡在先的推定，在本案中又作出李某岩先死亡之推定，仍然符合法律规定和保险法原理。

**典型案例七：** 被保险人和受益人在同一起事故中身故，无法区分死亡先后顺序的，保险金应该如何给付？

丁某国、董某某系夫妻关系，二人育有四个子女，即丁某鹏、丁某珍、丁某娟、丁某。丁某国于2015年12月3日死亡，董某某于2010年6月7日因死亡注销户口。丁某于1995年左右去世。

丁某娟与郝某明原系夫妻关系，婚后育有一女郝小某。2000年4月，二人因感情不和办理离婚登记手续，婚生女郝小某由丁某娟抚养，后丁某娟未再婚。

2017年11月24日，丁某娟作为投保人与保险公司签订《人身保险合同》。根据保险合同显示，保险合同生效日期为2017年11月25日。投保人与被保险人均为丁某娟，生存保险金受益人为丁某娟100%，身故保险金受益人郝小某100%，保险项目如下：投保主险险种为百万任我行17（1216），保险期间20年，交费年限10年，基本保险金额50,000元，保险费3218元。丁某娟自2017年11月25日交纳保险费至2019年11月25日止，标准期交保险费3218元。

2019年3月25日，丁某娟与郝小某被案外人周某某杀害，均死亡，该事故属于保险理赔范围，理赔保险金50,000元，尚未赔付。经法院依职权向北京市公安局某派出所调取周某某故意杀人案刑事侦查备查案卷及司法鉴定中心出具的死亡证明，并向相关办案人员调查，公安机关表示到达现场时郝小某与丁某娟均已死亡，无法确定二人的死亡顺序。

丁某娟与郝小某去世后，丁某鹏、丁某珍认为，在被保险人与受益人死亡时，根据《保险法》第42条的规定，应推定受益人郝小某死亡在先，故保险金应当由保险公司向丁某鹏、丁某珍支付。但保险公司拒付，于是，丁某鹏、丁某珍起诉至法院，请求法院判令保险公司向原告支付保险金。郝某明作为第三人参加了诉讼。

保险公司则不同意丁某鹏、丁某珍的诉讼请求。首先，丁某鹏、丁某珍可能并非涉案保险单的全部合法继承人，因丁某鹏、丁某珍无法证明全部亲属关系及丁某娟、郝小某之间的死亡顺序，请法院依法查明；其次，不能证明被保险人与受益人死亡的先后顺序，无法证明丁某鹏、丁某珍为本案保险单权益的合法继承人；再次，根据类似判决，被保险人和受益人死亡顺序不明时，在继承法领域应当重新推定死亡顺序，即推定长辈先死，如果法院最终认定本案属于此种情形，则丁某鹏、丁某珍无权索要保险金；最后，关于郝某明是否属于有独立请求权的第三人的认定问题，由法院予以确定。

## 裁判要点

受益人与被保险人在同一事件中死亡，且不能确定死亡先后顺序的，推定受益人死亡在先。在该合同无其他受益人的情况下，则保险金作为被保险人丁某娟的遗产依据继承法发生继承，但关于死亡顺序不能进行二次推定。

## 律师分析

**（一）被保险人和受益人在一起事故中同时身故，无法区分死亡先后顺序，保险金应当作为谁的遗产？**

被保险人和受益人在一起事故中同时身故，无法区分死亡先后顺序，如果身故保险金作为被保险人的遗产，则应当由被保险人的法定继承人继承；如身故保险金作为受益人的遗产，则应当由受益人的法定继承人继承，因此确定保险金属于谁的遗产往往成为此类案件的争议焦点问题。

例如，在典型案例七中，丁某娟作为被保险人、女儿郝小某作为身故受益人，二人在同一起刑事案件中死亡，无法确认二人的死亡顺序。如将保险金作为受益人的遗产，则将会由郝某明作为法定继承人继承；如将保险金作为被保险人的遗产，将会由丁某娟的法定继承人继承，由于保险事故发生时，丁某娟与郝某明已经离婚，此时郝某明将无法分割保险金的任何权益，由此可见，确定身故保险金属于谁的遗产，在本案中至关重要。

《保险法》第42条规定："被保险人死亡后，有下列情形之一的，保险金作为被保险人的遗产，由保险人依照《中华人民共和国继承法》的规定履行给付保险金的义务：（一）没有指定受益人，或者受益人指定不明无法确定的；

(二）受益人先于被保险人死亡，没有其他受益人的；（三）受益人依法丧失受益权或者放弃受益权，没有其他受益人的。受益人与被保险人在同一事件中死亡，且不能确定死亡先后顺序的，推定受益人死亡在先。"根据上述法律规定，在典型案例七中应当推定受益人郝小某死亡在先，保险金应当作为丁某娟的遗产，由丁某娟的法定继承人继承。

**（二）保险公司主张的被保险人和受益人死亡顺序不明时，在继承法领域应当重新推定死亡顺序，有无法律依据？**

《民法典》第1121条规定："继承从被继承人死亡时开始。相互有继承关系的数人在同一事件中死亡，难以确定死亡时间的，推定没有其他继承人的人先死亡。都有其他继承人，辈份不同的，推定长辈先死亡；辈份相同的，推定同时死亡，相互不发生继承。"按照该条的规定，母亲丁某娟与女儿郝小某在同一起刑事案件中死亡，无法确认死亡时先后顺序，应当推定母亲先死。所以保险公司认为，《保险法》第42条解决的是身故保险金属于谁的遗产的问题，在确定身故保险金属于丁某娟的遗产后，在继承法领域应当重新推定死亡顺序，即推定长辈母亲丁某娟先去世，丁某娟的遗产应当由女儿郝小某继承，郝小某去世后，应当由郝小某的法定继承人郝某明继承，因此丁某鹏、丁某珍无权请求保险金。

但法院经审理后认为，保险公司所称的适用继承法推定丁某娟先于郝小某死亡并由郝小某先行继承丁某娟身故保险金的主张，属于二次推定。本案中丁某娟的保险金作为遗产分配的前提是已推定郝小某先死亡，因此不能再适用继承法重新推定郝小某后死亡。因此，对于保险公司的该条抗辩理由，法院认为不能成立。丁某娟去世后，其无第一顺序法定继承人，应当由第二顺序法定继承人丁某鹏、丁某珍继承，最终法院判决保险公司将身故保险金支付给丁某鹏、丁某珍。

**典型案例八**：被保险人和受益人在同一起事故中身故，无法区分死亡先后顺序的，分配保险金时如何照顾未成年子女？

赵某鹏与张某玲于2013年1月7日登记结婚。2015年3月生育一女赵某晶，赵某晶自出生后一直由其外祖父母张某党、王某萌抚养。2017年5月，张某党、王某萌被指定为赵某晶的监护人。赵某鹏的生母在赵某鹏5周岁时因病去世。赵某鹏7周岁时，赵某鹏的父亲赵某柱与钱某芳登记结婚，钱某芳与赵某柱结婚后与赵某柱的父母居住在一起，其间赵某柱长期在外务工，钱某芳在家务农，赵某鹏的生活由其爷爷奶奶照顾居多，2001年赵某柱因病去世，之后不久钱某芳外出务工，赵某鹏则由其大伯赵某1照顾。

2017年1月26日，赵某鹏向A保险公司购买了一份个人人身保险（安行宝两全保险2.0版），合同约定：投保人为赵某鹏、被保险人为赵某鹏，身故受益人及分配方式（比例）为张某玲（100%）、保险期间自2017年1月26日至2047年1月25日止，交费方式为按年（10次交清）、每期保险费1880元、保险金额为10万元。保险条款中，关于保险责任约定，交通工具意外身故保险金或交通工具意外全残保险金：若被保险人以乘客身份乘坐水路公共交通工具或者被保险人驾驶或乘坐他人驾驶的非营运4轮及以上机动车，在交通工具上遭受意外伤害，并自该意外伤害发生之日起180日内以该次意外伤害为直接原因导致身故或全残，我们按如下约定的金额给付"交通工具意外身故保险金"或"交通工具意外全残保险金"，本合同终止：若被保险人身故或确定全残时未满75周岁（不含75周岁），"交通工具意外身故保险金"或"交通工具意外全残保险金"=10×本合同的基本保险金额……

2017年2月15日8时10分，赵某鹏、张某玲乘坐案外人邱某驾驶的货车发生交通事故去世。在这起交通事故中，无法确认赵某鹏、张某玲的死亡先后顺序。

赵某鹏、张某玲去世后，钱某芳向法院提起诉讼，要求A保险公司将保险理赔款100万元给付给被保险人赵某鹏的法定继承人钱某芳。案件审理过程中，赵某晶、张某党、王某萌申请作为第三人参加诉讼，并向法院提出诉讼请求：要求A保险公司将保险理赔金按照保险合同的约定支付给受益人张某玲的法定继承人，即赵某晶、张某党、王某萌三人。

## 裁判要点

受益人与被保险人在同一事件中死亡，且不能确定死亡先后顺序的，应当推定受益人张某玲死亡在先，保险金应作为被保险人赵某鹏的遗产，由赵某鹏的继承人享有。考虑到赵某晶在保险事故发生时不满2周岁，没有生活自理能力，应当在遗产分配时对赵某晶予以照顾。

## 律师分析

本案中，被保险人赵某鹏去世时，其女儿不满2周岁，在分配遗产时是否应当对其进行照顾？

在赵某鹏 7 周岁左右时，钱某芳与赵某柱（赵某鹏生父）再婚并与赵某柱的父母一起生活，虽然此后，赵某鹏主要还是由赵某柱的父母和兄长照顾，但法院认为，鉴于赵某鹏在独立生活前还是和钱某芳生活在同一个家庭中，故从常理来判断，作为继母的钱某芳应该会对赵某鹏尽到一定的抚养义务。那么根据权利义务相一致的法律原则，当钱某芳年老力衰时，赵某鹏当然应当尽到相应的扶养义务，即赵某鹏与钱某芳之间已形成了法律上的扶养关系，钱某芳属于赵某鹏的法定第一顺序继承人之一。

《民法典》第 1127 条规定："遗产按照下列顺序继承：（一）第一顺序：配偶、子女、父母；（二）第二顺序：兄弟姐妹、祖父母、外祖父母。继承开始后，由第一顺序继承人继承，第二顺序继承人不继承；没有第一顺序继承人继承的，由第二顺序继承人继承。"故，赵某鹏的法定继承人为钱某芳、赵某晶二人。

《民法典》第 1130 条规定："同一顺序继承人继承遗产的份额，一般应当均等。对生活有特殊困难又缺乏劳动能力的继承人，分配遗产时，应当予以照顾。"本案中，虽然钱某芳、赵某晶同为赵某鹏遗产的法定第一顺序继承人，但法院考虑到赵某晶在保险事故发生时不满 2 周岁，没有生活自理能力，应当在遗产分配时对赵某晶予以照顾；此外，赵某鹏成年并独立生活后就未再与钱某芳共同生活，而赵某晶作为赵某鹏的亲生女儿自然是与赵某鹏共同生活。最终法院结合钱某芳、赵某晶与赵某鹏的身份关系、经济依赖关系及当地的经济生活水平、投保人设立受益人初衷等因素，出于保护未成年人的合法权益及遵循公平原则的考虑，酌定：A 保险公司应当支付的 100 万元身故保险金，由钱某芳享有 20% 的份额，即 20 万元，赵某晶享有 80% 的份额，即 80 万元。

**典型案例九**：保险合同中约定了第一受益人、第二受益人的，被保险人去世后，保险金应当给付给谁？

高某峰与刘某菲系夫妻，二人婚后生育三个孩子，分别为高某丽、高某斌、高某德。高某峰的父母均在 2010 年前去世。

2009 年 7 月 14 日高某峰、刘某菲为购买××东路 H 幢 115 号店（以下简称 115 号店），二人共同作为借款人向中国工商银行××支行申请按揭贷款 144,000 元。贷款当日，高某峰为 115 号店的贷款向保险公司投保《个人贷款抵押房屋综合保险》，保险合同主要内容如下：

1. 投保人、被保险人均为高某峰。受益人信息载明，第一受益人：中国工商银行××支行。第二受益人：法定继承人。

2. 保险单号为：××0087。承保险种为财产损失保险、还贷保证保险，保险期间为 2009 年 7 月 14 日 0 时起至 2019 年 10 月 13 日 24 时止，财产损失保险、还贷保证保险金额为 144,000 元。

3. 保险费支付方式：于 2009 年 7 月 14 日前一次性付清全部保险费 867.98 元。

4. 《个人贷款抵押房屋综合保险条款》第 17 条约定："被保险人在保险期间内因意外伤害事故所致死亡或伤残，以及被保险人失踪后被人民法院宣告为死亡，而丧失全部或部分还贷能力，造成连续三个月未履行或未完全履行个人房屋抵押借款合同约定的还贷责任的，由保险人按本条款第二十条规定的偿付比例，承担还贷保证保险责任。"第 20 条约定："在本保险期间内，还贷保证保险责任项下每次保险事故的赔偿限额以该事故发生时被保险人应承担的贷款本金余额为限，累计的赔偿限额以第一次发生还贷保证保险事故时的贷款本金余额为限，第一受益人受益额度为根据构成本合同的贷款合同在保险人给付保险金之日被保险人所欠款项或者保险金数额中较低者，第二受益人受益额度为保险金超过该被保险人所欠款项的部分。"

2012 年 6 月 26 日，高某峰发生交通事故后去世，截至高某峰死亡时止尚欠银行房屋按揭贷款 112,486.83 元。截至 2017 年 12 月，刘某菲清偿了全部贷款 112,486.83 元。

2017 年 11 月，刘某菲经向银行查询才知晓高某峰贷款时购买了个人贷款抵押房屋综合保险。2018 年 9 月 18 日，刘某菲向保险公司递交书面保险理赔申请，请求给付保险单号为××0087 的保险合同项下还贷保证保险金，保险公司未予答复解决。于是，刘某菲、高某丽、高某斌、高某德向法院起诉要求：保险公司向刘某菲、高某丽、高某斌、高某德支付 112,486.83 元保险金。

**裁判要点**

高某峰交付保险费后，在保险期间内因交通事故死亡，保险公司应当按照《个人贷款抵押房屋综合保险条款》的约定支付保险赔偿金。高某峰死亡后，作为其配偶的刘某菲继续偿还贷款，保险公司不能以此否认高某峰已事实上不能履行个人房屋抵押借款合同约定的还贷责任。现刘某菲通过高某峰的账户清偿了××银行全部贷款，此时第一受益人受益额度为零，第二受益人受益额度为保险金超过所欠款项（0 元）的部分，即剩余的受益份额 112,486.83 元，故保险公司应当向刘某菲、高某丽、高某斌、高某德支付 112,486.83 元保险金。

## 律师分析

### （一）保险公司是否应当承担给付保险金的义务？

高某峰既是保险单的投保人也是被保险人，保险公司的保险责任既包含了对被保险人高某峰因申请贷款而提供抵押的房屋因发生保险事故造成的财产损失，又包含了被保险人高某峰因意外伤害事故所致死亡或伤残等保险事故而造成的无法偿还贷款的损失。因此，保险公司提供的该"综合保险"业务既包含了财产保险利益也包含了人身保险利益。

在被保险人高某峰发生交通事故去世的情况下，应当属于发生了以寿命和身体作为保险标的的保险事故。保险合同作为射幸合同，一旦发生保险事故，被保险人、受益人即对获得保险金产生了保险利益的期待，保险公司应当根据保险合同的约定履行合同义务，满足这一期待。本案中，被保险人高某峰于 2012 年 6 月 26 日死亡时，其丧失了全部的还贷能力，必然会发生《个人贷款抵押房屋综合保险条款》第 17 条约定的"连续三个月未履行或未完全履行个人房屋抵押借款合同约定的还贷责任"的客观事实，所以，保险公司即应当承担还贷保证的保险责任。

本案中，刘某菲虽系高某峰贷款的共同借款人，但高某峰作为投保人对借款本金 144,000 元投了足额保险费，也已经按照约定的时间足额交纳保险费，所以保险公司应当以第一次发生还贷保证保险事故时的贷款本金余额为限承担赔付保证责任，而并非仅对贷款余额本金承担 50% 的赔付保证责任。因此，从高某峰死亡之日即 2012 年 6 月 26 日起，保险公司应当按照约定向受益人支付 112,486.83 元保险金。

### （二）保险公司应当将保险金给付给谁？

《保险法》第 40 条规定："被保险人或者投保人可以指定一人或者数人为受益人。受益人为数人的，被保险人或者投保人可以确定受益顺序和受益份额；未确定受益份额的，受益人按照相等份额享有受益权。"

本案中，高某峰作为投保人和被保险人，指定了××银行为第一受益人，根据《个人贷款抵押房屋综合保险条款》约定，第一受益人××银行受益额度为根据构成本合同的贷款合同在保险人给付保险金之日被保险人所欠款项或者保险金数额中较低者，第二受益人受益额度为保险金超过该被保险人所欠款项的部分。××银行作为第一受益人，刘某菲还清了高某峰生前结欠××银行的全部银行贷款，此时第一受益人××银行的受益额度为零，第二受益人刘某菲、高某丽、高某斌、高某德受益额度为保险金超过高某峰所欠款项（0元）的部分，即剩余的受益份额112,486.83元，所以保险公司应当将保险金给付给第二受益人。

**典型案例十**：保险合同中约定了第一受益人、第二受益人，被保险人去世后，前一顺序受益人生存且未丧失或放弃受益权，后一顺序受益人是否有受益权？

高某路与王某芳系夫妻关系，婚后生育一子高某群。

2012年3月31日，王某芳在某保险公司购买了《泰康如意宝综合保障计划》，约定第一身故保险金受益人为高某路，受益比例100%；第二身故保险金受益人为高某群，受益比例100%。

2012年3月27日，王某芳在保险公司购买了《泰康健康人生重大疾病终身保障计划》，约定第一身故保险金受益人为高某路，受益比例100%；第二身故保险金受益人为高某群，受益比例100%。

2013年11月19日，王某芳因病在医院做手术治疗无效去世后，保险公司依据《泰康健康人生重大疾病终身保障计划》支付保险金51,356元，依据《泰康如意宝综合保障计划》支付保险金5100元，现两笔保险金共计56,456元均由高某路领取，后高某路将保险金中的2500元支付给高某群。

高某群认为其作为法定继承人有权分割上述保险赔偿金，故诉至法院，请求依法分割王某芳去世后保险公司赔偿金56,456元。

## 裁判要点

被保险人死亡后，没有指定受益人的，或受益人先于被保险人死亡，没有其他受益人或受益人丧失或者放弃受益权，保险金作为被保险人的遗产。投保人指定数人为受益人，且约定受益人顺序与受益比例的，各受益人按照受益顺序和受益比例享有受益权。在前一顺序受益人生存且未丧失或放弃受益权的情况下，后一顺序受益人无权领取身故保险金。

## 律师分析

（一）案涉两份保险均指定身故保险金第一受益人为高某路，受益比例100%，高某群为第二受益人，受益比例100%，为何只有高某路取得身故保险金，高某群却无权取得保险金？

受益人是指人身保险合同中由被保险人或投保人指定的享有保险金请求权的人。投保人和被保险人均可以成为受益人。投保人以及被保险人均可以指定保险合同的受益人，但是投保人指定受益人未经被保险人同意的，人民法院应认定指定行为无效。当保险理赔条件成就时，受益人有权向保险公司主张保险金给付请求权，并享有该保险金的利益，此时，该保险金并不属于被保险人的遗产，而属于受益人的财产。

根据《保险法》第40条的规定，被保险人或者投保人可以指定一个受益人也可以指定多个受益人，且在多个受益人的情形下，可以指定每个受益人的份额以及受益的顺序，未确定受益份额的，受益人按照相等份额享有受益权。本案中，案涉两份保险均指定身故保险金第一受益人为高某路，受益比例100%，高某群为第二受益人，受益比例100%。按照受益顺序及受益份额领取身故保险金后，第一身故受益人高某路已领取100%身故保险金，自然没有任何份额的身故保险金再给予第二身故受益人高某群。

（二）什么情况下，高某群能够依法领取身故保险金？

《保险法司法解释（三）》第12条规定："投保人或者被保险人指定数人为受益人，部分受益人在保险事故发生前死亡、放弃受益权或者依法丧失受益权的，该受益人应得的受益份额按照保险合同的约定处理；保险合同没有约定或者约定不明的，该受益人应得的受益份额按照以下情形分别处理：（一）未约定受益顺序及受益份额的，由其他受益人平均享有；（二）未约定受益顺序但约定受益份额的，由其他受益人按照相应比例享有；（三）约定受益顺序但未约定受益份额的，由同顺序的其他受益人平均享有；同一顺序没有其他受益人的，由后一顺序的受益人平均享有；（四）约定受益顺序及受益份额的，由同顺序的其他受益人按照相应比例享有；同一顺序没有其他受益人的，由后一顺序的受益人按照相应比例享有。"

依据上述规定，本案中高某路若在保险事故发生前已经死亡、放弃受益权或者依法丧失受益权的，高某路应得的受益份额按照保险合同的约定处理。而依据案涉保险合同的约定及上述规定，同一顺序没有其他受益人的，由后一顺序的受益人按照相应比例享有，此时身故保险金归高某群所有。

## 第七节　与附义务赠与相关的纠纷

**典型案例**：父母赠与子女人身保险合同投保人权益，子女不履行赡养义务时，可以撤销赠与吗？

郑某钧、张某婷系夫妻关系，二人生育一子郑某鹏。郑某鹏与王某平在2007年左右登记结婚，婚后二人生育一子郑某某。

2009年11月28日，郑某钧投保国寿安享一生两全保险（分红型）一份，被保险人为郑某鹏。2010年2月8日，郑某钧为孙子郑某某投保国寿安享一生两全保险（分红型）一份，被保险人为郑某某，两份保险每年各交纳保险费1万元，共计5年，截至2014年2月11日郑某钧已完全履行保险费10万元的交纳义务。

郑某鹏、王某平因翻建房屋需要资金周转，于是与郑某钧商量将两份人身保险的投保人变更为王某平，再由王某平作为新的投保人进行保险单质押贷款。于是，2017年10月26日，郑某钧向保险公司提交了《个人保险合同变更申请书》，之后于同年10月27日及11月6日，两份保险合同投保人变更为王某平。2017年11月8日，王某平领取两份保险红利合计8760.59元。

2018年5月，郑某鹏、王某平与郑某钧、张某婷因父母赡养问题发生矛盾，随后郑某鹏、王某平带着子女离开，并给郑某钧、张某婷留下了断绝父子关系及要求父母搬离郑某鹏、王某平修建的房屋的书信。村委会多次从中协调，均无效果。2018年8月，郑某钧与妻子张某婷以赡养纠纷向法院提起诉讼，判决生效后，郑某鹏按判决履行了相应义务。

2019年，就赠与两份人身保险事宜，郑某钧、张某婷另案起诉至法院，请求法院依法判令：(1)撤销原告对郑某鹏、王某平就保险合同投保人身份（资格）权益的赠与，请求确认原告郑某钧、张某婷为保险合同权益人；(2)郑某鹏、王某平向原告返还已领取的红利及利息共8760.59元，并返还两份涉案保险合同原件。

法院经审理后认为：郑某鹏对父母有法定赡养义务，郑某鹏因未妥善处理赡养问题离家，留下与郑某钧断绝父子关系的书信，对原告造成了严重的精神伤害。郑某钧作为两份保险合同变更前的实际投保人，使用二原告的共同财产交纳了保险费用。投保人由原告郑某钧变更为被告王某平，系二原告对被告夫妻的赠与，在进行变更之前，原告履行完成了投保义务，王某平作为新的投保人，没有履行投保义务，但享有了投保人的权益，领取了分红利息8760.59元。根据法律规定，二原告享有法定的撤销权，受赠人应向赠与人返还财产。综上所述，对原告请求撤销赠与及返还红利及利息的诉讼请求，予以支持。

## 裁判要点

如受赠人对赠与人有扶养义务而不履行的，则赠与人可以撤销对受赠人的保险单赠与。

## 律师分析

**一、在人身保险已经变更为新投保人的情况下，本案中，郑某钧能否行使撤销权？**

保险单现金价值不同于房产、车辆等有形资产，属于一种财产性权益。从保险合同约定看，在未发生保险责任事故（被保险人疾病或意外死亡）的情况下，投保人可以随时退保，获得保险的现金价值或要求保险公司按照约定的期限支付红利，因此人身保险具有储蓄的性质。从法律角度来看，未出现保险事故，保险单的现金价值相当于投保人对保险公司的债权。

人身保险也属于赠与合同调整的财产范围。《民法典》第663条规定："受赠人有下列情形之一的，赠与人可以撤销赠与：（一）严重侵害赠与人或者赠与人近亲属的合法权益；（二）对赠与人有扶养义务而不履行；（三）不履行赠与合同约定的义务。"本案中，郑某鹏、王某平在父母生病后拒不支付相关的医疗费用，双方因赡养纠纷问题起诉至法院，且郑某鹏还曾亲笔书写与郑某钧断绝父子关系的书信，该行为严重伤害了赠与人郑某钧的合法权益，虽然投保人已经变更登记至王某平的名下，但郑某钧仍有权依据《民法典》第663条的规定，行使法定撤销权。

**二、保险相关权益的传承有哪些常见方式？**

保险单相关权益，简单理解就是人身保险合同所具有的相关权益，主要体现为保险单的现金价值、红利、账户利益等。根据法律规定，保险单的现金价值归投保人所有，因此，如果投保人想将相关的保险权益传承下去，一般都需要变更投保人。

变更投保人有两种常见方式：生前赠与、遗嘱继承。

生前赠与，是指原投保人在生前就将人身保险的相关权益赠与新的投保人。例如，在本案例中，保险公司在收到郑某钧提交的《个人保险合同变更申请书》后，将两份保险合同投保人变更为王某平。

生前赠与容易出现的问题有：（1）原投保人丧失了对人身保险的控制权，如新的投保人擅自退保或使用保险单质押贷款，可能会影响人身保险的安全性，有可能无法为被保险人提供长远保障；（2）若赠与时正处于新投保人的婚姻关系存续期间，则根据《民法典》第1062条的规定，在赠与人没有特别约定的情况下，人身保险的相关权益有可能会成为新投保人的夫妻共同财产，一旦新投保人产生婚变，则人身保险相关权益也面临被分割的风险。

为此，笔者建议原投保人在赠与人身保险相关权益时，最好配套一份《赠与协议书》，在赠与协议书中约定：未经赠与人同意不得擅自退保或进行保险单质押贷款，并可以约定赠与的人身保险相关权益只归自己子女一方所有，与其配偶无关等内容，必要时可以在赠与协议中约定受赠人应当履行的义务等。

遗嘱继承，是指原投保人（立遗嘱人）可以在生前订立一份有效的遗嘱，约定当立遗嘱人去世后，人身保险的相关权益如何继承。有关人身保险如何继承的问题，在本章第六节中有详细的论述，此处不再赘述。

第四章

# 人身保险常见纠纷

## 第一节 以死亡为给付条件的人身保险纠纷

### 一、未经被保险人同意投保以死亡为保险金给付条件的人身保险

**典型案例一**：投保以死亡为保险金给付条件的人身保险，未经被保险人同意并认可保险金额，保险合同是否有效？

李某梅与张某涛系母子关系，张某涛于1981年4月16日出生。2011年3月29日，李某梅签订《投保单》，投保人为李某梅，被保险人为张某涛，身故保险金受益人为李某梅。2011年4月8日，李某梅与保险公司签订保险合同，载明：合同成立日期为2011年4月8日、生效日期为2011年4月9日，交费方式为年交，交费日期为每年4月9日。投保的主险为国寿福禄金尊两全保险（分红型），主险保险金额为890,947.97元，保险期间为终身，交费期满日为2016年4月8日，标准保险费为100万元。保险公司在该合同保险期间内承担以下保险责任：生存保险金；祝寿金；身故保险金。

2011年4月13日，李某梅未经张某涛同意就私自将张某涛在单位做过体检的《健康体检表》交付保险人。2016年年初，张某涛知道李某梅为其购买保险事宜后，明确表示反对。故李某梅以该保险合同未经张某涛同意并认可保险金额、张某涛知情后明确表示反对为由向法院起诉：(1)确认李某梅与保险公司签订的保险合同无效；(2)保险公司向李某梅返还已交纳的保险费300万元，并从李某梅缴费的次日起至实际返还之日止以银行一年期贷款利率的标准支付资金占用损失费；(3)本案全部诉讼费用由保险公司承担。

庭审中张某涛陈述：从未见过上述投保单，也未在投保单上签字，张某涛不知保险公司从何处得到他的体检报告。《文书鉴定意见书》认定：投保单上张某涛签名与依法调取的送检××银行的张某涛签名字迹、××房产登记部门张某涛签名字迹不是同一人所写。

法院经审理认为：本案保险合同涉及以死亡为给付保险金条件的保险责任，保险公司无充分证据证明张某涛同意前述保险合同内容并认可保险金额；同时，本案所涉险种是以被保险人张某涛在保险期间死亡或满期生存为条件，在满足相关条件时，保险受益人可以获得保险金的一种保险。而死亡和满期生存保

责任未分别投保、未分别计收保险费,该保险合同不可分。所以,以死亡为给付条件的合同部分无效,将导致本案保险合同全部无效。故李某梅与保险公司签订的保险合同无效。

因李某梅与保险公司对保险合同无效均具有过错,根据《民法典》第157条的规定,应当各自承担相应的责任。保险公司作为保险人,应当返还李某梅已交纳的保险费。李某梅也无权要求保险公司支付资金占用费。

## 裁判要点

有投资属性的分红型人寿保险合同涉及以死亡为给付保险金条件的保险责任,未经被保险人同意并认可保险金额,保险合同无效。诉争保险合同主险部分是典型的两全保险,两全保险是将定期死亡保险和生存保险结合的保险形式。因各项保险责任之间缺乏实质独立性,死亡险部分被确认无效后严重违背投保人的合同目的或将导致严重不公平的,应确定保险合同整体无效。

## 律师分析

**(一)有投资属性的分红型人寿保险合同涉及以死亡为给付保险金条件的保险责任,未经被保险人同意并认可保险金额,保险合同无效**

第一,未经被保险人同意并认可保险金额的情况下订立以死亡为给付保险金条件的保险合同,可能诱发侵害被保险人生命的道德风险,不仅可能会使被保险人的生命陷于危险之中,亦有悖公共秩序与善良风俗,故《保险法》第34条对此予以限制,赋予被保险人以"同意权",该规范属效力性强制性规范,保险合同当事人在订立保险合同时不得违反。

第二,本案所涉保险为人寿保险中的两全保险,保险标的为被保险人的生命,身故保险金是受益人获得保险保障的主要途径,该保险合同系典型的"以死亡为给付保险金条件"的保险合同。

第三,分红型人寿保险虽然具有较强的投资属性,但其中的道德风险并未因其具有投资属性而消失或减弱,而且其作为人身保险中的人寿保险,与一般的人身保险相比具有保险金额大、保险期间长的特点,尤其应尊重被保险人同意权的行使,以防范道德风险的发生。

综上,本案所涉《保险合同》不能因为其具有投资属性,而不受《保险法》第34条"以死亡为给付保险金条件"的限制。

**(二) 案涉保险合同是否经过被保险人同意并认可保险金额？**

庭审过程中，经司法鉴定结论证明投保单上的签名并非被保险人亲笔书写，保险公司应对诉争保险合同已经过被保险人同意并认可保险金额的主张负有举证证明责任。但保险公司举证的证据材料，并不足以证明被保险人同意投保人为其订立案涉保险合同并认可保险金额，理由如下：

第一，保险公司虽提供了其通过李某梅取得的应由张某涛持有的相关文件，但由于李某梅与张某涛之间的亲密关系，李某梅不经张某涛同意即取得相关文件的可能性较大，保险公司据此主张相关文件系被保险人张某涛配合提供的事实，因尚未达到高度盖然性的证明标准，故法院对此未予认定。

第二，即便保险公司主张张某涛配合提供相关文件的事实成立，但保险公司也无法证明被保险人张某涛对案涉保险合同系以死亡为给付保险金条件的合同和保险金额是否同意。

第三，本案诉讼过程中，被保险人对诉争保险合同的订立表示了明确反对，因该保险合同关系其生命之安危，在无充分证据证明案涉保险合同已经其同意并认可保险金额的情况下，人民法院应对其拒绝行使"同意权"的态度予以充分尊重。故最终法院认定，诉争保险合同未经被保险人同意并认可保险金额，保险合同无效。

**(三) 若案涉保险合同因未经被保险人同意并认可保险金额而无效，应部分无效还是整体无效？**

判断保险合同整体无效还是部分无效，应以各项保险责任之间是否具有实质独立性为主要判断依据，结合投保人的合同目的和继续履行剩余部分合同是否会导致严重不公平等因素综合判断。若案涉保险合同各项保险责任之间缺乏实质独立性、死亡险部分被确认无效后严重违背投保人的合同目的或将导致严重不公平的，应确定保险合同整体无效。

案涉保险合同应被整体确认无效，理由如下：第一，诉争保险合同主险部分是典型的两全保险，两全保险是将定期死亡保险和生存保险结合的保险形式，保险合同项下的保险费金额、交费期间、保险期间、保险责任均以被保险人生存状态为确定依据，相互之间具有关联性，生存保险责任与死亡保险责任之间不具有实质独立性；第二，身故保险金是两全保险中受益人获取保障的主要途径，死亡险部分被确认无效后，受益人将无法获得身故保险金，这将严重违背投保人的投保初衷；第三，如果仅确认死亡险部分无效，而生存险部分继续有效，若被保险人在合同生效后不久即死亡，在无身故保险金保障的情况下，生存保险金将远少于投保人支付的保险费,这将导致严重不公平。

**典型案例二**:以被保险人名义投保以死亡为保险金给付条件的人身保险,但未经被保险人书面同意,保险合同是否有效?

2016年1月,陈某鹏的哥哥陈某雄,以陈某鹏的名义购买了某保险公司阳光人寿金喜连连年金保险和阳光人寿附加财富账户年金保险D款(万能型)的保险,并在人身保险投保提示书、电子投保申请确认书、保险合同确认书及保险单签字回执落款处分别签署的"陈某鹏"的名字,该投保单载明投保人和被保险人均是陈某鹏,并授权保险公司于2016年1月8日将保险费300万元从陈某鹏在中国工商银行的账户划款至保险公司账户。该保险为包含以被保险人死亡为给付条件的人寿保险,每年年末返还生存年金,如果因为疾病或者意外死亡,返还所有的累积已交的保险费,合同终止。

2016年7月15日,陈某鹏以《保险合同》中"陈某鹏"的多处签字并非本人所署为由诉至法院,要求法院依法确认保险合同无效,被告保险公司向原告返还已经交纳3年的保险费300万元。

案件审理过程中,法院依法委托××司法鉴定中心对"陈某鹏"签字进行鉴定,鉴定意见为人身保险投保提示书、电子投保申请确认书、保险合同确认书及保险单签字回执落款处分别签署的"陈某鹏"的名字不是陈某鹏本人书写形成。而保险公司则认为,陈某鹏购买的保险单系年金保险以被保险人生存为给付生存金条件,而非以身故为给付保险金条件的合同。另外,陈某鹏已经履行了交纳保险费的义务,依据《保险法司法解释(二)》第3条的规定应当视为原告陈某鹏追认,保险合同有效。在庭审过程中被告保险公司自认,在划扣保险费时只需投保人授权划款,无须本人输入密码。

## 裁判要点

以死亡为给付保险金条件的合同,未经被保险人同意并认可保险金额的,合同无效。本案保险合同系以死亡作为给付保险金的条件,该保险以陈某鹏的名义购买但并未经陈某鹏本人书面同意,保险合同无效。

## 律师分析

**（一）陈某鹏投保的保险单是否有效？**

《保险法》第 34 条第 1 款规定："以死亡为给付保险金条件的合同，未经被保险人同意并认可保险金额的，合同无效。"虽然该保险中包含投资条款，但整个保险业务的主性质仍为人身保险业务，投资仅系其一部分，不具独立性。本案保险产品所涉及保险条款能够反映出该保险合同系以死亡作为给付保险金的条件。

根据人身性质的法律行为禁止代理的原则，由于该保险系以陈某鹏的名义购买，并未经陈某鹏书面同意，依据《保险法》第 34 条的规定，该保险合同应认定无效。此外，保险公司自认交纳保险费只需投保人授权划款，无须本人输入密码，投保人授权转账账户确认签名也非陈某鹏本人签署，以上证据都能证明陈某鹏作为投保人、被保险人在投保时并不知情。故原告陈某鹏要求被告保险公司返还已交纳保险费 300 万元的诉讼请求最终得到了法院的支持。

**（二）在何种情况下，投保人可以为被保险人投保以死亡为保险金给付条件的保险合同？**

《保险法》第 34 条规定："以死亡为给付保险金条件的合同，未经被保险人同意并认可保险金额的，合同无效。按照以死亡为给付保险金条件的合同所签发的保险单，未经被保险人书面同意，不得转让或者质押。父母为其未成年子女投保的人身保险，不受本条第一款规定限制。"

因此，投保人为被保险人投保以死亡为给付条件的保险合同，需要同时具备以下条件：（1）投保人对被保险人具有保险利益；（2）被保险人同意投保人为其投保以死亡为给付条件的保险；（3）被保险人认可保险金额。

1. 被保险人同意并认可保险金额的形式

《保险法司法解释（三）》第 1 条第 1 款规定："当事人订立以死亡为给付保险金条件的合同，根据保险法第三十四条的规定，'被保险人同意并认可保险金额'可以采取书面形式、口头形式或者其他形式；可以在合同订立时作出，也可以在合同订立后追认。"

2. 什么情况下应认定为被保险人同意投保人为其订立保险合同并认可保险金额？

《保险法司法解释（三）》第 1 条第 2 款规定，有下列情形之一的，应认定为被保险人同意投保人为其订立保险合同并认可保险金额：（1）被保险人明知他人代其签名同意而未表示异议的；（2）被保险人同意投保人指定的受益人的；（3）有证据足以认定被保险人同意投保人为其投保的其他情形。

3. 被保险人享有撤销权

《保险法司法解释（三）》第 2 条规定："被保险人以书面形式通知保险人和投保人撤销其依据保险法第三十四条第一款规定所作出的同意意思表示的，可认定为保险合同解除。"

投保以死亡为给付条件的保险，被保险人同意投保人为其投保及认可保险金额，应自合同订立时起至保险事故发生时持续同意并认可；如果在保险合同订立时被保险人同意，保险合同订立后被保险人出于某种因素考虑又不同意投保人为其投保的，被保险人可以随时撤销自己同意的意思表示，此时保险合同也就相应解除。这个规定体现了法律对于被保险人生命及身体健康的尊重，能够有效防范在保险合同订立后自己的生命受到投保人或受益人威胁的道德风险。

4. 保险公司的主动审查义务

人身保险中，不但要防止投保人的投机赌博行为，更为重要的是对人的寿命和身体的保护，防止投保人侵害被保险人的寿命和身体健康、保护被保险人的人身安全，对保险利益的要求也是维护公共利益的必然要求。《保险法》第 33 条第 1 款规定："投保人不得为无民事行为能力人投保以死亡为给付保险金条件的人身保险，保险人也不得承保。"

5. 法院的主动审查义务

《保险法司法解释（三）》第 3 条规定："人民法院审理人身保险合同纠纷案件时，应主动审查投保人订立保险合同时是否具有保险利益，以及以死亡为给付保险金条件的合同是否经过被保险人同意并认可保险金额。"

**典型案例三**：年金保险合同中约定了身故保险金，是否属于以死亡为保险金给付条件的人身保险？

2009 年 8 月，张某英全家到上海送女儿王某倩出国期间，张某英为其女儿王某倩（被保险人、已成年）向保险公司投保《终身无忧年金保险合同》。

合同约定：保险费按月交付，每期保险费 50,000 元，共交 20 年。基本保险金额 712,424.25 元，保险期间终身。在合同有效期内，若被保险人生存至所选择的开始领取年金日，保险公司将依约给付年金；若被保险人在开始领取年金日之前身故，我们将按照以下两项中金额较大者给付身故保险金，本合同终止。

(1) 被保险人身故时累计已交本合同保险费总额的110%。(2) 被保险人身故时本合同的现金价值……若被保险人在开始领取年金日之后身故，如果年金给付受益人已领取的年金金额少于保险单所载明的基本保险金额的20倍，我们将按照保险单所载明的基本保险金额的20倍扣除已领取年金金额之后的金额给付身故保险金，本合同终止。如果年金给付受益人已领取的年金金额多于保险单所载明的基本保险金额的20倍，我们不给付身故保险金，本合同终止。保险合同约定的被保险人领取年金日为被保险人年满（含）50周岁。

张某英在被保险人一栏处代签。合同履行期间，张某英已经交纳保险费190万元。

王某倩回国后得知前述保险合同后，表示不同意该份合同，并要求确认无效。故张某英向法院提起诉讼，请求：（1）判令《终身无忧年金保险合同》无效；（2）判令被告保险公司返还原告保险费190万元。

保险公司则认为：（1）根据《人身保险产品定名暂行办法》的规定，本案保险合同系以生存为给付保险金条件的合同，不是以死亡为给付保险金条件的合同，故本案《保险合同》有效。（2）如果本案合同包含以死亡为给付保险金的条件，也不必然导致合同全部无效。（3）最大诚信原则是保险法的重要原则，被告已经在"投保单"上提请投保人注意：投保人及被保险人签字应由其本人所为。如果被保险人签字确实是原告代为，其行为违反了最大诚信原则，应承担法律后果。（4）因被告没有任何过错，无论涉案合同有效与否，现原告要求解除合同，不再继续履约，被告仅给付现金价值，无须承担其他责任。

一审法院经审理认为：系争保险合同涉及以死亡为给付保险金条件的内容，该合同须经被保险人同意并认可保险金额。现投保单上被保险人的签字系张某英所签，目前也无证据表明被保险人对保险单知情，而且被保险人明确表示不予追认，因此，张某英主张合同无效，要求保险公司返还保险费190万元的诉请，于法有据，应予支持。至于保险公司认为合同部分有效、部分无效的意见，缺乏法律依据，难以支持。一审法院判决：一、张某英与保险公司签订的《终身无忧年金保险合同》无效；二、保险公司应于判决生效之日起十日内返还张某英保险费190万元。

一审判决后，保险公司不服提起上诉。二审法院经审理认为，本案系争保险合同是年金保险，属于以生存为给付条件的保险合同，合同虽也约定了身故保险金，但内容上仅是对被保险人死亡后保险单价值的退还，不应按照法律规定的"以死亡为给付条件的人身保险合同"处理，该合同是否经过被保险人同意并认可保险金额，不影响其效力。被上诉人张某英关于认定保险合同无效的诉讼请求，应予驳回。二审法院判决：撤销一审民事判决，驳回被上诉人张某英原审中的全部诉讼请求。

## 裁判要点

系争保险合同是年金保险，属于以生存为给付条件的保险合同，合同中虽也约定了身故保险金，但内容上仅是对被保险人死亡后保险单价值的退还，不应按照法律规定的"以死亡为给付条件的人身保险合同"处理，该合同是否经过被保险人同意并认可保险金额，不影响其效力。

## 律师分析

### （一）本案保险合同的性质与类型

系争保险合同名为年金保险，按照原中国保险监督管理委员会发布的《人身保险公司保险条款和保险费率管理办法》，年金保险是指以被保险人生存为给付保险金条件，并按约定的时间间隔分期给付生存保险金的人身保险。

本案保险合同约定被保险人生存至50周岁后每年可领取年金，只要被保险人一直生存，年金即可一直领取，这是该份保险单最主要的给付内容，与年金保险的特征相符。年金保险以被保险人生存为给付条件，从保障功能来看，主要是用以预防被保险人因寿命过长而可能丧失收入来源或耗尽积蓄而进行的经济储备。年金保险有利于长寿者，它不同于以死亡为给付条件的人身保险，后者是为被保险人因过早死亡而丧失收入提供经济保障。

### （二）对系争保险合同中"身故保险金给付"的理解

系争保险保险单约定的保险责任除了年金给付，还有身故保险金给付。系争保险合同就身故保险金约定：如果被保险人在50周岁之前身故，则按照身故时累计已交保险费总额的110%或身故时的现金价值给付；如果被保险人在50周岁之后身故，则以基本保险金额的20倍为基准，补足尚未领取的年金，领取年金已经超过基本保险金额20倍的，不再领取身故保险金。

基于上述约定，对系争保险单的相关数据计算可得：（1）投保人张某英按月交纳5万元保险费，一年保险费为60万元，交满20年保险费将达1200万元。（2）被保险人在50周岁后开始领取年金，领取标准为每年71万余元，只要被保险人一直生存，年金领取总额没有上限。（3）如果被保险人于50周岁前身故,保险公司将以10%计息标准退还累计已交的保险费或退还现金价值。(4)如果被保险人于50周岁后身故,保险公司按照其已经领取的年金,一次性补充给付至1400余万元。(5)如果被保险人领取的年金已经超过1400余万元,身故时保险公司将不再给付任何金额。

由此可知,相较于投保人所支付的高额保险费,所谓的身故保险金,实际只是对投保人所交保险费或保险单现金价值作出基本等额的返还处理,不足以改变整个年金保险合同以生存为给付条件的特征,也不能因这种"身故保险金"的给付约定而将该保险合同归类于"生死两全保险"。

**(三)被保险人同意与保险合同效力的关系问题**

《保险法》之所以规定以死亡为给付保险金条件的人身保险合同,未经被保险人同意并认可保险金额的,合同无效,是从道德风险防范的角度出发,对相关人身保险合同缔约过程提出特殊要求。随着保险行业的迅猛发展,适应社会各阶层需求的多元化保险产品不断推出,有的保险产品叠加了不同险种的内容,也有的根据客户需求设置了多种给付条件,其中不仅有保险给付,也存在一定投资理财功能。这些复合型保险产品合同不能简单地因存在未经被保险人同意的死亡给付部分或身故给付条款而被直接认定整个合同无效,这样不符合立法的精神,也可能有违诚信原则。

本案中,投保人张某英与被保险人王某倩系母女,投保时,王某倩成年不久尚处于求学阶段,且本案投保过程正发生在张某英全家到上海送王某倩出国留学期间,同时张某英在原审庭审中就被保险人是否知晓本保险单的陈述存在矛盾之处。结合上述事实,张某英在合同履行多年后主张被保险人对系争保险合同从未知晓并同意的说法,难以令人信服。张某英作为投保人,如不愿意继续履行该份保险合同,可依法行使解除权,但不能以合同无效要求返还已交保险费。

## 二、祖辈为未成年孙子女投保以死亡为保险金给付条件的人身保险

**典型案例一**:祖父母为未成年孙子女投保以死亡为保险金给付条件的人身保险,保险合同是否有效?

2011年5月28日,赵某海以投保人的名义在保险公司为5周岁的孙子赵某涛购买了一份"好利年年两全保险(分红型)"产品,附加重大疾病保险一

份。2011 年 6 月 1 日，赵某海向保险公司交纳首期保险费 149,250 元，其中主险首次缴费 147,500 元，附加险首次缴费 1750 元。2011 年 6 月 16 日，保险公司签发了保险单。

保险单载明以下内容：

1. 投保人为赵某海，被保险人为赵某涛，受益人为法定，在"被保险人（法定监护人）"一栏中签署"赵某江（代赵某涛签）"字样。

2. 保险单于 2011 年 6 月 15 日成立，2011 年 6 月 16 日生效。

3. 保险费为每年 147,500 元，交费方式为年交，交费期间为 10 年，续期保险费交费日期为每年 6 月 16 日，基本保险金额为 500,000 元，保险期间自 2011 年 6 月 16 日 0 时起至 2077 年 6 月 15 日 24 时止。

4. 合同相关条款对生存保险金、期满保险金、身故保险金的支付期限、计算方式等进行了明确约定。

2012 年 2 月 12 日，赵某海持其子赵某江身份证在保险公司业务人员的陪同下到中国农业银行开户并办理了信用卡，卡号为 62×××11，该卡由赵某海持有。2013 年 8 月 20 日，保险公司将被保险人赵某涛的生存保险金 50,000 元转账支付到该卡号账户上。

2014 年 5 月 30 日，赵某海以该保险单为质押向保险公司贷款 140,008 元。2011 年 6 月至 2015 年 6 月间，赵某海连续交纳了 4 年保险费，共计人民币 597,000 元。2015 年 8 月 31 日，赵某海以其是文盲，不懂保险专业知识，为孙子赵某涛办理隔代保险、投保人与被保险人无保险利益，且未经被保险人的法定监护人同意为由，向法院起诉要求确认合同无效并退还保险费。

## 裁判要点

只有父母才能为无民事行为能力人投保以死亡为给付保险金条件的人身保险，为了防范道德风险，在原则上不得将投保人扩大解释至父母以外的其他人，未成年人父母之外的其他履行监护职责的人为未成年人订立以死亡为给付保险金条件的保险合同，未经未成年人父母同意，保险合同应属无效。

## 律师分析

（一）好利年年两全保险（分红型）保险合同为何被认定为无效？

第一，《保险法》第 33 条明确规定只有父母才能为未成年子女投保以死亡为保险金给付条件的保险。为防范道德风险，避免投保人故意制造保险事故造成无民事行为能力人死亡，《保险法》第 33 条规定："投保人不得为无民事行为能力人投保以死亡为给付保险金条件的人身保险，保险人也不得承保。父母为其未成年子女投保的人身保险，不受前款规定限制。但是，因被保险人死亡给付的保险金总和不得超过国务院保险监督管理机构规定的限额。"这主要考虑到，无民事行为能力人缺乏人身安全的必要认识及防卫能力，一旦允许投保人为其投保很有可能会使无民事行为能力人的生命健康受到严重威胁，从而引发道德风险。由于父母与子女之间存在血浓于水的亲情关系，法律允许父母为未成年子女进行投保，但由于人性禁不起考验，法律对父母因未成年子女死亡获得的保险金总额也作出了相应的限制。正是基于此，《保险法》第 33 条第 2 款原则上不得扩大解释到除父母以外的其他人，否则不能达到保护无民事行为能力人生命健康的目的。

第二，赵某涛的法定代理人赵某江的行为不足以补正赵某海投保行为的效力。本案中，赵某江作为赵某涛的法定代理人虽然提供了身份证及银行账户用于领取生存保险金，但并没有充足证据表明赵某江同意赵某海为赵某涛投保以死亡为给付条件的保险。

第三，认定保险单无效更符合法律价值位阶的考量。本案中，赵某海投保后退保，虽有悖诚实信用原则，但与保护无民事行为能力人生命健康这一价值相比，后者更值得保护。且保险公司作为专业机构，在明知法律有禁止性规定的情形下，为了获得利益置无民事行为能力人的生命健康于不顾，也存在一定过错。因此，从保护无民事行为能力人生命健康的角度出发，应当认定保险单无效。

**（二）父母为未成年子女投保以死亡为给付保险金条件的保险的特殊规定**

1. 谁可以为未成年人订立以死亡为给付保险金条件的人身保险？

依据《保险法》第 34 条第 3 款规定，父母可以为其未成年子女投保以死亡为给付保险金条件的人身保险。且依据《保险法司法解释（三）》第 6 条的规定，经未成年人父母同意，未成年人父母之外的其他履行监护职责的人为未成年人订立以死亡为给付保险金条件的合同有效。

2. 为未成年人订立以死亡为给付保险金条件的人身保险的限制

《中国保险监督管理委员会关于父母为其未成年子女投保以死亡为给付保险金条件人身保险有关问题的通知》（保监发〔2015〕90 号）第 1 条规定："对于父母为其未成年子女投保的人身保险，在被保险人成年之前，各保险合同约定的被保险人死亡给付的保险金额总和、被保险人死亡时各保险公司实际给付的保险金总和按以下限额执行：（一）对于被保险人不满10周岁的，不得超过人民币20万元。（二）对于被保险人已满10周岁但未满18周岁的，不得超过人民币50万元。"

同时该通知第4条规定："保险公司应在保险合同中明确约定因未成年人死亡给付的保险金额，不得以批单、批注（包括特别约定）等方式改变保险责任或超过本通知规定的限额进行承保。"

3. 哪几项金额不计入父母给未成年子女投保以死亡为给付保险金条件的保险合同的保险金总和中？

《中国保险监督管理委员会关于父母为其未成年子女投保以死亡为给付保险金条件人身保险有关问题的通知》第2条规定："对于投保人为其未成年子女投保以死亡为给付保险金条件的每一份保险合同，以下三项可以不计算在前款规定限额之中：（一）投保人已交保险费或被保险人死亡时合同的现金价值；对于投资连结保险合同、万能保险合同，该项为投保人已交保险费或被保险人死亡时合同的账户价值。（二）合同约定的航空意外死亡保险金额。此处航空意外死亡保险金额是指航空意外伤害保险合同约定的死亡保险金额，或其他人身保险合同约定的航空意外身故责任对应的死亡保险金额。（三）合同约定的重大自然灾害意外死亡保险金额。此处重大自然灾害意外死亡保险金额是指重大自然灾害意外伤害保险合同约定的死亡保险金额，或其他人身保险合同约定的重大自然灾害意外身故责任对应的死亡保险金额。"

4. 保险公司的提示说明义务与审查义务

《中国保险监督管理委员会关于父母为其未成年子女投保以死亡为给付保险金条件人身保险有关问题的通知》第3条规定："保险公司在订立保险合同前，应向投保人说明父母为其未成年子女投保以死亡为给付保险金条件人身保险的有关政策规定，询问并记录其未成年子女在本公司及其他保险公司已经参保的以死亡为给付保险金条件人身保险的有关情况。各保险合同约定的被保险人死亡给付的保险金额总和已经达到限额的，保险公司不得超过限额继续承保；尚未达到限额的，保险公司可以就差额部分进行承保，保险公司应在保险合同中载明差额部分的计算过程。"

（三）赵某海能否为其5周岁的孙子赵某涛投保以死亡为给付保险金条件的人身保险？

第一，5周岁的赵某涛系无民事行为能力人。《保险法》第33条规定："投保人不得为无民事行为能力人投保以死亡为给付保险金条件的人身保险，保险人也不得承保。父母为其未成年子女投保的人身保险，不受前款规定限制。"赵某海不是赵某涛的父母，故不能为赵某涛投保以死亡为给付保险金条件的人身保险。

第二，《保险法》第34条规定："以死亡为给付保险金条件的合同，未经被保险人同意并认可保险金额的，合同无效。按照以死亡为给付保险金条件的合同所签发的保险单，未经被保险人书面同意，不得转让或者质押。父母为其未成年子女投保的人身保险，不受本条第一款规定限制。"

人身保险的投保人在保险合同订立时，对被保险人应当具有保险利益。投保人对下列人员具有保险利益：(1)本人；(2)配偶、子女、父母；(3)与投保人有抚养、赡养或者扶养关系的家庭其他成员、近亲属；(4)与投保人有劳动关系的劳动者。本案中，订立合同时，投保人赵某海对被保险人不具有法定保险利益，且未经赵某涛父亲赵某江的同意，保险合同无效。

第三，《保险法司法解释（三）》第6条规定："未成年人父母之外的其他履行监护职责的人为未成年人订立以死亡为给付保险金条件的合同，当事人主张参照保险法第三十三条第二款、第三十四条第三款的规定认定该合同有效的，人民法院不予支持，但经未成年人父母同意的除外。"

本案中，赵某海不是赵某涛的监护人，且其并未因法定或受托享有监护权，不具备为赵某涛投保以死亡为给付保险金条件的人身保险的资格，其订立的保险合同无效。

**典型案例二**：未成年人的父母死亡，祖父母作为监护人能否为未成年孙子女投保以死亡为给付保险金条件的人身保险？

徐某峰与陆某琳系夫妻，婚后生育一子徐某琪。

2016年1月5日陆某琳与保险公司签订保险合同两份，分别如下：(1)合同编号22007××7008，投保险种为人保寿险少儿无忧人生2019重大疾病保险（至尊版），被保险人为徐某琪，身故保险金受益人为陆某琳；(2)合同编号22002××6008，投保险种为人保寿险鑫享生活两全保险（分红型）、人保寿险附加品质生活年金保险（万能型B款），被保险人为徐某琪，身故保险金受益人为陆某琳。

2019年2月，陆某琳与徐某峰经法院调解离婚，婚生子徐某琪由陆某琳抚养。

2020年5月13日，陆某琳因交通事故死亡。2020年7月，陆某琳父亲陆某来将徐某峰诉至法院，请求将徐某琪的监护权和抚养权判归陆某来所有，2020年8月11日法院判决：徐某琪由陆某琳的父母即陆某来和杨某直接抚养成年，陆某来和杨某为徐某琪监护人。

2020年12月4日，陆某来诉至法院，请求判令被告保险公司将保险合同号分别为22007××7008、22002××6008的两份保险合同的投保人、受益人变更为原告陆某来，诉讼费由被告承担。

事实和理由：保险合同号分别为22007××7008、22002××6008的两份保险合同系陆某琳（已故）作为投保人和受益人，以其子徐某琪为被保险人同被告所订立。陆某琳于2020年5月因意外身故，因陆某琳与徐某琪父亲已经离异，法院将徐某琪的监护权和抚养权判给徐某琪的外祖父陆某来。原告在女儿身故后去保险公司处要求将自己变更为两份保险合同的投保人、受益人均被拒绝。为维护合法权益，将保险公司诉至法院请求支持诉求。

保险公司辩称：尊重法院意见，但按照法律规定是不允许将投保人和受益人变更成原告的。

法院经审理认为，案涉两份保险合同原投保人陆某琳去世后，原告要求被告变更其为案涉两份保险合同的投保人及受益人，因两份案涉保险合同条款中对投保人死亡后，其权利义务如何承继均未作约定，故应适用保险法一般原理进行判断。

本案中，案涉两份保险合同性质为人身保险，被保险人徐某琪为未成年人且两份合同均含有以死亡为给付保险金条件的内容，原告陆某来在原投保人陆某琳去世后，虽经法院判决确认为徐某琪的监护人，但仍属于《保险法》规定的"未成年人父母之外的其他履行监护职责的人"，在被保险人徐某琪父亲徐某峰健在的情况下，无证据证明，徐某琪作为被保险人，原告作为投保人和受益人取得了徐某琪父亲徐某峰的同意并认可保险金额，故原告的诉讼请求缺乏法律依据。故法院判决：驳回原告全部诉讼请求。

**裁判要点**

未成年人父母之外的其他履行监护职责的人为未成年人订立以死亡为给付保险金条件的合同，当事人主张参照《保险法》第33条第2款、第34条第3款的规定认定该合同有效的，人民法院不予支持，但经未成年人父母同意的除外。

## 律师分析

**（一）本案中，保险公司为何拒绝将案涉保险的投保人与受益人变更为陆某来？**

首先，案涉两份保险合同均为以死亡为给付保险金条件的人身保险，且被保险人徐某琪为未成年人。因为以被保险人死亡为给付保险金条件的保险合同，直接关系到被保险人的生命安全，故《保险法》对投保人为无民事行为能力人或者未成年人投保以死亡为给付保险金条件的人身保险进行严格限制甚至禁止。

《保险法》第33条规定："投保人不得为无民事行为能力人投保以死亡为给付保险金条件的人身保险，保险人也不得承保。父母为其未成年子女投保的人身保险，不受前款规定限制。但是，因被保险人死亡给付的保险金总和不得超过国务院保险监督管理机构规定的限额。"第34条规定："以死亡为给付保险金条件的合同，未经被保险人同意并认可保险金额的，合同无效。按照以死亡为给付保险金条件的合同所签发的保险单，未经被保险人书面同意，不得转让或者质押。父母为其未成年子女投保的人身保险，不受本条第一款规定限制。"

《保险法司法解释（三）》第6条规定："未成年人父母之外的其他履行监护职责的人为未成年人订立以死亡为给付保险金条件的合同，当事人主张参照保险法第三十三条第二款、第三十四条第三款的规定认定该合同有效的，人民法院不予支持，但经未成年人父母同意的除外。"

从上述规定可知，为未成年人投保以死亡为给付保险金条件的人身保险的投保人只能是未成年人的父母或者其他履行监护职责的人，但其他履行监护职责的人作为投保人，需经未成年人父母同意。

本案中，案涉两份保险系投保人陆某琳生前为其未成年人儿子徐某琪投保，符合《中国保险监督管理委员会关于父母为其未成年子女投保以死亡为给付保险金条件人身保险有关问题的通知》的规定。在陆某琳去世后，虽然经法院判决陆某来直接抚养徐某琪至成年，陆某来为徐某琪的监护人，但是徐某琪的父亲徐某峰健在，为保护徐某琪的生命权免遭侵害，防范道德风险，陆某来为徐某琪投保以死亡为保险金支付条件的人身保险必须取得徐某峰的同意，才能将案涉两份保险的投保人与受益人变更为陆某来。这主要是因为父母与子女血脉相连，道德危险发生的概率较低，况且未成年人心智尚未成熟，意外伤亡的可能性较高，有父母的保护与筛选才比较有安全保障。

故本案中，在陆某来未取得徐某峰同意的前提下，依据我国《保险法》《保险法司法解释（三）》的相关规定，保险公司有权拒绝将案涉两份保险的投保人与受益人变更为陆某来，法院最终驳回陆某来的诉讼请求。

**（二）未成年人的父母死亡或者丧失监护能力的情况下，其他履行监护职责的监护人能否为未成年人投保以死亡为给付保险金条件的人身保险？**

如果未成年人的父母死亡或者丧失监护能力，由未成年人的祖父母或者外祖父母行使监护权，此时，未成年人的祖父母或外祖父母为未成年人投保以死亡为给付保险金条件的人身保险是否有效？

虽然我国现有法律并未对上述情况作出明确规定，为充分保障未成年人权益，防范道德风险的发生，《保险法》及相关司法解释将此类保险的投保人范围扩展为未成年人父母及经父母同意的他人，即其他履行监护职责的监护人经未成年人父母同意，可以为未成年人投保以死亡为给付保险金条件的人身保险。因未成年人的父母能从防范道德风险方面为未成年人进行层层把关、筛选，最终达到充分保护未成年人权益的目的。故笔者倾向性地认为，在未成年人父母死亡或者丧失监护能力的情况下，其他监护人为未成年人订立的以死亡为给付保险金条件的人身保险，因无法征得被保险人父母同意而无效。

## 第二节　投保人与保险公司及保险代理人相关的纠纷

### 一、投保人未如实告知在其他保险公司投保情况引发纠纷

**典型案例一**：投保人未如实告知在其他保险公司投保情况，保险公司能否以客户不符合核保规则为由拒绝赔偿？

蔡某远与王某丽系夫妻关系，婚后生育一子一女，家庭开办有洛阳云阳机械有限公司，注册资本200万元。全家共投保有17张人寿保险单，年交保险费33,743.5元。

2018年7月11日，王某丽为蔡某远向保险公司投保了主险平安百万任我行18（1028）两全保险，交纳保险费2232元，保险合同载明：合同成立日为2018年7月11日，生效日为2018年7月12日，投保人为王某丽，被保险人为蔡某远，身故保险金受益人为王某丽，保险期间为30年，交费年限为10年，基本

保险金额为 5 万元。保险责任：满期生存保险金……疾病身故保险金……意外全残或身故保险金……自驾车意外全残或身故保险金：被保险人以驾驶员身份或者以乘客身份乘坐个人非营业车辆或公务车期间遭受意外伤害，并自该意外伤害发生之日起 180 日内造成本主险合同附表所列的"全残"或身故的，我们按 20 倍基本保险金额给付自驾车意外全残保险金或自驾车意外身故保险金，但不再给付第三项中的意外全残保险金或意外身故保险金，本主险合同终止。

2019 年 3 月 5 日，王某丽为丈夫蔡某远向保险公司投保了主险意外伤害保险（2019），交纳保险费 460 元，保险合同载明：合同成立日为 2019 年 3 月 5 日，生效日为 2019 年 3 月 5 日，投保人为王某丽，被保险人为蔡某远，身故保险金受益人为王某丽，保险期间为 1 年，交费年限为 1 年，基本保险金额为 20 万元。保险责任：意外伤残保险金……意外身故保险金：被保险人因遭受意外伤害，并自该意外伤害发生之日起 180 日内因该意外伤害身故的，我们按本主险合同基本保险金额给付意外身故保险金，本主险合同终止。

2019 年 5 月 6 日 23 时许，蔡某远发生道路交通事故，当场死亡。公安交警大队经过现场勘察、询问调查及分析论证，认定此事故系蔡某远驾驶机动车未按照操作规范安全驾驶而造成。

保险事故发生后，蔡某远家属要求保险公司理赔，2019 年 6 月 4 日，保险公司作出理赔决定通知书，通知王某丽解除上述两份合同并不予退还保险费。

2020 年 1 月，王某丽向法院提起诉讼请求：依法判令被告保险公司立即履行平安百万任我行 18（1028）两全保险合同约定的赔偿金 100 万元及平安意外伤害保险（2019）主险赔偿 20 万元，共 120 万元。

保险公司则认为，双方签订的《百万任我行 18 保险产品计划确认书》告知栏明确约定"过去一年内，被保险人本人在其他保险公司的累计意外险（含自驾车意外险）保额符合下列哪种情况：A. 保额≤100 万元　B. 保额>100 万元"，王某丽填写"A"。《意外伤害 13》人身保险投保书其他告知问道："您目前是否已有或正在申请除本公司以外的人身保险？"王某丽回答"否"。

2019 年 5 月 6 日，蔡某远发生交通事故身故，在王某丽申请理赔核查过程中，保险公司才发现，蔡某远在其他保险公司存在大额保险单，王某丽未如实告知被保险人蔡某远在其他保险公司投保的大额保险单，足以严重影响公司的承保决定。因此公司有权根据《保险法》第 16 条规定，依法解除保险合同并不承担保险责任。

法院经审理后认为：现有证据不足以证明保险公司已尽到对王某丽、蔡某远的提示或者明确说明义务,无法认定法律规定的足以影响保险人决定是否承保的情形。另外,蔡某远投保前是否在其他保险公司投过保,与保险公司是否承保不存在必然的因果关系,承保风险并未因投保人的未告知而增加,最终法院支持了王某丽的全部诉讼请求。

## 裁判要点

现有证据不足以证明保险公司已尽到对投保人的提示或者明确说明义务,故保险公司以其内部核保规则主张如投保人如实告知就会拒绝承保的依据不足,法院不予支持。

## 律师分析

### (一)如何理解保险人的提示、明确说明义务?

《保险法》第17条第2款规定:"对保险合同中免除保险人责任的条款,保险人在订立合同时应当在投保单、保险单或者其他保险凭证上作出足以引起投保人注意的提示,并对该条款的内容以书面或者口头形式向投保人作出明确说明;未作提示或者明确说明的,该条款不产生效力。"

由于保险合同中有很多专业名词,且保险合同都是保险公司提供的格式文本并不允许投保人修改,为了避免保险公司侵害投保人的合法权益,我国法律专门规定了保险人对于保险合同中的免除责任条款需要尽到"提示、说明"义务。司法实践中,对于保险人是否尽到了"提示义务"通常以是否能够引起投保人注意为判断标准,保险公司一般会以加黑或加粗字体、加阴影、标注颜色、特殊符号等明显标志或者将免责保险条款单独印刷并由投保人在上述文件中签字等方式来履行提示义务。

对于"明确说明义务"的解释需要达到常人能够理解的解释说明的程度,保险人对免除责任的保险条款进行解释时,需要明确向投保人说明相关保险条款的概念、内容及法律后果,保险公司既可以采取口头形式也可以采取书面形式进行解释。履行完提示说明义务后,保险公司最好能获得投保人本人的书面确认,例如要求投保人在上述免责条款中进行签字等。通过网络、电话等方式订立的保险合同,保险公司可以通过网页、音频、视频等形式对免除保险人责任条款予以提示和明确说明。依据《保险法司法解释(二)》第10条的规定,如保险人将法律、行政法规中的禁止性规定作为保险合同免责条款的免责事由,保险人的明确说明义务可以减轻但仍然要尽到必要的提示义务。

（二）蔡某远发生保险事故后，保险公司是否应当进行赔偿？

首先，保险公司拒绝理赔的理由是王某丽在投保时违背了如实告知义务（未如实向保险公司说明蔡某远是否已有或正在申请除本公司以外人身保险的情况），由此导致王某丽的投保条件并不符合保险公司的核保规则。

人的生命、健康是不能用金钱衡量的，因此，人身保险合同不适用损失补偿原则。即使王某丽向多个保险公司投保了人身保险，也与保险公司是否承保不存在必然的因果关系，只要保险公司愿意承保，发生保险事故后，承保的保险公司均应按照各自与投保人签订的保险合同，在约定的保险金额范围内分别向受益人支付保险赔偿金。

其次，《百万任我行18保险产品计划确认书》告知栏的内容属于免除其保险责任的条款，在保险公司未能提供证据证明对该条款尽到了必要的提示和明确说明义务的情况下，该免责条款对投保人并不生效。

最后，根据《保险法》第16条的规定，投保人故意未履行如实告知义务的，只有在足以影响保险人是否承保或提高保险费率的情况下，保险人才有权解除合同。本案中虽然王某丽未履行如实告知义务，但是保险公司的承保风险并未因此增加，因此保险公司不能随意解除保险合同并拒绝赔偿。

**典型案例二**：投保人在多处保险公司投保数量较多、金额较大的人身保险，未履行如实告知义务，保险公司能否拒绝赔偿？

张某栋与苗某薇系夫妻。2008年张某栋取得保险从业人员资格，并兼职保险代理人。2014年张某栋为厦门市××教育咨询有限公司股东，并担任公司执行董事兼总经理，系公司法定代表人，年薪约50万元。

2014年5月，张某栋通过优保网投保某保险公司的"众悦人生：百万金领意外保障计划——计划C"。投保人声明：……本投保人已经阅读该保险产品详细条款（……和重要告知与声明）等。投保过程要求投保人填写《保险公司高额保障被保险人财务告知书》，财务告知书载明：本告知书各项内容是保险公司承保被保险人所申请的保险金额的重要依据，将成为保险合同的组成部分，请如实填写各个项目，如有不实告知足以影响本合同的承保决定，即使已签发保险单，保险公司仍有权依法解除本保险合同；内容包括：保险经历（被保险人现时仍生效或同时申请之寿险及意外险，包括在大众及其他保险公司的保障）。张某栋对此填写了两份保险，分别为新华人寿保险公司2007年7月1日生效，保险金额 10 万元，大众保险公司 2014 年 4 月 23 日生效，保险金额 20 万元；年收入情况，张某栋选择被保险人去年总收入为≥50 万元等。告知书声明：本问卷上所作的各项陈述、声明、答语及所附文件的内容确实无误，并以此作为此保险合同之依据。如上述资料不属实，任何据此问卷而缮发的保险合同将视作无效。

2014 年 5 月 2 日，保险公司签发相应保险单，载明：投保人为张某栋，被保险人为张某栋，生效日为 2014 年 5 月 3 日，到期日为 2015 年 5 月 2 日，保险项目包括意外身故、残疾及烧烫伤（该项目保险金额 300 万元）及其他项目，保险费为 2100 元，受益人为法定。保险单备注：本计划仅限于年固定收入（工资薪金所得）或经营收入（针对个体及私营企业主）超过 30 万元的 1—2 类职业人员投保等。保险条款第五条约定：投保人故意不履行如实告知义务的，保险人对于合同解除前发生的保险事故，不承担保险金责任，并不退还保险费。

2015 年 1 月 20 日 2 时 40 分许，被保险人张某栋发生交通事故，当场死亡。当日，苗某薇向保险公司报案。

保险公司于 2015 年 1 月 20 日收到苗某薇的报案通知后，就张某栋相关事宜进行调查。2015 年 3 月 15 日，保险公司出具调查报告，核实：2014 年至 2015 年，张某栋为自己投保寿险和意外险共计 20 余份，保额总计超过 1700 万元，其中 2014 年 4 月 22 日至 27 日，张某栋投保寿险和意外险共 10 份，保额共计超过 500 万元。投保本案系争保险时，张某栋已有共计 15 份生效的意外险及人寿保险，保额共计超过 700 万元。故保险公司于 2015 年 3 月 21 日向张某栋家属苗某薇发出解除保险合同通知书，苗某薇于同年 3 月 22 日收悉。

苗某薇向法院起诉，请求判令：（1）被告支付原告保险金 300 万元；（2）被告向原告按照银行同期贷款利率支付自 2015 年 1 月 20 日起至清偿之日止的延期赔偿利息；（3）被告承担本案诉讼费。

保险公司辩称：（1）张某栋作为投保人在投保涉案保险时未履行如实告知义务。（2）张某栋未如实告知的情况，足以影响被告决定是否承保，被告有权解除保险合同。（3）被告在知晓张某栋未如实告知情形之后三十日内行使合同解除权，向张某栋家属寄送解除通知书，保险合同已告解除，被告有权拒绝赔付。

法院经审理认为，张某栋生前曾取得保险从业资格并兼职保险代理人，对于如实告知义务应当比一般投保人具有更全面和清晰的认识，并对保险风险控制应注意的事项有一定的了解。张某栋投保时故意未履行如实告知义务，足以影响被告是否承保决定，被告享有合同解除权。被告已在法定期限内行使合同解除权，系争保险合同已告解除，故被告对于保险合同解除前发生的保险事故不承担保险责任。法院判决：驳回原告苗某薇的诉讼请求。

## 裁判要点

投保人存在多个保险公司投保、保险金额较大，投保总额超过其年收入总额的10倍的保险情况，使投保人在客观上具有巨大的潜在道德风险。投保人故意未履行如实告知义务，足以影响保险人决定是否同意承保或者提高保险费率的，保险人有权解除合同。保险人在法定期限内行使合同解除权后，系争保险合同已解除，对于保险合同解除前发生的保险事故不承担保险责任。

## 律师分析

（一）张某栋在多处保险公司投保数量较多、金额较大的人身保险，且未履行如实告知义务是否足以影响保险公司决定是否同意承保或者提高保险费率？

我国保险法并不禁止投保人投保多份人身保险，投保人即使向多个保险公司投保了人身保险，只要投保人履行了如实告知义务，保险公司愿意承保，则发生保险事故后，保险公司均应按照各自与投保人签订的保险合同，在约定的保险金额范围内分别向受益人支付保险赔偿金。投保人未如实告知的事项是否足以影响保险人对是否承保、如何确定承保条件和保险费率作出正确决定，须根据未如实告知事项的具体内容和性质，进行全面、客观考量。

保险公司作为从事保险经营活动的商事主体，有权在合乎法律规定的前提下，根据其掌握的从业经验、商业信息及内部精算结果制定核保规则。本案中，保险公司制定"生效寿险、意外险加本次投保金额不得超过被保险人年收入10倍"的核保规则系出于其自主的商业考量和风险防范，并不违反法律规定。

张某栋年收入约50万元，其投保系争保险时已有的有效寿险及意外险保额共计超过700万元，加上系争保险保额300万元，总和远远超过其年收入的10倍，结合《财务告知书》中其勾选的年收入情况，张某栋在客观上具有巨大的潜在道德风险，也符合保险公司的拒保条件。故张某栋未如实告知的内容足以影响保险公司决定是否同意承保或者提高保险费率。

（二）张某栋未履行如实告知义务，属于故意还是过失？

保险合同为射幸合同，保险公司是否承保及如何确定保险费，取决于保险公司对承保风险的估计和判断,而投保人对相关重要事项的如实告知,是保险公司判断风险的重要基础。根据诚实信用原则,投保人对保险人在投保单或风险询问表列明的询问事项,均应根据自己知道或应当知道的情况进行如实告知。同时,投保人如实告知的内容较多时,若出于疏忽有少数遗漏的,当该种遗漏尚不足以影响保险人的承保决定时,保险人并不因此当然享有解除权。

本案中,张某栋生前曾取得保险从业资格并兼职保险代理人,对于如实告知义务应当比一般投保人具有更全面和清晰的认识,并对保险风险控制应注意的事项有一定的了解。2014年4月22日至27日,短短5天的时间内,张某栋在多个保险公司投保寿险及意外险共计10份,保额共计超过500万元,且距离张某栋投保系争保险最长仅十余天,由此可见张某栋故意隐瞒投保的意图非常明显,其未如实告知属于故意行为。

本案中,在张某栋故意不履行如实告知义务的情况下,保险公司有权依据《保险法》第16条的规定解除涉案保险合同,并对于合同解除前发生的保险事故,不承担赔偿或者给付保险金的责任,并不退还保险费。

## 二、保险代理人代投保人与被保险人签署保险合同引发纠纷

**典型案例一:** 保险代理人代签字的保险合同是否有效?

2011年11月11日,张某梅与某保险公司签订《人身保险合同》(以下简称保险合同),保险单号为2013×××1,投保人为张某梅,被保险人为李某富(张某梅之夫),保险人为保险公司,保险费40万元,分四次交纳,每年交纳10万元。

保险合同签订时,由于张某梅与李某富均不在北京,故保险合同的投保人与被保险人处由保险公司的保险代理人代为签字。2011年11月20日,保险公司将保险合同送达给张某梅及李某富夫妻二人,保险合同一直由李某富保管,张某梅足额交纳了前三年的保险费。

2017年4月,张某梅请求法院确认保险合同无效,理由为:(1)本案保险合同签订时,保险公司保险代理人擅自代被保险人在投保书上签字,保险合同的签订未经被保险人同意;(2)本案保险合同投保人的签字不是张某梅本人所签,且保险合同中内容有多处不实,故保险合同无效。

庭审过程中,张某梅、保险公司一致认可:被保险人李某富认可并同意保险合同中的以死亡为给付保险金内容的条款。

## 裁判要点

虽然保险合同并非张某梅本人签字,但其交纳保险费的行为可视为对保险合同的追认;在签订保险合同时虽然被保险人李某富本人未签字,但李某富在2011年11月20日左右知晓并认可了保险合同,且李某富在本案前也未主张过本案保险合同无效(保险合同一直在李某富处存放),可以推定李某富同意张某梅为其投保,故保险合同有效。

## 律师分析

### (一)保险代理人代签字的保险单是否有效?

《保险法司法解释(二)》第3条第1款规定:"投保人或者投保人的代理人订立保险合同时没有亲自签字或者盖章,而由保险人或者保险人的代理人代为签字或者盖章的,对投保人不生效。但投保人已经交纳保险费的,视为其对代签字或者盖章行为的追认。"此条规定主要是为了倡导投保人亲自签字、盖章,督促保险公司规范保险执业行为,减少代签章现象的发生。

保险代理人未得到投保人授权而代为签字、盖章的行为属于无权代理,无权代理的合同属于效力待定的合同,即保险合同的效力需要投保人进行追认,如果投保人拒绝追认,那么该保险合同对投保人不生效;如果投保人进行了追认,那么保险合同对投保人有法律约束力。投保人的追认方式主要是以交纳保险费的行为进行追认。如果投保人对保险代理人代签章行为既不表示同意也不表示反对而单纯不作为,则不产生追认的效力,这时保险合同对投保人不生效。

### (二)本案中,保险合同的效力如何?

第一,本案中,张某梅作为保险合同的投保人,在订立保险合同时与被保险人李某富是夫妻关系,因此张某梅对李某富具有保险利益。第二,李某富在保险合同订立时虽然未实际签字,但保险公司在保险合同订立后及时邮寄给张某梅、李某富夫妻二人,保险合同实际储存在李某富处,且在本案之前李某富从未主张过保险合同无效,因此可以推定李某富同意张某梅为其投保。第三,张某梅作为投保人虽然未实际在保险合同中签字,但是其实际交纳三年保险费的行为,构成对保险代理人代为签字行为的追认。第四,保险合同中未见其他导致无效的情形。因此,可以认定保险合同是张某梅、保险公司的真实意思表示,合法有效。

需要注意：案涉保险合同系人身保险合同，且以死亡为给付保险金条件，投保人与被保险人不是同一人，此种情况下，保险代理人代签字的，投保人对保险代理人进行追认后，此时保险合同只是对投保人生效，并未对被保险人生效；只有被保险人对案涉保险中投保人的投保行为进行追认或对保险代理人的代签字行为进行追认，明示或者默示方式均可，案涉人身保险合同才正式生效，否则案涉保险合同即使得到投保人的追认，也会因为未经被保险人同意而无效。

本案中，张某梅作为投保人实际交纳三年保险费的行为，构成对保险代理人代为签字行为的追认，保险合同对投保人张某梅生效。同时，被保险人李某富向法院表示同意并认可保险合同中以死亡为给付保险金内容的条款，故法院最终认定保险合同有效。

**典型案例二**：保险代理人在保险合同"投保人声明栏"代签字，是否有效？

张某东名下有车牌号为贵A×××号的小型轿车一辆，2016年10月22日张某东以自己为被保险人向某保险公司贵州分公司投保了机动车交通事故责任强制保险，保险期间为2016年10月23日0时起至2017年10月22日24时止；张某东以自己为被保险人到保险公司息烽支公司投保了第三者商业责任险，保险期间为2016年12月28日0时起至2017年12月27日24时止，其中机动车第三者责任保险限额为500,000元。2017年2月12日，李某振向张某东借用车辆，张某东未核实李某振是否具有合法驾驶资格便将车辆出借给李某振。

2017年2月12日16时50分许，李某振持G型农机驾驶证驾驶贵A×××号小型轿车，与行人毛某瑞相撞，造成毛某瑞受伤。事故发生后李某振驾车逃离现场。毛某瑞经送医院抢救无效于当天17时死亡。

案发当晚，李某振到公安机关投案自首。2017年5月，李某振因犯交通肇事罪被法院判处有期徒刑三年六个月，现在监狱服刑。

毛某斌系死者毛某瑞的父亲，将张某东、某保险公司贵州分公司、某保险公司息烽支公司起诉至法院，请求：（1）判令三被告在各自应承担赔偿的责任范围内向原告赔偿因毛某瑞死亡造成的各项费用。（2）本案诉讼费由三被告按各自应予赔偿的责任比例各自承担。

事实和理由：2017年2月12日发生的案涉交通事故造成毛某瑞受伤后抢救无效死亡。2017年3月8日，播州区公安局交通警察大队作出遵公交认字（2017）第00026号道路交通事故认定书认定：被告李某振在本次事故中负全部责任，毛某瑞无责任。故被告李某振应承担赔偿责任。经播州区公安局交通警察大队查实，贵A×××号小型轿车在被告某保险公司贵州分公司购买有交强险，在被告某保险公司息烽支公司购买有商业第三者责任险，故二保险公司应在各自承保范围内首先承担赔偿责任。被告张某东将自己所有的车辆贵A×××号小型轿车交由被告李某振驾驶，应承担相应责任。事故发生后，原告因毛某瑞死亡产生损失，至今未获赔偿。

庭审中，被告某保险公司息烽支公司主张被保险车辆肇事时，驾驶人准驾车型不符，且肇事后逃逸，均属保险公司免责范围，因此保险公司不承担任何赔偿责任，并提供《机动车综合商业保险条款（2014版）》作为证据，主张按第24条第1款第2项驾驶人肇事逃逸、驾驶与驾驶证载明的准驾车型不符的机动车均属责任免除范围。但其提交的《消费者权益指南》《商业险投保单》《投保人声明》中的签名和文字说明内容均系保险代理人代为签字。

法院认为，本案中某保险公司无证据证明其已将保险条款交付投保人，保险条款中责任免除规定部分不生效。被告张某东主张某保险公司息烽支公司在第三者责任保险限额内承担责任予以支持。

## 裁判要点

投保人或者投保人的代理人订立保险合同时没有亲自签字或者盖章，而由保险人或者保险人的代理人代为签字或者盖章的，对投保人不生效。投保人已经交纳保险费的，视为其对代签字或者盖章行为的追认，但该追认不及于"投保人声明栏"处的代签章。

## 律师分析

（一）案涉保险合同何时对张某东生效？

无权代理发生后，被代理人有追认和拒绝追认的权利。本案中，案涉保险合同投保单中投保人处签字系保险代理人代为签订，如果张某东未进行任何形式的追认，则案涉保险合同对张某东不生效。

《民法典》第503条规定："无权代理人以被代理人的名义订立合同，被代理人已经开始履行合同义务或者接受相对人履行的，视为对合同的追认。"追认是一种单方法律行为，是被代理人对无权代理行为在事后予以承认的一种单方意思表示，一经被代理人追认，无须相对人的同意即可发生法律效力，成为有权代理。即追认的实质是事后授权。追认具有溯及既往的效力，因此，一旦追认,因无权代理所订立的合同从成立之时开始即产生法律效力。

《保险法司法解释（二）》第3条规定："投保人或者投保人的代理人订立保险合同时没有亲自签字或者盖章，而由保险人或者保险人的代理人代为签字或者盖章的，对投保人不生效。但投保人已经交纳保险费的，视为其对代签字或者盖章行为的追认。"

如果投保人已经交纳保险费，可以认定投保人对保险代理人代签字行为进行了追认，此时，保险合同对投保人产生合同效力。投保人对案涉保险合同追认的规定属于绝对强制规定，不得变更。若投保人已经交纳保险费，保险合同已确定生效。若投保人以其虽然交纳保险费但不予追认为由否定保险合同对其发生保险效力的，人民法院是不予支持的。投保人追认既可以明示也可以默示。明示可以是书面的、口头的，如签字、出具授权、电子文件或电话等明示方式；默示方式，如以行为方式或者已经履行合同的主要义务等方式。

本案中，投保人张某东交纳保险费即视为对保险代理人代签字行为进行了追认，该意思表示真实明确，案涉保险合同在张某东交费后生效，并对张某东产生合同效力。因案涉保险合同的投保人与被保险人均为张某东，故张某东对保险代理人代签字进行追认，同时代表投保人与被保险人对保险代理人的追认，保险合同有效。

### （二）保险人或者保险代理人代填保险单证，能否免除保险人的提示告知义务？

《保险法司法解释（二）》第3条第2款规定："保险人或者保险人的代理人代为填写保险单证后经投保人签字或者盖章确认的，代为填写的内容视为投保人的真实意思表示。但有证据证明保险人或者保险人的代理人存在保险法第一百一十六条、第一百三十一条相关规定情形的除外。"即"投保人已经交纳保险费的，视为其对代签字或者盖章行为的追认"的规定并不及于"投保人声明栏"处的代签章。"投保人声明栏"中保险代理人的代签行为仍需要投保人的追认行为才能对投保人生效。

实践中，投保单需要投保人签章的地方可能有两处：（1）以合同订立的一方身份在投保单相应部分签章；（2）在"投保人声明栏"处签章。保险人为履行《保险法》所要求的对保险免责条款的明确说明义务而采用的较为普遍的做法，是在投保单上要求投保人在"投保人声明栏"书写固定内容，以证明保险人已经履行提示说明的告知义务。例如，投保人在保险单中书写"保险人已向本人详细介绍了保险条款，并就该条款中有关责任免除的内容作了明确说明，本人接受上述内容，自愿投保本保险"，并由投保人签名。

若投保单上发生保险代理人代签名现象，往往是上述两处本应由投保人签章的地方均系代签名，但两处签名的目的和意义不同。在发生代签名现象后认定投保人以交纳保险费的形式追认的效果亦不同。投保人交纳保险费的，仅表明其愿意订立该保险合同，是对代签保险合同行为的追认，保险合同对其生效。但不能因此认为投保人认可保险人已经向其履行了保险免责条款的明确说明义务。因为保险人是否已经向其履行了保险免责条款的明确说明义务是个事实问题，应当实事求是地认定，如果保险人事实上并未向其履行该项义务，不能仅因为投保人交纳了保险费而推定保险人向其履行了该项义务。故《保险法司法解释（二）》第3条第2款规定保险人或者保险人的代理人代为填写保险单证后只有经过投保人签字或者盖章确认的追认意思表示后，代为填写的内容视为投保人的真实意思表示，才对投保人产生效力。

本案中，某保险公司息烽支公司所提交的《投保人声明》上空格方框内写有"本人确认收到条款及机动车综合商业保险免责事项说明书"文字及"张某东"的签名，某保险公司息烽支公司在庭审中承认所提供的材料上的签名和文字说明内容均不是张某东本人亲笔所写，且某保险公司息烽支公司提供的证据既无形成日期记载，又无将投保单及保险条款送达投保人的相关依据，因此不能证明其已将保险条款交付投保人张某东，故其主张对免责条款已尽到提示义务的理由法院不予采信。

## 第三节　团体养老保险退保的特殊规定

**典型案例一**：公司为员工投保团体养老保险，员工离职后公司能否随时退保？

张某韬自1990年1月在中亚公司工作。1999年6月10日，中亚公司为张某韬在内的全体员工投保了人寿保险，投保险种为个人养老保险（98A），并一次性交纳了保险费13,427元，开始领取年金年龄为60周岁，领取方式为月领，领取标准为240元。

该人寿保险投保单上投保人、被保险人的姓名均为张某韬。在该保险单上特别约定载明：该保险单由中亚公司投保，到期领取时被保险人须持投保人证明，方可办理领取；若被保险人调出或因其他原因离开本系统，投保人不同意领取养老金时，保险人只把保险费退还给投保人。该保险单投保人处加盖了中亚公司印章，投保人、被保险人处签名并非张某韬本人签字。2000年10月9日，张某韬向中亚公司申请离岗自谋职业，并请求将社会养老金和年霎交养老金全部交给其本人，张某韬的申请得到了中亚公司批准。

2019年，张某韬刚好年满60周岁，便向保险公司申请领取养老金，却遭到保险公司的拒绝，工作人员称该份保险单已经于2001年2月14日退保，退保后的价值由中亚公司领取。得知这一消息后，张某韬将中亚公司、保险公司作为被告起诉至法院，要求二被告赔偿自己的经济损失57,600元（240元×12月×20年）。

## 裁判要点

人寿保险合同属于利他合同，在被保险人、受益人表示享受其利益之意思后已产生信赖利益，且中亚公司当时基于劳动关系为张某韬投保的养老保险，构成职工劳动报酬不可分割的一部分，中亚公司不得随意解除该保险合同。

## 律师分析

### （一）个人养老保险（98A）的投保人是谁？

个人养老保险（98A）投保单上投保人、被保险人的姓名均为张某韬本人，但是投保单尾部却加盖了中亚公司的印章。由于该份保险的保险单是由中亚公司统一办理并交纳保险费，投保过程作为员工的张某韬并未实际参与，且投保人、被保险人处签名并非张某韬本人签名，由此结合相关事实，法院认定个人养老保险（98A）的投保人应当是中亚公司。

### （二）中亚公司作为投保人是否有权解除个人养老保险（98A）保险合同？

第一，保险合同的当事人为中亚公司（投保人）与保险公司，虽然保险合同是投保人与保险人约定保险权利义务关系的协议，但在人身保险中，被保险人或其同意的受益人依法享有保险金给付请求权，当投保人与被保险人或受益人不是同一人时，该保险合同属于利他合同。在被保险人、受益人表示享受其利益之意思后，已产生信赖利益，如果任由投保人解除保险合同，被保险人、受益人将不能获得保险合同的保障，故对投保人的解除权应予一定的限制。

第二，个人养老保险（98A）保险合同是中亚公司当时基于劳动关系为张某韬投保霎交的养老保险，是企业为职工提供的福利，构成职工劳动报酬不可分割的一部分。故基于个人养老保险（98A）保险合同的特殊性，中亚公司不得随意解除该保险合同。

（三）保险公司同意退保是否存在过错？

《保险公司养老保险业务管理办法》第 30 条规定："团体养老年金保险的投保人退保的，保险公司应当要求其提供已通知被保险人退保事宜的有效证明，并以银行转帐方式将退保金退至投保人单位帐户。"因个人养老保险（98A）保险合同关系到被保险人张某韬的利益，中亚公司不得随意解除保险合同，保险人也需严格审查，除审查保险单的真实性外，还应当要求投保人出具被保险人知悉退保事宜的证明，或与被保险人核实，才能作出同意解除合同的决定。因此，保险公司作为从事保险业务的专业公司，理应知晓养老年金保险合同对于被保险人张某韬的重要性，其同意解除养老保险合同的行为虽未违反法律、行政法规的强制性规定，但由于未尽严格的审查义务，致使被保险人张某韬的利益受损，应承担相应责任。

法院认定，虽然中亚公司是个人养老保险（98A）保险合同的投保人，但基于保险合同的特殊性，投保人不得随意解除，个人养老保险（98A）保险合同的解除中亚公司存在较大责任，而保险公司对保险合同的解除也未尽保险人之审查义务，致使张某韬的利益受损，也应承担相应的责任，最终法院判决，中亚公司赔偿张某韬 46,080 元，保险公司赔偿张某韬 11,520 元。

**典型案例二**：公司为员工投保团体养老保险，员工离职前公司退保，员工能否要求保险公司继续履行保险合同？

郭某莎系莞商公司员工。2013 年 9 月 30 日，莞商公司（投保人）与某保险公司签订合同，为包括郭某莎在内的公司员工投保友邦永嘉养老团体年金保险（万能型）。保险合同生效日为 2013 年 10 月 1 日。保险合同约定：投保人可于本合同有效期内向本公司申请解除本合同，需填写解除合同申请书并向本公司提供下列资料：……投保人解除合同时应提供已通知被保险人解除合同事宜的有效证明，退保金通过银行转账方式退至投保人单位账户。

2016 年 12 月 7 日，莞商公司向保险公司申请退保。莞商公司向保险公司提交《终止通知书》《退保声明》，并承诺："……退保事宜，已明确知会被保险人。如因我司未与被保险人沟通或其他信息不实而引起任何损失和纠纷，我司同意承担相关责任。"保险公司于 2016 年 12 月 7 日已经收齐莞商公司提交的退保资料。2016 年 12 月 13 日，保险公司将退保金 142,795.74 元退还至莞商公司账户。

2017年1月10日，郭某莎与莞商公司协商解除劳动合同关系。

郭某莎离职后依法向保险公司申请领取保险金，但被告知该保险合同已经解除并拒绝支付保险金。故郭某莎起诉至法院请求：（1）判令保险公司解除保险合同无效，要求保险公司继续履行保险合同，支付郭某莎保险金共计人民币56,171.6元；（2）保险公司承担本案全部诉讼费用。

保险公司不同意向郭某莎支付56,171.6元保险金。

法院认为，本案争议焦点在于莞商公司2016年12月7日向保险公司解除案涉保险合同是否有效。郭某莎虽然为案涉保险合同的被保险人，但保险费均由投保人莞商公司交纳，郭某莎并未交纳费用。投保人莞商公司在申请解除合同时也向保险公司出具了《退保声明》，现案涉保险合同已于2016年12月7日解除。故郭某莎离职时案涉保险合同已经解除，郭某莎无权要求保险公司支付案涉保险金。

## 裁判要点

除《保险法》或者保险合同另有约定外，保险合同成立后，投保人享有任意解除权。

## 律师分析

（一）郭某莎主张莞商公司未提交其已通知被保险人退保事宜的有效证明，保险合同解除程序上的瑕疵能否阻却案涉保险合同的解除？

《保险法》第15条规定："除本法另有规定或者保险合同另有约定外，保险合同成立后，投保人可以解除合同……"《保险公司养老保险业务管理办法》第30条是关于保险公司经营团体养老保险的操作指引，而并不会因为程序上的瑕疵就能阻止保险合同终止行为的效力；而且保险公司已经要求莞商公司提供证明，莞商公司在没有提交证明的情况下提交了《退保声明》，因此保险公司没有理由拒绝投保人终止保险合同的合法要求。尤其案涉保险合同仅约定投保人退保的保险公司应当要求其提供已通知被保险人退保事宜的有效证明，但是并未限制投保人即莞商公司的解除权。所以本案中，法院倾向性地认为，即使莞商公司解除案涉保险合同程序上存在瑕疵，在其出具《退保声明》的情况下，保险公司无权拒绝其行使投保人对案涉保险合同的解除权。

### （二）如果郭某莎认为案涉保险合同解除导致其损失，应如何维权？

首先，郭某莎所遭受的经济损失系由于莞商公司在其离职前，未经通知作为被保险人的郭某莎退保事宜而径行将案涉保险解除所导致，郭某莎应向莞商公司主张经济损失。因郭某莎与莞商公司之间关于案涉保险经济损失赔偿问题不属于《保险法》调整范围，郭某莎可以另案主张。

其次，莞商公司在申请退保时，并未提交其已通知被保险人郭某莎退保事宜的有效证明，只提交了《退保声明》，书面声明愿意承担因与被保险人信息沟通不良所导致的后果，因此，即使案涉保险合同解除，郭某莎也可以另案主张损失赔偿。

## 第四节　与保险合同受益人相关的纠纷

**典型案例一**：投保人解除保险合同，是否需要被保险人、受益人同意？

1997年12月1日，某会计师事务所向人寿保险公司投保商业养老保险，被保险人为35人，投保人趸交保险费680,332.86元，女性被保险人年满55周岁时可每月领保险金1000元。徐某欣为涉案保险单被保险人之一，投保时为会计师事务所在职员工，投保人在该被保险人项下趸交保险费9545.17元。徐某欣于1994年7月进入该单位工作，2001年离职。

2011年12月27日，会计师事务所向人寿保险公司申请解除涉案保险合同，并向人寿保险公司出具说明一份，主要内容为：被保险人已经离职且不符合投保人制定的养老保险发放标准，故向人寿保险公司申请退保，被保险人已经知悉此事，产生法律纠纷由投保人承担。人寿保险公司据此解除保险合同，并向会计师事务所返还被保险人徐某欣的保险单现金价值21,896.62元。

2016年4月5日，包括被保险人徐某欣在内的12人，向北京保监局投诉无果后，徐某欣将人寿保险公司与会计师事务所起诉至法院，请求法院判决人寿保险公司与会计师事务所无条件恢复徐某欣商业养老保险权益，并将徐某欣的养老金保险证交还。

庭审中经法庭询问，徐某欣表示如果可以恢复合同效力，应当由会计师事务所向人寿保险公司返还现金价值，徐某欣不愿支付相应的现金价值。

一审法院经审理认为，本案所涉商业养老保险合同订立时系投保人与保险人的真实意思表示，不违反法律、行政法规强制性规定，合法有效。《保险法》

第 15 条赋予了投保人任意解除权，投保人行使解除权不存在阻却事由，且并未就利他保险作出任何例外规定。

用人单位退保系其行使保险法规定权利的自主行为，单就退保行为本身而言，不应当予以干预。本案所涉保险合同已经解除，不能恢复，判决驳回原告徐某欣的诉讼请求。

### 裁判要点

投保人解除保险合同，无须被保险人、受益人同意，保险合同解除后也无法恢复。

### 律师分析

投保人作为涉案保险合同的主体，享有任意解除权，投保人解除保险合同，不需要取得被保险人或者受益人的同意。

《保险法》第 10 条第 1 款规定："保险合同是投保人与保险人约定保险权利义务关系的协议。"第 15 条规定："除本法另有规定或者保险合同另有约定外，保险合同成立后，投保人可以解除合同，保险人不得解除合同。"上述规定表明，保险合同关系对应的双方当事人为投保人与保险人，与之相应，解除保险合同关系的法律权利亦应由投保人以及保险人依法行使。本案保险关系中，投保人为会计师事务所，保险人为人寿保险公司，被保险人为包括徐某欣在内的职工。但只有会计师事务所和人寿保险公司享有保险合同解除权。

涉案保险合同属于商业养老保险，会计师事务所为其员工投保商业性保险并非法定义务，除法律另有规定或者保险合同另有约定外，会计师事务所主张解除保险合同，没有任何阻却事由。

诉讼中徐某欣提出涉案保险合同属于利他合同，其作为被保险人，未经其同意会计师事务所与人寿保险公司不得解除保险合同，故相应解除行为无效。虽然涉案保险合同属于利他合同，但无论是《保险法》的具体规定还是原《合同法》（本案二审发生在 2021 年《民法典》生效前，故适用的仍然是原《合同法》）的相应立法精神，均不足以推断出投保人必须征得被保险人同意才能解除保险合同的结论。《保险法司法解释（三）》第 17 条但书之前的部分亦明确规定，"投保人解除保险合同，当事人以其解除合同未经被保险人或者受益人同意为由主张解除行为无效的，人民法院不予支持"。合同解除权为形成权，相应意思表示一经到达合同相对方合同即告解除。故涉案保险合同于 2011 年 12 月 27 日解除，相应事实不可逆转，徐某欣要求将已因解除而终止的保险合同再恢复法律效力，显然缺乏法律依据。

**典型案例二**：被保险人或者受益人已向投保人支付相当于保险单现金价值的款项并通知保险人，投保人能否未经通知被保险人就解除保险合同？

蒋某群系蒋某峰、王某玉之子，自 2015 年 9 月起在某学校就读。

2016 年 9 月 28 日，学校与保险公司签订了"华安学生幼儿平安人身意外伤害保险单"和"学生幼儿平安人身意外伤害保险团体投保单"，学校为全体（包括蒋某群在内）4056 名学生交纳保险费 405,600 元，保险期为 2016 年 9 月 1 日至 2017 年 8 月 31 日。投保单还特别约定：保险单、保险条款和协议皆为保险合同的组成部分，具有同等效力。保险单与协议内容不一致的，以保险单为准，协议与保险条款不一致的，按协议执行，协议未约定的部分按保险单和保险条款内容执行。蒋某群向学校交纳了保险费 100 元，学校未开具收款收据。

2016 年 12 月 12 日，学校向保险公司申请批退，并向保险公司申请批退被保险人 901 人，退还保险费 90,100 元。保险公司 2016 年 12 月 13 日"批改申请书"及说明的原因是：部分学生去工厂实习且未交纳保险费，该批学生保险自始至终未生效，经被保险人申请，保险人同意，自 2016 年 12 月 14 日零时起将保险单号 121080612××0001 下减少被保险人 901 人，退还保险费 90,100 元，并附减少被保险人 901 人（含蒋某群）名单。

2017 年 1 月 31 日晚，蒋某群宴请同学在家做客，饭后送同学回家返回途中因道路积雪，不慎滑倒跌至崖下身亡。蒋某峰、王某玉要求保险公司及学校按保险合同赔偿。保险公司称：蒋某群未向我公司交纳保险费，是因其学校向我司办理了退保险费手续，故无权要求我司赔付保险金。

蒋某峰、王某玉向法院起诉：（1）要求判令保险公司、学校支付保险金 5 万元；（2）本案诉讼费用由保险公司、学校承担。

法院经审查认为：学校于 2016 年 9 月 28 日向保险公司为该校 4056 名学生投保"学生幼儿平安人身意外伤害保险"团体险，保险公司予以承保并签发了保险单，双方保险合同成立。蒋某群作为被保险人记载于保险单附件被保险人清单中，可以确认蒋某群为被保险人之一。该保险虽然以学校名义进行投保，但保险费的实际承担人为被保险人，且保险公司与学校均没有提供证据证明，对部分批退的被保险人进行了通知。《保险法司法解释（三）》第 17 条规定：

"投保人解除保险合同，当事人以其解除合同未经被保险人或者受益人同意为由主张解除行为无效的，人民法院不予支持，但被保险人或者受益人已向投保人支付相当于保险单现金价值的款项并通知保险人的除外。"本案中，学校以蒋某群等学生未交纳保险费为由申请批退，实际为部分解除保险合同的行为，因学校及保险公司对保险费由被保险人支付的事实明知，依照上述规定，学校、保险公司应当向被保险人就解除合同的事实进行告知。故保险公司批退实际为解除保险合同的行为，因其未向实际交纳保险费的被保险人告知而不发生法律效力。

综上，蒋某群作为被保险人，在保险期间发生事故应当获得赔偿。

## 裁判要点

投保人解除保险合同，当事人以其解除合同未经被保险人或者受益人同意为由主张解除行为无效的，人民法院不予支持，但被保险人或者受益人已向投保人支付相当于保险单现金价值的款项并通知保险人的除外。

## 律师分析

投保人与保险公司均明确知晓案涉保险合同的保险费系被保险人蒋某群支付的情况下，投保人与保险公司未经通知被保险人就解除保险合同的，该解除行为对被保险人不产生效力。

《保险法》第15条明确赋予了投保人任意解除权，且并未就利他保险作出任何例外规定。如果要求投保人解除合同需要征得被保险人或受益人同意，明显不符合立法精神。被保险人、受益人保险金给付请求权是基于保险事故发生后实际享有的财产权利，但在保险事故发生前则属于他们享有的期待权。被保险人、受益人不能仅以合同解除导致自己的利益受损为由，阻却投保人行使法定解除权。唯一的例外在于赎买，即被保险人、受益人通过支付等同于解除后退还的现金价值的对价，取得变更合同投保人的权利；同时，可以阻止已经获得资金补偿的投保人行使解除权。但被保险人、受益人阻却的权利并非直接来源于期待权，而是因为其支付了合理的对价，已经实质上具备了概括受让保险合同的条件。因此，虽然投保人解除保险合同无须经过被保险人与受益人的同意，但是保险合同的存续确实对被保险人与受益人的利益有较大的影响，所以被保险人与受益人可以通过向投保人支付相当于保险单现金价值的款项，以合同转让的方式承受投保人的合同地位。这样一方面保护了投保人对保险单现金价值的权利，另一方面也照顾了被保险人与受益人的合理期待。

《保险法司法解释（三）》第 17 条规定："投保人解除保险合同，当事人以其解除合同未经被保险人或者受益人同意为由主张解除行为无效的，人民法院不予支持，但被保险人或者受益人已向投保人支付相当于保险单现金价值的款项并通知保险人的除外。"

该条将投保人享有保险合同的任意解除权作为利他保险合同解除的一般规定，但也同时规定了特定条件下的限制情形，即"被保险人或者受益人已向投保人支付相当于保险单现金价值的款项并通知保险人的除外"。本案所涉合同为团体险合同，被保险人往往基于信赖关系同意投保人为其投保，被保险人基于保险合同产生了一种期待利益。如投保人行使任意解除保险合同的权利时，不通知被保险人可能会给被保险人所期待的保险利益造成损害。如投保人解除保险合同之前不向被保险人或受益人通知，则司法解释中"但书"条款的规定将落空，立法意图及宗旨不能实现。综合以上考虑，投保人应在解除保险合同前，将解除合同的意图通知被保险人，被保险人有权选择通过代替保险人向投保人退还保险单现金价值来承受原投保人的地位。保险人在知悉保险费系由被保险人支付的情况下，应向被保险人履行通知义务，以充分保障被保险人的权益。

本案中，投保人学校向保险人保险公司申请解除合同，未将解除合同的意图通知被保险人蒋某群，该解除行为对被保险人不产生效力。学校与保险公司于 2016 年 12 月 14 日解除保险合同的行为无效。蒋某群 2017 年 1 月 31 日晚发生的保险事故属于保险合同应当赔付的范围，保险公司应按照合同约定给付蒋某群保险金。蒋某峰、王某玉系蒋某群父母，依法享有保险金请求权。

**典型案例三**：被保险人为无民事行为能力人，其监护人能否变更受益人？

何某晨和罗某霞系夫妻，婚后于 2005 年 8 月 8 日生育一女何某珊。何某英系何某晨的妹妹。2008 年 6 月 25 日，何某晨在保险公司为其本人投保了平安智盈人生终身寿险（万能型）一份，保险单号为 P230100××65，指定何某珊为保险单受益人。2012 年 8 月 20 日，何某晨将投保人变更为罗某霞。2016 年 7 月 20 日，何某晨和罗某霞离婚，何某珊跟随母亲罗某霞一起生活。

因被保险人何某晨罹患脑梗死，2019 年 3 月 28 日法院经判决认定其为无民事行为能力人，同时指定何某英为何某晨的监护人。2019 年 4 月 11 日，何某英持法院判决前往保险公司处，将案涉保险单的受益人由何某珊变更为何某英。

2019年7月14日，被保险人何某晨病逝。2019年7月18日何某英前往保险公司申请理赔，保险公司支付理赔金73,900元，保险合同终止。

2020年6月15日，何某珊起诉到法院，诉讼请求：（1）依法确认何某英及保险公司在2019年4月11日作出的变更保险合同受益人行为无效；（2）判令何某英及保险公司履行给付保险理赔金73,900元义务；（3）本案诉讼费、送达费由何某英及保险公司负担。

法院经审理认为本案争议的焦点为：何某英变更案涉保险合同受益人的行为是否无效？

首先，依据《保险法》第39条的规定，何某英作为何某晨的监护人，可以代被监护人何某晨行使变更保险合同的权利，且不需要通知投保人。其次，涉案保险合同的利益不是被保险人何某晨的财产，是何某晨去世后因保险合同产生的利益，该利益在有保险合同受益人时归受益人所有，故何某英变更受益人的行为并不侵害何某晨的财产权益。最后，何某晨将保险合同的受益人确定为何某珊，并不等于该合同的受益权就是何某晨必须向何某珊履行的法定义务，何某晨随时可以变更受益人，故何某英变更受益人的行为与侵害何某珊的权益不能画等号。综上，何某珊要求确认何某英变更保险合同受益人的行为违法并无效的请求不能成立，判决如下：驳回原告何某珊的全部诉讼请求。

## 裁判要点

人身保险的受益人由被保险人或者投保人指定。投保人指定受益人时须经被保险人同意。被保险人为无民事行为能力人或者限制民事行为能力人的，可以由其监护人指定受益人。

## 律师分析

（一）本案中，何某英作为被保险人何某晨的监护人，能否变更案涉保险的受益人？

《保险法》第39条、第41条规定，人身保险的受益人由被保险人或者投保人指定或者变更。投保人指定或变更受益人时须经被保险人同意。被保险人为无民事行为能力人或者限制民事行为能力人的，可以由其监护人指定受益人。

本案中，2019年3月28日法院经判决认定何某晨为无民事行为能力人，同时指定何某英为何某晨的监护人。依据《民法典》第21条、第23条的规定，无民事行为能力的成年人,由其法定代理人实施民事法律行为,因此,依据《保险法》第 39 条及第 41 条的规定,被保险人可以随时变更受益人,且无须征得受益人的同意。故何某英持法院判决申请变更案涉合同中保险受益人为何某英,无须征询何某珊的同意,符合法律规定,案涉保险合同中身故受益人已经依法变更。

**(二)"投保人或者被保险人身故前可以变更受益人"中变更受益人的主体应否包括"监护人"?**

《民法典》第 142 条第 1 款规定:"有相对人的意思表示的解释,应当按照所使用的词句,结合相关条款、行为的性质和目的、习惯以及诚信原则,确定意思表示的含义。"根据该规定,在合同双方当事人对某合同用语并未赋予特定含义的情况下,应以客观、合理的标准来揭示、确定合同用语的含义,而不是根据当事人各方的任何意图。本案合同条款中"投保人或者被保险人身故前可以变更受益人"的约定,并未对"身故前可以变更受益人"的"投保人或者被保险人"作出特别的限制,并未将之区分为本人或者监护人,完全民事行为能力人或者无民事行为能力人、限制民事行为能力人。故变更受益人的主体既包括投保人或者被保险人,也包括其监护人。本案中何某英作为何某晨的监护人,有权变更受益人。

**(三)变更受益人的主体、期限、方式及生效**

1. 变更受益人的主体

依据《保险法》第 39 条、第 41 条的规定,变更受益人的主体为投保人与被保险人。因人身保险旨在保障被保险人的生命、身体利益,故真正享有保险金和有处分保险合同利益的主体为被保险人,指定和变更受益人的权利应彻底归于被保险人。所以,在投保人与被保险人为同一人时,投保人指定或者变更受益人即等同于被保险人指定或变更受益人;投保人与被保险人为不同主体时,投保人指定或者变更受益人,须经被保险人同意。

在被保险人为无民事行为能力或限制民事行为能力的成年人时,由被保险人的监护人代为行使指定或者变更受益人的权利。本案中,已经有生效法律文书认定何某晨为无民事行为能力人,并指定何某英为何某晨的监护人,故何某英可以代为行使变更保险合同的权利,且不需要通知投保人。

2. 变更受益人的期限

首先,依据《保险法》第 39 条、第 41 条规定,从保险合同订立指定受益人开始,投保人或被保险人享有随时变更受益人的权利。其次,保险合同为继续性合同，保险事故发生后，保险人即应当根据合同约定支付保险赔偿金，但保险合同不必然终止。若保险事故发生后，保险合同仍继续存续的，投保人或者被保险人可以就此后发生的保险赔偿金重新指定受益人。但是，以被保险人死亡为给付保险金条件的人身保险，保险事故发生即被保险人的死亡导致受益人的给付请求权已成现实债权，此时任何人均无法进行受益人的变更。故变更受益人应限于保险事故发生之前。因此，《保险法司法解释（三）》第11条规定，投保人或者被保险人在保险事故发生后变更受益人，变更后的受益人请求保险人给付保险金的，人民法院不予支持。

3. 变更受益人的方式

《保险法》第41条规定："被保险人或者投保人可以变更受益人并书面通知保险人。保险人收到变更受益人的书面通知后，应当在保险单或者其他保险凭证上批注或者附贴批单。"依据上述规定，变更受益人应采取书面形式并通知保险人。

4. 变更受益人的行为何时生效

《保险法司法解释（三）》第10条第1款规定："投保人或者被保险人变更受益人，当事人主张变更行为自变更意思表示发出时生效的，人民法院应予支持。"

因变更受益人系投保人或者被保险人的单方法律行为，无须经保险人同意，也无须征询其他受益人的同意，故变更受益人的意思表示从投保人或者被保险人做出变更意思表示发出时生效，此时受益人即发生变更，至于该意思表示向谁作出、保险公司能否接受等，并不影响该意思表示的成立和生效。

5. 变更受益人的意思表示何时对保险人生效

《保险法》第41条规定："被保险人或者投保人可以变更受益人并书面通知保险人。保险人收到变更受益人的书面通知后，应当在保险单或者其他保险凭证上批注或者附贴批单。"

因投保人或者被保险人系保险金请求权的原始权利主体，有权自主决定如何分配受益权，故投保人或者被保险人变更受益人的行为系单方法律行为，即使不通知保险人也不应影响在新旧受益人之间产生的效力。由于保险人系保险合同的主体之一，变更受益人涉及保险人在保险事故发生时向谁履行给付保险金义务的问题，所以被保险人或者投保人变更受益人，需通知保险人才能对保险人产生效力。

而在投保人或被保险人没有通知保险人变更受益人事宜时，只是不能对抗保险人。保险人按照原保险合同的规定向原受益人赔付保险金即视为其已经履行了给付保险金义务，新受益人可以基于不当得利要求原受益人向其返还保险金。而《保险法》第41条第1款规定保险人在收到变更受益人的书面通知后，应当在保险单或者其他保险凭证上批注或者附贴批单，这既是对投保人或者被保险人履行变更受益人通知义务的证明，也是保险人应当履行的义务，以便将来作为履行赔付保险金义务、确定受益人的书面凭证，最大限度地保障被保险人根据自己的意愿行使变更受益人的权益，同时能够起到规范合同主体双方的行为，减少并预防矛盾发生的作用。

## 第五节 与时效相关的纠纷

### 一、带病投保

**典型案例一**：带病投保，二年内保险公司未行使合同解除权，是否必须赔付保险金？

彭某军与王某玲系夫妻关系，王某玲于2006年3月8日至24日间入住医院，实施了二尖瓣置换手术，入院诊断为：风湿性二尖瓣狭窄伴闭锁不全、三尖瓣闭锁不全、心功能二级。

2009年8月10日，彭某军作为投保人，以彭某军及王某玲作为被保险人，王某玲及彭某军互为受益人在保险公司投保了爱家之约幸福版保险（保险单号139××7806），包含泰康健康人生两全保险、重疾保险等，上述主险及附加险保险期间均至被保险人70周岁，保险金额分别为146,520元；交费期间亦分别为20年，交费方式为年交，交费日期为每年8月20日，爱家之约幸福版每年保险费合计为3266元。

当日，彭某军作为投保人在保险公司合计4页的投保单落款部位签字。该保险单第3页健康告知栏询问事项为"您是否曾患有下列疾病或因下列疾病接受检查或治疗？……C.高血压、动脉硬化、心律失常、心绞痛、冠心病、风湿性心脏病、心肌梗死、心肌病、心内膜炎、心脏瓣膜疾病、室壁瘤、主动脉瘤、先天性心脏病、肺源性心脏病、心脏扩大、心包疾病、心力衰竭，或其他心脏和血管疾病"。说明栏2：上述第9项到第15项中，若选择"是"请按下列要求详细说明：序号、说明对象、疾病名称、发病时间、是否诊治、接受诊治、医院名称、诊断结果、目前状况、住院时间。主保险人及第二被保险人"是"或"否"栏目中其均在"否"栏目中打"√"。

重疾保险条款第 2.3 条规定：在本附加合同保险期间内，我们承担下列保险责任：(1) 被保险人于本附加合同生效之日起一年内（若曾复效，则自最后复效之日起一年内）经医院初次确诊非因意外伤害导致罹患本保险范围内疾病（无论一种或多种），本公司按照合同约定给付保险金，本附加合同和主合同同时终止。(2) 被保险人经医院初次确诊因意外事故或于本附加合同生效之日起一年后（若曾复效，则自最后复效之日起一年后）非因意外伤害导致罹患本保险合同范围内疾病（无论一种或多种），本公司按照合同约定给付保险金，本附加合同和主合同同时终止。重大疾病保险合同中第 9.16 条约定关于心脏瓣膜手术的定义：心脏瓣膜手术是指为治疗心脏瓣膜疾病，实际实施了开胸进行的心脏瓣膜置换或修复的手术。合同生效后，王某玲已交纳 2009 年 8 月至 2016 年 8 月期间的保险费。

2016 年 5 月 3 日至 19 日，王某玲因患病入住阜外医院，阜外医院在王某玲第一次入院记录中载明：二尖瓣置换术后 10 年，胸闷气短半年；现病史：患者 10 年前于当地医院行二尖瓣置换术，术后情况良好，半年前出现胸闷气短等。

王某玲后向保险公司申请理赔给付，保险公司于 2016 年 6 月 25 日出具理赔决定通知书，称：被保险人投保前曾行心脏瓣膜手术，证据明确，不符合重疾条款约定的"初次确诊"的要求。故因非首次确诊重疾，此次重疾保险我公司不同意承担保险责任，139××7806 号保险合同继续有效。

2016 年 7 月 12 日，王某玲因请求给付保险金未果，遂向法院起诉，请求法院判令：保险公司赔付保险金 146,520 元；承担本案诉讼费用。

法院经审理认为：

1. 本案保险条款中的"初次确诊"从通常理解可以得出明确、客观的解释结论，王某玲初次确诊时间应为 2006 年 3 月 8 日至 24 日。根据保险合同约定，保险责任范围为被保险人于附加合同生效之日起一年后经医院初次确诊非因意外伤害导致的重大疾病。王某玲虽于投保后的 2016 年手术治疗心脏瓣膜重度狭窄、三尖瓣重度关闭不全，但其曾于 2006 年 3 月 8 日至 24 日间入住医院实施三尖瓣成形术、二尖瓣瓣周漏修补术，因此不属于保险责任范围。

2. 投保时，投保单健康告知栏询问病史事项，投保人彭某军在投保人栏已签字，王某玲也未举证证明保险代理人未询问病史的证据。

3. 《保险法》第 16 条虽规定了保险人自保险合同成立之日起二年，未行使合同解除权的，不得解除合同；嗣后发生保险事故的，保险人应当承担赔偿或者给付保险金的责任，但该规定应当为符合保险赔偿或给付条件的前提下保险人承担责任。本案中，王某玲所患疾病并不符合系争重疾保险合同约定的承担责任的条件，保险公司有理由拒绝给付保险金。法院判决：驳回原告王某玲的诉讼请求。

## 裁判要点

投保人在明知被保险人投保前曾患有相关疾病的情况下，未能如实向保险人告知，使保险人丧失了决定是否同意承保或者提高保险费率的选择权。虽然保险人未能在保险法规定的合同成立之日起二年内行使合同解除权，但其仍可依据保险条款的约定拒绝向被保险人给付保险赔偿金。

## 律师分析

### （一）王某玲所患疾病是否属于保险责任范围？

首先，保险公司就本案彭某军为投保人、王某玲为被保险人所承保的附加健康人生定期重大疾病保险中，保险责任范围为被保险人于附加合同生效之日起一年后经医院初次确诊非因意外伤害导致的重大疾病，且系争重疾保险合同约定范围内的疾病，属于保险责任范围；对超出保险责任范围的给付请求，保险公司当然有权拒绝承担保险责任。

其次，因"初次确诊"一词并非保险合同及保险行业、医疗行业中的专业术语，故对"初次确诊"的解释仍应遵循合同解释的一般规则，即先从文意解释入手进行解释，"初次确诊"依其文意即为首次、第一次确诊的意思，再者依社会公众的通常理解中并无歧义，不致作出多种解释结果。

本案中，因被保险人王某玲于2006年、2016年先后两次手术均系同种疾病，即心脏瓣膜重度狭窄、三尖瓣重度关闭不全，故其首次确诊时间应为其入住医院，实施二尖瓣置换手术的时间，首次确诊的时间为2006年3月8日，而非2016年5月3日，即其入住阜外医院施行手术的时间。故王某玲主张其初次确诊的时间应为2016年5月不仅与保险条款的真实文意不符，亦与社会公众对该概念的通常理解相悖。虽然王某玲所患疾病属于保险合同约定的保险责任范围内的疾病，但其第一次确诊时间与保险合同约定不符，故保险公司有权拒绝承担保险责任。

### (二) 保险合同约定的保险责任范围中"初次确诊"的理解

《保险法》第 30 条规定："采用保险人提供的格式条款订立的保险合同，保险人与投保人、被保险人或者受益人对合同条款有争议的，应当按照通常理解予以解释。对合同条款有两种以上解释的，人民法院或者仲裁机构应当作出有利于被保险人和受益人的解释。"

上述法律规定即为保险法上的疑义利益解释原则。疑义利益解释原则适用的前提条件是当事人对保险合同条款理解上有分歧且存在两种以上的合理解释，无分歧则不应适用该解释规则。本案中，保险合同条款虽系由保险公司提供的格式条款，但保险条款中"初次确诊"一词并非晦涩难懂的专业术语，且依通常理解即可以做出明确的、客观的解释结论，故不存在疑义利益解释原则的适用余地，本案保险条款中的"初次确诊"从通常理解可以得出明确、客观的解释结论，王某玲初次确诊时间应为 2006 年 3 月 8 日至 24 日。

### (三) 本案保险合同成立已超过二年，保险公司是否丧失了合同解除权？

《保险法》第 16 条第 3 款规定了在投保人故意或因重大过失未履行如实告知义务情形下，保险人行使合同解除权的除斥期间，即自保险人知道有解除事由之日起三十日、自合同成立之日起二年，未行使合同解除权的不得解除合同；嗣后发生保险事故的，保险人应当承担赔偿或者给付保险金的责任。该规定旨在充分保障投保人、被保险人的利益，防止保险人将投保人的告知义务演变为其逃避责任的工具。但保险合同不得解除并不意味着保险人应无条件承担保险赔偿或给付责任，而是应当在符合保险赔偿或给付条件的前提下承担责任。本案中，尽管双方订立的保险合同因保险公司未在法定期间内行使解除权从而不可解除，但王某玲确诊疾病不符合系争重疾保险条款承担责任的条件，不属保险人承担保险责任的范围，保险人仍有理由拒绝给付保险金。

**典型案例二：** 带病投保，保险公司能否解除保险合同？

2015 年 10 月 18 日，李某艳（系张某涛的母亲）为张某涛在保险公司投保《康宁终身重大疾病保险（2015 版）》，保险合同的主要内容如下：

1. 投保人：李某艳；被保险人：张某涛；保险单号：201545××。

2. 合同生效日期为 2015 年 10 月 19 日，交费方式为年交，保险金额 20 万元，保险期间为终身，交费期满日为 2035 年 10 月 18 日，年保险费 5600 元。

3. 保险合同中《××保险股份有限公司〈个人保险基本条款〉》第 1 条约定了合同的生效日期为保险公司开始承担保险责任的日期。

4. 保险合同中《××保险股份有限公司〈国寿康宁终身重大疾病保险（2012）利益条款〉》约定保险责任：重大疾病保险金。"被保险人于本合同生效（或最后复效）之日起180日内，因首次发生并经确诊的疾病导致被保险人初次发生并经专科医生明确诊断患本合同所指的重大疾病（无论一种或多种），本合同终止，本公司按照本合同所交保险费（不计利息）给付重大疾病保险金。被保险人于本合同生效（或最后复效）之日起180日后，因首次发生并经确诊的疾病导致被保险人初次发生并经专科医生明确诊断患本合同所指的重大疾病（无论一种或多种），本合同终止，本公司按本合同基本保险金给付重大疾病保险金。"

在投保过程中，面对保险业务员的询问，李某艳在投保单的病史询问这一项都勾选了"否"。保险合同订立后，李某艳交纳了2015年及2016年的保险费。

2017年11月13日至17日，张某涛在医院住院治疗，入院诊断：左股骨肿瘤切除术后复发。2017年11月20日出院诊断：左股骨软骨肉瘤术后复发；前列腺内腺回声增强声像（前列腺炎？）；双侧精索静脉曲张。

2017年11月27日，张某涛以2017年11月13日在医院住院治疗诊断"下肢恶性肿瘤"，向保险公司申请给付保险金，保险公司于2018年1月17日作出《拒绝给付保险金通知书》，并载明以下内容：被保险人投保前已初次确诊本次索赔重疾，出险时间不在保险期间内。根据保险条款中保险责任的约定，本次事故不属于合同约定的保险责任范围，故本保险公司不承担本次事故的保险责任，合同继续有效。

收到保险公司《拒绝给付保险金通知书》后，张某涛向法院起诉要求：保险公司依约支付保险金20万元。

**裁判要点**

张某涛在投保前已确诊过左股骨肿瘤，但李某艳在投保单的病史询问这一项都勾选了"否"，投保人故意未履行如实告知的义务，足以影响保险人决定是否同意承保或者提高保险费率的，保险人有权解除合同。

## 律师分析

**（一）投保人故意或因重大过失不履行如实告知义务，即使购买了人寿保险也面临保险公司不赔付保险金的风险**

为防范道德风险，投保人在投保时应当遵循"最大诚信原则"，履行如实告知的义务。为此《保险法》第16条第2款规定："投保人故意或者因重大过失未履行前款规定的如实告知义务，足以影响保险人决定是否同意承保或者提高保险费率的，保险人有权解除合同。"

投保人购买人寿保险的目的在于提前进行风险防范、转嫁风险或财富传承等，如风险发生时，因法定事由导致保险公司不承担赔付保险金责任甚至不退还保险费，那么，投保人最初购买人寿保险的目的则无法实现。投保人是否履行了如实告知义务，对保险公司的核保有重要影响。

本案中，投保人李某艳没有履行如实告知义务，故法院认定投保人在投保时故意隐瞒患病情况，投保人主观恶意明显且不符合保险合同约定，已经超出保险责任范围，最终法院支持保险公司拒绝理赔。

**（二）司法实践中，关于"带病投保"，保险公司是否可以解除合同、拒付保险金的裁判观点**

司法实践中，法院在审理"带病投保"，保险公司是否可以拒付保险金的案件时，往往会综合考虑投保人对带病投保是否明知、投保人投保前所患疾病与保险事故的发生有无因果关系、投保人不履行如实告知义务是否足以影响保险公司决定是否同意承保或提高保险费率、保险公司是否在法定期限内行使解除权等因素进行判断。

部分法院认为，即使投保人带病投保，但是如果保险事故的发生与患病并无因果关系，则保险公司仍应当给付保险金。例如，在（2017）川10民终1028号民事判决中，在投保人隐瞒了被保险人投保前即患有甲状腺癌的情况下，法院认为"被保险人在投保前即患'甲状腺癌症'。但本案中被保险人的死亡原因却系'其他事故'。就'甲状腺癌症'与'其他事故'之间的关系而言，二者之间无必然的因果联系，不能认定被保险人身患癌症就必然导致其发生其他事故"。同时该法院也认为，在带病投保的情况下，应当受二年期限的限制，超过二年保险公司再向投保人送达解除通知书的，保险公司仍应当承担给付保险金的责任。

部分法院则认为，投保人带病投保，但是保险合同成立超过二年，保险公司仍然需要给付保险金并不得解除合同。例如，(2018)内0429民初3504号民事判决中，法院认为："保险公司就合同条款、保险责任、免责条款等内容向投保人做了充分的解释说明、提示后，投保人仍违反如实告知义务、恶意投保，保险公司有权解除合同的答辩意见，并不能对抗《保险法》第16条'自合同成立之日起超过二年的，保险人不得解除合同'的不可抗辩条款。"

部分法院则认为，投保人带病投保，具有主观恶意，该行为系恶意骗保的不诚信行为，不适用二年不可抗辩期间的限制，保险公司有权解除保险合同并无须给付保险金。例如，(2014)乐民终字第1079号判决中，法院认为："投保人违反了如实告知义务，保险人依法享有解除合同的权利。因上述解除事由在保险合同订立时已经发生，且被保险人在2010年9月6日至2012年6月6日间，即合同成立后二年内因右肺腺癌先后9次到××医院住院治疗，却在合同成立二年后的2012年9月11日才以2012年3月28日的住院病历为据向保险公司申请赔付重大疾病保险金，又在被保险人因右肺腺癌死亡之后要求保险公司赔付身故保险金80,000元，其主观恶意明显，该情形不属于《保险法》第16条第3款的适用范围，投保人不得援引该条款提出抗辩。"

## 二、人身保险的诉讼时效

**典型案例**：投保人在诉讼时效期间内向保险公司申请理赔，保险公司理赔过程经历较长时间，能否认定被保险人的理赔请求超过诉讼时效？

2017年8月1日，张某洋在某保险公司处为其本人投保了平安福终身寿险和附加长期意外伤害保险，保险单号P3200000××××419，保险单载明：投保人为张某洋、被保险人为张某洋，保险期间为终身，身故受益人为法定。2017年8月14日上午，张某洋在位于浙江省绍兴市的一处工地，搬运活动板房时，不慎掉入施工预留洞（大小约1.2米×1.2米，深约3米）中，造成身体伤残。2017年11月26日，张某洋通过客服电话申请理赔，之后曾多次向保险公司催促理赔，并在2021年8月通过客服电话95511，添加了保险公司员工的微信办理理赔相关事宜，并按照要求提交了银行卡、病历等材料，2021年10月15日被告知提供资料不全，要求补充病历等材料。2021年11月，张某洋将调取回来的病历发送给保险公司的员工，进行理赔，之后一直未得到任何回应。

2021年11月15日，张某洋向一审法院起诉请求：（1）依法判令保险公司立即支付原告意外伤残保险金 40,000 元。（2）案件受理费由保险公司承担。

保险公司辩称：原告的保险金请求权已经超过二年诉讼时效。本案事故发生在 2017 年 8 月 14 日，张某洋 2021 年 11 月 15 日提起诉讼，已经超过了保险法规定的二年的诉讼时效，被告不应承担保险责任。

法院经审理认为：本案的争议焦点为保险金请求权是否超过法定诉讼时效的问题。2017 年 8 月 1 日张某洋在被告处为其本人投保了平安福终身寿险和附加长期意外伤害保险。2017 年 8 月 14 日上午，张某洋在位于浙江省绍兴市的一处工地，搬运活动板房时，不慎掉入施工预留洞中，造成身体九级伤残。2017 年 11 月 26 日，张某洋通过保险公司的客服电话申请理赔，投保人张某洋在诉讼时效期间内已经向保险公司申请理赔。保险公司受理理赔申请后，跟客户联系收集理赔资料的期间，应当视为保险理赔过程所经历的时间。故保险公司认为，张某洋的诉讼请求超过诉讼时效的诉讼理由不能成立，法院不予支持。法院判决被告保险公司支付原告张某洋保险金 40,000 元。

## 裁判要点

投保人在诉讼时效期间内向保险公司申请理赔，保险公司受理理赔申请后，与客户联系收集理赔资料的期间，应当视为保险理赔过程所经历的时间。虽然经历时间较长，但不能据此认定被保险人的理赔请求超过诉讼时效。

## 律师分析

### （一）本案中张某洋申请赔付保险金的诉讼时效期间

保险事故发生后，被保险人或受益人必须在法定的诉讼时效内向保险公司申请理赔，否则将会丧失胜诉权。

1. 本案的诉讼时效期间从何时开始起算？

《民法典》第 188 条第 2 款规定："诉讼时效期间自权利人知道或者应当知道权利受到损害以及义务人之日起计算。法律另有规定的，依照其规定。但是，自权利受到损害之日起超过二十年的，人民法院不予保护，有特殊情况的，人民法院可以根据权利人的申请决定延长。"即诉讼时效的起算必须具备"知道或者应当知道权利受到损害"和"知道或者应当知道义务人"两个条件。

《保险法》第 26 条第 1 款规定："人寿保险以外的其他保险的被保险人或者受益人，向保险人请求赔偿或者给付保险金的诉讼时效期间为二年，自其知道或者应当知道保险事故发生之日起计算。"本案中，张某洋投保的险种为意外伤害保险，故诉讼时效为二年。保险事故发生于2017年8月14日，被保险人张某洋作为事故当事人在事故发生的当天就已知事故的发生，本案的诉讼时效起算应从2017年8月14日起算。

2. 本案诉讼时效期间为二年还是三年？

本案发生在2017年，关于本案的诉讼时效，涉及原《民法总则》规定与《保险法》对诉讼时效规定的冲突适用问题：2017年10月1日起施行的原《民法总则》第188条规定，诉讼时效期间调整为三年，法律另有规定的依照其规定；2021年1月1日起施行的《民法典》则延续了上述规定。《保险法》第26条规定了人寿保险之外，其他保险合同纠纷诉讼时效期间为二年，人寿保险合同纠纷诉讼时效期间为五年。在本案中，法院倾向性地认为，在法律另有规定时，根据特别规定优于一般规定的原则，应当适用《保险法》第26条第1款的规定，即本案的诉讼时效期间为二年，自2017年8月15日起至2019年8月14日24时止。

（二）本案被保险人的保险金请求权是否超过诉讼时效？

本案中，保险事故发生于2017年8月14日，张某洋作为投保人与被保险人，2017年11月26日已通过拨打保险公司客服电话进行了电话报案，即张某洋在诉讼时效期间（2017年8月15日0时至2019年8月14日24时）已经进行了报案申请理赔，故法院认为张某洋申请保险公司赔付保险金并未超过诉讼时效。

保险公司受理理赔申请后，跟客户联系收集理赔资料的期间，应当视为保险理赔过程所经历的时间。虽然本案经历时间较长，但不能据此认定被保险人的理赔请求超过诉讼时效期间。故保险公司认为张某洋的诉讼请求超过诉讼时效的理由不能成立。

（三）投保人与被保险人不一致时，诉讼时效从何时开始计算？

如果被保险人仅知道自己患病的事实，但不知道已经投保了人身保险，笔者倾向性认为诉讼时效应当自其知晓其疾病构成"保险事故"时起算，例如在（2018）苏0213民初2777号民事判决书中，法院认为："司法实践中关于诉讼时效的把握基本上采取从宽认定的原则，现无证据证明于某（被保险人）2011年就已知晓纽迪希亚公司为其投保团体重疾险的事实，应当认定其于2017年才得知纽迪希亚公司为其投保了团体重疾险，两年诉讼时效应当自此时开始计算，况且于某自2011年出院至今因甲状腺疾病一直在服药，保险事故处于持续状态，其要求保险公司给付保险金的诉讼请求并未超过诉讼时效。"

另外，意外伤害保险中，如果保险事故发生时被保险人的伤残程度尚未确定，那么诉讼时效是应当自保险事故发生之日起计算还是自被保险人的伤残程度确定之日起计算？在（2017）川民申 1066 号民事裁定书中，法院认为："2013 年 5 月 17 日，张某经广安市劳动能力鉴定委员会鉴定为七级伤残，此时张某的损伤程度才确定，本案诉讼时效应至此起算。"（保险公司主张应当从邻水县安监局 2012 年 12 月 30 日出具的事故证明起计算诉讼时效，该主张并未得到法院的支持。）

**（四）司法实践中，《民法典》与《保险法》诉讼时效不一致时，部分法院的法律适用**

现行的《保险法》于 2015 年 4 月 24 日修订，除人寿保险以外其他保险的诉讼时效的规定主要是参考当时的《民法通则》的规定，但 2017 年 10 月 1 日实施的《民法总则》、现行的《民法典》都早已将二年的诉讼时效变更为三年，那么除人寿保险以外其他人身保险的诉讼时效是否应当变更为三年？在司法实践中该问题存在争议，一种观点认为，根据"特别法优于一般法"的原则，《保险法》中有关诉讼时效的规定属于特别法，在与现行的民事法律产生冲突时应当以《保险法》的规定为准。本案中，法院认为，鉴于《保险法》对诉讼时效有二年、五年的规定，且《保险法》相对《民法总则》而言是特别法，《民法总则》第 188 条第 1 款也明确规定"法律另有规定的，依照其规定"，故本案应按照"特别法优于一般法"的原则，适用二年诉讼时效期间。

另外一种观点则认为，根据"新法优于旧法"的原则，《保险法》制定在《民法典》之前，对于除人寿保险以外的其他人身保险适用三年的诉讼时效，将更有利于保护被保险人及受益人。例如，在（2020）津 01 民终 3561 号民事判决书中，法院认为："我国法律法规的适用遵循'新法优于旧法'原则，因《保险法》第 26 条第 1 款规定的诉讼时效两年的性质与《民法通则》规定的二年普通诉讼时效无异，故依据'新法优于旧法'的原则，在《民法总则》实施后应适用三年诉讼时效期间。"

**（五）人身保险合同纠纷的管辖法院**

根据《民事诉讼法》第 24 条的规定，因保险合同纠纷提起的诉讼，由被告住所地或者保险标的物所在地人民法院管辖。《民事诉讼法司法解释》第 21 条第 2 款规定，因人身保险合同纠纷提起的诉讼，可以由被保险人住所地人民法院管辖。根据上述规定可以得知，因人身保险合同引起的纠纷被告住所地或被保险人住所地人民法院均有管辖权。

## 第六节　自动垫付条款对保险责任的影响

**典型案例一：** 保险合同中约定了自动垫付条款，投保人未按期交纳保险费，发生保险事故时，保险公司是否需要承担保险责任？

2006年6月30日，赵某丽在保险公司投保《人保寿险惠民两全保险（分红型）》及《人保寿险附加惠民提前给付重大疾病保险》，合同生效日期为2006年7月1日，保险金额为50,000元，保险期间为35年，交费期满日为2026年6月30日，交费日期每年7月1日，标准保险费为1200元。

《人保寿险惠民两全保险（分红型）》第4.3条宽限期："分期交纳保险费的您交纳首期保险费后，除本合同另有约定外，若您到期未交纳保险费，自保险费约定交纳日的次日零时起60日为宽限期。宽限期内发生的保险事故，我们仍会承担保险责任，但在给付保险金时会扣减您欠交的保险费。若您在宽限期结束之后仍未交纳保险费，则本合同自宽限期满的次日零时起效力中止。"

《人保寿险惠民两全保险（分红型）》第4.4条保险费的自动垫交："您在宽限期结束时仍未交纳保险费，且您在投保时对保险费逾期未交的处理方式选择了自动垫交，我们将以本合同当时的现金价值扣除各项欠款后的余额自动垫交到期应交保险费及其利息（见第7.12条），本合同继续有效。当本合同当时的现金价值扣除各项欠款后的余额不足以垫交本合同到期应交保险费及其利息时，我们按该余额折算成承保日数，自动垫交其应交的保险费及其利息；当该余额不足以垫交1日的保险费时，本合同效力中止。"赵某丽在是否选择保险费自动垫交一项选择"是"。

2006年至2014年的保险费赵某丽已正常交纳，2015年赵某丽未交纳保险费。截至2015年，赵某丽的保险单现金价值为已超过2015年的保险费1200元。2016年1月19日，赵某丽因患疾病到科左中旗人民医院住院治疗27天，被诊断为脑出血、高血压Ⅱ。赵某丽向保险公司要求赔偿保险金50,000元，保险公司以保险合同效力中止为由拒绝理赔。故赵某丽起诉到法院，要求保险公司赔付保险金50,000元并承担本案的诉讼费。

法院经审理认为：在保险合同中关于自动垫交权益的条款，"是否选择保险费自动垫交"中，赵某丽选择"是"。

截至2015年，原告赵某丽的保险单现金价值为已超过2015年的保险费

1200元，故原告赵某丽于2015年未按时交纳保险费，保险公司应自动用保险单现金价值为赵某丽垫交该项欠交保险费1200元，使该保险合同继续有效。故法院判决如下：保险公司于本判决生效后十日内赔付原告赵某丽保险金50,000元。

## 裁判要点

保险合同约定有自动垫交权益的条款，则保险公司应自动用保险单现金价值为投保人垫交该项欠交保险费，使该保险合同继续有效。

## 律师分析

### （一）自动垫付保险费条款的概念

自动垫付保险费条款是指人身保险合同生效满一定期限之后，如果投保人不按期交纳保险费，保险人自动以保险单项下积存的现金价值垫付保险费。对于欠付的保险费，投保人要偿还并支付利息。在垫付保险费期间，如果发生保险事故，保险人要从应给付的保险金中扣除已垫付的保险费及利息；当垫付的保险费及利息达到退保金的数额时，人身保险合同即行终止。自动垫付保险费条款适用于分期交费的寿险合同。该条款的目的在于维持保险合同的效力，在保险费垫付期间保险合同仍然有效，但减少了保险单的现金价值。因此，自动垫付保险费条款必须经保险单持有人同意，否则该条款不能生效。

### （二）本案中，投保人选择了自动垫付保险费条款，未按期交纳保险费，发生保险事故时，保险公司是否应当赔付？

2015年7月1日，赵某丽没有按时交纳保险费，2015年7月2日开始计算宽限期，赵某丽在宽限期间60天内（2015年7月2日至8月30日）仍未补交保险费，保险合同效力中止。但截至2015年赵某丽的保险单现金价值已超过2015年保险费1200元。赵某丽在投保人对在宽限期结束时仍未交纳保险费，保险费逾期未交的处理方式选择了自动垫交保险费。因此，保险公司应当用现金价值自动垫付欠交的保险费，2015年7月1日至2016年6月30日间该保险合同继续有效。2016年1月19日，赵某丽因患疾病到医院住院治疗27天，被诊断为脑出血、高血压Ⅱ。赵某丽在保险期间患病且属于保险公司承保范围，保险公司应按合同约定赔付保险金50,000元。

**（三）本案中，假设 2015 年赵某丽的保险单现金价值是 600 元，保险公司是否需要赔付赵某丽保险金？**

《人保寿险惠民两全保险（分红型）》第 4.4 条："当本合同当时的现金价值扣除各项欠款后的余额不足以垫交本合同到期应交保险费及其利息时，我们按该余额折算成承保日数，自动垫交其应交的保险费及其利息；当该余额不足以垫交 1 日的保险费时，本合同效力中止。"

假设截至 2015 年赵某丽的保险单现金价值为 600 元，而赵某丽的保险年缴保险费 1200 元，保险单现金价值 600 元折算后垫付应交保险费，保险合同的保险期间为 2015 年 7 月 1 日至 12 月 31 日。2016 年 1 月 1 日，保险合同效力中止。赵某丽于 2016 年 1 月 19 日患病，不在保险合同承保期间，保险公司不承担赔偿保险金责任。

**典型案例二**：合同中约定了自动垫付条款是否为格式条款？保险公司是否应当履行释明义务？

2008 年 1 月 31 日，杨某娟向某保险公司投保"康宁终身保险"，并签订保险合同。约定交费年限为 20 年，每年交纳保险费 9100 元，交费日期为每年 1 月 31 日。保险合同所附《保险公司康宁终身保险条款》第 7 条明确约定，"如投保人未按照规定日期交付保险费的，自次日起六十日为宽限期间：在宽限期间内发生保险事故，公司仍负保险责任，逾宽限期间仍未交付保险费的，如本合同当时具有现金价值，且现金价值扣除欠保险费及利息、借款及利息后的余额足以垫交到期应缴保险费时，本公司将自动垫交该项欠交保险费使本合同继续有效；当本合同当时的现金价值余额不足以垫交到期应交保险费时，或前项垫交的保险费及利息达到本合同现金价值时，本合同效力中止"。第 8 条约定，"自本合同效力中止之日起二年内双方未达成协议的，本公司有权解除合同。投保人已交足二年以上保险费的，本公司退还保险单现金价值，投保人未交足二年保险费的，本公司扣除手续费后，退还保险费"。

杨某娟在其向保险公司提交的《个人保险投保单》的最后一栏"对于有自动垫交权益的条款，是否选择保险费自动垫交"勾选了"否"。

合同签订后，杨某娟交纳 8 期保险费共计 72,800 元，已经具有现金价值 42,700 元。2016 年 1 月，杨某娟未交纳第 9 期保险费。

2016 年 8 月，杨某娟在医院进行体检，被诊断出患有糖尿病，甘油三酯（TG）偏高等。2016 年 9 月 21 日，杨某娟在保险公司办理 2016 年的保险费交纳手续时，保险公司经审核向杨某娟开具了复保通知单，依据该通知单，杨某娟除需交纳9100元的保险费外，还需交纳237.08元的利息，每年都要增加保险费4000元。

杨某娟收到复效通知后一直未补交保险费，2016年10月25日起诉到法院，要求解除案涉保险合同，保险公司退还已交纳保险费72,800元。

事实与理由：保险合同所附《保险公司康宁终身保险条款》第7条自动垫付条款系格式条款，法律明文规定了保险人对其格式合同的释明责任。对于选择该选项被告并没有提示引起原告足够的注意，更没有对原告进行解释，极大地损害了被保险人的利益，加重被保险人的责任。被告对不利于自己的约定向对方解释不明，签订的合同达不到双方真实意思的表达，所以该条款无效。综上，原告的行为违反了合同约定及法律的强制性规定，鉴于被告已经违法解除了保险合同，原告要求被告返还所交的全部保险费。

法院经审理认为：原告在其向保险公司提交的《个人保险投保单》中，在是否选择保险费自动垫交处选择"否"并签字确认，由此产生的后果应由自己承担责任。另，原告虽申请了复效，但不同意被告提出的因身体健康原因要求增加保险费以使合同复效，导致双方就合同效力中止后未能达成协议。现原告不愿意继续履行合同，为此，法院认为双方继续履行合同已无可能，根据本案实际情况，应按解除合同进行处理。但解除合同后，被告只应按合同约定退还原告保险单现金价值。

## 裁判要点

自动垫交选项不属于格式条款，而是对有自动垫交权益的条款是否进行保险费自动垫交的一种选择。投保人在该项的选择上选择了保险费不自动垫交并签字确认，由此产生的后果应由自己承担。

## 律师分析

（一）案涉保险合同中的自动垫付条款是不是格式条款，该条款是否有效？

《民法典》第496条第1款规定："格式条款是当事人为了重复使用而预先拟定，并在订立合同时未与对方协商的条款。"即格式条款最实质的特征在于"未与对方协商"。"未与对方协商"是指格式条款的提供方没有就条款内容与相对方进行实质的磋商，相对方对条款内容没有进行实际修改的余地。

本案中，保险合同所附《保险公司康宁终身保险条款》第 7 条明确约定："如投保人未按照规定日期交付保险费的，自次日起六十日为宽限期间；在宽限期间内发生保险事故，公司仍负保险责任，逾宽限期间仍未交付保险费的，如本合同当时具有现金价值，且现金价值扣除欠保险费及利息、借款及利息后的余额足以垫交到期应交保险费时，本公司将自动垫交该项欠交保险费使本合同继续有效；当本合同当时的现金价值余额不足以垫交到期应交保险费时，或前项垫交的保险费及利息达到本合同现金价值时，本合同效力中止。"

上述内容系对自动垫付条款进行了详细的解释说明，并在《个人保险投保单》的最后一栏中"对于有自动垫交权益的条款，是否选择保险费自动垫交"给出了"是"和"否"两个选择，明显给予投保人充分选择权，并根据投保人的选择最终决定是否适用自动垫付条款。故自动垫付条款并非格式条款，而是对有自动垫交权益的条款是否进行保险费自动垫交的一种选择，也是对案涉保险合同现金价值的处分，投保人拥有完全自主选择权利。

**（二）保险合同解除后，保险公司应当全额退还投保人已交纳的保险费还是退还保险单现金价值**

根据《保险法》第 36 条、第 37 条的规定，自合同效力中止之日起满二年双方未达成协议的，保险人有权解除合同。保险人依照前述规定解除合同的，应当按照合同约定退还保险单的现金价值。

本案中，保险合同所附《保险公司康宁终身保险条款》第 8 条约定："自本合同效力中止之日起二年内双方未达成协议的，本公司有权解除合同。投保人已交足二年以上保险费的，本公司退还保险单现金价值，投保人未交足二年保险费的，本公司扣除手续费后，退还保险费。"

本案中，杨某娟已交足 8 年的保险费，按照案涉保险合同的约定及《保险法》的规定，保险公司只需退还保险单现金价值 42,700 元。

## 第七节　保险服务是否适用《消费者权益保护法》

**典型案例一**：保险公司存在合同欺诈行为，投保人有权主张三倍赔偿吗？

2015 年 7 月初，王某红参加某保险公司举办的产品推介会，保险业务经理魏某向王某红推销"创富一号"理财产品，并称：该产品收益很高，每年按现金价值 6.32% 以上保底分红，每年两次分红进入万能账户，日计算月复利，现金价值每年递增5%等。

2015年7月27日，王某红为儿子李某投保"创富一号"分红型个人人寿保险，2015年7月31日，王某红交付保险费67万元，保险公司交付王某红保险单、保险合同、收款收据、保险条款等，保险单号：××××208，保险单于2015年8月1日生效。

王某红投保后，经询问其他相关人员，怀疑保险公司销售的保险理财产品有问题，向保险业务经理魏某提出质疑，魏某承诺保证没有问题并在2015年10月26日，向王某红出具书面材料，内容为："7月销售的创富一号受益率6.32%（保底），今后受益率会更高。"

2015年12月，王某红向原中国保险监督管理委员会吉林保监局书面投诉保险公司。2016年2月1日吉林保监局向王某红送达《保险消费投诉处理决定告知书》，主要内容为："查实××保险公司在销售保险单号为××××208的阳光创富一号年金保险（分红型）保险产品业务活动中，存在承诺高额收益欺骗投保人、被保险人签字栏非本人签名的问题，未查实返还佣金问题。我局针对查实的问题，拟对该公司及其相关人员依法进行处理。"

保险公司于2016年3月10日将保险费67万元退还王某红，但没有赔偿王某红任何损失。

于是王某红起诉至法院，要求保险公司按照三倍保险费共计201万元赔偿自己的损失。王某红认为：最大诚信原则是保险活动的基本原则，但保险公司工作人员在推销保险产品时，以承诺高额回报等欺诈手段引诱王某红投保，在签订保险合同时谎称不需要被保险人亲自签名，骗取订立保险合同，违反保险法的规定。因保险公司的欺诈行为，造成王某红损失，现王某红依照《消费者权益保护法》第55条之规定，要求保险公司按照保险金额的三倍赔偿损失201万元。

一审法院经审理后认为，王某红为个人或家庭财产保值增值需要接受保险公司提供的保险服务属于《消费者权益保护法》第2条规定的为生活消费需要接受服务，其权益受《消费者权益保护法》保护。

保险公司的工作人员在向王某红提供保险服务中实施了欺诈行为，致使王某红的合法权益受到损害。保险公司应对其工作人员的经营活动承担民事责任。根据《消费者权益保护法》第55条第1款之规定，判决保险公司应当赔偿王某红201万元。

收到一审判决后保险公司提起上诉。

二审法院经审理后认为：首先，本案应当适用《消费者权益保护法》予以调整。依据《消费者权益保护法》第28条规定，保险公司作为金融机构负有向金融消费者诚实披露相关产品信息的义务，本案合同双方恰因对产品真实信息交换出现问题导致纠纷以致成讼，而保险公司不能证明投保人王某红为相关交易种类的专业投资人，同时考虑涉案合同虽具有理财功能，但种类仍为人寿保险合同的情况，在我国目前面对金融产品纷繁多变、金融交易秩序还在发展建构的现状却尚无关于金融消费者的专门保护立法的前提下，对本案适用《消费者权益保护法》予以调整较为适当。

其次，本案中保险公司的相关行为构成欺诈。作为行业监管部门的吉林保监局出具的《保险消费投诉处理决定告知书》（吉保监消费投诉〔2015〕第46号）已经书面确认：保险公司在销售保险单号为××××208的阳光创富一号年金保险（分红型）产品业务活动中，存在承诺高额收益欺骗投保人的行为。王某红因保险公司的虚假承诺，基于会获得保额保底收益的错误认识进而作出了签订合同的错误意思表示。另外本案中保险公司的工作人员的行为属于职务行为，其责任后果应当由保险公司承担。

最后，王某红对涉案保险产品支付的对价不应当以保险费67万元为基准进行计算。《消费者权益保护法》第55条第1款规定三倍惩罚性赔偿的基准为消费者购买商品的价款或者接受服务的费用。具体到本案中，应综合考量本案事实及案件属性，认为将保险合同双方约定的关于犹豫期后退保的现金价值与已交保险费用的差额视为投保人购买涉案保险产品的对价较为适当。案涉保险单上列有《现金价值表》中第一年度末现金价值为569,500元，故本案三倍赔偿的基准数额应当为670,000-569,500=100,500元，进而计算可得出三倍赔偿额应为100,500×3=301,500元。

二审判决生效后，王某红向最高人民法院提起了再审，但最终最高人民法院维持了二审的判决。

**裁判要点**

保险服务属于《消费者权益保护法》第2条所规定的为生活消费需要接受服务，投保人的权益受《消费者权益保护法》保护。若保险公司存在欺诈行为，则投保人有权主张"退一赔三"。

**典型案例二**：保险公司存在合同欺诈行为，投保人按照保险费标准要求三倍赔偿数额较高的，法院可以酌定减少吗？

2009年6月20日，刘某彪投保了某保险公司的红双喜新C款两全保险（分红型）。被保险人为刘某彪，保险单号88××50、投保书号××××75，受益人法定。初始基本保额550,800元，每年保险费10万元，保险期限为2009年6月21日至2019年6月20日，缴费期限为2009年6月21日至2014年6月20日。上述合同签订后，刘某彪履行了交费义务，交费5年，交纳50万元。

保险合同中确定的保险单持有人享有的利益保障包括：（1）满期生存保险金；（2）疾病身故保险金；（3）意外伤害身故保险金；（4）保险单持有人参与本产品的红利分配，包括年度分红和终了分红。保险金额由基本保险金额和累积红利保险金额两部分组成。

2016年5月，刘某彪向原中国保险监督管理委员会北京监管局投诉，投保时业务员承诺发生事故2倍赔偿、保险到期收益不低于银行5年定期存款利息，故要求督促保险公司履行义务。2016年7月15日，原中国保险监督管理委员会北京监管局向刘某彪发出京保监诉〔2016〕第00365-1号保险消费投诉办理情况告知书，答复刘某彪：经查证属实，将依法采取监管措施。

2016年8月15日，原中国保险监督管理委员会北京监管局向保险公司发出〔2016〕9号监管函：经调查发现存在的问题包括未对新单回访问题进行处理和欺骗投保人……同时对保险公司提出监管要求。

2019年6月21日，保险合同期限届满，保险公司向刘某彪支付了保险金646,433.95元。因刘某彪认为保险公司违背承诺、存在欺诈行为，故向法院提起诉讼并请求法院判令：（1）继续履行合同，保险公司依照约定向被保险人刘某彪（红双喜新C款两全保险分红型，保险单号88××50）支付续保时承诺的保险金额925,000元与实际给付金额646,433.95元之间的差额共计278,566.05元；（2）保险公司按照已交保险费三倍标准赔偿刘某彪1,500,000元。

一审法院认为：本案中，双方争议的焦点在于保险公司是否存在合同欺诈，以及本案纠纷是否适用《消费者权益保护法》、涉案合同是否适用三倍惩罚性赔偿等问题。

依据现有证据可知，保险行业监督管理部门已经认定保险公司存在欺骗投保人的行为，保险公司的行为足以促使刘某彪产生错误的意思表示，故保险公司的行为构成民法上的欺诈。

现行《消费者权益保护法》已经将保险等金融服务的经营者纳入适用范围

且明确了对金融消费者的保护。故刘某彪提出的诉讼请求中要求适用《消费者权益保护法》的有关规定，存在法律依据。

因本案所涉保险合同兼具投资属性以及生活消费属性，且保险公司的行为并不会导致刘某彪交纳的 50 万元的保险费发生损失的后果。故刘某彪依据其交付的保险费标准要求三倍赔偿，显然超出了法律设立该惩罚性条款的立法目的。故按照刘某彪已支付保险费的五年期同期存款利息标准的三倍进行酌情判处。

最终法院判决：一、某保险公司北京分公司于判决生效之日起十日内赔偿刘某彪损失 529,800 元；二、驳回刘某彪的其他诉讼请求。

## 裁判要点

现行《消费者权益保护法》已经将保险等金融服务的经营者纳入适用范围且明确了对金融消费者的保护。故刘某彪提出的诉讼请求中要求适用《消费者权益保护法》的有关规定，存在法律依据。但保险公司的欺诈行为并不会导致刘某彪交纳的 50 万元的保险费发生损失的后果，故关于具体的赔偿金额，由法院进行酌定。

## 律师分析

**一、投保人购买的保险服务，是否适用《消费者权益保护法》？**

《消费者权益保护法》第 2 条规定，消费者为生活消费需要购买、使用商品或者接受服务，其权益受本法保护；本法未作规定的，受其他有关法律、法规保护。保险服务是否适用《消费者权益保护法》，目前在实务中不同法院也存在不同的裁判观点。

在本案的典型案例一、典型案例二中，法院都倾向性地认为，保险服务适用《消费者权益保护法》。然而，在（2018）京 04 民终 175 号民事判决书中，法院认为："投保人购买的保险产品属于金融投资，不属于生活消费，不应当适用《消费者权益保护法》调整。因此，张某京认为应依据《消费者权益保护法》中销售欺诈对保险公司适用惩罚性赔偿并无法律依据。"

但是根据查询到的已生效裁判文书的观点来看，如果投保人投保的是具有理财性质的人身保险合同，则法院认定适用《消费者权益保护法》的可能性会更大一些。

## 二、保险公司存在欺诈行为，"退一赔三"的计算标准该如何确定？

《消费者权益保护法》第 55 条规定，经营者提供商品或者服务有欺诈行为的，应当按照消费者的要求增加赔偿其受到的损失，增加赔偿的金额为消费者购买商品的价款或者接受服务的费用的三倍；增加赔偿的金额不足 500 元的，为 500 元。法律另有规定的，依照其规定。

在保险服务适用《消费者权益保护法》的情况下，如法院审查保险公司构成欺诈，则按照《消费者权益保护法》第 55 条的规定保险公司需要"退一赔三"。但实务中，对于保险公司"退一赔三"的标准如何确定，通过笔者搜索相关的裁判文书可知，不同法院仍存在不同的观点。

例如，在典型案例一中，一审法院认定以投保人实际交纳的保险费 67 万元作为计算三倍补偿款的基数，判决保险公司向投保人支付 201 万元的赔偿款，在保险公司提出上诉后，二审法院则将赔偿基数调整为 100,500 元（即保险费 67 万元减去现金价值 569,500 元），进而计算出赔偿款 100,500×3 = 301,500 元。

在典型案例二中，法院认定虽然保险公司存在欺诈行为，但该行为并不会导致投保人交纳的 50 万元的保险费发生损失的后果，无法支持按照保险费作为赔偿基数的标准。具体的赔偿金额，法院按照投保人已支付保险费的五年期同期存款利息标准的三倍进行酌情判处。

在（2018）京 7101 民初 444 号民事判决书中，法院则以投保人交纳保险费与收到退还保险费期间的利息损失作为三倍惩罚性赔偿金的基数。

在（2018）京 03 民终 12206 号民事判决书中，二审法院则以投保人实际交纳的保险费作为计算三倍惩罚性赔偿金的基数。

鉴于司法实务中，法院针对三倍惩罚性赔偿金的计算基数也存在不同的裁判观点，故读者可参照相关的裁判文书选择对自己有利的观点。

## 三、需注意，投保人主张"退一赔三"，必须举证证明保险公司存在欺诈，否则仍面临诉讼请求被驳回的风险

在典型案例一及典型案例二中，投保人为证明保险公司存在欺诈行为，向法院提交了《保险消费投诉处理决定告知书》作为证据，最终法院结合案件事实认定保险公司存在欺诈。

而在实务中，也有很多投保人在投保时甚至在诉讼时并没有搜集证据的习惯，最终出现了对自己不利的法律后果。

例如，在（2021）闽 09 民终 464 号民事判决书中，法院认定："王伟某、王德某未提供证据证明保险公司在与王成某订立保险合同时存在欺诈行为，导

致王成某做出误投等行为。保险公司销毁王伟某、王德某交付的相关保险条款原始原件行为虽违反法律关于保险公司保管义务的规定，但仅以此行为并不足以认定保险公司在后续理赔过程中存在欺诈行为，诱使被保险人一方作出错误行为。综上，一审法院认定保险公司不存在欺诈行为并无不当。"

在（2021）鲁04民终1525号民事判决书中，法院也倾向于认为："基于目前我国保险市场的发展现状，保险代理人的文化水平、业务能力、个人素质参差不齐，部分代理人作出与合同文本不相一致的解释，甚至不实宣传，应根据保险公司及保险代理人的过错程度综合评价。如果保险代理人与投保人达成的协议超出合同文本的内容，应当作为合同的条款予以评价，只要该条款不违反法律法规的强制性规定，不侵害国家或社会公共利益、侵害他人合法权益，可以作为有效条款对待，并不影响投保人实现合同的目的，该合同应当作为有效合同处理，保险公司此种行为不应评价为欺诈，否则，不利于保险行业的发展。故杨某明主张保险公司行为构成欺诈，于法无据。"

图书在版编目（CIP）数据

私人财富管理顾问：人身保险与财富传承、婚姻继承／王秀全，王恒妮主编 . —北京：中国法制出版社，2023.2

ISBN 978-7-5216-3222-4

Ⅰ.①私… Ⅱ.①王…②王… Ⅲ.①人身保险-保险法-基本知识-中国 Ⅳ.①D922.284.4

中国国家版本馆 CIP 数据核字（2023）第 006606 号

责任编辑　秦智贤（qinzhixian@zgfzs.com）　　　　封面设计　周黎明

私人财富管理顾问：人身保险与财富传承、婚姻继承
SIREN CAIFU GUANLI GUWEN：RENSHEN BAOXIAN YU CAIFU CHUANCHENG、HUNYIN JICHENG

主编／王秀全　王恒妮
经销／新华书店
印刷／三河市国英印务有限公司
开本／710 毫米×1000 毫米　16 开　　　　　　　　　印张／23.5　字数／322 千
版次／2023 年 2 月第 1 版　　　　　　　　　　　　　2023 年 2 月第 1 次印刷

中国法制出版社出版

书号 ISBN 978-7-5216-3222-4　　　　　　　　　　　定价：84.00 元

北京市西城区西便门西里甲 16 号西便门办公区
邮政编码：100053　　　　　　　　　　　　　　　　传真：010-63141600
网址：http://www.zgfzs.com　　　　　　　　　　　编辑部电话：010-63141798
市场营销部电话：010-63141612　　　　　　　　　　印务部电话：010-63141606

（如有印装质量问题，请与本社印务部联系。）

# 副主编简介

### 李金萍律师

李金萍律师，执业于北京济和律师事务所。主要研究领域：婚姻家事、房产纠纷、民商事纠纷。主要业务方向：婚姻家事、家族财富传承。

李金萍律师在婚姻家庭、民商经济合同、人身保险的具体运用上具有深厚的理论功底和丰富的实践经验。始终专注于围绕客户财富管理、财富保全以及财富传承的需求，结合客户婚姻家庭、财产情况，综合运用遗嘱、协议、人身保险、家族信托等传承工具，为客户量身订做财富管理解决方案，助力高净值客户最终实现财富稳健传承之目的。已出版《继承自助一本通》《房地产纠纷案例与实务大全》《财富传承案例与实务操作》《身边的婚姻法律顾问》。

李金萍律师在执业期间曾多次受邀为人寿保险公司从业人员进行专业培训，为私行客户的疑难复杂传承问题提供有效咨询，并担任国内某知名娱乐经纪公司常年法律顾问。

李金萍律师秉承"受人之托，忠人之事"的执业理念，以细致认真的工作态度赢得了当事人的信任，并深厚的专业知识、精湛的诉讼技巧和高尚的职业道德赢得了同行好评，为当事人提供专业化的服务，有效地维护了当事人的合法权益。

"成功凝聚着我们的汗水"，李金萍律师以此作为自己的座右铭，鞭策自己向专业化方向纵深发展，并愿在自己的专业领域为客户提供优质、高效的法律服务。

微信号：18810636960
邮箱：290751075@qq.com

## 王丹丹律师

王丹丹律师，执业于北京济和律师事务所，系中华全国律师协会会员，拥有高级私人财富管理师SPWM、高级家族财富管理师SFWM等资质。主要业务领域为婚姻家事、财富传承及公司法律事务等，曾为多家上市公司、国有企业提供专业法律服务。

王丹丹律师执业期间处理过多起疑难、复杂的婚姻家事、保险纠纷案件，尤其擅长婚姻家事业务中的房产、人身保险、股权的分割与继承及保险合同纠纷。

王丹丹律师曾多次受邀国内知名的大型人寿保险公司，为保险从业人员、客户进行专项法律培训，并取得了良好的效果。在执业期间，王丹丹律师积累了丰富的办案经验，并多次接受《婚姻与家庭》杂志的邀请，为"法律讲堂"一栏供稿，有效传播了婚姻家庭、财富传承的相关知识。

王丹丹律师具有坚实的法律基础知识、深厚的法学理论功底、高超诉讼技巧和灵活的处理能力，得到了客户普遍认同及广泛称赞。王丹丹律师已经在合法的范围内为当事人争取了最大限度的合法权益，并仍将以认真、严谨、高效、专业作为执业水准，更好地服务于委托人。

出版有《身边的婚姻法律顾问》，系《财富传承案例与实务操作》一书编委。

微信号：13311599642

邮箱：604766246@qq.com

## 胡振楠律师

胡振楠律师，执业于北京济和律师事务所，毕业于陆军工程大学及美国宾州州立大学，具有八年保险行业从业经历，拥有证券业协会证券从业资格、保险行业协会保险代理从业资格、高级私人财富管理师SPWM、高级家族财富管理师SFWM等资质，JA青年成就志愿者。

胡振楠律师主要研究领域有：私人财富管理、婚姻家事、保险纠纷、房产纠纷，曾多次为保险公司从业人员进行专业法律培训，作为志愿者为多所高中讲授保险课程。执业期间代理过多个复杂的婚姻、继承、借贷、保险纠纷类案件。

胡振楠律师有多个行业从业经验，丰富的人生经历使其具有与众不同的视角与思维，工作认真细致，对客户尽职尽责，坦诚相待，受到了客户广泛认可与肯定。

微信号：13810519858

邮箱：445284232@qq.com